Entscheidungen des
Obersten Gerichtshofes
für die Britische Zone

Herausgegeben von den
Mitgliedern des Gerichtshofes und der Staatsanwaltschaft
beim Obersten Gerichtshof

Entscheidungen in Strafsachen

2. Band

Berlin 1950

Walter de Gruyter & Co.

vormals G. J. Göschensche Verlagshandlung - J. Guttentag, Verlagsbuchhandlung
Georg Reimer - Karl J. Trübner - Veit & Comp.

Entscheidungen des

Obersten Gerichtshofes

für die Britische Zone

in Strafsachen

2. Band

Berlin 1950

Walter de Gruyter & Co.

vormals G. J. Göschensche Verlagshandlung - J. Guttentag, Verlagsbuchhandlung
Georg Reimer - Karl J. Trübner - Veit & Comp.

1. 1. Artikel 102 des Grundgesetzes für die Bundesrepublik Deutschland vom 23. Mai 1949 (BGBl. S. 1 ff.) hat den § 211 StGB. vom 24. Mai 1949 ab dahin geändert, daß Mord nunmehr allein mit lebenslangem Zuchthaus bestraft wird.

2. Diese Rechtsänderung wirkt zurück und betrifft auch vor dem 24. Mai 1949 begangene Morde.

3. Sie ist trotz § 337 StPO. im Revisionsverfahren auch dann noch zu berücksichtigen, wenn das angefochtene Urteil vor dem 24. Mai 1949 ergangen ist.

Bundesgrundgesetz Art. 102, StGB. §§ 211, 212, 51 Abs. 2, 44, 14 Abs. 2, 32 Abs. 2, 2a Abs. 2, StPO. §§ 337, 354 Abs. 1, Allg. Anw. an Richter Nr. 1.

Strafsenat. Urt. vom 14. Juni 1949 g. K. StS 23/49.

I. Schwurgericht Essen.

Gründe:

Der Angeklagte ist wegen Mordes rechtskräftig verurteilt. Das Schwurgericht hat die Strafe — 14 Jahre Zuchthaus und 10 Jahre Ehrenrechtsverlust — dem § 212 StGB. entnommen, weil dem Angeklagten nicht nachzuweisen sei, daß er mit Überlegung getötet hat. Das ist, wie der Revision der Staatsanwaltschaft zuzugeben ist, rechtsirrig. Der Senat hat bereits in OGHSt. Bd. 1 S. 74, 76 ausgesprochen, daß Mord bereits dann vorliegt, wenn der Täter den äußeren und inneren Tatbestand des § 211 Abs. 2 StGB. n. F. erfüllt hat, ohne daß es noch darauf ankommt, ob er auch mit Überlegung getötet hat. An dieser Auslegung des § 211, auf die verwiesen wird, ist festzuhalten. Hiernach war Mord im Sinne der Neufassung des § 211 bisher mit dem Tode zu bestrafen, beim Vorliegen eines besonderen Ausnahmefalles nach Abs. 3 des 211 dagegen mit lebenslangem Zuchthaus (OGHSt. Bd. 1 S. 81). Für eine weitere Strafmilderung war nur bei geminderter Verantwortlichkeit des Täters nach Maßgabe der §§ 51 Abs. 2, 44, 14 Abs. 2 StGB. Raum (vgl. OHGSt. Bd. 1 S. 133). Die Strafbemessung nach § 212 StGB. schied beim Morde somit von vornherein aus. Das Schwurgericht hätte den Angeklagten daher — das angefochtene Urteil ist am 5. 10. 1948 ergangen — wegen Mordes entweder zum Tode verurteilen, oder aber, im besonderen Ausnahmefalle, mit lebenslangem Zuchthaus bestrafen müssen.

Nach der Urteilsverkündung in erster Instanz ist aber das Grundgesetz für die Bundesrepublik Deutschland vom 23. Mai 1949 (BGBl. 1949 S. 1) am 24. Mai 1949 in Kraft getreten, dessen Art. 102 die Bestrafung des Mordes ändert. Die Vorschrift lautet: „Die Todesstrafe ist abgeschafft". Übergangs- und Ausführungsbestimmungen dazu enthält das Grundgesetz nicht. Enthielte Art. 102, entgegen seiner strengen Wortfassung, nur einen Programmsatz, so wäre der Strafrahmen des § 211 auch gegenwärtig noch unverändert und das Schwurgericht würde nach der erfolgreichen Revision der Staatsanwaltschaft für die Strafverhängung noch zu prüfen haben, ob ein besonderer Ausnahmefall nach Abs. 3 des § 211 vorliegt. Hat Art. 102 des Grundgesetzes den § 211 StGB. dagegen, was die Strafe betrifft, mit Wirkung vom 24. Mai 1949 unmittelbar geändert und die Todesstrafe beseitigt und ist diese erst n a c h Verkündung des Schwurgerichtsurteils eingetretene Rechtsänderung trotz § 337 StPO. im Revisionsverfahren noch zu berücksichtigen, so ist der Angeklagte mit der jetzt absolut bestimmten Strafe für Mord, nämlich mit lebenslangem Zuchthaus, zu bestrafen.

Die Frage ist im letzteren Sinne zu entscheiden. Der Parlamentarische Rat, zusammengesetzt aus parlamentarischen Vertretern der Parteien in den Ländern der drei Westzonen, ist mit Genehmigung der westlichen Militärregierungen zusammengetreten, um ein deutsches Grundgesetz zunächst für die Länder der drei Westzonen vorzubereiten. Der von ihm beschlossene E n t w u r f eines Grundgesetzes der Bundesrepublik Deutschland ist von den westlichen Besatzungsmächten gebilligt, durch die Volksvertretungen von mehr als zwei Dritteln der beteiligten deutschen Länder angenommen und daraufhin mit Wirkung ab 24. Mai 1949 verkündet worden. Das derart durch nahezu übereinstimmende Beschlüsse der beteiligten Landtage zustandegekommene Bundesgrundgesetz vermag auf dieser Grundlage in bisherige Reichsgesetze unmittelbar ändernd einzugreifen. Eine solche unmittelbare Änderung des § 211 StGB. mit sofortiger Wirkung ist in der Tat anzunehmen. Schon der Wortlaut des Art. 102 „Die Todesstrafe ist abgeschafft" spricht in seiner befehlenden, auf eine vollzogene Rechtsänderung hindeutenden Fassung für den Willen des Parlamentarischen Rates, dem Verfassungsentwurf in Art. 102 nicht lediglich einen Programmsatz hinzuzufügen, sondern vielmehr dafür, den über das Zustandekommen der Verfassung beschließenden Organen, den Landtagen, insoweit eine unmittelbare, mit der Verfassung in Kraft tretende Änderung der einschlägigen Gesetzesbestimmungen vorzuschlagen, als dies für die wirksame, sofortige Abschaffung der Todesstrafe rechtlich nötig ist. Andernfalls hätte der Gebrauch einer der für bloße Programmsätze üblichen Wortfassungen und der Hinweis auf die Ausführungsgesetzgebung nahegelegen. Für diese Auffassung sprechen auch die Ausführungen des Antragstellers im Hauptausschuß des Parlamentarischen Rates, des Abgeordneten Wagner, in der Sitzung vom 10. 2. 1949 (H 50, 74 des Sitzungsprotokolls), der sich aus grundsätzlichen Erwägungen mit Schärfe gegen die Beibehaltung der Todesstrafe ausgesprochen hat, Ausführungen, die er vor der entscheidenden Abstimmung im Plenum am 6. Mai 1949 sinngemäß wiederholt hat (Stenogr.Bericht, 9. Sitzung S. 187). Sie wird ferner gestützt durch die Bemerkung des Vorsitzenden des Hauptausschusses in der Sitzung vom 5. Mai 1949, er glaube, daß durch diesen Beschluß des Hauptausschusses mehr geschehen sei, als eine bloße Änderung einer Vorschrift des Strafgesetzbuches (H 57, 77). Überdies muß die Abschaffung der schwersten Strafe, die das Gesetz kennt, in der bedeutungsvollen Form eines noch dazu so eindeutig gefaßten Verfassungssatzes jedenfalls dann unmittelbare Gesetzeswirkung haben, wenn das Gegenteil aus der Verfassung nicht unverkennbar hervorgeht. Die entgegengesetzte, an sich rechtlich mögliche Auslegung des Art. 102 als eines bloßen Programmsatzes würde dem Rechtsempfinden wegen der dann zu beachtenden zeitlichen Anwendungsgrenze der neuen, milderen Regelung in hohem Maße widersprechen. Denn auch die zunächst nur programmatische Abschaffung der Todesstrafe würde für sich allein einen derart tiefgreifenden Wandel der gesetzgeberischen Haltung in einer Grundfrage des Strafrechts bekunden, daß sie notwendig schon auf die Strafzumessungspraxis einer etwaigen Übergangszeit Einfluß haben müßte und haben würde, und zwar dann möglicherweise im Wege einer authentischen Auslegung des Abs. 3 des § 211 StGB.

Nach alledem ist von der unmittelbar gesetzesändernden Wirkung des Art. 102 auszugehen, so daß der Mörder nach § 211 Abs. 1 nunmehr mit der allein in die entstandene Gesetzeslücke tretenden absoluten Strafe, nämlich mit lebenslangem Zuchthaus, zu bestrafen ist, wie sie bisher bereits in Absatz 3 des § 211 StGB. für den besonderen Ausnahmefall als absolute Strafe vorgesehen war und überhaupt im deutschen Strafensystem als nächst-schwerste Strafe auf die Todesstrafe folgt. Abs. 3 des § 211, der lediglich die Straffrage betraf (OGHSt. Bd. 1 S. 133), ist durch die Rechtsänderung entfallen, da er eine weitere Strafermäßigung nicht erlaubt.

§ 337 StPO. steht der Berücksichtigung der erst nach der Verkündung des angefochtenen Urteils eingetretenen Rechtsänderung im Revisionsverfahren nicht entgegen. Zwar liegt die Anwendung der gegenwärtigen, durch Art. 102 des Grundgesetzes bedingten Fassung des § 211, die, verglichen mit § 211 in der seit dem Gesetz vom 4. 9. 1941 geltenden Fassung, die mildere ist, außerhalb der eigentlichen Aufgabe des Revisionsgerichts, weil das angegriffene Urteil insoweit auf keinem Rechtsfehler beruht, sondern lediglich auf unzutreffender Anwendung des § 211 in der, wie dargelegt, inzwischen überholten Fassung vom 4. 9. 1941. Allein Art. 102 des Grundgesetzes in seinem erörterten Inhalt ordnet dadurch, daß er die Todesstrafe aus dem deutschen Strafrecht mit sofortiger Wirkung entfernt, die sofortige Berücksichtigung dieses feierlich verkündeten Rechtssatzes in jeder Lage des gerichtlichen Verfahrens an, so daß einer solchen gesetzgeberischen Absicht auch der im übrigen unberührt bleibende § 337 StPO. nicht entgegenstehen kann. Die unmittelbare Rechtswirkung des Art. 102, wie sie oben dargelegt ist, nötigt nach Ansicht des Senats vielmehr im Gegenteil dazu, den Wegfall der Todesstrafe in jeder Verfahrenslage, also auch im Revisionsverfahren noch zu berücksichtigen, ein Fall, der im Revisionsrecht auch sonst ausnahmsweise vorkommt (Amnestiegesetze; Allg. Anweisung an Richter Nr. 1 hinsichtlich verbotener Strafen). § 2a Abs. 2 StGB. kann bei dieser Rechtslage daher außer Betracht bleiben.

Die Revision der Staatsanwaltschaft hat hiernach mit der Maßgabe Erfolg, daß der Angeklagte wegen Mordes mit lebenslangem Zuchthaus zu bestrafen ist. Auf diese nunmehr in § 211 StGB. absolut bestimmte Strafe ist ohne weitere tatsächliche Erörterungen zu erkennen, so daß das Revisionsgericht nach § 354 Abs. 1 StPO. in der Sache selbst zu entscheiden hat. Ferner ist nach § 32 Abs. 2 StGB. statt der verhängten 10 Jahre Ehrverlust zwingend auf lebenslangen Ehrverlust zu erkennen.

Die Entscheidung entspricht dem Antrage des Generalstaatsanwalts.

---

2. 1. Versuchte vorsätzliche, in unmittelbarer Täterschaft begangene Tötung kann vorliegen, wenn der Täter sein Opfer durch Gewalt oder Drohung mit gegenwärtiger, auf andere Weise nicht abwendbarer Gefahr für Leib oder Leben zum Selbstmord treiben will.

2. Bei einem als Verbrechen gegen die Menschlichkeit zu beurteilenden Gesamthergang ist das Gericht verpflichtet, alle Teilvorgänge zu würdigen, die als Beitrag zum Verbrechen gegen die Menschlichkeit in Betracht kommen. Das gilt auch, wenn die Anklageschrift nur einige Teilvorgänge enthält. Nachtragsanklage ist in diesem Falle nicht zu erheben. Nur § 265 StGB. ist zu beachten.

KRG. 10 Art. II 1 c, StGB. §§ 211, 212, 43, 52, StPO. §§ 264, 265.

Strafsenat. Urt. vom 26. April 1949 g. H. StS 129/48.

I. Schwurgericht Kiel.

Wenn auch das angefochtene Urteil zu ungunsten des Angeklagten keinen Rechtsirrtum aufweist, so ist es doch insofern fehlerhaft und die Revision der Staatsanwaltschaft begründet, als es den Unrechts- und Schuldgehalt des Gesamtgeschehens weder nach Art. II 1 c des KRG. 10, noch bei deutschrechtlicher Betrachtungsweise ausschöpft. Das angefochtene Urteil stellt fest, daß Christian Z. im Lager K. nicht nur zweimal aufs schwerste körperlich mißhandelt, sondern auch sonst in vielfältiger Weise gequält und entwürdigend behandelt wurde. So wurde er, obwohl er an einer schmerzhaften Fußverletzung litt, nicht nur zu schweren körperlichen Arbeiten herangezogen, sondern auch gezwungen, in Holzschuhen am Exerzierdienst teilzunehmen. Im Anschluß an eine der schweren Mißhandlungen wurde noch eine fünftägige, entbehrungsreiche Haft über ihn verhängt, alsdann wurde er gezwungen, in kaltem Wasser zu baden, ohne daß er sich abtrocknen konnte. Am Abend des 4. Oktober 1933 wurde er im Nachthemd aus der Unterkunft gejagt, mußte sich so beim Lagerkommandanten melden, wo er unter Beschimpfung und Drohungen sein „freiwilliges" Einverständnis mit seiner Überführung in das Kozentrationslager Papenburg erklären sollte. Dabei wurde er zum Selbstmord gedrängt und schließlich in einen Wald geführt, wo er „gerichtet" werden sollte. An allen diesen Vorfällen war auch der Angeklagte beteiligt. Sie zeigen, über welche Vielfalt an Mitteln er und der Lagerkommandant verfügten, einen in ihre Gewalt gegebenen Menschen zu entwürdigen, zu zermürben und sich gefügig zu machen. Es wäre verfehlt, alle die Quälereien für sich und ohne Rücksicht auf das Gesamtgeschehen zu betrachten und ihnen die zum Tatbestande des Unmenschlichkeitsverbrechens gehörende überpersönliche Wirkung etwa deshalb abzusprechen, weil sie — zum Unterschiede von den Körperverletzungen — für sich allein keine nachhaltigen Folgen hatten. Bei Berücksichtigung aller Umstände, unter denen Z. im Lager leben mußte, kennzeichneten auch die weiteren erwähnten Quälereien das Menschenunwürdige seiner Lage und seines Zustandes, schon weil er ihnen wehrlos und schutzlos ausgeliefert war. Soweit der Angeklagte an ihnen beteiligt ist, muß deshalb sein Verhalten auch in allen diesen Fällen als Verbrechen gegen die Menschlichkeit beurteilt werden.

Bei deutschrechtlicher Betrachtung kommt, soweit der Zwang zum Baden im kalten Wasser zu beurteilen ist, Körperverletzung im Amt (§ 340 StGB.), in sämtlichen Fällen zudem Nötigung im Amt in Betracht. Der § 339 StGB. ist zwar durch die VO. vom 29. 5. 1943 aufgehoben. Er galt jedoch z. Zt. der Tat und ist gemäß § 2a Abs. 2 StGB. auf den vorliegenden Fall anwendbar, weil er im Verhältnis zu der an seine Stelle getretenen erweiterten Fassung des § 240 StGB. das mildere Gesetz ist. Soweit der Angeklagte und der Lagerkommandant darauf hinwirkten, Z. zum Selbstmord zu veranlassen, kam — worauf der Generalstaatsanwalt mit Recht hingewiesen hat — die Würdigung des Sachverhalts auch unter dem Gesichtspunkt des versuchten Mordes oder Totschlags in Betracht. Damit, daß die beiden Täter vor Z. eine geladene Pistole hinlegten, verfolgten sie ersichtlich den Zweck, ihn zum Selbstmord zu bestimmen. Die Absicht, sich Z.s auf diese Weise zu entledigen, kam deutlich darin zum Ausdruck, daß der Lagerkommandant nach Rückkehr ins Zimmer in Wut über das Mißlingen des Anschlags unter Zustimmung des Angeklagten äußerte, Z. sei zu feige, sich zu erschießen, obwohl sein Leben ohnehin verpfuscht sei. Die bisherigen Feststellungen des Schwurgerichts legen auch die Annahme nahe, daß die Angst vor weiteren schweren Mißhandlungen auf den Entschluß Z.s zum Selbstmord bestimmend wirken sollte. War das aber der Fall, dann lag nicht nur erfolglos gebliebene Anstiftung zum straflosen Selbstmord vor, sondern es kam möglicherweise versuchter Mord oder versuchter Totschlag, begangen in m i t t e l b a r e r Täterschaft, in Betracht. Das zeigt folgende Überlegung: Denkt man sich den Fall, daß die Täter durch Gewalt oder durch Drohung mit gegenwärtiger, auf andere Weise nicht anwendbarer Gefahr für Leib oder Leben Z. dazu gebracht hätten, einen a n d e r e n zu töten, so hätten sie sich der vorsätzlichen Tötung dieses anderen, begangen in mittelbarer Täterschaft, schuldig gemacht, während Z. nach § 52 StGB. straffrei bliebe (vgl. RGSt. Bd. 64 S. 32). Beschränkten sie die Willensfreiheit Z.s auf diese Weise und benutzten sie ihn als Werkzeug nicht zur Tötung eines anderen, sondern zu seiner eigenen Tötung, so waren sie auch dafür als mittelbare Täter strafrechtlich verantwortlich. Daß sich das Opfer, so in seiner Willensfreiheit beschränkt, selbst das Leben nahm, wäre ohne Einfluß auf die strafrechtliche Würdigung. Erreichten ihre Gewalt oder ihre Drohungen einen Grad, der geeignet war, Z. die Handlungsfreiheit zu nehmen und ihn so zum Selbstmord zu treiben, und handelten die Täter in dieser Vorstellung, so müßte mithin ihr Verhalten als versuchter Mord oder versuchter Totschlag gewürdigt werden. Denn wenn Z. in einem seine strafrechtliche Verantwortlichkeit ausschließenden Zustande Hand an sich legen, also als Werkzeug handeln sollte, dann müssen schon diejenigen Handlungen, die ihn in diesen Zustand nach der Vorstellung der Täter versetzen sollten, als Beginn der Ausführung angesehen werden.

Ebenso war es geboten, die im unmittelbaren Anschluß an diesen Vorgang erfolgende, vom Schwurgericht deutschrechtlich nur als gefährliche Körperverletzung im Amt gewürdigte schwere Mißhandlung unter dem Gesichtspunkt des versuchten Mordes oder des versuchten Totschlags zu prüfen. Hierbei zeigt sich, daß das Verfahren des Schwurgerichts, aus einem zusammengehörenden Gesamthergang nur einen Teilvorgang herauszugreifen und rechtlich zu würdigen, selbst dort zu einem unrichtigen Ergebnis geführt haben kann, wo das Gericht den Sachverhalt einer rechtlichen Beurteilung unterzogen hat. Da die beiden Täter unmittelbar, ehe sie sich wütend auf ihr Opfer stürzten und es bis zur Bewußtlosigkeit mit Gummiknüppeln schlugen, es zum Selbstmord treiben wollten und unmittelbar nachher in den Wald führten, um es, wie sie erklärten, zu „richten", lag die Annahme nicht fern, daß sie auch bei der dazwischen liegenden Mißhandlung den Tod des Opfers als möglich ansahen und diese Folge billigten. Aus ihrem vor und nach der Mißhandlung liegenden Verhalten geht jedenfalls hervor, daß sie den Gedanken, den Tod Z.s herbeizuführen, ernstlich hegten. Deshalb war die Prüfung geboten, ob sie nicht auch bei der Mißhandlung mindestens mit bedingtem Tötungsvorsatz handelten.

Auch mit dieser ergänzenden Würdigung des Verhaltens des Angeklagten gegenüber Christian Z. ist die strafrechtliche Beurteilung des Gesamthergangs noch nicht ausgeschöpft. Das Schwurgericht hat festgestellt, daß der Angeklagte einen in der Nähe als Gärtner beschäftigten Häftling durch zwei Wachleute niederschlagen ließ, als dieser voll gerechter Empörung die erste Mißhandlung Z.s durch den Angeklagten als Feigheit bezeichnete. Auch insoweit ist der Tatbestand des Verbrechens gegen die Menschlichkeit (Art. II 1 c KRG. 10) in Tateinheit mit Körperverletzung im Amt (§ 340 StGB.) gegeben.

Daß der Angeklagte und der Lagerkommandant dicht am Ohr eines Geistesgestörten unvermutet ihre Pistolen abfeuerten und diesen dadurch in Todesangst versetzten, ist vom Schwurgericht ebenfalls zu Unrecht strafrechtlich nicht gewürdigt. Daß der Angeklagte an dieser Roheit sein besonderes Vergnügen hatte, zeigt besonders deutlich, daß sein Verhalten der völligen Mißachtung alles Menschlichen entsprang. Wenn es sich auch um einen Geistesgestörten handelte, so verkörperte doch auch er die unveräußerlichen Menschenrechte und -werte. Auch dieser rohe und empörende Spott und Hohn mit einem Menschen, dem jeder natürlich und menschlich Empfindende nur Mitleid und Fürsorge zuwenden würde, muß deshalb als Verbrechen gegen die Menschlichkeit angesehen werden. Eine Bestrafung wegen Bedrohung (§ 241 StGB.), die bei deutschrechtlicher Betrachtung dieses Vorganges in Frage käme, scheidet wegen Verjährung aus (OGHSt. Bd. 1 S. 203). Schließlich kam noch in Betracht, daß das Schwurgericht jenen andern Vorfall als Unmenschlichkeitsverbrechen in Tateinheit mit Nötigung im Amt, gegebenenfalls auch mit Körperverletzung im Amt würdigte, wo sämtliche Häftlinge in kalter Nacht barfuß und im Hemd die Unterkunft verlassen und um den Platz laufen mußten. Ob und in welcher Weise der Angeklagte dabei mitwirkte, wird noch aufzuklären sein.

Nach den Grundsätzen, die der Senat in den Entscheidungen OGHSt. Bd. 1 S. 1 [3] und S. 153 [158] dargelegt hat, müssen die mehreren Fälle des Unmenschlichkeitsverbrechens im Rechtssinne als e i n Verbrechen gegen die Menschlichkeit angesehen werden. Die überpersönliche Natur des verletzten Rechtsguts, das durch Art. II 1 c des KRG. 10 geschützt werden soll, verlangt, daß eine Mehrheit von Willensbetätigungen unter dem Gesichtspunkt des Unmenschlichkeitsverbrechens zu einer rechtlichen Einheit u. U. auch dann zusammengefaßt wird, wenn die Voraussetzungen des Fortsetzungszusammenhanges oder der natürlichen Handlungseinheit im deutschrechtlichen Sinne nicht gegeben sind. Auch dem deutschen Strafrecht ist eine solche Berücksichtigung des Schutzgedankens eines Strafgesetzes nicht fremd. So hat auch das Reichsgericht zu § 49 b StGB. a. F. in einem Falle nachträglicher Ausdehnung der Mordverabredung auf weitere Personen entschieden, daß die Anzahl der im Einzelfall durch eine Mehrheit von Mordverabredungen bedrohten Menschen ohne entscheidenden Einfluß auf die Frage sei, ob eine oder mehrere strafrechtliche Handlungen vorlägen und hat dabei ausdrücklich auf den durch § 49 b StGB. bezweckten Schutz der öffentlichen Ordnung hingewiesen (RGSt. Bd. 69 S. 168). Voraussetzung für die Zusammenfassung einer Mehrheit von Willensbetätigungen zu *einem* Verbrechen gegen die Menschlichkeit ist jedoch, daß sie aus der *gleichen tatsächlichen Lage* und aus den *gleichen Antrieben* begangen sind und dadurch in einem gewissen sachlichen, zeitlichen und auch örtlichen Zusammenhange stehen. Wann sie gegeben ist, kann nur von Fall zu Fall unter Berücksichtigung aller Umstände entschieden werden. Dabei ist, worauf das Oberlandesgericht Braunschweig in einem Beschlusse vom 25. 2. 1949 — Ss 64/48 — mit Recht hinweist, auch zu beachten, daß eine übermäßige Ausweitung des Begriffs der Einheitstat wegen der damit verbundenen Wirkungen für die Rechtskraft zu unangemessenen Folgen führen und die gerechte Ahndung anderer Untaten derselben Täter vereiteln könnte. Im vorliegenden Falle bestehen keine Bedenken dagegen, alle vom Schwurgericht festgestellten Verfehlungen des Angeklagten als *ein* Verbrechen gegen die Menschlichkeit anzusehen, zu dem die gleichzeitig vorliegende Verletzung deutscher Strafgesetze, auch wenn bei ausschließlich deutschrechtlicher Betrachtung insoweit selbständige Handlungen gegeben sind, im Verhältnis der Tateinheit (§ 73 StGB.) steht. Denn die Handlungen des Angeklagten fallen zeitlich sämtlich in die wenigen Wochen seiner Tätigkeit als Wachmann und Adjutant des Lagerleiters in dem Lager K. im Sommer und Herbst 1933. Sie betrafen auch nur die in diesem Lager untergebrachten Häftlinge. Sie weisen mithin den erforderlichen engen zeitlichen, örtlichen, sachlichen und persönlichen Zusammenhang auf.

Weil die vom Schwurgericht zu Unrecht nicht gewürdigten Teilvorgänge des von ihm festgestellten Gesamthergangs unter dem Gesichtspunkt des Unmenschlichkeitsverbrechens keine selbständigen Verwirklichungen des verbrecherischen Tatbestandes sind, sondern mit den schon gewürdigten Vorgängen in dem dargelegten Sinne eine rechtliche Einheit bildeten, waren auch keine verfahrensrechtlichen Schwierigkeiten zu überwinden. Auch wenn die Anklageschrift nur die beiden Fälle der Mißhandlung des Christian Z. aufgeführt hatte, so bildete doch der gesamte, vom Schwurgericht festgestellte Sachverhalt die in der Anklage bezeichnete Tat, wie sie sich nach dem Ergebnis der Hauptverhandlung darstellt (§ 264 StPO.). Das Gericht war deshalb zur Untersuchung und Aburteilung dieses gesamten Sachverhalts unter dem Gesichtspunkt des Art. II 1 c des KRG. 10 nicht nur berechtigt, sondern verpflichtet. Der Erhebung einer Nachtragsanklage bedurfte es nicht. Nur die Vorschrift des § 265 StPO. war zu beachten . . .

Die Entscheidung entspricht dem Antrage des Generalstaatsanwalts.

---

3. 1. Bei einem als Verbrechen gegen die Menschlichkeit zu beurteilenden Gesamthergang ist das Gericht verpflichtet, alle Teilvorgänge zu würdigen, die als Beitrag zum Verbrechen gegen die Menschlichkeit in Betracht kommen.

2. Ursächlichkeit der Unterlassung beim Verbrechen gegen die Menschlichkeit und bei gefährlicher Körperverletzung. Auch die bewußte Herbeiführung eines rechtswidrigen Zustandes kann die Verpflichtung zum Handeln begründen.

3. Freiheitsberaubung im Amt liegt auch vor, wenn der Täter die rechtswidrige Festnahme nicht hindert, obwohl er amtlich dazu verpflichtet ist.

KRG. 10 Art. II 1 c; StGB. §§ 223a, 341; StPO. §§ 264, 265.

Strafsenat. Urt. v. 20. April 1949 g. Sch. u. a. StS 143/48.

I. Schwurgericht Braunschweig.

Was beide Angeklagten dem Synagogenverwalter N. angetan haben, ist vom Schwurgericht rechtlich nur unzulänglich gewürdigt. Was ihm ir der Nacht zum 10. November 1938 im Zusammenhang mit der Judenverfolgung widerfahren ist, die sich über ganz Deutschland erstreckte, ist vom Anfang bis zum Ende ein Verbrechen gegen die Menschlichkeit. Ohne daß irgendwie Verdacht einer strafbaren Handlung oder sonst ein rechtfertigender Anlaß gegeben war, wurde er auf „Befehl", vermutlich des ortsfremden SS-Sturmführers v. T., von Sch. und zwei SS-Männern nächtlicherweise in seiner Wohnung heimgesucht, in der er mit seiner Familie im Schlafe lag; er mußte eine Durchsuchung über sich ergehen lassen und wurde dann, obwohl auch diese nichts Belastendes ergeben hatte, zunächst zur Polizeiwache und von dort weiter zur brennenden Synagoge gebracht. Dort wurde er brutal beleidigt und mißhandelt. Als man ihn schließlich von dort zur Polizeiwache zurückführte, wurde er hinterrücks niedergeschossen. Während er zusammengebrochen am Boden lag, bildete sich um ihn eine Menschenansammlung, aus der heraus er mit Füßen getreten wurde. Im Polizeigewahrsam, in den er sodann verbracht wurde, wurde er weiter in derselben Weise mißhandelt. Vier Tage später ist er infolge der Schußverletzung gestorben.

Daß diese Behandlung ein einziges Verbrechen gegen die Menschlichkeit im Sinne des Art. II 1 c KRG. 10 ist, bedarf keiner näheren Ausführung und wird auch vom Schwurgericht nicht verkannt. Es ist jedoch der Auffassung, daß die von den Angeklagten dazu geleisteten Beiträge nicht den Tatbestand des Art. II 1 c, 2 KRG. 10 verwirklichen, weil sie sich nur einen örtlichen Ausbruch von Rassenhaß vorgestellt hätten. Diese Ansicht ist in mehrfacher Beziehung rechtsirrig. Schon nach dem äußeren Tathergang hat das Schwurgericht nicht alle Handlungen des Angeklagten als Beitrag zu dieser Unmenschlichkeit gewürdigt, die eine solche Beurteilung erforderten. Diese fehlerhafte Behandlung der Frage, was im einzelnen schon äußerlich als Beitrag zum Unmenschlichkeitsverbrechen angesehen werden muß, hat den Rechtsirrtum bei der Behandlung der inneren Tatseite zur Folge.

Der Angeklagte Sch. war der Anführer bei dem Eindringen in die Häuslichkeit des N.; er holte ihn auch, sich dazu drängend, von der Polizeiwache zur Brandstätte. Auf den „Befehl" des Angeklagten I., des Polizeiverwalters, ging er dann mit N. von der Brandstelle zurück zur Polizeiwache, zu der er den N. zurückführen sollte. Bei dem, was unterwegs geschah, war er unmittelbar zugegen. Daß er an dem Niederschießen N.s beteiligt war, hat sich allerdings nicht feststellen lassen, auch nicht, daß er zu denen gehörte, die den am Boden liegenden N. getreten haben. Das Schwurgericht stellt aber fest, daß er sich nicht nur in der Menschengruppe befand, die N. mißhandelte, sondern daß er diese Mißhandlung ebenfalls wollte und billigte und durch seine Anwesenheit in NSKK-Uniform diejenigen, die die Mißhandlung begingen, in ihrem Verhalten bestärkte. Von diesem Gesamtverhalten greift das Schwurgericht nur die Anwesenheit des Angeklagten bei der Mißhandlung des schwer verwundeten N. heraus und glaubt, daß sie allein strafrechtlicher Würdigung zugänglich sei. Das ist rechtlich fehlerhaft. Schon die nächtliche Haussuchung in der Wohnung N.s und seine Festnahme durch den Angeklagten waren rechtswidrig. Es handelte sich schon dabei um offensichtliche Akte der Willkür, denen N. nur deshalb ausgesetzt war, weil er Jude war. Die Durchsuchung der Wohnung nach Waffen war offensichtlich nur ein Vorwand, an den auch der Angeklagte nicht glaubte. Daß er eine andere Auffassung gehabt haben könnte, scheidet nach den Feststellungen des Schwurgerichts aus; denn die Bemerkung des SS-Sturmführers von T., in E. lebe kein Jude mehr, er erwarte, daß die Kameraden in S. auch ihre Pflicht täten, wie die Äußerung des Angeklagten, N. solle gleich an Ort und Stelle „erledigt" werden, zeigen unzweideutig, daß von T., der sich die Leitung des ganzen Unternehmens angemaßt hatte, und der Angeklagte, der sich als ein diensteifriger Helfer betätigte, sich über die wahre Natur ihres Verhaltens im klaren waren und daß insbesondere der Angeklagte wußte, daß er nicht nur selbst mit N. willkürlich und gewaltsam verfuhr, sondern ihn auch bewußt weiteren willkürlichen und gewaltsamen Maßnahmen aussetzte. Darin, daß er kurze Zeit später auf Befehl I.s dienstbeflissen N. zur brennenden Synagoge holte, damit dieser sich dort als

Brandstifter verantworte, lag ein weiterer wesentlicher Beitrag des Angeklagten. Da er genau wußte, daß N. in den Stunden vorher auf der Polizeiwache und schlafend in seiner Wohnung gewesen war und deshalb am Brande unschuldig war, liegt auch die Annahme nahe, daß er die Verhöhnung durchschaute, die darin lag, daß man N. überhaupt als Brandstifter zur Rede stellte, und daß er weiter beim Herbeiholen N.s in dem Bewußtsein handelte, diesen damit unberechenbaren Willkürakten und Gewalttätigkeiten auszuliefern. Dazu wird das Landgericht bei der neuen Verhandlung also nähere Feststellungen treffen müssen. Ergibt sich dabei, daß sich der Angeklagte dessen bewußt war oder auch nur damit rechnete, durch das Herbeiholen N.s diesen einem gefährlichen, unberechenbaren Schicksal zu überantworten, dann wäre er strafrechtlich unter dem Gesichtspunkt des Unmenschlichkeitsverbrechens auch für all das verantwortlich, was an Beschimpfungen, Mißhandlungen und Bedrohungen N. vor der brennenden Synagoge angetan wurde. Auch das Verhalten des Angeklagten, als der todwunde und hilflos auf der Straße liegende N. von der Menschenmenge in rohester Weise getreten wurde, ist nicht nur als Verletzung deutschrechtlicher Strafgesetze, sondern auch als Beitrag zum Unmenschlichkeitsverbrechen zu würdigen. Das gilt schon deshalb, weil das Schwurgericht rechtlich bedenkenfrei insoweit nicht nur eine Unterlassung, sondern ein tätiges Handeln festgestellt hat, würde aber auch dann zu gelten haben, wenn eine solche tätige Teilnahme nicht festzustellen wäre. Denn der Angeklagte hatte N. zur Polizeiwache zu bringen. Dieser war damit tatsächlich vollständig in seine Gewalt gegeben. Daraus erwuchs dem Angeklagten die Verpflichtung, Angriffe gegen seinen Schutzbefohlenen zu unterbinden und zu verhindern. Diese Verpflichtung setzte keinen bürgerlich- oder öffentlichrechtlich gültigen Auftrag voraus. Sie findet vielmehr in dem unter Mitwirkung des Angeklagten geschaffenen tatsächlichen Verhältnis zwischen dem Angeklagten und N. ihre Grundlage. In der Rechtsprechung wird auch sonst allgemein anerkannt, daß sich diese Verpflichtung aus vorangegangenem Tun ergeben kann, wobei es nicht entscheidend darauf ankommt, ob die Gefahrenlage von dem zum Handeln Verpflichteten bewußt oder unbewußt, verschuldet oder unverschuldet herbeigeführt ist. Es ist deshalb in diesem Zusammenhange gleichgültig, ob die über N. verhängte „Schutzhaft" rechtmäßig oder rechtswidrig war. Denn auch aus einem rechtswidrigen Verhalten können bestimmte Rechtspflichten erwachsen. Hatte der Angeklagte Sch. nach alledem die Verpflichtung, die Mißhandlung seines Schutzbefohlenen zu verhindern, dann bedeutet auch die bloße pflichtwidrige Unterlassung eine Ursache für den Erfolg, wenn ihm ein Handeln möglich war, und es müßte auch in einer solchen Unterlassung ein ausreichender Beitrag zum Verbrechen gegen die Menschlichkeit erblickt werden, wenn und soweit dessen sonstige Merkmale verwirklicht sind.

Daß dieses gegen N. gerichtete Verhalten des Angeklagten und das dem Opfer zugefügte Leid im engsten Zusammenhang mit der nationalsozialistischen Gewalt- und Willkürherrschaft stand, unterliegt keinem Zweifel. Die Ereignisse in S. in der Nacht zum 10. November 1938 und das Verhalten des Angeklagten dabei waren nur ein Teilstück des gegen die Juden in ganz Deutschland gerichteten Verfolgungsfeldzuges. Es fehlte auch an jedem Anzeichen dafür, daß sich der Angeklagte, was für die innere Tatseite genügt, dieser Umstände nicht bewußt gewesen sein sollte. Denn seit Jahren stellte die nationalsozialistische Propaganda den Juden als „Untermenschen" hin, der außerhalb der Volksgemeinschaft stehe. Durch zahlreiche Anordnungen und Maßnahmen waren sie in ihren bürgerlichen Rechten beschnitten und in ihrem Beruf und ihrer Bewegungsfreiheit beschränkt. Zahllose Übergriffe einzelner und staatlicher oder parteiamtlicher Dienststellen, von der nationalsozialistischen Führung gewünscht und gefördert, mindestens aber geduldet, hatten schon vor den Vorgängen im November 1938 für die Juden in Deutschland einen Zustand der Rechtlosigkeit geschaffen. Diese offenkundigen Tatsachen hat das Schwurgericht bei der Würdigung des Sachverhalts nicht berücksichtigt und kommt so zu dem befremdenden Ergebnis, die Angeklagten hätten sich nur einen örtlichen Ausbruch des Rassenhasses vorgestellt. Unter Verkennung der Lage, wie sie schon vor den Ausschreitungen im November 1938 bestand, glaubt das Schwurgericht die gegenteilige Feststellung nur treffen zu können, wenn die Angeklagten gewußt hätten, daß „in diesem Augenblick im ganzen deutschen Reich oder auch nur im Lande Braunschweig systematisch eine Judenverfolgung mit Massenverhaftungen und Synagogenverbrennungen im Gange war". Es übersieht, daß diese systematische Judenverfolgung längst betrieben wurde, wenn sie auch bisher noch nicht diesen Grad und Umfang erreicht hatte, daß auch den Angeklagten dieser Umstand nicht verborgen geblieben sein kann und ein Handeln in diesem Bewußtsein auch in ihrer Vorstellung den Zusammenhang zwischen ihrem Verhalten und der nationalsozialistischen Gewalt- und Willkürherrschaft herstellte . . . . (Es folgen Ausführungen zu den §§ 223a, 123, 239, 341, 226, 125, 340, 359 StGB.).

Beim Angeklagten J. kommt neben dem vom Schwurgericht angewendeten § 340 StGB. vor allem Freiheitsberaubung mit Todeserfolg im Amt (§§ 341, 239 Abs. 3 StGB.) in Frage. Ihr Tatbestand ist nicht nur gegeben, wenn der Angeklagte selbst den Befehl zur Festnahme der Juden gab, sondern auch dann, wenn von T. den Befehl erteilte und der Angeklagte die Festnahme nur vornehmen ließ. Der Begriff des Vornehmenlassens in § 341 StGB. ist, wie der Begriff des Geschehenlassens in § 340 StGB., dahin auszulegen, daß eine innerhalb der amtlichen Befugnisse sich bewegende tätige Mitwirkung nicht erforderlich ist, daß es vielmehr genügt, wenn der Täter die rechtswidrige Verhaftung, vorläufige Ergreifung, Festnahme oder Zwangsgestellung nicht hindert, obwohl er dazu amtlich verpflichtet ist (vgl. RG. DR. 1938 S. 1311, auch RGSt. Bd. 66 S. 60 und Bd. 74 S. 37). Die Haltung, die der Angeklagte gegenüber den Anordnungen von T.s einnahm, brachte im übrigen schon nach den bisherigen Feststellungen unmißverständlich seine Zustimmung zu dieser Maßnahme zum Ausdruck. Das zeigt sich u. a. deutlich darin, daß er den festgenommenen N. zur Brandstätte holen und anschließend wieder zur Polizeiwache zurückführen ließ. Sein Verhalten erschöpfte sich also nicht in der Unterlassung, sondern bedeutete auch ein tätiges Handeln. Deshalb ist es auch ohne Bedeutung, ob der Angeklagte überhaupt durch einen Widerspruch gegen die Anordnungen von T.s die Verhaftung der Juden hätte verhindern können. Darauf könnte es, was hier dahingestellt bleiben kann, allenfalls ankommen, wenn dem Angeklagten nur eine Unterlassung und nicht auch, wie hier, ein Handeln zum Vorwurf gemacht werden könnte. Zur inneren Tatseite der Freiheitsberaubung enthält das angefochtene Urteil zwar die Bemerkung, die damals vorgenommenen Verhaftungen allein hätten nicht so sehr gegen jedes Rechtsgefühl verstoßen, daß dem Angeklagten I. die Rechtswidrigkeit ohne weiteres hätte zum Bewußtsein kommen müssen. Diese auffällige Auffassung steht im Widerspruch zu den vom Schwurgericht selbst sonst festgestellten Tatsachen, vor allem zum Synagogenbrande und den anmaßenden und blutrünstigen Reden von T.s. Auch hier verfällt das Schwurgericht in den Fehler, daß es bei der Beurteilung des Sachverhalts die Zusammenhänge nicht ausreichend berücksichtigt. . . .

---

4. KRG. 10 II 1 c. Anzeigefall. Äußerer Tatbestand. Maßnahmen gegen Kriegsgegner und Strafbarkeit kriegsgegnerischer Äußerungen unter rechtsstaatlichen Verhältnissen.

KRG. 10 Art. II 1 c.

Strafsenat. Urt. vom 10. Mai 1949 g. P. StS 156/48.

I. Schwurgericht Hamburg.

Aus den Gründen:

Der Angeklagte ist wegen Verbrechens gegen die Menschlichkeit in Tateinheit mit Freiheitsberaubung (§ 239 Abs. 1, 2 StGB.) zu 3 Monaten Gefängnis verurteilt. Seine Sachrüge ist im Ergebnis erfolglos.

Das angegriffene Urteil, das von der Rechtsprechung des Obersten Gerichtshofs zum KRG. 10 II 1 c ausgeht, läßt insoweit keinen Rechtsfehler erkennen. Es stellt in tatsächlicher Beziehung für das Revisionsgericht bindend und in Übereinstimmung mit der Erfahrung fest, daß Sch. durch die Anzeige des Angeklagten in die Gefahr geraten ist, „wegen einer privaten, antinationalsozialistischen und kriegsfeindlichen Äußerung in der damals systematisch geübten Weise als politischer Gegner verfolgt zu werden, ohne daß für Gerechtigkeit und Rechtssicherheit irgendeine Gewähr bestand". Das Schwurgericht stellt weiter auch fest, daß Sch. insgesamt 3 Monate in Haft war, davon 1 Monat in Stapohaft, und daß er mehrfach mißhandelt und während seiner Vernehmungen unwürdig, insgesamt also willkürlich, nicht rechtsstaatlich, behandelt worden ist. Bei dieser tatrichterlichen Würdigung des Hergangs, die keinen Rechtsfehler erkennen läßt, ist die von der Revision betonte Frage, inwieweit auch Rechtsstaaten ähnliche Äußerungen im Kriege für strafwürdig halten könnten und gehalten haben, unerheblich. Der grundlegende, häufig verkannte, für die Anwendung des KRG. 10 II 1 c aber entscheidende Unterschied beider Gesichtspunkte liegt darin, daß ein Rechtsstaat grundsätzlich nur kriminalpolitisch echtes Unrecht unter Rechtsgarantien verfolgt und bestraft. Gelegentliche Verstöße hiergegen bilden die seltene Ausnahme. Auch innenpolitische, vorbeugende Kriegsmaßnahmen solcher Staaten, wie die Internierung von Ausländern und Kriegsgegnern, geschehen nach Rechtsgrundsätzen. Der nationalsozialistische Staat dagegen verfuhr, wie offenkundig ist, vor allem mit politischen Gegnern unbeschadet dessen, ob ihnen echte Straftaten zur Last fielen, grundsätzlich nach Belieben und durchaus willkürlich, wenn auch, wiederum nach seinem Belieben, hier und da in verfahrensrechtlichen Formen. Dies bedarf nach den Feststellungen des Nürnberger Prozesses gegen die Hauptkriegsverbrecher und im Juristenprozeß keiner näheren Begründung mehr. Diesen geschichtlich erwiesenen Unterschied der Sachlage verkennt die Revision bei ihrem Vergleich. Daher ist die Feststellung des Tatrichters, der Angeklagte habe Sch. durch einen mit der nationalsozialistischen Willkürherrschaft zusammenhängenden, bewußten Angriff in tatbestandsmäßiger Weise geschädigt, rechtlich nicht zu beanstanden. Zutreffend ist es auch, daß der Angriffswille des Angeklagten nicht davon abhängt, ob er sich von vornherein eine Verfolgung durch die Staatspolizei vorgestellt hat. Denn der Tatrichter stellt fest, daß ihm jedenfalls eine politische Verfolgung durch die Partei oder die Staatspolizei als möglich vorgeschwebt hat . . . (Es folgen Ausführungen zur inneren Tatseite).

Die Verurteilung des Angeklagten wegen Freiheitsberaubung in mittelbarer Täterschaft kann dagegen nicht bestehen bleiben. Das KRG. 10 ist in Anzeigefällen lex specialis, soweit das strafrechtlich erhebliche Angriffsverhalten des Täters nicht schon für sich allein, ohne die Mitwirkung anderer, den Tatbestand eines deutschen Strafgesetzes verwirklicht. Insoweit sei auf die eingehenden Ausführungen des Urteils OGHSt. Bd. 1 S. 105, 108 verwiesen. Der letztere Fall liegt hier aber nicht vor. Der Schuldspruch war daher in entsprechender Anwendung des § 354 Abs. 1 StPO. durch das Revisionsgericht zu ändern. Der Strafspruch konnte dagegen bestehen bleiben. Die Beeinträchtigung Sch.s durch die Freiheitsentziehung gehört zum äußeren Tatbestande des Unmenschlichkeitsverbrechens und ist im Rahmen des KRG. 10 II 1 c für die Strafzumessung bereits berücksichtigt; sie bleibt insoweit als Strafzumessungsgrund bestehen. Gesichtspunkte, die, entgegen den bisherigen tatrichterlichen Zumessungserwägungen, für eine weitere Strafmilderung sprächen, sind durch den Wegfall des rechtlichen Gesichtspunkts der Freiheitsberaubung und die dadurch bewirkte Änderung des Schuldspruchs nicht hinzugetreten, zumal der Tatrichter dem Angeklagten bereits mildernde Umstände zuerkannt hat. Eine weitere Strafmilderung ist daher rechtlich ausgeschlossen.

---

5. 1. Die Vernehmung eines Zeugen wird nicht dadurch ausgeschlossen, daß er bis zu seiner Benennung als Zeuge und dem Beschluß, der seine Vernehmung anordnet, der Hauptverhandlung als Zuhörer beigewohnt hat.

2. Wer einen anderen tötet, kann sich von dem Zweck, eine andere Straftat zu verdecken, und zugleich von dem Bestreben, eine andere Straftat zu ermöglichen, leiten lassen. Auch der Versuch eines Verbrechens oder Vergehens ist in diesem Sinne eine andere Straftat, die durch die Tötung verdeckt werden kann.

3. Zur Abgrenzung des räuberischen Diebstahls vom Raub. Räuberischer Diebstahl i. S. des § 252 StGB. liegt nur vor, wenn der Diebstahl im Zeitpunkt der Gewaltanwendung vollendet war.

StGB. §§ 211, 249, 251, 252, StPO. § 58.

Strafsenat. Urt. vom 10. Mai 1949 g. O. StS 150/48.

I. Schwurgericht Hamburg.

Aus den Gründen:

Der wegen Diebstahls und Betruges vielfach vorbestrafte Angeklagte lernte im Sommer 1947 die in einem Behelfsheim bei H. wohnende, seit kurzem verwitwete Frau W. kennen und näherte sich ihr unter falschem Namen unter der Vorspiegelung ehrlicher Heiratsabsichten. Als er sie am 2. August 1947 zum zweitenmal besuchte, geschah es in der Absicht, die Zuneigung der Frau auszunutzen und sie zu bestehlen. Er wurde von ihr auch über Nacht aufgenommen. Während Frau W. schlief, begann er mit der Ausführung des geplanten Diebstahls, wurde jedoch von ihr überrascht, noch ehe er den Diebstahl beendet hatte. Um zu verhindern, daß sie Lärm schlug, machte er sie durch kräftige Faustschläge ins Gesicht „kampfunfähig" und fesselte ihr, um sie später am Nachlaufen zu verhindern, mit einem Wollschal die Beine. Erst als er sich überlegte, daß die bisherigen Maßnahmen nicht ausreichen würden, um vor Verfolgung sicher zu sein und den unterbrochenen Diebstahl zu Ende zu bringen, schlang er zunächst einen Schal und dann noch einen Strick mehrmals um ihren Hals und zog die Strickenden mit Tötungsvorsatz fest an. Der Tod der Frau trat infolge Erdrosselung ein. Alsdann führte er den Diebstahlsplan zu Ende und verließ mit einer Anzahl weggenommener Kleidungs- und Wäschestücke das Heim der Getöteten.

Der Revision des wegen Mordes in Tateinheit mit räuberischem Diebstahl (§§ 251, 252 StGB.) verurteilten Angeklagten ist im Ergebnis der Erfolg zu versagen.

Unbegründet ist die Rüge, daß Staatsanwalt Dr. K. als Zeuge vernommen worden sei, obwohl er der Verhandlung bis dahin als Zuhörer beigewohnt habe. Zwar bestimmt § 58 StPO., daß die Zeugen in Abwesenheit später abzuhörender Zeugen zu vernehmen sind. Zeuge im vorliegenden Verfahren wurde Staatsanwalt Dr. K. jedoch erst, als seine Vernehmung als Zeuge beantragt und beschlossen war Daß er nach diesem Zeitpunkt und vor seiner Vernehmung noch als Zuhörer der Hauptverhandlung und der Vernehmung anderer Zeugen beigewohnt hätte, wird von der Revision nicht behauptet. Aus der Sitzungsniederschrift ergibt sich vielmehr, daß er unmittelbar im Anschluß an den Beschluß, der seine Vernehmung als Zeuge anordnete, vernommen wurde. Die Vorschrift des § 58 StPO. ist auch nicht dahin auszulegen, daß niemand als Zeuge vernommen werden dürfe, der, ohne Zeuge zu sein, der Hauptverhandlung zum Teil beigewohnt habe. Das würde zu einer Beschränkung der Beweismittel führen, die durch kein sonstiges Interesse ausreichend gerechtfertigt wäre. Eine ersichtlich im Interesse der Wahrheitserforschung gegebene Vorschrift würde in ganz zweckwidriger Weise angewendet werden, weil sie sich durch die damit verbundene Einschränkung verfügbarer Beweismittel gerade als Erschwerung und Hindernis der Wahrheitsermittlung auswirken müßte. Auch wer einer Hauptverhandlung als Zuhörer beiwohnt, kann also jederzeit als Zeuge benannt und vernommen werden. Es ist Sache des richterlichen Ermessens, den Umstand, daß der Zeuge vor seiner Vernehmung der Hauptverhandlung beigewohnt hat, bei der Würdigung seiner Aussage zu berücksichtigen (vgl. RGSt. Bd. 1 S. 366 und Bd. 2 S. 53).

Zutreffend ist die vorsätzliche Tötung der Frau W. im angefochtenen Urteil auch als Mord gemäß § 211 StGB. gewürdigt worden, weil der Angeklagte handelte, um eine andere Straftat zu verdecken u n d zu ermöglichen. Diese Annahme des Schwurgerichts enthält keinen Widerspruch. Denn sie beruht auf der Feststellung, daß der Angeklagte noch in der Ausführung des Diebstahls begriffen war, als er sein Opfer tötete. Diese Feststellung wird durch die vom Schwurgericht für erwiesen erachteten Einzelheiten in ausreichender Weise getragen. Der vom Angeklagten vorgebrachte Erklärungsversuch ist vom Gericht mit Recht nicht nur für unglaubwürdig, sondern für widerlegt erachtet worden. Ein anderer als der vom Schwurgericht festgestellte Beweggrund ist auch als entfernte Möglichkeit nicht erkennbar und scheidet darum aus. Nur wenn der Angeklagte von Frau W. in der verfänglichen Lage des ertappten Diebes überrascht wurde, ist sein Handeln erklärbar. Der Diebstahl mußte also mindestens zu eindeutigen Versuchshandlungen gediehen sein. Andererseits war er aber auch noch nicht vollendet. Denn dazu hätte gehört, daß der Angeklagte die Herrschaft über die gestohlenen Sachen in der Weise erlangt hätte, daß er sie verwirklichen konnte, ohne durch die bisherige Gewahrsamsinhaberin daran gehindert zu werden. Dieser Zustand war noch nicht erreicht, solange sich die Sachen noch in der Wohnung der Frau W. befanden, weil die ungehinderte Herrschaft des Angeklagten über die Sachen, mochte er sie auch schon beiseitegelegt oder gar verpackt haben, von dem weiteren Umstande abhing, daß Frau W. nicht aufwachte und ihre noch mitbestehende Sachherrschaft wahrnahm. Als der Angeklagte sein Opfer tötete, lag also eine Straftat, der versuchte Diebstahl, schon vor und konnte „verdeckt" werden, während die Vollendung des Diebstahls noch bevorstand und durch die Tötung „ermöglicht" werden konnte. Auch das versuchte Verbrechen und dieses in der Form des noch nicht beendeten Versuchs ist eine „andere" Straftat im Sinne des § 211 StGB. Die Feststellung, daß sich der Angeklagte von beiden erwähnten Zweckvorstellungen leiten ließ, ist durchaus möglich und enthält keinen Widerspruch.

Dagegen ist die in tateinheitlichem Zusammentreffen mit dem Morde ausgesprochene Verurteilung des Angeklagten wegen räuberischen Diebstahls gemäß § 252 StGB. in Verbindung mit § 251 StGB. nicht frei von Rechtsirrtum. Die Anwendung des § 252 StGB. setzt voraus, daß der Diebstahl vollendet ist. Nur dann kann sich der Täter von der Absicht leiten lassen, sich im Besitz des gestohlenen Gutes zu erhalten, wie § 252 StGB. es voraussetzt. Das ist aber vom Schwurgericht gerade nicht festgestellt. Die Sachen befanden sich noch in der Wohnung der Frau W. Ihr Gewahrsam an ihnen war noch nicht vollständig gebrochen, sondern bestand mindestens neben demjenigen des Angeklagten noch fort. Das Schwurgericht hat im Zusammenhang mit § 211 StGB. zutreffend ausgeführt, daß die völlige Durchführung des erst in der Ausführung begriffenen — also noch im Versuchsstadium befindlichen — Diebstahls noch bevorstand; dann war aber § 252 StGB. unanwendbar. Da der Angeklagte das der Wegnahme während der Tatausführung sich entgegenstellende Hindernis beseitigte und die Gewaltanwendung gegen Frau W. das Mittel hierzu bildete, waren die §§ 249, 251 StGB. unmittelbar anzuwenden. Der Angeklagte hat sich mithin nicht des räuberischen Diebstahls gemäß §§ 252, 251 StGB., sondern des besonders schweren Raubes (§ 251 StGB.) schuldig gemacht. Auch dieser steht zum Mord im Verhältnis der Tateinheit (OGHSt. Bd. 1 S. 81 [86] und S. 133 [138]) . . .

---

6. 1. Zum Begriff des Unternehmens der Verleitung zur Rechtsbeugung. Der Landgerichtspräsident ist Vorgesetzter der Richter seines Bezirks, auch soweit es sich um ihre eigentliche richterliche Tätigkeit handelt, jedoch unbeschadet ihrer richterlichen Unabhängigkeit.

2. Zur Frage der Rechtsbeugung bei der Strafzumessung. Sie kommt nicht nur in dem Fall in Betracht, daß eine im Gesetz nicht vorgesehene Strafe verhängt wird, sondern kann auch gegeben sein, wenn der Richter auf eine innerhalb des gesetzlichen Strafrahmens liegende Strafe erkennt.

3. Der Vorgesetzte kann sich zur Verleitung jedes dazu geeigneten Mittels bedienen. Bei der Verleitung zur Rechtsbeugung braucht sein Vorsatz nicht notwendig die Kenntnis der Person zu umfassen, zu deren Gunsten oder Nachteil das Recht gebeugt werden soll.

4. Verbrechen gegen die Menschlichkeit durch ein Verhalten, das den bei einem Massenverbrechen eingetretenen Gesamterfolg fördert oder erleichtert.

KRG. 10 Art. II 1 c, 2, StGB. §§ 336, 357.

Strafsenat. Urt. vom 10. Mai 1949 g. M. StS. 39/49.

I. Schwurgericht Bonn.

Gründe:

Der Angeklagte war von 1933 bis zum Zusammenbruch Landgerichtspräsident in K. Er wirkte, vor allem während des Krieges, in vielfältiger Weise auf die ihm unterstellten Richter ein, um sie zur Verhängung härterer Strafen zu veranlassen. Wiederholt brachte er in persönlichen Gesprächen mit Richtern zum Ausdruck, daß sie die Strafjustiz hart handhaben müßten. Richtern, die zum Sondergericht berufen wurden, erklärte er, sie sollten dort die nötige nationalsozialistische Härte lernen. In anderen Fällen tadelte er in persönlichen Rücksprachen Richter, weil sie zu milde Urteile gefällt hätten. So rügte er einen Amtsgerichtsrat, der eine Frau wegen verbotenen Umgangs mit Kriegsgefangenen nur zu einer geringen Geldstrafe verurteilt hatte. Die Frau hatte einem Kriegsgefangenen ein Butterbrot und einen Schnaps als Dank dafür gegeben, daß er für sie einige Ausbesserungsarbeiten vorgenommen hatte. Dabei stellte er als Richtschnur auf: Ein Butterbrot — ein Jahr Gefängnis, ein Kuß — zwei Jahre Gefängnis, Geschlechtsverkehr — Kopf ab. In einem anderen Falle rügte er einen Richter, der einer nach dem Tarifvertrag begründeten Lohnklage eines Juden stattgegeben hatte und bemerkte auf die Gegenfrage des Richters, was er denn in diesem Falle getan hätte, er hätte den Juden „hinausgeschmissen". Auch die alljährlich stattfindenden Richterbesprechungen benutzte der Angeklagte dazu, Urteile aus seinem Bezirk wegen angeblich zu großer Milde scharf zu kritisieren. In fünf im angefochtenen Urteil näher erörterten Fällen versuchte er auch, in schwebende Verfahren einzugreifen und die beteiligten Richter durch Rücksprachen zur Verhängung schwerer Strafen, vor allem der Todesstrafe, zu veranlassen. So erklärte er u. a. in der im Jahre 1943 verhandelten Strafsache gegen H. u. A. wegen Kriegswirtschaftsverbrechens, in der den Angeklagten die Beiseiteschaffung von Textilwaren in großem Umfange vorgeworfen wurde, schon mehrere Tage vor der Verhandlung dem Vorsitzenden und einem Beisitzer des Sondergerichts, vor dem die Sache verhandelt werden sollte, es müßten dabei mindestens drei Todesurteile herauskommen. Am Verhandlungstage suchte er in einer Verhandlungspause den Sitzungssaal auf, sprach einen der Beisitzer an und äußerte, ohne vom bisherigen Verhandlungsergebnis Kenntnis zu haben, daß er bei drei von ihm namentlich bezeichneten Angeklagten die Todesstrafe für angebracht halte. Als ihm der Richter entgegnete, das Sondergericht werde nach seiner eigenen, im Laufe der Hauptverhandlung gewonnenen Überzeugung entscheiden, ließ er ihn gar nicht ausreden, sondern rief: „Die Rübe muß runter, der Gauleiter erwartet das." Darauf trat er an den zweiten noch am Richtertisch sitzenden Beisitzer heran und äußerte auch zu ihm, er hoffe, daß „bei dieser Sache etwa ein Vierteldutzend Rüben herunter" gingen. Als im Jahre 1942 nach schweren Luftangriffen auf K. „Plünderungskammern" als Bereitschaftsgerichte eingerichtet wurden und nach einem solchen Angriff die Mitglieder einer solchen Kammer auf den Eingang der ersten Sache warteten, erörterten sie mit dem gleichfalls anwesenden Angeklagten und dem Oberstaatsanwalt den Begriff der Plünderung. Als die erste Sache eingegangen war und der Oberstaatsanwalt über sie kurz berichtet hatte, erklärte der Angeklagte: „Meine Herren, da gibt es nur eine Parole: Kopf ab, ein Standardurteil!"

Daß der Angeklagte mit seinen Beeinflussungsversuchen Erfolg gehabt hat, ist nicht festgestellt.

Das Schwurgericht hat in diesem Sachverhalt weder ein Verbrechen gegen die Menschlichkeit (Art. II 1 c KRG. 10), noch ein Unternehmen der Verleitung zur Rechtsbeugung gefunden und deshalb den Angeklagten freigesprochen. Ein Unmenschlichkeitsverbrechen wird verneint, weil zu seinem Tatbestande gehöre, daß einem Menschen Schlimmes zugefügt werde. Daß das Verhalten des Angeklagten auch nur in einem Falle eine solche Wirkung gehabt habe, sei nicht dargetan. Ein strafbarer Versuch dieses Verbrechens liege nicht vor, weil dieser — nach der Rechtsprechung des OGH. — begrifflich unmöglich sei. Die Fälle, in denen der Angeklagte, ohne eine bestimmte Rechtssache im Auge zu haben, auf die Verhängung härterer Strafen hingewirkt und in persönlichen Rücksprachen oder im Rahmen allgemeiner Richterbesprechungen bereits ergangene Urteile als zu milde bemängelt habe, seien auch der Beurteilung unter dem Gesichtspunkte des Unternehmens der Verleitung zur Rechtsbeugung (§§ 357, 336 StGB.) nicht zugänglich. Denn mit der Kritik *ergangener* Urteile habe der Angeklagte nicht ihre *Abänderung* erstrebt. Soweit er mit dieser Kritik und mit allgemein gehaltenen Ausführungen über die Notwendigkeit einer harten Handhabung der Strafjustiz das Ziel verfolgt habe, daß in späteren Fällen schwerere Strafen verhängt würden, habe er ersichtlich keine *bestimmte* Rechtssache und keine bestimmte Partei im Auge gehabt. Ein Unternehmen der

Verleitung zur Rechtsbeugung liege aber nur vor, wenn der Vorgesetzte versuche, ihm unterstellte Richter zur Rechtsbeugung in einer bestimmten Rechtssache zum Nachteil einer bestimmten Partei zu veranlassen. Soweit der Angeklagte in schwebende Verfahren eingegriffen habe, sei zwar der äußere Tatbestand gegeben; es sei aber nicht völlig ausgeschlossen, daß der Angeklagte von der Richtigkeit und Gerechtigkeit der von ihm geforderten hohen Strafen überzeugt gewesen sei und nur den Willen gehabt habe, die ihm unterstellten Richter zu seiner Überzeugung hinzuführen, daß er aber nicht in seine Vorstellung und seinen Willen einbezogen habe, sie könnten als Folge seiner Einwirkungen entgegen ihrer eigenen Überzeugung die von ihm erwarteten oder geforderten Strafen verhängen. Es fehle mithin insoweit am Nachweis des inneren Tatbestandes.

Die Revision der Staatsanwaltschaft ist begründet.

Die Ausführungen des Schwurgerichts zu der Frage, ob sich der Angeklagte des Unternehmens der Verleitung zur Rechtsbeugung (§§ 357, 336 StGB.) schuldig gemacht habe, sind nicht frei von Rechtsirrtum, wenn es auch vielfach von zutreffenden rechtlichen Erwägungen ausgeht. So ist es insbesondere richtig, daß der Angeklagte als Landgerichtspräsident der „Amtsvorgesetzte" aller Richter des Landgerichts in K. war und diese seine „Untergebenen" im Sinne des § 357 StGB. waren. Allerdings haben die Richter zur Erfüllung ihrer Aufgabe kraft Gesetzes die Sonderstellung der Unabhängigkeit, wie sie in § 1 GVG. festgelegt ist und auch in Art. 102 der Weimarer Reichsverfassung übergegangen war. Auch die Mißbräuche der nationalsozialistischen Zeit haben diese Bestimmungen als Rechtssätze nicht beseitigt. Aber wie alle anderen Beamten, so unterstehen auch die Richter der Dienstaufsicht von Vorgesetzten. Das ist allgemein anerkannt und kommt auch in der Gesetzgebung deutlich zum Ausdruck. So war durch § 17 Nr. 2 der Preußischen Dienststrafordnung für die richterlichen Beamten vom 27. Januar 1932 (GS. S. 79) den Landgerichtspräsidenten die Dienstaufsicht über die richterlichen Beamten übertragen und diese wurden damit als ihnen „unterstehend" erklärt. Die Dienstaufsicht enthielt nach

§ 9 a.a.O. die Befugnis, die ordnungswidrige Ausführung eines Amtsgeschäftes zu rügen und zu dessen rechtzeitiger und sachgemäßer Erledigung zu ermahnen, eine Befugnis, die bezeichnend ist für das Verhältnis des Vorgesetzten zum nachgeordneten Beamten. Dem entsprach auch die reichsrechtliche Regelung, nachdem durch das Gesetz vom 24. Januar 1935 die Rechtspflege auf das Reich übergeleitet worden war. Im § 14 Abs. 1 Nr. 3 der VO. zur einheitlichen Regelung der Gerichtsverfassung vom 20. März 1935 (RGBl. I S. 403) ist bestimmt, daß die Landgerichtspräsidenten die Dienstaufsicht über die Gerichte ihres Bezirks auszuüben hätten, und im § 16 Abs. 1 hieß es weiter: „Wer die Dienstaufsicht über einen Beamten ausübt, ist Dienstvorgesetzter des Beamten." Die Einführung des deutschen Beamtengesetzes vom 26. 1. 1937 hat an diesem Rechtszustand nichts geändert.

Die Unabhängigkeit der Richter besteht darin, daß sie in ihrer rechtsprechenden Tätigkeit nur dem Gesetze unterworfen, an Weisungen ihrer Vorgesetzten jedoch nicht gebunden sind. Ergehen solche trotzdem, so haben sie ihnen gegenüber keine Gehorsamspflicht. Der Angeklagte hatte also als Landgerichtspräsident keine Befugnis, auf dem eigentlichen richterlichen Gebiete irgendeinen Einfluß auf die Tätigkeit der ihm unterstellten Richter auszuüben, und diese standen gegenüber allen Weisungen und Ratschlägen, die er ihnen auf dem Gebiete der Rechtsprechung etwa gleichwohl erteilte, völlig frei da. Dennoch hat der Angeklagte bei den ihm zur Last gelegten Äußerungen als Vorgesetzter der Richter gehandelt und ersichtlich auch handeln wollen, so daß die Anwendbarkeit des § 357 StGB. nicht etwa durch die Erwägung verneint werden kann, weil der Angeklagte auf dem Gebiete der Rechtsprechung kein Weisungsrecht gehabt habe, könne er, wenn er trotzdem ein solches auszuüben versucht habe, insoweit und in dieser Beziehung nicht als Vorgesetzter angesehen werden. Denn seine Dienstaufsicht erstreckte sich, wenn sie auch kein Weisungsrecht umfaßte, durchaus auch auf die eigentliche richterliche Tätigkeit, soweit sie nicht die richterliche Überzeugungsbildung unzulässig beeinflußte. Er war vor allem in der Lage und berechtigt, den ihm vorgesetzten Stellen der Justizverwaltung darüber zu berichten, was er an der Rechtsprechung der ihm unterstellten Richter etwa zu beanstanden fand und daraus Folgerungen für deren dienstliche Fähigkeiten und ihre Eignung zur Beförderung zu ziehen. Gerade in einem so gestalteten dienstlichen Verhältnis mit seinem ausgedehnten Einfluß auf die Entwicklung der amtlichen Zukunft dessen, über den berichtet wird, prägt sich das Verhältnis des Vorgesetzten zum Untergebenen deutlich aus. Es führt dazu, daß die Wünsche, die ein Vorgesetzter gegenüber einem ihm unterstellten Richter zu dessen Rechtsprechung äußert, mögen sie auch unzulässig und rechtlich unbeachtlich sein, doch von dem erhöhten Ansehen des Vorgesetzten getragen und daher auch von erhöhter Wirkungsmöglichkeit sind. Die Gefahr einer gewissen Willfährigkeit gegen ein rechtswidriges Ansinnen eines Vorgesetzten ist, zumal wenn dieser rücksichtslos vorgeht, auch bei einem unabhängigen Richter keineswegs auszuschließen. Auch der Vorgesetzte eines unabhängigen Richters kann also ihm gegenüber seine Autorität mißbrauchen. Gerade gegen einen solchen Mißbrauch richtet sich die Strafdrohung des § 357 StGB. Wie ernst der Gesetzgeber die im Mißbrauch dieser Autorität liegende Gefahr beurteilt, zeigt der weite Tatbestand des § 357 StGB., nach dem schon das bloße Unternehmen, also der ergebnislos gebliebene Versuch der Verleitung eines Untergebenen zu einem Amtsverbrechen oder Amtsvergehen, bestraft wird. Da dieser Mißbrauch, wie dargetan, dem Vorgesetzten von Richtern in Beziehung auf ihre Rechtsprechung trotz der richterlichen Unabhängigkeit möglich ist, wird es dem Sinne des § 357 allein gerecht, ihn mit dem Schwurgericht auch dann eingreifen zu lassen, wenn ein Richter von einem Vorgesetzten zur Beugung des Rechts bestimmt werden soll.

Zutreffend geht das Schwurgericht weiter davon aus, daß § 336 StGB. auch zu der Zeit, als die Rechtspflege durch Maßregeln des nationalsozialistischen Staates bedrückt wurde, noch geltendes Recht war. Auch in jener Zeit galt also, daß sich der Richter bei der Leitung oder Entscheidung einer Rechtssache nur von den einschlägigen verfahrensrechtlichen und sachlichen Rechtsnormen leiten zu lassen hatte, wie sie sich seiner Einsicht und Erkenntnis darstellten. Dabei hat er im Tatsächlichen diejenige Überzeugung zugrunde zu legen, die er vom Sachverhalt unter Beachtung aller verfahrensrechtlichen Vorschriften gewonnen hat, und in rechtlicher Beziehung derjenigen Auffassung zu folgen, die er nach dem Gesetz für die richtige hält. Er macht sich mithin der Rechtsbeugung schuldig, wenn er die Sache unter Verletzung verfahrensrechtlicher oder sachlicher Rechtsnormen leitet oder entscheidet, also im Tatsächlichen von einem nicht seiner Überzeugung entsprechenden Sachverhalt ausgeht oder bei der rechtlichen Würdigung des Sachverhalts einer Auffassung folgt, die er nicht für die richtige und dem Gesetz entsprechende hält. Auch bei der Strafzumessung kann, worauf es hier vor allem ankommt, das Recht gebeugt werden, und das Schwurgericht hat richtig erkannt, daß dieser Fall nicht nur vorliegt, wenn der Richter eine im gesetzlichen Strafrahmen nicht vorgesehene Strafe verhängt, sondern auch dann gegeben ist, wenn er *innerhalb* des gesetzlichen Strafrahmens auf eine strengere oder auch mildere Strafe erkennt, *als nach seiner von seinem Gewissen gelenkten Überzeugung im Hinblick auf Tat und Täter unter Berücksichtigung der mit der Strafe verfolgten Zwecke als gerecht anzusehen* und zu verantworten ist. Dem steht nicht entgegen, daß es sich bei der Strafzumessung vorwiegend um eine tatrichterliche Ermessensentscheidung handelt. Wenn sich auch im StGB. in den §§ 20, 27a bis 27c nur einzelne wenige Richtlinien und keine allgemeinen Grundsätze über die Strafzumessung innerhalb des gesetzlichen Strafrahmens im Einzelfalle finden, so handelt es sich doch immer um ein rechtlich gebundenes Ermessen, bei dessen Ausübung nur Erwägungen bestimmter Art Raum gegeben werden darf oder muß. So sind, das ergibt sich aus dem Wesen der gerechten Strafe, neben den Besonderheiten von Tat und Täter vor allem die anerkannten Strafzwecke zu berücksichtigen. Gewinnt der Richter auf diese Weise die Überzeugung, daß eine bestimmte, innerhalb des gesetzlichen Strafrahmens liegende Strafe im Hinblick auf Tat und Täter und unter Berücksichtigung der anerkannten Strafzwecke angemessen und gerecht ist, so würde er sich der Rechtsbeugung schuldig machen, wenn er unter dem Einfluß von Erwägungen, die für die

Bemessung der Strafe rechtlich nicht zulässig sind, auf eine andere, innerhalb des gesetzlichen Strafrahmens liegende, mildere oder härtere Strafe erkennen wollte. Daß auch der Wunsch eines Vorgesetzten nach einer bestimmten Strafe keine rechtlich zulässige Erwägung ist, von der sich der Richter bei der Bildung seiner Überzeugung von der im Einzelfall angemessenen und gerechten Strafe leiten lassen dürfte, bedarf keiner näheren Darlegung. Folgt er gleichwohl einem solchen Wunsch, nur weil er vom Vorgesetzten geäußert, nicht, weil der Richter auf Grund eigener Überzeugung derselben Auffassung ist, so ist der Tatbestand der Rechtsbeugung gegeben, und der Vorgesetzte macht sich in diesem Falle der Verleitung zur Rechtsbeugung (§§ 336, 357 StGB.) schuldig, wenn er bei der Äußerung des Wunsches will und weiß oder auch nur mit der Möglichkeit rechnet und sie für den Fall ihres Eintritts billigt, seine Einwirkung auf den Richter werde dazu führen, daß sich dieser bei seiner Überzeugungsbildung und Entscheidung von solchen gesetzlich unzulässigen Erwägungen leiten lassen werde. An Stelle der allgemeinen Vorschrift des § 48 StGB. ist dabei die Sonderbestimmung des § 357 StGB. anzuwenden, ohne daß damit insoweit ein sachlicher Unterschied verbunden ist.

Von der Verleitung zur Rechtsbeugung unterscheidet sich das Unternehmen der Verleitung zur Rechtsbeugung nur dadurch, daß ihm der Erfolg versagt bleibt, es also nicht zur Rechtsbeugung durch den Richter kommt. Zutreffend hat das Schwurgericht auch insoweit den § 357 StGB. und nicht § 49 a StGB. für anwendbar erachtet, weil auch hier die allgemeine Vorschrift des § 49 a durch die besondere des § 357 StGB. ersetzt wird. Es ist also belanglos, daß die jetzt geltende Fassung des § 49 a StGB. erst durch die VO. vom 29. 5. 1943 eingeführt ist und die dem Angeklagten zum Vorwurf gemachten Handlungen zeitlich zum Teil vorher liegen. Sie sind sämtlich einheitlich nach § 357 StGB. zu beurteilen. Es bedarf also zum Unterschied von § 49 a keiner Aufforderung zur Rechtsbeugung, es genügt vielmehr jede Art der Einwirkung in dieser Richtung. Der Unterschied besteht darin, daß die Aufforderung offenkundig, zu einem erkennbar bezeichneten Verhalten, erfolgen muß, während mit dem Ausdruck „verleiten" auch das verdeckte, versteckte Bestimmen mitumfaßt wird (v. Hippel, Deutsches Strafrecht II § 35 S. 487).

Da sich das Unternehmen der Verleitung zur Rechtsbeugung im äußeren Tathergang, soweit das Verhalten des Vorgesetzten in Betracht kommt, von der erfolgreichen Verleitung zur Rechtsbeugung durch nichts unterscheidet, weist auch der innere Tatbestand in beiden Fällen keine Verschiedenheiten auf. Für den Vorsatz beim Unternehmen der Verleitung gilt also das oben für den Fall der Verleitung zur Rechtsbeugung Gesagte.

Bei der Prüfung der Frage, ob der Angeklagte mit diesem Willen und dieser Vorstellung auf ihm unterstellte Richter eingewirkt hat, scheidet das Schwurgericht diejenigen Fälle, in denen der Angeklagte schon ergangene Urteile kritisierte, von denjenigen, in denen er in schwebende Verfahren eingriff, und ist der Ansicht, daß der Tatbestand der §§ 357, 336 StGB. durch die nachträgliche Kritik schon ergangener Urteile nicht erfüllt werden konnte, weil durch diese Kritik keine Abänderung der erlassenen Urteile bezweckt worden sei, der Angeklagte vielmehr nur das Ziel verfolgt habe, daß künftig in ähnlichen Fällen höhere Strafen verhängt würden. Es sei jedoch zu dem Zeitpunkt, wo der Angeklagte diese Kritik geübt habe, noch gänzlich ungewiß gewesen, wen einmal eine solche härtere Strafe treffen könnte. Diese Unbestimmtheit der Personen, die allenfalls einen Nachteil hätten erleiden können, stehe der Anwendung der §§ 336, 357 StGB. entgegen. Diese auch von der Revision und dem Generalstaatsanwalt nicht bekämpfte Rechtsauffassung kann aber nicht gebilligt werden. Die Anwendung des § 336 StGB. setzt zwar voraus, daß sich ein Beamter oder Schiedsrichter bei der Leitung oder Entscheidung einer Rechtssache vorsätzlich zugunsten oder zum Nachteile einer Partei einer Beugung des Rechts schuldig macht. Dazu gehört, wie dem angefochtenen Urteil zuzugeben ist, eine bestimmte Rechtssache und eine bestimmte Person oder Partei, zu deren Gunsten oder Nachteil das Recht gebeugt wird. Wenn sonach das Verbrechen der Rechtsbeugung nach § 336 StGB. auch nur vorliegen kann, wenn der Täter in einer bestimmten Rechtssache zum Nachteile einer bestimmten Partei handelt, so folgt daraus jedoch nicht, daß Wille und Vorstellung des verleitenden Vorgesetzten ebenfalls schon alle diese Umstände umfassen müßten. Das Unternehmen der Verleitung zur Rechtsbeugung weist zum inneren wie zum äußeren Tatbestande keine anderen Merkmale auf wie die vom Erfolg begleitete Verleitung. Es ist aber durchaus der Fall denkbar, daß der Vorgesetzte für eine von dem ihm unterstellten Richter begangene Rechtsbeugung nach § 357 StGB. verantwortlich zu machen ist, wenn er im Zeitpunkt der Einwirkung die Person, zu deren Nachteil das Recht gebeugt wurde, noch nicht kannte. Der Begriff der vorsätzlichen Verleitung zur Begehung einer strafbaren Handlung im Amt in § 357 StGB. unterscheidet sich nicht von dem Begriff der vorsätzlichen Anstiftung zur Begehung einer mit Strafe bedrohten Handlung in § 48 StGB. Der Anstifter (§ 48 StGB.) wie der verleitende Amtsvorgesetzte (§ 357 StGB.) muß den Willen des anderen bestimmen, nicht etwa die näheren Umstände der Tat. Er ist für die vom anderen begangene Tat im Sinne des § 48 oder des § 357 StGB. dann verantwortlich, wenn sie noch innerhalb seines erkennbar gemachten Willens liegt. Es genügt danach, wenn der Anstifter die vom anderen begangene, mit Strafe bedrohte Handlung und der verleitende Amtsvorgesetzte die von seinem Untergebenen begangene strafbare Handlung im Amt sich in ihren Hauptmerkmalen vorgestellt hat. Das folgt schon daraus, daß die Tat stets in der Zukunft liegt und schon aus diesem Grunde nicht in allen Einzelheiten bestimmt sein kann. Welche Umstände danach vom Anstifter oder dem verleitenden Amtsvorgesetzten in seinen Willen und seine Vorstellung aufgenommen sein müssen, damit er noch als verantwortlich für die demnächst begangene Tat angesehen werden kann, läßt sich nicht allgemein, sondern nur von Fall zu Fall entscheiden. Immer kommt es darauf an, was dem verleitenden Amtsvorgesetzten selbst als das Wesentliche erschien (vgl. für den Fall der Anstiftung nach § 48 RGSt. Bd. 34 S. 327 f.). Ort, Zeit und nähere Umstände der Begehung werden oft unwesentlich, die Person, gegen die sich die Straftat richten soll, wird dem Anstifter oder dem verleitenden Amtsvorgesetzten oft wesentlich sein. Notwendig ist das aber nicht. Schon die angeführte Entscheidung des Reichsgerichts erwähnt als Beispiel, wo die Person des Verletzten dem Anstifter regelmäßig unwesentlich sein wird, den Fall, daß es ihm nur auf die Erlangung einer bestimmten Sache ankommt. Auch in der vorliegenden Sache kam es dem Angeklagten nach den Feststellungen des Schwurgerichts auf bestimmte Einzelpersonen, die übermäßig hart bestraft werden sollten, offenbar nicht an. Er hatte sich ersichtlich die Auffassung des Nationalsozialismus zu eigen gemacht, der Menschen, die sich in bestimmter Weise gegen Strafgesetze vergangen hatten oder auch nur zu Ansichten bekannten, die von denen der Führung abwichen, Menschenwert und Menschenwürde schlechthin absprach. Nur so ist es zu erklären, daß er in der Strafsache gegen H. u. a. die Köpfe der Angeklagten als „Rüben" bezeichnete, die „herunter" müßten. Dieselbe Auffassung beherrschte ihn ersichtlich in den Fällen, wo er durch Kritik ergangener Urteile Richter zu bestimmen versuchte, in ähnlichen Fällen künftig weit härtere Strafen zu verhängen. Wen diese Strafen im einzelnen treffen würden, war ihm offenbar gleichgültig. Es kam ihm vielmehr darauf an, daß alle so bestraft würden, die sich in einer näher bezeichneten und umschriebenen Weise einer strafbaren Handlung schuldig machten. Bei dieser vom Schwurgericht festgestellten und nach außen deutlich erkennbaren Grundhaltung wäre es fehlerhaft, wenn man das Verhalten des Angeklagten nur deshalb als strafrechtlich belanglos ansehen wollte, weil im Zeitpunkt seines Handelns das Opfer der Person nach noch nicht feststand und dieser Umstand deshalb auch noch nicht in seine Vorstellung aufgenommen werden konnte. Wenn der Angeklagte, wie es im angefochtenen Urteil näher dargelegt ist, dem Amtsgerichtsrat Dr. B. erklärte, er habe eine Frau, die einem Kriegsgefangenen aus Dankbarkeit ein Butterbrot und einen Schnaps gegeben hatte, nicht zu einer geringfügigen Geldstrafe verurteilen dürfen, sondern mindestens eine Gefängnisstrafe von einem Jahr verhängen müssen, dann gab er damit deutlich zu erkennen, welche Umstände ihm wesentlich waren. Wäre Amtsgerichtsrat Dr. B. nach dieser Unterredung mit einer ähnlichen Sache befaßt worden und hätte er dann, entgegen seiner richterlichen Überzeugung, eine Gefängnisstrafe von einem Jahr verhängt, wie es der Angeklagte gefordert hatte, dann hätte sich der Angeklagte der vollendeten Verleitung zur Rechtsbeugung schuldig gemacht, wenn er mit dem Willen und der Vorstellung gehandelt hätte, der Richter könnte in einem solchen Falle unter dem Einfluß der Rügen und Vorstellungen entgegen seiner eigenen Überzeugung eine höhere Strafe verhängen. Die strafrechtliche Verantwortlichkeit des Angeklagten wäre jedenfalls nicht mit der Begründung zu verneinen, daß die Person des Verletzten im Zeitpunkt seiner Einwirkung noch nicht festgestanden und er sie nicht in den Kreis seiner Vorstellungen aufgenommen habe, weil ihm diese Person in Wahrheit vollständig gleichgültig war.

Was aber danach für die vollendete Anstiftung zu einem Verbrechen oder Vergehen und die vollendete Verleitung eines Untergebenen zur Rechtsbeugung gilt, muß auch für das Unternehmen der Verleitung zur Rechtsbeugung gelten. Wo es dem Angeklagten nicht wesentlich ist, zu wessen Nachteil oder Vorteil das Recht gebeugt werden soll, wo für ihn an die Stelle einer bestimmten Person jeder Mensch tritt, der sich in einer näher gekennzeichneten und umschriebenen Weise verhalten hat, ist das Unternehmen der Verleitung zur Rechtsbeugung nicht deshalb zu verneinen, weil ihm die genaue Vorstellung von dieser Person gefehlt habe. Sind ihm andere Umstände wesentlich und kennzeichnet er sie so deutlich, daß von unterstellten Richtern zu begehende Rechtsbeugungen bestimmter Art von seinem Willen und seiner Vorstellung umfaßt werden, dann hindert nichts, ihn gemäß § 357 StGB. wegen Unternehmens der Verleitung zu einer strafbaren Handlung im Amt zur Verantwortung zu ziehen. Es ist also rechtlich fehlerhaft, an die erfolglose Verleitung zur Willensrichtung und zum Vorstellungsinhalt des verleitenden Vorgesetzten höhere Anforderungen zu stellen als bei der erfolgreichen Verleitung. Diese Auslegung wird allein dem § 357 StGB. gerecht, der die erfolglos gebliebene Verleitung für ebenso gefährlich ansieht, wie die erfolgreiche und deshalb in beiden Fällen dieselbe Strafe androht. In den Jahren vor 1945 ist auch die Justiz von den nationalsozialistischen Gewalthabern in zunehmendem Maße zur Begehung von Unrecht mißbraucht worden. Dazu haben sich, wie die Erfahrung gelehrt hat, allgemeine Weisungen, die ergingen, ohne daß man bestimmte Personen als Opfer im Auge hatte, als ebenso brauchbare Mittel erwiesen, wie Eingriffe in schwebende Verfahren. Weder der Wortlaut des § 357 StGB., noch der ersichtlich mit ihm verfolgte Zweck läßt eine einschränkende Auslegung dahin zu, daß von den beiden unzulässigen Einwirkungsmöglichkeiten nur die Eingriffe in schwebende Verfahren, nicht aber Weisungen allgemeiner Art als Mittel der Verleitung zur Rechtsbeugung anzusehen seien.

Das Schwurgericht hat deshalb zu Unrecht alle die Fälle aus dem Kreis der weiteren Betrachtung von vornherein ausgeschieden, in denen der Angeklagte nicht in bestimmte schwebende Verfahren zum Nachteil bestimmter, im Zeitpunkt seines Handelns erkennbarer Personen eingriff. Auch die Fälle, in denen er durch unzulässige Kritik ergangener Urteile ihm unterstellte Richter zur Verhängung unangemessen hoher Strafen in ähnlichen späteren Fällen zu bestimmen versuchte, kamen vielmehr für das Unternehmen der Verleitung zur Rechtsbeugung durchaus in Betracht. Unter dem Einfluß dieses Rechtsirrtums hat das Schwurgericht die Prüfung unterlassen, ob der Angeklagte in diesen Fällen mit dem erforderlichen Vorsatz gehandelt hat. Die Freisprechung des Angeklagten von der Anschuldigung des Unternehmens der Verleitung zur Rechtsbeugung wird deshalb durch die Feststellungen nicht ausreichend getragen, so daß die Revision schon aus diesem Grunde Erfolg haben muß.

In den Fällen, bei denen der Angeklagte in schwebende Verfahren eingriff und ihm unterstellten Richtern nahelegte, in bestimmten, ihrer Entscheidung unterliegenden Strafsachen besonders harte Strafen, vor allem die Todesstrafe, zu verhängen, hält das Schwurgericht das Vorgehen des Angeklagten für geeignet, daß diese Richter dadurch zur Rechtsbeugung bestimmt werden konnten und ist in diesem Sinne der Auffassung, daß insoweit der äußere Tatbestand des Unternehmens der Verleitung zur Rechtsbeugung verwirklicht sei. Dagegen bestehen nach den bisherigen Ausführungen keine Bedenken. Das Schwurgericht hält jedoch nicht für erwiesen, daß der Angeklagte die Richter zur Abgabe ihrer Stimme für die von ihm gewünschte Strafe auch für d e n Fall hat bringen wollen, daß sie dabei g e g e n ihre Überzeugung handelten; es hält ihm vielmehr zugute, daß er sie nur zu seiner eigenen Überzeugung habe hinführen wollen.

Diese Darlegungen halten jedoch rechtlicher Nachprüfung nicht stand. Das Schwurgericht stellt hierbei an die Beschaffenheit des Vorsatzes zu hohe Anforderungen, insoweit es „nur eine mit Berechnung und Überzeugung vorbereitete Aufforderung" als vorsätzliches Unternehmen der Verleitung im Sinne des § 357 StGB. gelten lassen will. Zu Unrecht beruft es sich für diese Ansicht auf RGSt. Bd. 42 S. 276. Darin wird im Gegenteil näher ausgeführt, daß der Begriff des Unternehmens dem des Versuchs g l e i c h z u s e t z e n sei und nicht auch Vorbereitungshandlungen umfasse. In diesem Zusammenhange wird die vom Schwurgericht als Ansicht des Reichsgerichts hingestellte Äußerung des Abgeordneten von Schwarze, des Vorsitzenden der Reichstagskommission zur Beratung des Entwurfs, erwähnt. Das Reichsgericht lehnt diese Ansicht jedoch ab, weil sie im Gesetze keinen Ausdruck gefunden habe. Rechtsprechung und Schrifttum haben seitdem an dieser Auffassung festgehalten, und auch der Senat sieht keinen Anlaß, von ihr abzugehen. Im vorliegenden Falle würde es mithin genügen, daß der Angeklagte mit dem Bewußtsein gehandelt hat, die ihm unterstellten Richter k ö n n t e n als Folge seiner Einwirkungen nicht nach ihrer Überzeugung, sondern etwa aus Gefügigkeit gegen ihn oder andere urteilen. Die vom Schwurgericht geforderten besonderen Merkmale der Berechnung und der Überlegung brauchen also nicht verwirklicht zu sein. Daß die Verleitung nicht in der Form der Aufforderung zu erfolgen braucht, ist schon oben ausgeführt.

Ebenso unbegründet ist die weitere Einschränkung des Schwurgerichts, daß nur eine s o l c h e Einwirkung als Verleitung in Frage komme, die „geeignet sei, einen übermäßigen Druck auf die Entscheidungsfreiheit des Richters auszuüben", und daß demnach auch der verleitende Amtsvorgesetzte eine „innere Zwangslage der Richter ausnutzen" müsse. Der Begriff der Verleitung umfaßt jedes Mittel der Beeinflussung, also nicht nur die Anwendung von Druckmitteln, die die Handlungsfreiheit des Betroffenen einschränken und ihn in eine Zwangslage versetzen. Aus welchem Grunde der Untergebene dem rechtswidrigen Ansinnen seines Vorgesetzten nachkommt, ist gleichgültig. Entscheidend ist nur, daß er durch dieses Ansinnen in irgendeiner Weise zum Amtsverbrechen bestimmt wird. Deshalb braucht auch der Vorgesetzte, der seinen Untergebenen zu einem Verbrechen oder Vergehen im Amt verleiten will, nicht mit dem Bewußtsein zu handeln, daß er durch seine Einwirkung den Untergebenen in eine innere Zwangslage versetze. Welche Vorstellungen er sich im einzelnen über die Gründe macht, die den Untergebenen bestimmen werden, seinem Ansinnen nachzukommen, ist vielmehr gleichgültig. Zum inneren Tatbestand des § 357 StGB. genügt es, daß der Vorgesetzte in irgendeiner Weise auf den Untergebenen mit dem Bewußtsein einwirkt, dieser werde infolge der Beeinflussung eine Handlung begehen, die sich als Amtsverbrechen — hier als Rechtsbeugung — darstellt, oder daß er den Eintritt dieser Folge für möglich hält und sie für den Fall ihres Eintritts billigt. Zu Unrecht fordert das Schwurgericht also die bewußte Ausnutzung einer inneren Zwangslage. Da seine Ausführungen, mit denen es den Vorsatz des Angeklagten in den Fällen des Eingriffs in schwebende Verfahren verneint, von diesem Rechtsirrtum beeinflußt sind, vermögen sie den Freispruch nicht zu tragen.

Ein weiterer Rechtsfehler liegt darin, daß das Schwurgericht die innere Tatseite von einer zu engen Grundlage aus beurteilt. Dadurch, daß es von den vielfältigen Versuchen des Angeklagten, auf die ihm unterstellten Richter im Sinne der Verhängung übermäßig harter Strafen einzuwirken, nur die Eingriffe in schwebende Verfahren berücksichtigt, alle anderen Beeinflussungsversuche, die einer Beurteilung nach den §§ 357, 336 StGB. aber ebenfalls zugänglich sind, rechtsirrig von vornherein ausscheidet, läßt es zahlreiche Beweisanzeichen ungenutzt, die für die Würdigung der inneren Tatseite auch derjenigen Versuche von Bedeutung waren, die durch Eingriffe in schwebende Verfahren gekennzeichnet sind. Auch bei deutschrechtlicher Betrachtung setzte eine zutreffende

Würdigung des Sachverhalts, vor allem zur inneren Tatseite, voraus, daß die Zusammenhänge berücksichtigt wurden, die offensichtlich zwischen dem Verhalten des Angeklagten und der als „Lenkung" bezeichneten Beeinflussung bestanden, der die deutsche Justiz im Kriege allgemein durch die nationalsozialistischen Machthaber ausgesetzt war. Daß diese Lenkung in vielen Fällen dazu führte, im Wege scheinbar geordneter gerichtlicher Verfahren Unrecht zu begehen, daß sie also das mit einer unabhängigen und der Gerechtigkeit dienenden Rechtspflege verträgliche Maß bei weitem überschritt, gehört zu den offenkundigen Tatsachen und war deshalb bei der Würdigung des Verhaltens des Angeklagten, der nach den Feststellungen des Schwurgerichts dem Nationalsozialismus rückhaltlos ergeben war und dessen Verhalten sich jedenfalls äußerlich deutlich in diese Bestrebungen einfügte, mit zu berücksichtigen. Da das Schwurgericht in den Fällen, bei denen es den äußeren Tatbestand der §§ 357, 336 StGB. als gegeben ansieht, bei der Verneinung des Vorsatzes weder die zu Unrecht ausgeschiedenen sonstigen Beeinflussungsversuche, noch die offenkundigen geschichtlichen Zusammenhänge ausreichend berücksichtigt, findet die Ansicht, daß dem Angeklagten der Vorsatz der Verleitung zur Rechtsbeugung nicht nachgewiesen sei, in den Feststellungen des angefochtenen Urteils keine genügende Stütze. Auch dieser Mangel betrifft alle vom Schwurgericht festgestellten Eingriffe in schwebende Verfahren.

Hinzu kommt, daß die Darlegungen auch im einzelnen nicht frei von Widerspruch sind. Das trifft vor allem auf das Verfahren gegen H. u. .a und das vom Angeklagten dabei beobachtete Verhalten zu. Die Einzelheiten der Beweiswürdigung sind zwar grundsätzlich vom Revisionsgericht nicht nachprüfbar, weil es sich dabei um keine Rechtsfrage, sondern um die dem Tatrichter allein zur Entscheidung vorbehaltene Tatfrage handelt. Wenn insbesondere das Ergebnis, zu dem er gelangt, zwar eine mögliche, aber nicht die einzig denkbare Folge aus den von ihm festgestellten Untertatsachen ist, so kann dem aus Rechtsgründen nicht entgegengetreten werden. Ist jedoch das Ergebnis mit den sonst vom Tatrichter festgestellten Tatsachen schlechthin unverträglich, dann bedeutet ein solcher Widerspruch zugleich auch einen den Bestand des Urteils gefährdenden Rechtsmangel. Von solchen Mängeln hält sich das angefochtene Urteil nicht frei. Schon die Unterredungen, die der Angeklagte in der Strafsache gegen H. u. a. mit den Richtern M. und K. vor der Hauptverhandlung führte, sind kaum mit der Auffassung des Schwurgerichts in Einklang zu bringen, der Angeklagte habe möglicherweise diese Richter nur zu seiner eigenen Überzeugung hinführen wollen. Das Urteil berichtet hauptsächlich von polternden Redewendungen, mit denen der Angeklagte zu erkennen gab, was er sich als Ausgang des Verfahrens wünschte, aber nichts von Gründen, mit denen er seine eigene Überzeugung den beiden anderen nahegebracht hätte. Sein Verhalten im Sitzungssaal ist jedoch völlig eindeutig. Die Worte des Angeklagten: „Die Rübe muß herunter, der Gauleiter erwartet das", waren die Antwort auf eine Äußerung des Landgerichtsrats D., der gerade darauf hingewiesen hatte, daß die Richter nach ihrer eigenen Überzeugung über das Strafmaß zu befinden hätten. Der schon ganz eindeutige Wortsinn, den die Äußerung des Angeklagten, für sich allein betrachtet, hatte, wird durch diesen Zusammenhang nur bestätigt und verstärkt. Nicht die Überzeugung der Richter, sondern die Erwartung des Gauleiters sollte bei der Strafzumessung maßgeblich sein. Nach ihr, nicht nach ihrer eigenen Überzeugung sollten sich die Richter richten. Es handelt sich dabei nicht um einen Eindruck, den „ein unbefangener Zuhörer vielleicht hätte gewinnen können", wie das angefochtene Urteil meint, sondern um den Sinn, den die Äußerung des Angeklagten nach dem Wortlaut allein haben konnte und der, weil er für Zweifel keinen Raum läßt, einer verschiedenen Deutung gar nicht zugänglich ist. Bei dieser Sachlage scheidet auch die Möglichkeit aus, der Angeklagte selbst könnte die Äußerung in anderem Sinne gemeint haben. Denn um ihn zu erkennen, bedurfte es weder besonderer Fähigkeiten, noch besonderer Überlegung. Es ist deshalb unerfindlich, weshalb sich der Angeklagte, wie das Schwurgericht meint, der Tragweite seiner Äußerungen möglicherweise nicht bewußt gewesen sein könnte. Wenn das Schwurgericht in Erwägung zog, der Angeklagte könnte seine Äußerung anders gemeint haben, als sie nach ihrem Wortlaut und dem Zusammenhang, in dem sie fiel, allein zu verstehen war, so hätte es wenigstens darlegen müssen, welchen nach der Art der Äußerung sonst noch möglichen Sinn er ihr vielleicht beigelegt hat. Daran fehlt es jedoch. Das Schwurgericht legt zwar dar, der Angeklagte habe möglicherweise nur seine Rechtsauffassung und diejenige anderer Stellen dem Gericht mitteilen und es zu dieser Überzeugung hinführen wollen. Diese Deutung ist jedoch mit dem festgestellten Sachhergang unverträglich und scheidet deshalb aus. Weder der Angeklagte, noch die von ihm erwähnten Parteistellen wußten, zu welchem Ergebnis die offenbar schon recht weit vorgeschrittene Hauptverhandlung bisher geführt hatte. Was sie sich von der Sache dachten, kann deshalb überhaupt nicht als „Rechtsauffassung" bezeichnet werden, sondern ist nur eine ohne Kenntnis der allein maßgebenden Umstände gebildete willkürliche Meinung. Diese willkürliche Ansicht teilte er auch dem Gericht nicht nur mit, sondern sprach die „Erwartung" aus, das Gericht werde sie als seine Überzeugung ausgeben. Dieses Ergebnis bezeichnete er als schlechthin notwendig („Die Rübe muß herunter"). Für die Frage, welchen Sinn der Angeklagte mit seiner Äußerung verbunden wissen wollte, ist es auch gleichgültig, ob er in seiner polternden Art von den ihm untergebenen Richtern oft nicht ernst genommen wurde. Denn daß er selbst bei diesen recht nachdrücklichen Beeinflussungsversuchen ernst genommen werden wollte, unterliegt nach den bisherigen Feststellungen keinem Zweifel. Ebensowenig ist einzusehen, daß es einen entscheidenden Unterschied ausmachen soll, ob der Angeklagte seinen Wunsch in die Form des Befehls oder der Erwartung kleidete. In § 357 StGB. werden die Mittel der Verleitung — ähnlich wie in § 48 die der Anstiftung — nicht beschränkt. Jedes vom Vorgesetzten für geeignet gehaltene Mittel reicht vielmehr aus. Die Auffassung des Schwurgerichts über die Willensrichtung und die Vorstellungen, die sich der Angeklagte bei seinen Beeinflussungsversuchen im Falle H. machte, ist nach alledem mit den sonstigen Feststellungen nicht zu vereinbaren. Sie sind vielmehr in diesem Falle so eindeutig, daß der Senat in der Sache selbst erkannt hätte, wenn nur dieser eine Fall zu entscheiden wäre.

Die anderen vom Schwurgericht gewürdigten Fälle („Plünderungsfall", Sch., G. und Fr.) weisen zwar solche Unverträglichkeiten zwischen dem Ergebnis, zu dem das Gericht gelangt, und Einzelfeststellungen nicht auf. Immerhin kann sich auch bei ihnen die innere Tatseite leicht anders darstellen, wenn die neue Verhandlung auch nur im Falle H. so eindeutig wie bei der ersten Verhandlung die Schuld des Angeklagten ergibt. Das gilt vor allem im „Plünderungsfalle". Es liegt sehr nahe, mit den Worten des Angeklagten: „Meine Herren, da gibt es nur eine Parole, Kopf ab, ein Standardurteil!" den Sinn zu verbinden, die Richter müßten in diesem ersten, offensichtlich von vornherein zur Abschreckung gedachten Falle unter allen Umständen zur Verhängung der Todesstrafe kommen, sei es auch durch Verschiebung des Sachverhalts oder durch eine nicht von ihrer Rechtsüberzeugung gedeckte Auslegung des Begriffs der Plünderung. Ähnliches gilt von dem Fall G. Das Drängen des Angeklagten auf Todesstrafe, anscheinend ohne genauere Kenntnis des Sachverhalts und vor der Hauptverhandlung, die doch erst die wirkliche Grundlage für die Strafzumessung schaffen konnte, war in hohem Maße bedenklich und kann sehr ernst zu bewerten sein, nicht nur wie ein „unverbindlicher Meinungsaustausch".

Soweit das angefochtene Urteil den Sachverhalt unter dem Gesichtspunkt des Verbrechens gegen die Menschlichkeit beurteilt, ist es ebenfalls nicht frei von Rechtsirrtum. Zwar ist seine Rechtsauffassung auch hier in vielen Punkten zu billigen. Das gilt vor allem von der mit der ständigen Rechtsprechung des Senats in Einklang stehenden Ansicht, daß ein strafbarer Versuch des Unmenschlichkeitsverbrechens begrifflich nicht in Frage komme. Der Senat sieht auch keine Veranlassung, von den bisher entwickelten Grundsätzen abzugehen. Der Ausgangspunkt des Schwurgerichts bei der Würdigung des Sachverhalts unter dem Gesichtspunkt des Unmenschlichkeitsverbrechens ist also zu billigen. Durch die Art und Weise, wie der Angeklagte wiederholt und in verschiedener Form auf ihm dienstlich unterstellte Richter einwirkte, um sie dadurch zur Verhängung härterer Strafen zu bestimmen, schuf er zwar eine Lage, in der die Gefahr bestand, daß sie sich in Zukunft, statt dem Gesetz und ihrer richterlichen Überzeugung zu folgen, vorwiegend nach seinen unmaßgeblichen Wünschen richten würden. Wenn auch diese Gefahr im vorliegenden Falle sehr naheliegend war und recht weite Wirkungen zu haben drohte, so ist doch, entgegen der Auffassung der örtlichen Staatsanwaltschaft und in Übereinstimmung mit der Ansicht des Generalstaatsanwalts, daran festzuhalten, daß dieser vom Angeklagten geschaffene Zustand der bloßen Gefährdung noch nicht den Eintritt eines Schadens bedeutet, den die Menschheit als unerträgliche Verletzung von Menschenwert und Menschenwürde ansieht. Als eine solche tatbestandsmäßige Schädigung könnte auch für sich allein noch nicht die vom Schwurgericht zwar nicht näher erörterte, nach aller Lebenserfahrung aber anzunehmende Tatsache angesehen werden, daß die vielfachen Beeinflussungsversuche des Angeklagten für die ihm unterstellten Richter einen Zustand schufen, der sie seelisch bedrücken mußte.

Der Würdigung des Schwurgerichts, daß der Angeklagte mit seinen Beeinflussungsversuchen keinen Erfolg gehabt habe, läßt sich auch nicht mit dem Hinweis begegnen, diese Würdigung sei erfahrungswidrig. Der örtlichen Staatsanwaltschaft ist zwar zuzugeben, daß das Ausbleiben jeden Erfolges recht unwahrscheinlich ist. Aber es ist doch nicht schlechthin unmöglich, zumal wenn man die weitere Feststellung des Schwurgerichts berücksichtigt, der Angeklagte sei wegen seiner polternden Art von den Richtern vielfach überhaupt nicht ernst genommen worden. Wenn das Schwurgericht unter diesen Umständen die gegenteilige Überzeugung nicht gewonnen hat, so ist das jedenfalls aus Rechtsgründen nicht zu beanstanden. Ob ihm weitere Beweismittel zur Aufklärung zur Verfügung gestanden hätten, kann unerörtert bleiben, da die Verletzung des § 245 Abs. 1 StPO. nicht gerügt und auch sonst keine Verfahrensrüge erhoben ist. Bei der schon aus anderen Gründen gebotenen neuen Verhandlung wird das Schwurgericht jedoch auch diesen Punkt von neuem prüfen und sich dabei vor allem eingehender als bisher mit der Erfahrungstatsache auseinandersetzen müssen, daß die von ihm im Bezirk des

Angeklagten — trotz seiner vielfältigen und nachdrücklichen Beeinflussungsversuche — bisher verneinten Folgen sonst in Deutschland vielfach aufgetreten sind.

Selbst wenn aber nicht nachweisbar sein sollte, daß das Verhalten des Angeklagten in der Rechtsprechung seines Gerichtsbezirks zu Folgen führte, wie sie zum Tatbestande des Verbrechens gegen die Menschlichkeit gehören, besteht — was das Schwurgericht bisher übersehen hat — die Möglichkeit, daß ihm in anderem Zusammenhange die Bedeutung eines Beitrages zum Unmenschlichkeitsverbrechen zukommt. Wenn auch viele deutsche Richter dem während des Krieges von den nationalsozialistischen Machthabern ausgeübten Druck widerstanden und ihre Entscheidungen nach ihrer vom Gesetz und ihrem Gewissen gelenkten Überzeugung trafen, so gehört es doch zu den offenkundigen Erfahrungstatsachen, daß zahlreiche Gerichte, vor allem der Volksgerichtshof und viele Sondergerichte, das Strafrecht in einer Weise handhabten, die dazu führte, daß das Recht, statt begangenes Unrecht zu sühnen, mehr und mehr zum Mittel der terroristischen Unterdrückung und Ausmerzung ganzer Bevölkerungsgruppen wurde. Teils wurden Handlungen, die nach allgemeiner Auffassung der gesamten Kulturmenschheit überhaupt nicht strafwürdig waren, mit Strafe belegt, teils wurden wegen eines an sich strafwürdigen Verhaltens Strafen ausgesprochen, die in keinem menschlich erträglichen Verhältnis zu dem veranlassenden Vorgang mehr standen. Die Opfer dieser die Grundsätze der Menschlichkeit verletzenden Handhabung des Rechts waren so zahlreich, daß es sich dabei nicht um Einzelfälle, sondern um eine M a s s e n e r s c h e i n u n g handelt, also um den Fall, der durch die Bestimmung des Art. II 1 c KRG. 10 getroffen werden sollte. Es ist nach den bisherigen Feststellungen naheliegend, daß das Gesamtverhalten des Angeklagten einen ausreichenden Beitrag zu diesem Massenverbrechen bildet. Diesen Gesichtspunkt hat das Schwurgericht bisher nicht beachtet.

Nach Art. II 2 KRG. 10 macht sich auch derjenige des Verbrechens gegen die Menschlichkeit schuldig, der als Gehilfe bei der Begehung eines solchen Verbrechens mitgewirkt oder es befohlen oder begünstigt hat, oder der durch seine Zustimmung daran teilgenommen oder mit seiner Planung oder Ausführung im Zusammenhang gestanden hat. Diese Aufzählung der Teilnahmeformen nimmt ersichtlich auf die besondere Erscheinungsform des Massenverbrechens Rücksicht und will deutlich jeden irgendwie mitwirkenden Beitrag umfassen. Jede das Massenverbrechen als solches fördernde und erleichternde Tätigkeit, die mit diesem Willen und in diesem Bewußtsein geleistet wird, ist daher auch dann ein ausreichender Beitrag zum Unmenschlichkeitsverbrechen, wenn nicht nachweisbar ist, daß sie eine nicht wegzudenkende Bedingung des Enderfolges ist. Beim Massenverbrechen ist der Gesamterfolg das Werk vieler Kräfte; ihre Wirkung im einzelnen ist oft nicht mehr zu klären. Bei dieser Vielfalt zusammenwirkender und sich ergänzender Kräfte, wie sie die unter der Herrschaft des Nationalsozialismus begangenen Massenverbrechen zeigen, stand der unter der verschiedenartigsten Form ausgeübte geistige Einfluß auf andere oft gleichwertig neben dem körperlichen Handeln, ja vielfach übertraf er dieses im Gewicht des kriminellen Erfolges. Dem mit Art. II 2 KRG. 10 verfolgten Gesetzeszweck und der besonderen Erscheinungsform des Massenverbrechens der nationalsozialistischen Zeit wird deshalb nur eine Auslegung gerecht, die n e b e n Handlungen, die im Sinne der Bedingungslehre ursächlich für die Schädigung bestimmter Opfer sind, jedes andere Verhalten als ausreichenden Beitrag zum Verbrechen gegen die Menschlichkeit ansieht, das den verbrecherischen Gesamterfolg i r g e n d w i e fördert oder erleichtert und nach dem Willen und der Vorstellung des Handelnden diesem Ziele auch dienen soll. Auch nach deutschem Strafrecht genügt für die Tätigkeit des Gehilfen, daß sie die Tätigkeit des Haupttäters fördert oder erleichtert und in diesem Bewußtsein geleistet wird (vgl. RGSt. Bd. 58 S. 113; Bd. 67 S. 191 [193]; Bd. 71 S. 176 [178]). Die vorstehend dargelegte Auffassung über Sinn und Tragweite des Art. II 2 KRG. 10 steht im Einklang mit der Ansicht des Internationalen Militärgerichtshofes im Nürnberger Urteil. Dieses sieht u. a. einen ausreichenden Beitrag des Führerkorps der NSDAP. zum Unmenschlichkeitsverbrechen schon darin, daß es a u c h dazu verwendet wurde, eine Stellungnahme der deutschen öffentlichen Meinung wider die gegen die Ostjuden getroffenen Maßnahmen zu verhüten, also die Massenvernichtung der Juden gegenüber möglichen Störungsversuchen propagandistisch abzuschirmen (Nürnberger Urteil, Amtl. Ausgabe Bd. 1 S. 291). Ob einem Verhalten in dem dargelegten Sinne die Bedeutung eines den Gesamterfolg fördernden oder erleichternden Beitrags zukommt, ist unter Berücksichtigung aller Umstände des einzelnen Falles vom Tatrichter zu entscheiden.

Im vorliegenden Falle kam in Betracht, daß der Angeklagte innerhalb der Justizverwaltung eine wichtige und einflußreiche Stellung bekleidete, die ihm Gelegenheit gab, nicht nur auf die ihm unterstellten Beamten und Angestellten einzuwirken, sondern auch seinen Vorgesetzten gegenüber zu vielen Fragen des Rechtslebens seine Auffassung kundzutun. Bei dem Nachdruck und dem Eifer, den er an den Tag legte, wenn es galt, Richter selbst in ihrer eigentlichen Richtertätigkeit zu beeinflussen, liegt der Gedanke nicht fern, daß er seiner vorgesetzten Behörde gegenüber in dieser Frage keine andere Stellung einnahm. Daß er dazu Gelegenheit hatte, geht aus dem vom Schwurgericht verwerteten Bericht des Oberstaatsanwalts in B. vom 28. 9. 1943 hervor. Aus ihm ist ersichtlich, daß die Landgerichtspräsidenten des Oberlandesgerichtsbezirks, dem auch der Angeklagte angehörte, die Weisungsfreiheit des Gerichts im Zusammenhang mit den im Rahmen der Justizlenkung getroffenen Maßnahmen beim Oberlandesgerichtspräsidenten erörterten. Es bedarf keiner näheren Darlegung, daß das Verhalten eines Landgerichtspräsidenten, der bei solchen Gelegenheiten unzulässige Eingriffe in die richterliche Unabhängigkeit billigte und verteidigte und sie seinen Untergebenen gegenüber selbst in recht rücksichtsloser Form vornahm, dazu beigetragen haben kann, daß die von anderer Seite geäußerten Stimmen berechtigter Kritik nicht gehört oder nicht beachtet wurden und die unzulässigen Eingriffe, die schließlich zu dem oben gekennzeichneten allgemeinen Zustand der deutschen Justiz führten, fortgesetzt und verstärkt wurden. Es kam dabei möglicherweise auch in Betracht, daß der Angeklagte nach den Feststellungen des Urteils stets enge Verbindung mit Parteidienststellen unterhielt und in der Gauleitung lange Jahre hindurch ein Amt bekleidete. Das angefochtene Urteil enthält jedenfalls so viele Feststellungen im einzelnen, daß die Prüfung der Frage geboten war, ob das Gesamtverhalten des Angeklagten mit Rücksicht auf das Gewicht und die Bedeutung seiner Stellung innerhalb der Justizverwaltung und der Parteiorganisation die unzulässigen Eingriffe der nationalsozialistischen Machthaber in die Rechtsprechung der deutschen Gerichte so stark förderte oder erleichterte, daß darin ein ausreichender Beitrag zu demjenigen Verbrechen gegen die Menschlichkeit erblickt werden muß, das in dem Mißbrauch der Rechtsprechung zur Unterdrückung und Ausmerzung unerwünschter Bevölkerungsgruppen durch Verhängung übermäßig harter Strafen lag . . .

Die Entscheidung entspricht dem Antrage des Generalstaatsanwalts.

---

7. **1. Eine Schadensersatzforderung des Opfers eines Unmenschlichkeitsverbrechens gegen den Denunzianten, insbesondere auf Schmerzensgeld, kann im Anschlußverfahren geltend gemacht werden.**

2. Über die materiellrechtlichen Grundlagen des Anspruchs.

3. Über einzelne Fragen des Anschlußverfahrens.

KRG. 10 Art. II 1 c, BGB. §§ 826, 830, 847, StPO. §§ 403 ff., 472, ZPO. § 287.

Strafsenat. Urt. v. 17. Mai 1949 g. M. u. a. StS 158/48.

I. Schwurgericht Flensburg.

Aus den Gründen:

Die Revisionen greifen auch die Verurteilung beider Angeklagten zu Schadensersatz an. Der Senat hat keine grundsätzlichen Bedenken dagegen, daß vermögensrechtliche Schadensersatzforderungen, die einem Opfer aus einem Unmenschlichkeitsverbrechen erwachsen sind, im Anschlußverfahren während des Strafprozesses gemäß den §§ 403 ff. StPO. geltend gemacht werden. Die Wiedergutmachung dieser Schäden ist eine wichtige Forderung der Gerechtigkeit. Auch wenn diese teilweise und in begrenzter Höhe auf öffentlichrechtlicher Grundlage erfolgen soll, besteht kein Anlaß, privatrechtliche Schadenersatzforderungen auszuschließen oder zu begrenzen. Dafür zu sorgen, daß private Ersatzleistungen auf eine öffentlichrechtliche Wiedergutmachung angerechnet werden, ist Sache der Gesetzgebung. Gegen die Zulassung der Nebenklage in einem Strafverfahren wegen Verbrechens gegen die Menschlichkeit sind Bedenken geltend gemacht worden (vgl. auch § 10 der VO. zur Beseitigung nationalsozialistischer Eingriffe in die Strafrechtspflege vom 23. 5. 1947, VOBl. BZ. S. 65). Diese Bedenken treffen hier nicht zu, weil sich Nebenklage und Anschlußverfahren in dem maßgeblichen Punkte unterscheiden, daß im letzteren das Opfer nicht sein Strafinteresse, sondern sein Ersatzinteresse verfolgt, auch zur Schuld- und Straffrage in keiner Weise gehört wird.

Es wird gerügt, die Entscheidung, insbesondere über den Vermögensschaden, beruhe nicht auf bewiesenen Feststellungen und sei gefühlsmäßig getroffen. In der Tat fehlt in den Urteilsgründen jede Angabe darüber, auf welchen Gesetzesbestimmungen die beiden selbständigen Ansprüche auf Erstattung von Vermögensschaden und von Nichtvermögensschaden beruhen; auch der Höhe nach sind beide Ansprüche nicht geschieden, sondern als Einheit behandelt. Es kann auch nicht zweifelhaft sein, daß trotz Fehlens einer ausdrücklichen Gesetzesbestimmung — vgl. aber § 406 Abs. 4 ZPO. — die Verurteilung zu Schadenersatz im Urteil begründet werden muß. Indes ist es ersichtlich der Wille des Gesetzes, das Anschlußverfahren so einfach und so frei wie möglich zu gestalten und möglichst wenig mit prozessualen Formalien zu belasten, damit es sich reibungslos in das Strafverfahren einfügt; auf diese Weise soll dem Geschädigten eine schnelle und mit dem Strafverfahren formell und sachlich gleichlaufende Verwirklichung seines Schadensersatzanspruchs gewährleistet werden. Nach § 403 Abs. 2 StPO. soll das Gericht in geeigneten Fällen von sich aus die Stellung eines Anschlußantrages anregen; auch für das Anschlußverfahren gilt die das Strafverfahren beherrschende Amtspflicht der Wahrheitsermittlung. Aus alledem ist zu entnehmen, daß die Erledigung im Anschlußverfahren möglichst gefördert werden soll. Zudem würde, wenn eine Verurteilung im Anschlußverfahren wegen formeller Urteilsmängel aufgehoben wird, das Strafurteil aber im übrigen Bestand hat, eine Zurückverweisung allein wegen des Anschlußverfahrens nicht in Frage kommen; dann würde also an dem formellen Mangel die Erledigung dieses Verfahrensteiles endgültig scheitern. Infolgedessen kann eine Anschlußverurteilung auch dann noch vom Revisionsgericht gebilligt werden, wenn aus der Gesamtheit des Urteils zu entnehmen ist, daß nach den Bestimmungen des Zivilrechts diese Verurteilung nach Grund und Höhe zutreffend ist.

Diese Voraussetzung ist hier erfüllt. Beide Schadenersatzansprüche beruhen darauf, daß die Angeklagten gemeinschaftlich dem Antragsteller K. in einer gegen die guten Sitten verstoßenden Weise vorsätzlich Schaden zugefügt haben (§§ 826, 830 BGB.). Als Vorsatz genügt hier das Bewußtsein des Täters, daß infolge seines Verhaltens der andere Schaden erleiden könne, sofern der Täter diesen möglichen Erfolg in seinen Willen aufgenommen und für den Fall seines Eintritts gebilligt hat; daß er sich eine Vorstellung von Art und Höhe des Schadens gemacht habe, ist zum Vorsatz nicht erforderlich. Daß diese Voraussetzungen gegeben sind, zeigen die Feststellungen des Urteils zweifelsfrei.

Zu Unrecht rügen die Revisionen, daß eine adäquate Verursachung des Schadens, wie sie im Gegensatz zum Strafrecht im Zivilrecht verlangt wird, nicht festgestellt sei. Ursächlich für einen Schaden ist im Sinne des bürgerlichen Rechts jede Bedingung, die nach der Lebenserfahrung im allgemeinen geeignet war, den Eintritt des Schadens herbeizuführen. Es ist weder erforderlich, daß der Schaden unmittelbar auf das Verhalten des Täters folgt, noch daß es die einzige Ursache des Schadens war, noch daß der Täter die Folgen seines Verhaltens voraussehen konnte. Unterbrochen ist der Ursachenzusammenhang nur dann, wenn ein zweites ursächliches Ereignis eingetreten ist, das von dem ursächlichen Verhalten des Täters völlig unabhängig ist, also nicht erst durch dessen Verhalten ermöglicht war. Hiernach kann an der Ursächlichkeit der Anzeige für alles, was K. erlitten hat, kein Zweifel sein. Die bei der Gestapo angezeigten Äußerungen über Hitler, den Krieg und den Kommunismus, so wie sie K. kurz vor Kriegsausbruch 1939 getan hat, waren damals nach der Lebenserfahrung im allgemeinen geeignet, ein Strafverfahren, schwere Strafe und Konzentrationslager sowie schwere körperliche und seelische Leiden, auch schwere Mißhandlungen und die Zufügung nachhaltiger Körper- und Gesundheitsschäden nach sich zu ziehen. Daß hierbei auch andere Faktoren und Menschen ursächlich mitwirkten, ist deswegen belanglos, weil diese später eingreifenden Mitursachen erst durch die Anzeige ausgelöst worden sind.

Daß der Antragsteller K. Vermögensschaden erlitten hat, ist zwar aus der Tatsache seiner jahrelangen Ausschaltung aus dem Erwerbsleben und bei den erlittenen Körperschäden und Seelenleiden ohne weiteres anzunehmen. Auch konnte das Gericht über Tatsache und Höhe des Schadens nach dem entsprechend anwendbaren § 287 ZPO. unter Würdigung aller Umstände nach seiner freien Überzeugung entscheiden. Das Gericht hat aber die für den Vermögensschaden, insbesondere für seine Höhe, maßgeblichen Umstände in keiner Weise aufgeklärt, sich vielmehr offenbar mit der Überzeugung begnügt, daß der Antragsteller a u c h Vermögensschaden erlitten habe und daß dieser zusammen mit dem Schmerzensgeld sich m i n d e s t e n s auf 3000 DM belaufe. Eine derart summarische Entscheidung über die Höhe des Vermögensschadens ist selbst im Anschlußverfahren rechtlich fehlerhaft. Die Verurteilung zu Schadensersatz wäre nicht zu halten, wenn nicht schon der g a n z e Urteilsbetrag aus dem Gesichtspunkt des Schmerzensgeldes gemäß § 847 Abs. 1 BGB. begründet wäre.

Von vornherein hat der Antragsteller auf die Erstattung von Vermögensschaden ersichtlich nur wenig Wert gelegt, weil eine Schadensaufstellung nach so langer Zeit schwer möglich ist und dieser Teil der Schadensforderung fraglos der Währungsumstellung im Verhältnis 10 : 1 unterliegt. Im wesentlichen kam es ihm auf das Schmerzensgeld an. Dem hat sich das Schwurgericht unverkennbar angeschlossen. Es hat den Vermögensschaden, weil nun einmal geltend gemacht, aber nicht näher ausgeführt, als etwas praktisch kaum Belangvolles mitlaufen lassen. Es hätte offensichtlich nicht anders entschieden, wenn der Antragsteller von Vermögensschaden überhaupt nicht gesprochen hätte.

Das Schwurgericht ist bei der Bemessung des Anspruchs auf Schmerzensgeld davon ausgegangen, daß gemäß § 16 des Umstellungsgesetzes eine Umstellung auf DM im Verhältnis 10 : 1 erfolgen müsse. Ob das richtig ist, oder ob bei Schmerzensgeldforderungen aus Schäden, die v o r der Währungsumstellung entstanden sind, eine freie Neubewertung nach den g e g e n w ä r t i g e n Währungs- und Wirtschaftsverhältnissen erfolgt, kann hier dahingestellt bleiben. Denn es ist ausgeschlossen, daß eine freie Neubewertung zu einem für den Angeklagten günstigeren Ergebnis geführt hätte. Keinesfalls ist dieser also durch die erfolgte Umstellung beschwert. Nach beiden Berechnungsweisen erscheint der Urteilsbetrag von 3000 DM auch dann keinesfalls als übersetzt, wenn er ausschließlich der Abgeltung des Schmerzensgeldes dient. Der Antragsteller K. war über fünf Jahre in Haft; davon viereinhalb Jahre in Konzentrationslagern, ist dort oft mißhandelt worden, mehrfach schwer, seine Zähne sind ihm ausgeschlagen worden, und er hat eine Gehörschädigung und ein Gallenleiden davongetragen, dazu schwere seelische Leiden durchgemacht.

Die Revisionen der Angeklagten waren mithin in Übereinstimmung mit dem Antrage des Generalstaatsanwalts zu verwerfen.

Soweit der Antragsteller eine höhere Schadensersatzforderung geltend gemacht hat, hätte im Entscheidungssatz des Urteils ausgesprochen werden müssen, daß von einer Entscheidung über den Antrag abgesehen werde (§ 405 StPO.).

---

8. 1. Zum Begriff der Böswilligkeit in § 1 Abs. 1 KWVO.

2. Wer einem anderen bei der Begehung eines Verbrechens gegen § 1 Abs. 1 KWVO. Beihilfe leistet, braucht nicht selbst böswillig zu handeln. Es genügt, ist aber auch erforderlich, daß er von der böswilligen Bedarfsdeckungsgefährdung durch den Täter Kenntnis hat.

3. Beihilfe kann nicht nur bis zur Vollendung der Tat, also bis zur Verwirklichung aller Tatbestandsmerkmale, sondern bis zur tatsächlichen Beendigung der Tat geleistet werden.

4. Wenn jemand einen Teil des Bedarfsguts unter

Verstoß gegen Verbrauchsregelungsvorschriften als Lohn für vorher geleistete Beihilfe beim Beiseiteschaffen des Gutes bezieht, liegt darin keine straflose Nachtat.

5. § 357 StPO. findet Anwendung, wenn das Urteil im Strafausspruch gegen einen Angeklagten wegen eines Rechtsfehlers bei der Strafzumessung aufgehoben werden muß und die gleiche Rechtsverletzung bei einem anderen Angeklagten vorliegt, der keine Revision eingelegt hat.

StGB. §§ 49, 50; KWVO. § 1 Abs. 1; VRStrVO. § 2 Abs. 1 Ziff. 1; StPO. § 357.

Strafsenat. Urt. v. 17. Mai 1949 g. L. u. A. StS 159/48.

I. Landgericht Hagen.
II. Oberlandesgericht Hamm.

Aus den Gründen:

Der Angeklagte J. kam Ende November 1947 auf einer Hamsterfahrt zu dem Angeklagten G., der einen Hof von 36 Morgen bewirtschaftet. Auf Anfrage des J. erklärte sich G. bereit, ihm eine Kuh für 4500 RM abzugeben, nachdem er zunächst 5000 RM gefordert hatte. J., dem das Geld zum Kauf fehlte, benachrichtigte den früheren Mitangeklagten Le. Dieser gab J. die 4500 RM und bat ihn, die Kuh für ihn zu kaufen. Beide fuhren mit dem früheren Mitangeklagten Metzgermeister B. zu G. und erstanden die Kuh für 4500 RM. Sie wurde sofort in der Scheune G.s von B. unter Mitwirkung von J. und Le. und im Beisein des G. geschlachtet. Von dem Fleisch — insgesamt 220 bis 240 Pfund — nahm Le. nur 10 Pfund mit. Den Rest holte J. am nächsten Tage mit dem Angeklagten Lü. auf dessen LKW ab. Lü. war zunächst des Glaubens, daß er Kartoffeln befördern solle, und merkte erst während der Rückfahrt, daß sich Fleisch auf seinem Wagen befand. Er machte J. zwar zunächst Vorhaltungen, setzte aber dann die Fahrt fort. Zu Hause stellte er seine Garage für die Aufbewahrung des Fleisches zur Verfügung, bis es von Le. und J. abgeholt, zerteilt und von Le. am nächsten Tage weitergeschafft wurde. Lü. erhielt als Lohn für die Fahrt 5 bis 6 Pfund Fleisch, nachdem er erklärt hatte, das Fleisch sei ihm lieber als Geld. J. erhielt ebenfalls 6 Pfund Fleisch für seine Vermittlung und Hilfeleistung.

Auf Grund dieses Sachverhalts wurden u. a. verurteilt: Der Angeklagte G. wegen Verbrechens gegen § 1 Abs. 1 und 3 KWVO. in Tateinheit mit Vergehen gegen die §§ 1 und 3 PrStrVO. und § 1 Ziff. 1 VRStrVO., die Angeklagten J. und Lü. wegen Beihilfe zum Verbrechen gegen § 1 KWVO. in Tateinheit mit Übertretung des § 2 Abs. 1 Ziff. 1 VRStrVO.

Das Oberlandesgericht in Hamm hat die Revisionen der Angeklagten dem OGH. zur Entscheidung vorgelegt, weil es in der Frage, ob bei J. und Lü. der Fleischbezug straflose Nachtat sei, von der Entscheidung des OLG. Kiel in SchlHA. 1947 S. 163 abweichen will.

Zur Revision des Angeklagten G.:

Die Verurteilung des Angeklagten G. wegen Kriegswirtschaftsverbrechens (§ 1 Abs. 1 und 3 KWVO.) läßt keinen Rechtsfehler erkennen. Daß auch lebendes Vieh im Sinne des § 1 KWVO. zu den Erzeugnissen zählt, die zum lebenswichtigen Bedarf der Bevölkerung gehören, hat der Senat in der Entscheidung OGHSt. Bd. 1 S. 30 näher ausgeführt. Rechtlich bedenkenfrei ist auch die Annahme der Strafkammer, daß das Beseiteschaffen eines Rindes von etwa 240 Pfund Schlachtgewicht unter den zur Tatzeit herrschenden Verhältnissen die Bedarfsdeckung gefährdete. Die Strafkammer hat auch nicht den Begriff der Böswilligkeit verkannt. Zu Unrecht ist die Revision der Auffassung, die Verurteilung aus § 1 Abs. 1 KWVO. setze voraus, daß der Täter zum „Typ der gewissenlosen Geschäftemacher" gehöre. Mit dem Erfordernis des böswilligen Handelns stellt das Gesetz kein Merkmal auf, das der Täter auch sonst aufweisen muß; es genügt vielmehr, daß er zu der ihm vorgeworfenen Handlung jene innere Haltung einnahm, die als „böswillig" zu bezeichnen ist. Auch in der Rechtsprechung des Reichsgerichts ist anerkannt, daß § 1 Abs. 1 KWVO. nicht nur auf einen bestimmten Tätertyp anwendbar ist (RG.HRR. 1941 S. 400). Böswillig im Sinne des § 1 Abs. 1 KWVO. handelt vielmehr jeder, der erkennt oder auch nur damit rechnet, daß sein Verhalten den Interessen der Allgemeinheit zuwiderläuft, aber gleichwohl aus einer selbstsüchtigen, das Allgemeininteresse beiseiteschiebenden Gesinnung, also aus verwerflichen Gründen dabei verbleibt (vgl. RGSt. Bd. 74 S 287, 289, Bd. 75 S. 25, 28). Die Böswilligkeit bedeutet also, wie der Senat OGHSt. Bd. 1 S. 382 schon näher ausgeführt hat, ein zusätzliches Unwerturteil des Inhalts, daß dem Täter die Gefährdung des Bedarfs als ein böses Wollen besonders zum Vorwurf zu machen ist. Damit ist schon ausgedrückt, daß der Begriff der Böswilligkeit inhaltlich nicht für alle Zeit und alle Fälle genau festgelegt werden kann. Eine Änderung der allgemeinen Zustände und Verhältnisse kann so schon zu einem Wandel der Maßstäbe führen, die für die Beantwortung der Frage nach der Böswilligkeit eines Verhaltens entscheidend sind. Je größer und drückender die allgemeine Not ist, die die gesamte Bevölkerung zu tragen hat, um so eher wird dem einzelnen daher der Vorwurf der Böswilligkeit zu machen sein, wenn er sich über ein Gesetz hinwegsetzt, das dieser Not steuern will. Die Entscheidung ist vom Tatrichter unter diesen Gesichtspunkten unter Berücksichtigung aller Umstände des Falles zu treffen. Das hat die Strafkammer auch nicht verkannt. Das Urteil legt näher dar, der Angeklagte habe als Landwirt die zur Zeit der Tat besonders schwierige Lage auf dem Gebiete der Fleischversorgung genau gekannt, sei sich auch dessen bewußt gewesen, daß er durch den Verkauf der Kuh der Allgemeinheit erhebliche Fleischmengen entziehe, habe sich aber darüber hinweggesetzt, weil es ihm darauf angekommen sei, „seine eigene Tasche zu füllen". Allerdings verwirklicht nicht jedes Handeln in Bereicherungsabsicht schon das Merkmal der Böswilligkeit. Das hat der Senat schon in der Entscheidung OGHSt. Bd. 1 S. 208, 213 anerkannt. Auch die Strafkammer verkennt nicht, daß Böswilligkeit selbst dann fehlen kann, wenn die Bereicherungsabsicht im Sinne des § 1 Abs. 3 KWVO. erwiesen ist. Ihr ist aber im Ergebnis darin beizupflichten, daß die vom Angeklagten zur Rechtfertigung seines Verhaltens vorgetragenen Gründe die Verwerflichkeit seiner Gesinnung und damit die Böswilligkeit nicht beseitigen. Dem Einwand des Angeklagten, er habe kurz vorher zur Erfüllung seines Lieferungssolls eine Kuh für 213 RM abgegeben und deshalb eine neue Kuh anschaffen, dafür aber 1500 RM aufwenden müssen, wird schon durch die Feststellung der Boden entzogen, daß bei einem Viehbestand von 7 Stück und einer

Kulturfläche von 36 Morgen der Ankauf einer Kuh keineswegs geboten gewesen sei. Auf die weitere Erwägung der Strafkammer, der Angeklagte hätte durch Inanspruchnahme seiner Berufsorganisation und der Viehwirtschaftsstelle eine Kuhe zum zulässigen Preis erwerben können, kommt es deshalb nicht an. Es kann daher dahingestellt bleiben, ob nach allgemeiner Erfahrung zur damaligen Zeit dieser Weg wirklich bald zum Erfolg geführt hätte. Was der Angeklagte sonst zu seiner Rechtfertigung vorbringt (Notwendigkeit der Ausbesserung landwirtschaftlicher Geräte, ungünstige Ernte des Jahres 1947, Krankheit seiner Eltern) ist nicht dazu angetan, eine besondere Notlage darzutun. Diese braucht allerdings nicht die Voraussetzung der §§ 52, 54 StGB. zu erfüllen. Auch eine Notlage geringeren Grades kann dazu führen, daß eine Bedarfsdeckungsgefährdung, selbst wenn der Täter in Bereicherungsabsicht handelt, nicht als böswillig anzusehen ist. Es muß sich aber dabei doch um eine drückende Notlage handeln, die fühlbarer sein muß als diejenige, unter der die Allgemeinheit zur Zeit der Tat zu leiden hatte. Selbst die Revision kennzeichnet aber die Lage des Angeklagten nur dahin, daß er sich in „Geldverlegenheit" befunden habe. Daß Ausbesserungen an landwirtschaftlichen Geräten in größerem Umfange notwendig gewesen wären, daß beim Angeklagten die Ernte ungünstiger war als bei anderen Bauern, daß die Krankheit der Eltern — etwa durch Krankenhausaufenthalt, Operation — besondere Ausgaben verursachte, wird nirgends behauptet. Schließlich fehlt es an jeder Verhältnismäßigkeit zwischen den vom Angeklagten vorgebrachten Schwierigkeiten und dem Gewinn von über 4000 RM, den er mit einem Schlage erzielte. Wenn die Strafkammer das Gesamtvorbringen des Angeklagten also dahin würdigt, daß die von ihm aufgezählten Schwierigkeiten nicht merklich größer gewesen seien, als sie sonst bei der Masse der deutschen Bevölkerung bestanden hätten, daß ihm deshalb zuzumuten gewesen sei, sie ohne Verletzung des Gesetzes zu meistern, und daß deshalb der Verkauf der Kuh zu dem hohen Überpreise unter den dem Angeklagten bekannt gewesenen Verhältnissen zur Tatzeit seine Rücksichtslosigkeit und Gewissenlosigkeit offenbare und sein Handeln daher böswillig sei, so ist darin weder ein Widerspruch noch sonst ein Rechtsfehler zu finden. Schließlich vermag auch der von der Revision vorgetragene Gedanke keine andere Beurteilung zu rechtfertigen, daß der Angeklagte den Gewinn aus dem Geschäft hauptsächlich in seiner Wirtschaft habe verwenden wollen, um später um so besser seinen Pflichten der Allgemeinheit gegenüber nachkommen zu können. Es war, wie der Senat schon in dem Urteil OGHSt. Bd. 1 S. 344 ausgeführt hat, ja gerade der Sinn der Wirtschaftsordnung, eine Planung aus der Gesamtschau zu ermöglichen, weil die Planung aus dem Blickfeld des einzelnen nie frei von Selbstsucht ist und in Zeiten äußersten allgemeinen Mangels die Belange der Allgemeinheit nicht zuverlässig zu beurteilen vermag. Wer sich bewußt gegen die Wirtschaftsgesetze vergeht und den Vorwurf der Böswilligkeit mit dem Hinweis begegnen will, er habe mit der Gesetzesverletzung den mit der Wirtschaftsgesetzgebung verfolgten Zwecken ebenso gut oder noch besser dienen wollen, kann also höchstens in besonders gelagerten Ausnahmefällen damit gehört werden; sonst würden die mit der Wirtschaftsordnung verfolgten Zwecke vereitelt. Im vorliegenden Falle hat jedoch die Strafkammer festgestellt, daß sich der Angeklagte gerade nicht durch die Rücksicht auf die Belange der Allgemeinheit, sondern von selbstsüchtigen und eigennützigen Beweggründen leiten ließ....

Dagegen kann die weitere in Tateinheit mit dem Kriegswirtschaftsverbrechen ausgesprochene Verurteilung wegen Vergehens gegen § 1 Ziff. 1 VRStrVO. nicht bestehen bleiben. Lebende Tiere können zwar bewirtschaftet sein, gehören aber nicht zu den bezugsbeschränkten Erzeugnissen im Sinne des § 1 Ziff. 1 VRStrVO. In Betracht käme statt dessen ein Vergehen gegen § 1 Ziff. 6 a.a.O. in Verbindung mit einer Vorschrift, die auf Grund der Verordnung über die öffentliche Bewirtschaftung von landwirtschaftlichen Erzeugnissen vom 27. 8. 1939 (RGBl. 1939 I S. 1521) oder einer hierauf beruhenden anderen Vorschrift ergangen ist und die Abgabe von Rindern ohne Schlußschein verbietet....

Dagegen kann der Strafausspruch nicht bestehen bleiben. Denn die Strafkammer hat strafschärfend berücksichtigt, daß der Angeklagte eine erhebliche Menge

Fleisch beiseite geschafft und daß er gewissenlos und aus eigennützigen Beweggründen gehandelt habe. Die Wendung über die Beweggründe kann zwar noch dahin verstanden werden, daß die Strafkammer damit nicht die bloße Tatsache der Böswilligkeit, sondern ihren Grad gemeint hat. Diese Deutung versagt aber, soweit sie die Beiseiteschaffung einer erheblichen Menge Fleisch strafschärfend berücksichtigt. Denn diese hält sich tatsächlich noch in der Nähe der Grenze, die überschritten werden muß, damit überhaupt der äußere Tatbestand des § 1 Abs. 1 KWVO. gegeben ist. Die Strafkammer verwertet also insoweit ein Tatbestandsmerkmal als Strafschärfungsgrund. Das ist aber fehlerhaft. Nicht die Verwirklichung des Tatbestandes der strafbaren Handlung, sondern nur die Art der Verwirklichung, die Größe des Unrechts und der Schuld kann für die Festsetzung der Strafe innerhalb des gesetzlichen Strafrahmens von Einfluß sein....

Zur Revision des Angeklagten J.

Zu Unrecht ist die Revision der Ansicht, daß die Verurteilung wegen Beihilfe zum Kriegswirtschaftsverbrechen gemäß § 1 Abs. 1 KWVO. auch ein böswilliges Handeln des Gehilfen voraussetze. Es genügt vielmehr, wenn er bei Leistung seines Tatbestandes weiß oder auch nur damit rechnet, daß der Täter böswillig handelt und auch für diesen Fall seine Unterstützungshandlung will. Die bisweilen vertretene gegenteilige Auffassung beruft sich auf § 50 StGB. Sie kann jedoch nicht als zutreffend anerkannt werden. Denn die Böswilligkeit im Sinne des § 1 Abs. 1 KWVO. kann nicht als Eigenschaft gemäß § 50 Abs. 2 StGB. angesehen werden, weil es sich dabei um ein Merkmal handelt, das der Täter auch sonst, abgesehen von der ihm zum Vorwurf gemachten Handlung, aufweisen muß. Die Bestimmung des § 1 Abs 1 KWVO. verwendet, wie schon in anderem Zusammenhange dargelegt, den Begriff der Böswilligkeit nicht als eine dem Täter anhaftende Eigenschaft. Es ist vielmehr erforderlich, aber auch genügend, daß sie sich in dem durch § 1 Abs. 1 KWVO. mißbilligten Verhalten der Bedarfsdeckungsgefährdung offenbart, sie braucht ihm also nicht auch sonst eigen zu sein. Abgesehen davon scheitert die Anwendung des § 50 Abs. 2 StGB. auch daran, daß es sich bei der Böswilligkeit nach § 1 Abs. 1 KWVO. um einen strafbegründenden, nicht nur um einen strafändernden Umstand handelt. Dem steht nicht entgegen, daß die Handlung, wenn die Böswilligkeit zu verneinen ist, in vielen Fällen nicht straflos bleibt, sondern nach anderen Bestimmungen, vor allem nach der VRStrVO. strafbar ist. Denn das ist nur möglich, trifft aber keinesfalls immer zu.

Ebensowenig kann sich die Gegenmeinung auf § 50 Abs. 1 StGB. berufen. Denn unter Schuld im Sinne dieser Bestimmung sind nur die allgemeinen Elemente der Schuld zu verstehen; auch das Fehlen von Schuldausschließungsgründen ist dazu zu rechnen. Dagegen werden die sonstigen inneren Tatbestandsmerkmale wie die Zueignungsabsicht (§ 242 StGB.), die Absicht, sich einen Vermögensvorteil zu verschaffen (§ 263 StGB.) (Delikte mit „überschießender Innentendenz" vgl. u. a. Heger „Die Merkmale des Verbrechens" in Z.Bd. 36 S. 31), die wollüstige Absicht als ungeschriebenes Tatbestandselement bei Sittlichkeitsverbrechen wie auch der niedrige Beweggrund i. S. des § 211 Abs. 2 StGB. und die Böswilligkeit von dem Schuldbegriff, wie er in § 50 Abs. 1 StGB. zu verstehen ist, nicht mitumfaßt. Das ergibt sich aus der Entstehungsgeschichte der jetzt geltenden Fassung des § 50 StGB., die eine Lücke in der Strafbarkeit des Teilnehmers schließen sollte, die darin gesehen wurde, daß der Anstifter eines Schuldunfähigen straflos ausging, wenn er die Schuldunfähigkeit des Täters nicht kannte, die aber nicht dazu führen sollte, Teilnehmer, die schon nach der alten Fassung strafbar waren, straflos zu belassen, weil sie nicht selbst alle sonstigen Tatbestandsmerkmale der strafbaren Handlung verwirklicht hatten. Die Grenze zwischen den einzelnen Verbrechensmerkmalen der Tatbestandsmäßigkeit, der Rechtswidrigkeit und der Schuld ist nicht in der Weise zu ziehen, daß alle äußeren Merkmale der Tatbestandsmäßigkeit und der Rechtswidrigkeit, alle inneren Merkmale der Schuld zuzuweisen wären. Insbesondere kann die Bestimmung des Unrechts von inneren Merkmalen abhängig sein. Zu ihnen gehören auch die genannten inneren Tatbestandsmerkmale. Sie sind also subjektive Unrechtselemente, nicht Schuldelemente. Die gegenteilige Auffassung würde auch dazu führen, daß die Grenzen zwischen Täterschaft und Teilnahme verwischt würden. Die in den einzelnen Straftatbeständen enthaltenen subjektiven Unrechtselemente müssen, wie schon ihre sprachliche Fassung erkennen läßt, vom Täter verwirklicht werden. Sie betreffen stets seine innere Beziehung zur Tat, haben also zur Voraussetzung, daß er mit Tätervorsatz handelt, die Tat als eigene will. Wie an Stelle des Tätervorsatzes beim Gehilfen der Wille tritt, die fremde Tat zu unterstützen, zu fördern oder zu erleichtern, so muß auch die sonst vom Gesetz etwa noch geforderte innere Beziehung des Täters zur Tat beim Gehilfen notwendig abgewandelt werden. Sie wird ersetzt durch die Kenntnis des Gehilfen davon, daß der von ihm unterstützte Täter die vom Gesetz besonders geforderte innere Beziehung zur Tat hat. Sobald er sie selbst aufweist, wird er in der Regel nicht mehr Gehilfe, sondern Mittäter sein. Wollte man die Forderung aufstellen, daß der Gehilfe dieselbe innere Beziehung zur Tat aufweisen müsse, wie sie das Gesetz vom Täter voraussetzt, so würde das dazu führen, daß in solchen Fällen die Möglichkeit der Beihilfe überhaupt verneint werden müßte.

Entgegen der Auffassung des Generalstaatsanwalts ist auch kein durchgreifender Grund zu erkennen, daß mindestens für das Merkmal der Böswilligkeit in § 1 Abs. 1 KWVO. etwas anderes gelten müsse. Auch bei ihr handelt es sich um eine vom Gesetz geforderte innere Haltung des Täters zur Tat. Sie bezieht sich auf die von ihm gewollte, durch das Beiseiteschaffen bewirkte Bedarfsdeckungsgefährdung. Nur bei ihm ist diese vom Gesetz geforderte innere Beziehung möglich, weil nur er beiseiteschafft und dadurch die Bedarfsdeckung gefährdet. Beim Gehilfen, der nur den Täter unterstützen, nicht aber selbst beiseiteschaffen und die Bedarfsdeckung gefährden will, fehlt es also schon am Beziehungspunkt für die Böswilligkeit. Sobald er gegeben ist, er also beiseiteschaffen und die Bedarfsdeckung gefährden will, ist er nicht mehr Gehilfe, sondern Täter. Es muß also auch bei ihm an die Stelle der Böswilligkeit, die das Verhalten des Täters aufweisen muß, die Kenntnis davon treten. Diese durch das Verhältnis der Beihilfe zur Täterschaft bedingte Folgerung drängt sich so zwingend auf, daß selbst diejenigen diesen Weg gehen müssen, die im Grundsatz ein böswilliges Handeln des Gehilfen fordern. Denn sie kommen dazu, die Böswilligkeit beim Gehilfen regelmäßig schon dann zu bejahen, wenn er die Böswilligkeit des Täters kenne (vgl. OLG. Celle HanRpfl. 1946 S. 76 und S. 91 und 1947 S. 51).

Mit Recht hat die Strafkammer auch in dem Bezug von 6 Pfund Fleisch eine Übertretung des § 2 Abs. 1 Ziff. 1 VRStrVO. erblickt und den Angeklagten auch deswegen verurteilt. Unzutreffend ist die Ansicht der Revision, daß insoweit straflose Nachtat vorliege. Diese Annahme verbietet sich schon deshalb, weil der Angeklagte sich nur der Beihilfe zum Kriegswirtschaftsverbrechen schuldig gemacht hat, beim Beziehen des Fleisches aber als Täter gehandelt hat. Für den Täter, der das Bedarfsgut von einem Dritten erworben und dadurch beiseitegeschafft hat, mag die Verwertungshandlung straflose Nachtat sein. Die Beihilfe beim Beiseiteschaffen begründet aber für den Gehilfen noch keinen Zustand, der ihm die Verwertung des Bedarfsguts als Täter gestattete. Die Beihilfe zum Beiseiteschaffen ist auch kein notwendiges Durchgangsstadium für das Beziehen eines Teiles des Gutes. Dieses Verhalten wird also durch die beim vorangegangenen Beiseiteschaffen geleistete Beihilfe nicht mitumfaßt und darum durch die Strafe für die Beihilfe noch nicht mit abgegolten. So hat auch die Rechtsprechung selbst den Anstifter zum Diebstahl der Hehlerei für schuldig erachtet, wenn er dann die gestohlene Sache an sich brachte (RG. Bd. 51 S. 97, 101). . .

Dabei ist es gleichgültig, ob der Angeklagte schon als Gehilfe mit dem Vorsatz und in der Erwartung tätig wurde, bei der späteren Verwertung einen Teil des Gutes zu beziehen. Dieser Umstand kann allenfalls dafür von Bedeutung sein, ob ein Fall des § 73 oder des § 74 StGB. vorliegt.

Zur Revision des Angeklagten Lü.:

Zu Unrecht ist die Revision der Auffassung, daß Beihilfe des Angeklagten Lü. zu dem von Le. bewirkten Beiseiteschaffen des Fleisches schon deshalb nicht in Frage komme, weil die Tat Le.s schon vollendet gewesen sei. Wenn auch der Tatbestand des § 1 Abs. 1 KWVO. von

Le. schon durch den Ankauf der Kuh verwirklicht wurde, so setzte sich die strafbare Handlung doch durch die Schlachtung der Kuh und den Abtransport des Fleisches bis zur beabsichtigten Weiterleitung an Dritte fort, war also in dem Zeitpunkt, als Lü. tätig wurde, noch keinesfalls tatsächlich beendet. Solange das aber nicht der Fall war, konnte Beihilfe geleistet werden (vgl. RGSt. Bd. 52 S. 202 und RG. in JW. 1934 S. 837 Nr. 8 mit Anm. von Mezger). Soweit sich G. des Kriegswirtschaftsverbrechens schuldig gemacht hatte, war dessen Tat allerdings auch tatsächlich beendet, als der Angeklagte Lü. in Kenntnis der Bedeutung und Tragweite seines Handelns tätig wurde. Die Annahme des Landgerichts, daß Lü. auch zu dessen Tat Beihilfe geleistet habe, ist deshalb nicht haltbar. Die Verurteilung wegen Beihilfe ist trotzdem unbedenklich, weil die Tat Le.s noch nicht beendet war. Wenn auch Le. dem Angeklagten Lü. gegenüber im Hintergrund blieb und wenig in Erscheinung trat, so war doch Lü.s Vorsatz hinreichend bestimmt, selbst wenn er sich über die Person des Haupttäters keine klaren Gedanken gemacht haben sollte. Er wußte insbesondere, daß eine recht erhebliche Menge Fleisch beiseitegeschafft wurde, dieses Beiseiteschaffen im Zeitpunkt seines Eingreifens noch keineswegs abgeschlossen war und durch den von ihm durchgeführten Transport und durch die von ihm gegebene Erlaubnis, das Fleisch bis zum Abend in seiner Garage aufzubewahren, gefördert wurde. Entgegen der Auffassung der Revision wurde sein Verhalten auch nicht etwa durch Notstand entschuldigt. Zwar war er nicht verpflichtet, die Tat zur Anzeige zu bringen. Als er aber bemerkte, daß er mit seinem Lastwagen aus einer Schwarzschlachtung stammendes Fleisch in erheblicher Menge beförderte, hätte er die Weiterfahrt ablehnen und das Abladen des Fleisches verlangen können und müssen. Wenn auch die Lage, die von ihm diesen Entschluß forderte, von ihm nicht bewußt gesucht worden war, so war — was allein entscheidend ist — seine Entschluß- und Handlungsfreiheit doch nicht in einer seine strafrechtliche Verantwortlichkeit ausschließenden Weise beeinträchtigt . . .

Der Angeklagte Le. hat zwar keine Revision eingelegt, die ihn betreffenden Strafzumessungsgründe weisen aber den gleichen Rechtsfehler auf wie bei G. Denn auch bei ihm berücksichtigt die Strafkammer strafschärfend, daß er eine erhebliche Menge Fleisch beiseitegeschafft habe, verwertet also in derselben unzulässigen Weise wie bei G. ein Tatbestandsmerkmal des Kriegswirtschaftsverbrechen als Strafschärfungsgrund. Gemäß § 357 StPO. ist auch das Urteil gegen Le. im Strafausspruch aufzuheben, weil er durch den gleichen Rechtsirrtum beeinflußt ist. Im Schrifttum wird zwar im Anschluß an den Wortlaut des § 357 StPO. und unter Berücksichtigung des Umstandes, daß diese Vorschrift Ausnahmecharakter trägt und die formelle Rechtskraft durchbricht, überwiegend eine strengere Auffassung vertreten, nämlich verlangt, daß die Gesetzesverletzung, die zugunsten eines Angeklagten zur Aufhebung führt, auch Entscheidungsgrund hinsichtlich der anderen Angeklagten sei, daß also das Urteil gegen diese auf derselben (identischen) Rechtsverletzung beruhe (vgl. Löwe-Rosenberg, StPO. 19. Aufl. Anm. 2b zu § 357). Die bloße Gleichartigkeit der Rechtsverletzung wird für ungenügend erachtet. Demgegenüber hat die Rechtsprechung des Reichsgerichts den Fall des § 357 StPO. schon dann als gegeben angesehen, wenn gleichartige sachlich-rechtliche Erwägungen, wie sie zur Aufhebung zugunsten des Beschwerdeführers geführt haben, zur gleichen Entscheidung hinsichtlich der anderen Angeklagten hätten führen müssen, wenn sie ebenfalls Revision eingelegt hätten (RGSt. Bd. 16 S. 417 und RG. in JW. 1935 S. 125 mit Anm. von Hafner, vgl. auch Schneidewin aaO. S. 323/24). Diese Auffassung verdient den Vorzug, weil sie dem gesetzgeberischen Grundgedanken, auf dem § 357 StPO. auch nach dem Willen seiner Urheber beruht, am besten Rechnung trägt. Danach sollten, wie das Reichsgericht in der angeführten Entscheidung RGSt. Bd. 16 S. 417 schon näher dargelegt hat, in § 357 StPO. im Interesse der Gerechtigkeit die formalen Grundsätze des Verfahrensrechts und der Rechtsmittellehre bewußt durchbrochen werden, um das Rechtsgefühl verletzende Ungleichheiten bei der Aburteilung einer Mehrheit von Personen zu vermeiden, die an derselben Straftat beteiligt sind. Diesem gewichtigen Grunde gegenüber müssen alle verfahrensrechtlichen Bedenken zurücktreten . . .

9. 1. Ein Referendar kann in der Hauptverhandlung des Schwurgerichts das Protokoll führen und zugleich zur Beratung zugelassen werden.

2. Trotz Zubilligung mildernder Umstände braucht nicht unter die Mindeststrafe des normalen Strafrahmens heruntergegangen zu werden.

GVG. § 193.
Strafsenat. Urt. v. 17. Mai 1949 g. M. StS 90/49.

I. Landgericht Göttingen.

Aus den Gründen:

Daß ein Referendar im Vorbereitungsdienst die Geschäfte eines Urkundsbeamten der Geschäftsstelle wahrnehmen kann und auch bei der Ausbildung am Landgericht zur Aufnahme von Niederschriften heranzuziehen ist, soweit letzteres für seine Ausbildung erforderlich ist, bestimmt die von den Oberlandesgerichtspräsidenten der Britischen Zone im Jahre 1946 übereinstimmend erlassene Justizausbildungsordnung (z. B. JBl. Köln 1946 S. 34) in den §§ 39 Abs. 3 und 41 Abs. 5; übrigens finden sich die gleichen Bestimmungen in der Justizausbildungsordnung des Zentraljustizamts vom 15. 1. 1949 (VOBl.BZ. 1949 S. 21) in den §§ 36 Abs. 3 und 38 Abs. 5. Eine Ausnahme für das Hauptverhandlungsprotokoll beim Schwurgericht ist nicht gemacht, ein sachlicher Grund für eine solche Ausnahme liegt auch nicht vor. Nun bestimmt § 193 GVG., daß bei der Beratung und Abstimmung nur die zur Entscheidung berufenen Richter und, soweit der Vorsitzende das gestattet, die bei demselben Gericht zur juristischen Ausbildung beschäftigten Personen zugegen sein dürfen. Der Sinn dieser Bestimmung ist der, daß jede unmittelbare Beeinflussung der Richter durch Anwesenheit oder Mittätigkeit sonstiger Personen unterbleibt; auch soll eine Gefährdung des Beratungs- und Abstimmungsgeheimnisses vermieden werden. Hiernach darf also an sich der Protokollführer der Hauptverhandlung bei der Beratung nicht anwesend sein. Nimmt ein Referendar in der Hauptverhandlung außer seiner Anwesenheit zu Ausbildungszwecken eine prozessuale Aufgabe wahr, so ist nach der Art dieser Aufgabe zu entscheiden, ob sie seiner

Anwesenheit bei der Beratung entgegensteht. Mit der ständigen Rechtsprechung des früheren Reichsgerichts ist die Frage zu bejahen, wenn der Referendar z. B. als Verteidiger oder Zeuge aufgetreten ist, zu verneinen aber, wenn er als beauftragter Urkundsbeamter das Hauptverhandlungsprotokoll führt (vgl. Löwe-Rosenberg § 193 GVG. Erl. 3a) . . .

Schließlich sind auch die den Strafausspruch betreffenden Angriffe der Revision unbegründet.

Das Schwurgericht hat dem Angeklagten mildernde Umstände gemäß § 228 StGB. zugebilligt, trotzdem aber auf drei Jahre Gefängnis erkannt, die Mindeststrafe des ordentlichen Strafrahmens des § 226 StGB. Das ist rechtlich zulässig, weil § 228 für den Fall des § 226 nur eine Herabsetzung der Mindeststrafe enthält, aber keine Ermäßigung der Höchststrafe. Ein Gericht kann verständige Gründe dafür haben, mildernde Umstände nicht zu versagen, aber trotzdem eine Strafe zu verhängen, die auch ohne Zuerkennung mildernder Umstände rechtlich möglich gewesen wäre; unlogisch ist das nicht. Ein rechtlicher Fehler liegt nur vor bei Verkennung des richtigen Strafrahmens; davon abe kann hier nicht die Rede sein.

---

10. 1. Ist die Ermordung eines vermeintlichen Defaitisten aus bestimmten Erwägungen durch Erschießen geplant und wird das Opfer zu diesem Zwecke herbeigeholt, so kann es eine unerhebliche Tatabweichung sein, wenn die Herbeiholenden, denen alles das bekannt ist, die Tat eigenmächtig schon auf dem Wege aus den gleichen Gründen durch Erschießen ausführen.

2. Zur Mordbeihilfe durch vorsätzliches Unterlassen rettenden Eingreifens, wenn der Unterlassende die Todesgefahr mit herbeigeführt hat. Welche Anforderungen stellt hier die innere Tatseite?

StGB. §§ 211, 212, 43, 47, 49.

Strafsenat. Urt. v. 24. Mai 1949 g. G. u. A. StS 146/48.

I. Schwurgericht Braunschweig.

Aus den Gründen:

Im Falle O. hat das Schwurgericht mit Recht vollendeten Totschlag (§ 212 StGB.) angenommen. Fest steht zwar, daß die Tat so, wie sie geplant war, nicht ausgeführt worden ist. O. ist nicht erst im oder beim Befehlsstand getötet worden, sondern bereits unterwegs auf Grund eines selbständig gefaßten, dazwischentretenden Mordentschlusses des A. Soweit die vollendete Tat sich danach als Mord darstellt, nicht nur als Totschlag, ist sie G., wie der Tatrichter zutreffend erkennt, zwar nicht zuzurechnen, weil dieser die von A. selbständig und erst nach G.s Beihilfehandlung, dem Abholungsbefehl, geschaffenen Tatumstände nicht gekannt hat. Als Tötung aber hält sich die an sich selbständige Tat A.s im Rahmen des ursprünglichen Tötungsplans, der darauf ausging, O. als einen vermeintlichen Defaitisten bei Feindannäherung ohne weitere Verantwortungsmöglichkeit zu erschießen, und den G., wie feststeht, zumindest mit bedingtem Vorsatz gefördert hat. Der Generalstaatsanwalt hat zwar den Standpunkt vertreten, die Ausführung des ursprünglichen, dem G. bekannten und von ihm vorsätzlich geförderten Tötungsplans sei durch den Tatentschluß und die selbständige Tat A.s völlig unterbrochen; die Tötung O.s durch A. sei mithin eine andere, selbständige Tat. Dem vermag der Senat unter den Tatumständen aber nicht zu folgen. Er tritt vielmehr dem Schwurgericht bei, das freilich knapp, im Ergebnis aber rechtlich zutreffend ausgeführt hat, daß es auf den Vorsatz, hier auf den Gehilfenvorsatz, ohne Einfluß sei, wenn der Täter den Tatablauf nicht in allen Einzelheiten voraussehe. Unter den festgestellten besonderen Tatumständen vermag diese rechtliche Erwägung durchaus den Schluß zu rechtfertigen, die verfrühte, eigenmächtige Tötung O.s durch A. sei angesichts dessen, daß O. ohnedies aus denselben, dem A. genau bekannten politischen Erwägungen kurze Zeit später in ähnlicher Weise getötet werden sollte, nur eine unbedeutende Abweichung von dem geplanten Tatverlauf. Unter anderen, gewöhnlichen Tatumständen freilich wäre diese Betrachtungsweise bei einer Tötung jedenfalls in der Regel unzulässig und der gegenteilige Standpunkt des Generalstaatsanwalts dann wohlbegründet. Hier aber handelt es sich, wie das Schwurgericht richtig erkannt hat, um eine Gruppe von Parteileuten, denen im Taumel des Zusammenbruchs ihrer politischen Bestrebungen das Leben eines vermeintlichen Defaitisten nichts galt und die in solchen Fällen zu Tötungen in Befehl und Ausführung nicht nur blind entschlossen waren, sondern solche Tötungen in anderen, ganz ähnlichen Fällen auch mehrfach versucht und ausgeführt haben. In ihrem blinden Wahne hatten sie auch den Tod O.s beschlossen und mit der Ausführung des Tötungsplans begonnen. Unter diesen Umständen ist es keine erhebliche Tatabweichung, wenn A., dem das alles bekannt war, den beschwerlichen Transport des schwer verwundeten O. auf dem Fahrrade über eine verhältnismäßig weite Strecke scheute und sich deshalb, den Vollzug des Erschießungsbefehls, den er bei sich trug, vorwegnehmend, entschloß, den todgeweihten Mann kurzerhand selbst zu erschießen. Eine die Ausführung des bisherigen Tötungsplans unterbrechende, selbständige Tat läge hierin nur, wenn O. nur oder zumindest auch zum Verhör, nicht aber unmittelbar zwecks Tötung zum Befehlsstand geholt worden wäre. So liegt es nach den oben erörterten Tatfeststellungen aber nicht. Es ist hier daher keine wesentliche Tatabweichung, wenn O. von dem dazu an sich nicht beauftragten A. bereits auf dem Wege zum Befehlsstand im wesentlichen aus den auch für die geplante Tat bestimmenden Erwägungen und in derselben Weise getötet wurde. Die Urheber der geplanten Tat bleiben neben A. in gleicher Weise für sie verantwortlich. Die Täterschaft A.s ist nur neben die ihre getreten . . .

Der Angeklagte R. ist im Falle O. wegen Beihilfe zum Totschlage verurteilt. Das ist indessen, wie den Revisionen des Angeklagten und der Staatsanwaltschaft zuzugeben ist, rechtlich nicht haltbar.

R. hat sich A. und K., wie zumindest feststeht, in Kenntnis dessen angeschlossen, daß O. aus der Haftanstalt abzuholen und zum Befehlsstand zu bringen sei. Er ist mit ihnen zum Rennelberg gefahren, hat die Haftanstalt mit betreten und — in SS-Uniform als Untersturmführer — an der Herausgabeverhandlung, deren Wortführer A. war, teilgenommen. Nach den Urteilsfeststellungen ist O. somit von der aus A., K. und R. bestehenden Gruppe gemeinsam aus dem Gewahrsam geholt worden. Die Anwesenheit R.s in der Uniform eines SS-Untersturmführers hat, wie der Tatrichter bindend feststellt, die Herausgabebereitschaft der A staltsbeamten mit bewirkt. Auch am Abtransport hat sich R. durch Mitgehen beteiligt. Angesichts dieser unangefochtenen Tatfeststellungen ist dem Tatrichter rechtlich beizutreten, wenn er eine Rechtspflicht R.s annimmt, die Ermordung O.s durch A., sobald ihm diese Absicht bekannt wurde, nach Kräften zu hindern. Denn R. hatte bei der Herausgabe O.s mitgewirkt und diesen daher mit in die Todesgefahr gebracht, in der er sich nun befand (RGSt. Bd. 72 S. 20, Bd. 73 S. 52, 56). Verletzte R. diese Rechtspflicht schuldhaft, indem er ihr vorsätzlich nicht nachkam, so machte er sich durch Unterl sung rechtlich gebotenen Tuns an der Ermordung O.s als Täter oder Gehilfe mitschuldig. Das Schwurgericht stellt weiter auch zutreffend fest, daß R. jedes hindernde Eingreifen unterlassen und seine dahingehende Rechtspflicht daher objektiv verletzt hat. Er ist vor dem Friedhofstor stehengeblieben und hat den Ablauf der Mordtat in allen Finzelheiten verfolgt, ohne im geringsten einzugreifen, obwohl er leicht hätte eingreifen und die Tat hindern können. Damit ist rechtlich einwandfrei festgestellt, daß R. ein rechtlich gebotenes Handeln in die Tat zumindest fördernder Weise unterlassen hat.

Der Generalstaatsanwalt hat jedoch auf mangelnde Feststellungen zur inneren Tatseite hingewiesen. Insoweit ist das angefochtene Urteil, was auch auf die Sachrüge des Angeklagten hin festzustellen ist, in der Tat nicht haltbar. Schuldhaft war die Unterlassung R.s nur, wenn er im Tatzeitpunkt erkannt hatte, daß er an der Herausgabe O.s und damit an der Entstehung der Lebensgefahr, in der sich dieser nunmehr befand, mitgewirkt hatte, daß es ihm — R. — möglich sei, die Gefahr durch Hinderung der Tat abzuwenden oder dieser zumindest entgegenzutreten, und daß er die bevorstehende Tötung fördere, wenn er dies unterlasse. Die Tatumstände sprechen dafür, daß diese inneren Taterfordernisse sämtlich gegeben waren, denn die Mitwirkung R.s bei der Herausgabe, die Erkenntnis, daß der Mord nun, beim Einbiegen A.s und K.s in den Friedhof nach der unmißverständlichen Verabschiedung, unmittelbar bevorstehe, daß er — R. — die Tat leicht hindern könne und sie durch untätiges Geschehenlassen und Zusehen fördere, lag zum Greifen nahe. Das mag den Tatrichter bewogen haben, sich darüber nicht besonders auszusprechen. Rechtlich ist dies aber unerläßlich, weil das Revisionsgericht sonst nicht prüfen kann, ob die inneren Taterfordernisse richtig erkannt waren. Insbesondere die Worte A.s: „Gehe Du fort, ich möchte nicht, daß Du in dieser Sache belastet wirst", der dann folgende wortlose Händedruck, das Abbiegen der Täter mit O. vom Wege, alles ohne jede Frage und jeden Widerspruch R.s, endlich dessen Mitansehen der Tat, die in Vorwürfen an O. und dreimaligem Zielen und Abdrücken auf dessen Stirn, zuletzt mit K.s Pistole, bestand, die also immerhin geraume Zeit beanspruchte, läßt kaum einen anderen Schluß zu, als daß die vorerwähnten inneren Tatmerkmale erfüllt sein müssen. Indessen wird der Tatrichter hierüber unter Berücksichtigung der erwähnten Gesichtspunkte selbst zu befinden haben. Dabei ist insbesondere zu bedenken, daß R. der offensichtlich als bevorstehend erkannten Tat mit keinem Wort entgegengetreten ist, so daß es auf die Frage, welche Hinderungsmittel ihm etwa außerdem noch zur Hand waren und wie weit er insoweit etwa gehen zu können glauben konnte, rechtlich weiter nicht ankommen kann, weil ihm z u m i n d e s t ein Abreden auf jeden Fall möglich gewesen sein wird . . . (Insoweit ist zurückverwiesen.)

---

11. Eine Anzeige wegen sogenannter Rassenschande kann den Tatbestand des KRG. 10 Art. II 1 c verwirklichen.

KRG. 10 Art. II 1 c.

Strafsenat. Urt. v. 24. Mai 1949 g. Ehel. M. StS 162/163/48.

I. Schwurgericht Hamburg.
II. Oberlandesgericht Hamburg.

A u s d e n G r ü n d e n :

Im Anzeigefalle H. ist die Verurteilung der Ehefrau M. rechtlich nicht zu beanstanden. Das Schwurgericht hat festgestellt, daß die Angeklagte im Oktober 1937 die jüdische, geschiedene Ehefrau Ma. wegen Kuppelei und wegen einer mit H. begangenen „Rassenschande" bei der Polizei wahrheitsgemäß angezeigt hat. Alsbald wurden beide und die Mutter H.s verhaftet. Nach elfmonatiger Untersuchungshaft wurde letztere von der Anklage der Kuppelei freigesprochen, H. wegen sogenannter Rassenschande zu zwei Jahren Gefängnis und Frau Ma. wegen gewohnheitsmäßiger bzw. eigennütziger Kuppelei in fünf Fällen und wegen Zeigens der Hakenkreuzfahne seitens ihrer Untermieter zu insgesamt zwei Jahren Gefängnis verurteilt; nach den damaligen Bestimmungen war bei sogenannter Rassenschande der weibliche Teil nicht strafbar. Die Strafen wurden voll verbüßt; Frau Ma. kam anschließend in ein Konzentrationslager und verstarb dort am 3. März 1942. Von diesen Anzeigefolgen hat das Schwurgericht der Angeklagten unter dem Gesichtspunkt des Unmenschlichkeitsverbrechens nur zugerechnet die Strafverfolgung gegen H., weil sie auf Grund des Blutschutzgesetzes geschah und dieses Gesetz in Wirklichkeit kein Recht, sondern Unrecht war, dagegen die Strafverfolgung im übrigen, insbesondere gegen Frau Ma. wegen Kuppelei und deren anschließendes Schicksal nicht, wohl aber die Verschlechterung ihrer Lage gegenüber dem Gericht und den Behörden dadurch, daß in der Anzeige wegen Kuppelei die Eigenschaft der Ma. als Jüdin und ihre intimen Beziehungen zu H. angegeben wurden. Als alte Parteigenossin und Vorkämpferin gegen das Judentum habe die Angeklagte mit dieser Verschlechterung der Lage für die angezeigte Ma. gerechnet; auch hatte sie bei früherer Gelegenheit erfahren, daß intime Beziehungen zwischen Juden und Nichtjuden schlimme Folgen haben konnten, sogar für eine nichtjüdische Frau. Daß Frau Ma. anschließend in ein KZ. verbracht und darin umkommen werde, habe sie aber damals noch nicht erkennen können, weil die systematische Judenausrottung erst später nach der Ermordung des Botschaftsrats vom Rath eingesetzt habe.

Es braucht hier nicht erörtert zu werden, ob damit zugunsten der Angeklagten der Verantwortungsbereich hinsichtlich der Anzeigefolgen zu eng begrenzt ist; denn nur die Angeklagte hat Revision eingelegt. Es sei aber darauf hingewiesen, daß die Voraussicht der wirklichen Anzeigefolgen im einzelnen zum Tatbestande nicht erforderlich ist. Die Verurteilung wegen Verbrechens gegen die Menschlichkeit ist in diesem Falle zu Recht erfolgt. Alle Tatbestandsvoraussetzungen sind festgestellt und im Ergebnis rechtlich zutreffend gewürdigt. Die Bestrafung der sogenannten Rassenschande und die Verfolgung des nicht strafbaren weiblichen Partners durch den nationalsozialistischen Staat war eine Kulturschande, eine Verletzung der allgemeinen Menschenrechte und offensichtliches Unrecht, was jedermann erkennen konnte und mußte. Dem steht die Tatsache, daß die Bestrafung durch ein Gesetz angedroht war, nicht entgegen. Waren die Folgen für die Betroffenen schwer, wie es hier der Fall war, so stellten sie zugleich einen Angriff gegen die Menschheit dar. Daß mit schweren Folgen zu rechnen war, konnte keinem unbekannt sein, der, wie die Angeklagte, von dieser Strafbarkeit überhaupt wußte. Damit erfüllt die Anzeige der Angeklagten den äußeren wie den inneren Tatbestand des Unmenschlichkeitsverbrechens. Daß die angezeigte jüdische Frau einen unordentlichen Lebenswandel führte, ist für den Tatbestand bedeutungslos, da, wie der Senat bereits mehrfach ausgesprochen hat, die Menschenwürde in jedem Menschen Schutz verdient und Schutzunwürdigkeit im Strafrecht unbekannt ist.

---

12. 1. Zum Begriff der „Untersuchung" (§ 343 StGB.) bei politischer Strafverfolgung im Jahre 1933.

2. Die Strafzumessung ist rechtlich fehlerhaft, wenn aus zahlreichen Tatumständen erkennbar nur die entlastenden berücksichtigt, die anderen aber außer Betracht gelassen sind.

KRG. 10 Art. II 1 c; StGB. §§ 340, 343, 73; StPO. §§ 261, 267, 358 Abs. 1 und 2.

Strafsenat. Urt. v. 31. Mai 1949 g. L. StS 156/49.

I. Schwurgericht Hannover.

Aus den Gründen:

Der Angeklagte hat als Kriminalsekretär im Jahre 1933 anläßlich von Verhaftungen und Vernehmungen von Kommunisten, die später wegen Hochverrats angeklagt worden sind, gemeinsam mit einem anderen Kriminalbeamten und teilweise auch mit SS- und SA-Männern Häftlinge mißhandelt, um sie in ihren Aussagen zu beeinflussen. Er ist wegen Aussageerpressung in Tateinheit mit Körperverletzung im Amte in fünf Fällen zu einer Gesamtstrafe von einem Jahr und einem Monat Zuchthaus verurteilt.

Die Revision der Staatsanwaltschaft ist begründet und führt hinsichtlich der Strafzumessung zur Zurückverweisung.

Die Verurteilung nach den §§ 340, 343 StGB. unterliegt keinen Rechtsbedenken. In den festgestellten fünf Fällen hat der Angeklagte als Beamter in Ausübung seines Amts vorsätzlich Körperverletzungen begangen, mitbegangen oder pflichtwidrig zugelassen, also Zwangsmittel angewandt, und zwar um dadurch Aussagen der Häftlinge zu erpressen. Daß sich diese Mißhandlungen bei einer Untersuchung im Sinne des § 343 StGB. ereignet haben, unterliegt keinem Zweifel. Bei der Beurteilung rechtsstaatlicher Verhältnisse bedurfte der Begriff der Untersuchung im § 343 lediglich der Klarstellung dahin, daß es sich um ein Verfahren handeln muß, das in irgendeiner Weise, also etwa auch als Dienststraf- oder Verwaltungsverfahren, die Ermittlung und Ahndung strafbarer Handlungen bezweckt (RGSt. Bd. 6 S. 82, Bd. 25 S. 366). Der Umstand, daß die Verfolgung wegen Hochverrats, an der der Beklagte 1933 dienstlich teilgenommen hat und in deren Rahmen die Mißhandlungen stattgefunden haben, rechtlich höchst zweifelhafter Natur war — was hier nicht näher zu prüfen ist —, ändert am Charakter der Untersuchung als einer staatlichen Verfolgungsmaßnahme nichts. Die gegen die Kommunisten anhängige polizeiliche Untersuchung blieb ein staatliches Untersuchungsverfahren auch dann, wenn sie nur eine justizförmige politische Verfolgung war. § 343 StGB. ist daher zutreffend angewandt . . . (Es folgen Ausführungen zum KRG. 10 II 1 c.)

Im Strafspruch kann das Urteil, wie der Revision zuzugeben ist, nicht bestehen bleiben, und zwar schon deshalb nicht, weil im Schuldspruch mit dem Verbrechen nach dem KRG. 10 II 1 c ein weiterer, bei der Strafzumessung bisher unberücksichtigter, rechtlicher Gesichtspunkt hinzugetreten und die Strafe nunmehr dem KRG. 10 unter

Beachtung der Mindeststrafen der verletzten deutschen Strafgesetze zu entnehmen ist. Die bisherigen Strafzumessungserwägungen sind aber auch im übrigen rechtlich nicht haltbar. Der Strafspruch ist mit der Revision nur angreifbar, wenn er auf rechtlich fehlerhaftem Ermessen beruht. Ein solcher Rechtsfehler liegt hier aber deshalb vor, weil das Schwurgericht aus zahlreichen Tatfeststellungen, wie die Urteilsgründe zeigen, lediglich die entlastenden Umstände für die Strafbemessung berücksichtigt, die vorhandenen belastenden aber außer Betracht gelassen hat. Endlich sind Gesichtspunkte strafmildernd herangezogen, die rechtlich hierfür ausscheiden. So hält das Schwurgericht dem Angeklagten strafmildernd zugute, als mit politischen Vernehmungen beauftragter Polizeibeamter habe er sich „zwischen zwei Feuern" befunden und sei der zur Tatzeit herrschenden Massenspychose erlegen. Besonders schwer getroffen sei er auch bereits durch den Verlust der Beamtenrechte als notwendige Straffolge und durch die lange Dauer der Untersuchungshaft. Diese Erwägungen haben das Schwurgericht bewogen, in allen fünf Fällen nur die nach § 343 StGB. gebotene Mindeststrafe von je einem Jahr Zuchthaus zu verhängen und aus ihnen die nach den §§ 74, 19 Abs. 2 StGB. zulässige n i e d r i g s t e Gesamtstrafe von einem Jahr und einem Monat Zuchthaus zu bilden.

Das ist in mehrfacher Beziehung rechtsirrig. Der Tatrichter ist in der Strafzumessung nur innerhalb seines rechtlich einwandfrei geübten Ermessens freigestellt, das sich zu dem festgestellten Sachverhalt nicht in Widerspruch setzen darf, ihn vielmehr e r s c h ö p f e n d unter Berücksichtigung des Gesetzes und der Strafzwecke würdigen muß. Der Sachverhalt, wie ihn das Schwurgericht feststellt, bietet aber keinen Anhalt dafür, daß sich der Angeklagte zur Tatzeit „zwischen zwei Feuern", also doch wohl in einem Widerstreit zwischen richtig verstandener Dienstpflicht und dem menschlichen Gefühl einerseits und etwa der Übermacht der zu Mißhandlungen entschlossenen Mittäter andererseits, befunden hätte. Wenn er sich schon nicht entschloß, die erkannten Mißhandlungen nach Kräften zu hindern, was ihm nach den Tatfeststellungen in vielen Fällen möglich gewesen sein muß, so konnte er sich doch zurückhalten, statt, wie das Schwurgericht zwar feststellt, bei der Strafzumessung aber unberücksichtigt läßt, sich besonders aktiv am Schlagen zu beteiligen oder sogar damit zu beginnen (Fälle Wa., B., H. und We.) und — im Falle We. — anschließend noch SA-Männer zum Schlagen herbeizurufen. Diese Feststellungen erlauben nur den Schluß, daß sich der Angeklagte an den Mißhandlungen eifrig beteiligt hat. Daß er einer Massenverwirrung erlegen war und ohne diese zu derartigen Taten nicht gekommen wäre, mag zutreffen. Das könnte aber all nfalls nur dann strafmildernd wirken, wenn sich der Tatrichter dabei vergegenwärtigte, daß das KRG. 10 II 1 c gerade diejenigen Täter treffen will, die das menschliche Gefühl und die Achtung vor dem Mitmenschen ihrer politischen Meinung bewußt geopfert haben. Die Fähigkeit der Menschen, massenpsychologischen Einflüssen zum Schlechten und offensichtlich Gesetzwidrigen Widerstand zu leisten, ist allerdings verschieden. Dem kann, soweit es sich nicht um die unmittelbaren oder mittelbaren Urheber nationalsozialistischer Massenverbrechen handelt, sondern um Mitläufer, unter Umständen auch eine verschiedene Schuldschwere entsprechen, die die Strafzumessung beeinflussen kann. Bei einem Kriminalbeamten aber, der sich an so offensichtlichen Rechtsverletzungen fortgesetzt willig und eifrig beteiligt, wird dieser Schuldgrad regelmäßig erheblich sein. Er ist kein Gelegenheitstäter. Weiter war es unzulässig, den vom Gesetz als notwendige Folge der Zuchthausstrafe vorgesehenen Verlust der Beamtenrechte strafmildernd heranzuziehen. Wäre dieser Standpunkt richtig, so hätte ein zu Zuchthausstrafe verurteilter Beamter, im Gegensatz zu anderen Tätern, stets einen besonderen Strafmilderungsgrund. Dieser Umstand und dessen Folgen müssen bei der Strafzumessung daher außer Betracht bleiben. Die lange Dauer der Untersuchungshaft wiederum kann nicht strafmildernd wirken, weil das Schwurgericht sie dem Angeklagten voll angerechnet hat. Für besonders schwerwiegende, unverdiente Wirkungen der Untersuchungshaft auf den Angeklagten, die sich nicht bereits aus der Notwendigkeit der Strafverfolgung als Folge der begangenen Taten ergeben, ist nichts dargetan. Was das Schwurgericht in diesem Zusammenhang mit dem Worte „bekanntlich" meint, ist nicht ersichtlich.

Andererseits durfte das Schwurgericht sein Ermessen auch nicht nur auf solche Tatsachen stützen, die es — wenngleich rechtsirrig — für strafmildernd hält; es hatte auch die erschwerenden Umstände gebührend zu berücksichtigen und dies wenigstens in den wesentlichen Punkten im Urteil erkennbar zu machen, was nicht geschehen ist. Insoweit kam die Pflicht des Angeklagten in Betracht, sich als Beamter, zumal als Kriminalbeamter, bei Ausübung seines Dienstes untadelig zu verhalten und die Macht, die ihm gegeben war, nicht in verwerflicher Weise zu systematischen Prügeleien Wehrloser in Gemeinschaft mit anderen zu mißbrauchen, endlich die im Falle Wa. festgestellten Dauerfolgen der Körperverletzung. Die Strafe wird daher nach allen diesen Gesichtspunkten neu zuzumessen sein, wobei endlich auch zu prüfen ist, ob ein Fall des 32 StGB. vorliegt.

Die Entscheidung entspricht dem Antrage des Generalstaatsanwalts.

---

13. 1. Das Verhältnis der nach § 3 RJGG. zu beurteilenden Verantwortlichkeit Jugendlicher zum Ausschluß oder zur Minderung der Zurechnungsfähigkeit Erwachsener nach § 51 StGB.

2. § 20 Abs. 1 RJGG. ist nicht mehr geltendes Recht.

MRG. Nr. 1 IV 7, Proklamation Nr. 3 II 3; Allgemeine Anweisung an Richter Nr. 1 Ziff. 8b, 9; StGB. §§ 211, 51; RJGG. §§ 3, 5, 20.

Strafsenat. Urt. v. 7. Juni 1949 g. M. StS 51/49.

1. Schwurgericht Siegen.

Aus den Gründen:

Der zur Zeit der Tat erst 15¾ Jahre alte Angeklagte, der seit mehreren Monaten an einem Bummelleben Gefallen gefunden hatte und die deswegen einsetzenden strengen Erziehungsmaßregeln seiner Mutter als lästig empfand, tötete am 17. Juni 1948 in B. zusammen mit dem inzwischen verstorbenen früheren Mitangeklagten A. seine Großmutter durch Erwürgen, um auf diese Weise

Sachen aus der mütterlichen Wohnung wegnehmen zu können und dadurch die Mittel zur Fortführung seines Bummellebens, zum Verlassen B.s und zur Fahrt in die westlichen Besatzungszonen zu gewinnen. Er ist vom Schwurgericht, dessen Zuständigkeit wegen Verbindung des Verfahrens mit demjenigen gegen den minderjährigen Mitangeklagten A. nach § 77 RJGG. begründet war, unter Anwendung des § 20 Abs. 1 RJGG. wegen Mordes in Tateinheit mit besonders schwerem Raube zu lebenslangem Zuchthaus unter Aberkennung der bürgerlichen Ehrenrechte auf Lebenszeit verurteilt.

Gegen dieses Urteil haben der Angeklagte in vollem Umfange und die Staatsanwaltschaft zugunsten des Angeklagten hinsichtlich des Strafmaßes Revision eingelegt. Beide Rechtsmittel sind begründet.

Daß das Schwurgericht den Sachverhalt als gemeinschaftlichen Mord in Tateinheit mit besonders schwerem Raube beurteilt hat (§§ 211, 249, 251, 47, 73 StGB.) läßt keinen Rechtsirrtum erkennen. (Wird ausgeführt.)

Trotzdem kann das Urteil im Schuldspruch nicht bestehen bleiben, weil es keine ausreichenden Feststellungen zur Zurechnungsfähigkeit und Verantwortlichkeit des Angeklagten getroffen hat. Der am 29. September 1932 geborene Angeklagte war zur Zeit der Tat erst $15^3/_4$ Jahre alt, also noch jugendlich (§ 1 RJGG.). Als solcher war er strafrechtlich nur verantwortlich, wenn er zur Zeit der Tat nach seiner sittlichen und geistigen Entwicklung reif genug war, das Unrecht der Tat einzusehen und nach dieser Einsicht zu handeln (§ 3 RJGG.). Während das Gesetz davon ausgeht, daß jeder Mensch mit der Vollendung des achtzehnten Lebensjahres diese Reife hat und beim erwachsenen Täter infolgedessen im Regelfalle davon abgesehen werden kann, diese notwendige allgemeine Voraussetzung der Strafbarkeit in den Urteilsgründen zu erörtern, sind beim Jugendlichen stets nähere Feststellungen in dieser Beziehung zu treffen. Das ist hier nicht in ausreichender Weise geschehen. In den wenigen Sätzen, in denen sich das Schwurgericht zur Frage der Zurechnungsfähigkeit und Verantwortlichkeit des Angeklagten äußert, spricht es nur von seiner g e i s t i g e n Entwicklung, seinen g e i s t i g e n Fähigkeiten und seiner Intelligenz. Das ist in doppelter Beziehung zu eng. Zur Verstandesreife müssen die nötigen sittlichen Anschauungen und Vorstellungen treten, und neben der erst auf dieser Grundlage zu bejahenden Einsichtsfähigkeit muß das erforderliche Hemmungsvermögen vorliegen. Während die mangelnde Fähigkeit zu sittlichen Vorstellungen nach § 3 RJGG. zur Verneinung der Verantwortlichkeit Jugendlicher führen kann, vermag bei Erwachsenen eine solche Unfähigkeit, wenn nur der Intellekt unversehrt geblieben ist und keiner der Gründe des § 51 StGB. vorliegt, die Zurechnungsfähigkeit nicht zu beeinträchtigen. Hinzu kommt, daß nicht erkennbar ist, auf welchen tatsächlichen Grundlagen das Gutachten des Sachverständigen beruht, dem das Schwurgericht folgt. Die Urteilsgründe geben nur das Ergebnis wieder, daß es sich nämlich beim Angeklagten um einen „geistig gesunden Menschen" handele. Diese Wendung schließt nicht die Möglichkeit aus, daß schon der Sachverständige die Frage der Verantwortlichkeit unter einem zu engen Gesichtspunkte geprüft und beantwortet hat, insbesondere nur an den Ausschluß der Zurechnungsfähigkeit nach § 51 StGB., nicht aber an die Voraussetzungen der Verantwortlichkeit nach § 3 RJGG. gedacht hat. Denn mit der Bejahung der geistigen Gesundheit, von der das Gutachten und im Anschluß daran auch das Schwurgericht spricht, wird eine geistige Krankheit verneint, also ein Umstand, der für die Beurteilung der Zurechnungsfähigkeit nach § 51 StGB. von Bedeutung sein kann, während nach § 3 RJGG. die Verantwortlichkeit unter dem Gesichtspunkt des Grades der Entwicklung zu prüfen ist; diese Prüfung kann im einzelnen Falle auch zu dem Ergebnis führen, daß die Verantwortlichkeit wegen mangelnder geistiger oder sittlicher Reife zu verneinen ist, obwohl kein Krankheitszustand im Sinne des § 51 StGB. vorliegt. Unter dem Gesichtspunkt des § 3 RJGG. ist die Zurechnungsfähigkeit des Angeklagten also möglicherweise überhaupt nicht geprüft. Jedenfalls enthält das Urteil keine Feststellungen und Darlegungen hierüber. Die nach § 3 RJGG. gebotene Prüfung der Verantwortlichkeit ist auch nicht etwa deshalb entbehrlich, weil das Schwurgericht geglaubt hat, nach § 20 Abs. 1 RJGG. das allgemeine Strafrecht anwenden zu müssen. Denn wie noch ausgeführt wird, ist § 20 RJGG. nicht mehr geltendes

Recht; er vermag also die Nichtbeachtung des § 3 RJGG. nicht zu rechtfertigen.

Dieser auf die allgemeine Sachrüge zu beachtende Mangel muß zur Aufhebung des Urteils in seinem ganzen Umfange führen. In der neuen Verhandlung wird der Tatrichter weit sorgfältiger als bisher alle Umstände aufklären müssen, die zur Beurteilung der seelischen, geistigen und sittlichen Eigenart des Angeklagten dienen können. Zwar hat die Revision insoweit keine Verfahrensrüge erhoben und insbesondere nicht geltend gemacht, daß das Schwurgericht § 245 Abs. 1 StPO. verletzt habe. Verfahrensmängel können daher nicht zur Aufhebung des Urteils führen. Die unzulänglichen tatsächlichen Feststellungen zur Frage der Zurechnungsfähigkeit und Verantwortlichkeit geben aber Veranlassung, darauf hinzuweisen, daß der Tatrichter bei Jugendlichen ein zuverlässiges Urteil darüber regelmäßig nur gewinnen kann, wenn er Erziehungsberechtigte, Lehrer oder Lehrherrn oder sonstige geeignete Auskunftspersonen hört. Im vorliegenden Falle ist das alles nicht geschehen. Das Gericht hat nicht einmal den Eingang des angeforderten Berichts des Jugendamts abgewartet. Es wird sich bei der neuen Verhandlung auch darüber schlüssig werden müssen, ob die Prüfung der Zurechnungsfähigkeit allein durch einen ärztlichen Sachverständigen genügt, oder ob es die Umstände des Falles nicht geboten erscheinen lassen, an seiner Stelle oder neben ihm für die Prüfung der Verantwortlichkeit nach § 3 RJGG. einen psychologischen Sachverständigen heranzuziehen. Daß ein Teil der in Frage kommenden Zeugen in einer anderen Zone wohnt und ihrem Erscheinen vor Gericht erhebliche Schwierigkeiten entgegengestanden haben mögen, ist nicht geeignet, die Aufklärungspflicht einzuschränken. Die Zeugen müssen dann notfalls durch den beauftragten oder ersuchten Richter vernommen werden.

Mit Recht wenden sich beide Revisionen auch dagegen, daß das Schwurgericht den § 20 Abs. 1 RJGG. deshalb angewendet hat, weil der Angeklagte auf Grund seiner geistigen Fähigkeiten und seiner Intelligenz einem erwachsenen Menschen gleichzusetzen sei. Danach hat der Richter, falls der Jugendliche zur Zeit der Tat sittlich und geistig so entwickelt war, daß er einem über 18 Jahre alten Täter gleichgestellt werden kann, das allgemeine Strafrecht anzuwenden, wenn das gesunde Volksempfinden es wegen der besonders verwerflichen Gesinnung des Täters und wegen der Schwere der Tat erfordert. Der Anwendung dieser Vorschrift stand, was die Revision des Angeklagten mit Recht rügt, im vorliegenden Falle schon das verfahrensrechtliche Hindernis entgegen, daß keine Anklage nach § 20 Abs. 1 RJGG. erhoben war und der Angeklagte ausweislich der Sitzungsniederschrift auch nicht in der Hauptverhandlung auf die Veränderung des rechtlichen Gesichtspunktes gemäß § 265 StPO. hingewiesen ist. Mit § 20 RJGG. ist nicht nur ein von § 5 RJGG. abweichender Strafrahmen angewendet, es werden vielmehr auf den Sachverhalt auch in anderer Beziehung — vor allem hinsichtlich der Frage der Verantwortlichkeit — andere Bestimmungen zur Anwendung gebracht. Die Vorschrift des § 20 enthält also nicht nur einen Strafbestimmungsgrund. Die Verurteilung wird vielmehr auf Grund eines anderen als des in der Anklageschrift angeführten Strafgesetzes ausgesprochen. Es braucht deshalb auch nicht darauf eingegangen zu werden, ob die Rechtsprechung des Reichsgerichts die Notwendigkeit des Hinweises nach § 265 StPO. mit Recht in den Fällen verneint hat, in denen das Gericht die Strafe dem für „besonders schwere Fälle" vorgesehenen Strafrahmen entnimmt, ohne darauf besonders hinzuweisen (vgl. RGSt. Bd. 70 S. 358 und S. 400).

Aber auch wenn dieser Hinweis erfolgt wäre, hätte § 20 Abs. 1 RJGG. nicht angewendet werden dürfen. Denn er ist überhaupt nicht mehr geltendes Recht. Die Grundlage für die Anwendung des allgemeinen Strafrechts ist nach ihm, daß „das gesunde Volksempfinden" das erfordert. Nach Ziff. II 3 der KR.-Proklamation Nr. 3 vom 20. Oktober 1945 darf aber kein Gericht irgendeine Handlung im Hinblick auf das sogenannte gesunde Volksempfinden für strafbar erklären, und Art. IV Ziff. 7 des MilRegG. Nr. 1 verbietet jede Bestrafung von Taten nach angeblichem gesundem Volksempfinden. Damit haben alle Strafgesetze, die den Begriff des gesunden Volksempfindens verwenden, um damit den Anwendungsbereich des Strafgesetzes zu umschreiben, die Geltung verloren. Dem läßt sich auch nicht entgegenhalten, daß die angeführten

Bestimmungen des Besatzungsrechts nur das „sogenannte“ oder „angebliche“ gesunde Volksempfinden treffen, nicht aber ein richtig verstandenes, von nationalsozialistischen Gedankengängen nicht beeinflußtes gesundes Volksempfinden. Denn es handelt sich auch dann um einen so unscharfen, vieldeutigen Begriff, daß er zur Umschreibung und Abgrenzung strafrechtlicher Tatbestände nicht geeignet ist. Es würde auch dann noch mit ihm eine Unsicherheit in die Handhabung des Strafrechts hereinkommen, die mit dem Gedanken der Rechtssicherheit nicht mehr verträglich wäre, also doch der Zustand eintreten, den die angeführten Bestimmungen des Besatzungsrechts vermieden wissen wollen. Ihrem Wortlaut und ihrem Zweck wird daher nur eine Auslegung gerecht, die alle strafrechtlichen Vorschriften, die, wie § 20 Abs. 1 RJGG., das gesunde Volksempfinden als Grundlage und Maßstab verwenden, als ungültig ansieht. Zum Unterschiede von den §§ 240, 253 StGB. n. F., in denen nur die R e c h t s w i d r i g k e i t durch das gesunde Volksempfinden bestimmt werden sollte und daher die Möglichkeit besteht, die Rechtswidrigkeit — wie es auch sonst geschieht — in anderer Weise nach allgemeinen Rechtsgrundsätzen zu beurteilen, läßt sich in § 20 RJGG. das gesunde Volksempfinden nicht durch andere Grundsätze ersetzen. Alle diese Überlegungen führen dazu, daß § 20 Abs. 1 nicht mehr als geltendes Recht angesehen werden kann.

Selbst abgesehen von der nach den angeführten Bestimmungen des Besatzungsrechts unzulässigen Anwendung des Begriffs des gesunden Volksempfindens ist die Weitergeltung des § 20 RJGG. auch deshalb zu verneinen, weil es sich um eine Vorschrift handelt, die deutlich auf nationalsozialistischen Anschauungen beruht. Noch schärfer als im Absatz 1 tritt das in Abs. 2 hervor. Diese Vorschrift verläßt den das Strafrecht beherrschenden, mit den Grundsätzen der Menschlichkeit allein in Einklang stehenden Gedanken, daß die Strafe der Schuld des Täters angemessen sein muß, zugunsten der Auffassung, daß der „Schutz des Volkes“ bei einem Verbrecher eine „Behandlung erfordern“ könne, die der Schuld des Täters nicht mehr entspricht. Darin bestand aber gerade der Mißbrauch des Strafrechts, der unter der nationalsozialistischen Gewalt- und Willkürschaft vielfach Platz griff und dem auch diejenigen Vorschriften dienstbar gemacht wurden, die, wie § 20 Abs. 1 RJGG., durch die weite und unscharfe Fassung des Tatbestandes die Möglichkeit zu willkürlicher Handhabung boten. Strafrechtliche Vorschriften, die diesem Mißbrauch dienen sollten, können nicht mehr als geltendes Recht angesehen werden.

Abgesehen von diesen Gründen gegen die grundsätzliche Weitergeltung des § 20 Abs. 1 RJGG. würde auch die Allgemeine Anweisung an Richter Nr. 1 dazu führen, daß die Vorschrift nicht anwendbar wäre. Zwar spricht die AAR. Nr. 1 nicht ausdrücklich von § 20 RJGG. In Ziffer 9 werden jedoch diejenigen Bestimmungen des RJGG. für unanwendbar erklärt, die Jugendliche wegen ihrer Rasse, Staatsangehörigkeit, Religion oder aus einem sonstigen Grunde unterschiedlich behandeln. Durch § 20 RJGG. wird aber aus bestimmten Gründen eine unterschiedliche Behandlung von Jugendlichen angeordnet, ohne daß es sich dabei um solche Gründe handelt, die nach den das Strafrecht tragenden Grundsätzen eine unterschiedliche Beurteilung zu rechtfertigen vermögen. Daß es sich nach seinem Wortlaut nicht um Gründe der Rasse, der Staatsangehörigkeit oder der Religion handelt, ist belanglos, da nach Ziff. 9 AAR. Nr. 1 auch jeder andere Grund zu berücksichtigen ist.

Schließlich steht auch AAR. Nr. 1 Ziff. 8b der Anwendung entgegen. Sie enthält, wie der Senat schon in der Entscheidung OGHSt. Bd. 1 S. 126 (129) ausgeführt hat, eine allgemeine Strafzumessungsregel für vergleichbare Straftaten in dem Sinne, daß sie als obere Strafgrenze die für die gleiche Straftat am 30. 1. 1933 zulässige Höchststrafe bindend vorschreibt, ausgenommen bei krimineller Vergangenheit des Angeklagten oder bei Häufigkeit der Straftat, sofern solche Ausnahmefälle gerechterweise eine höhere Strafe erfordern. Nach dem Rechtszustande vom 30. 1. 1933 war aber Mord bei Jugendlichen mit der Höchststrafe von zehn Jahren Gefängnis bedroht (§ 211 StGB., § 9 JGG.). Diesem Rechtszustande gegenüber bedeutet § 20 Abs. 1 RJGG. fraglos eine Strafschärfung, sowohl im Hinblick auf die Strafart wie hinsichtlich der Dauer der Freiheitsstrafe. Soweit die in AAR. Nr. 1 Ziff. 8b erwähnten — hier auch nach Ansicht des Schwurgerichts nicht gegebenen — Ausnahmefälle nicht vorliegen, darf also keine höhere Strafe verhängt werden, als nach § 211 StGB., § 9 JGG. zulässig gewesen wäre. Zu Unrecht beruft sich das Schwurgericht für seine gegenteilige Auffassung auf die Entscheidung des OGH. in OGHSt. Bd. 1 S. 81. Dort ist nur ausgeführt, daß die AAR. Nr. 1 Ziff. 8b der Anwendung des § 211 StGB. n. F. nicht entgegensteht, weil § 211 StGB. n. F. gegenüber § 211 StGB. a. F. keine Strafschärfung enthält. Ziff. 8b aaO. hindert zwar nicht, den Tatbestand des Mordes gegenüber dem Totschlag in anderer Weise abzugrenzen, verbietet aber, ihn höher zu bestrafen, als am 30. Januar 1933 vorgesehen war. Dazu würde aber die Anwendung des § 20 RJGG. führen. Die Verurteilung des Angeklagten zu lebenslangem Zuchthaus war nach alledem unzulässig, ebenso die Aberkennung der bürgerlichen Ehrenrechte (§ 16 RJGG.). Das Höchstmaß der Strafe betrug vielmehr zehn Jahre Jugendgefängnis (§ 5 RJGG.) . . .

---

14. Rechtskräftige Verurteilung wegen Preisvergehens verbraucht die Strafklage wegen Diebstahls der gleichen Sachen nicht.

StPO. §§ 264, 265.

Strafsenat. Urt. v. 7. Juni 1949 g. B. u. Sch. StS 166/48.

I. Landgericht Münster.
II. Oberlandesgericht Hamm.

Aus den Gründen:

Die Angeklagten B. und Sch. entwendeten ein Radiogerät, einen Plattenspieler und fünf Tischdecken. Entdeckt, gaben sie vor, diese Sachen auf dem schwarzen Markt zum Preise von 8000 RM erworben zu haben und wurden auf Grund dieser Einlassung wegen Preisvergehens verurteilt. Nunmehr wird den Angeklagten zur Last gelegt, diese Sachen mittels Einbruchs entwendet zu haben. Die Strafkammer hält die Angeklagten auf Grund ihres Geständnisses in der Hauptverhandlung des Einbruchsdiebstahls bzw. der Beihilfe zu diesem Verbrechen auch für überführt. Von der Verurteilung hat sie jedoch mit der Begründung Abstand genommen, die Strafklage sei insoweit durch das rechtskräftige Urteil des Amtsgerichts in B. verbraucht. In diesem Umfange hat sie deshalb das Verfahren eingestellt.

Gegen diese Einstellung richtet sich die Revision der Staatsanwaltschaft. Das Oberlandesgericht ist der Auffassung, daß ein Verbrauch der Strafklage nicht eingetreten, die Revision daher unbegründet ist. Der Senat tritt dem Vorlegungsbeschluß im Ergebnis bei.

Die hier gestellte Frage lautet: Durfte gegen die Angeklagten wegen des Verdachts, drei Gegenstände gestohlen zu haben, ein Strafverfahren eingeleitet, insbesondere Anklage erhoben werden, nachdem sie bereits rechtskräftig verurteilt sind, beim Kauf von zwei dieser Gegenstände auf dem schwarzen Markt einen Überpreis bezahlt zu haben? Es ist also von der Zufälligkeit abzusehen, daß es hier bereits festgestellt ist, daß die Angeklagten den Schwarzkauf nur erfunden hatten, mithin der Schwarzkauf eine Fiktion und nur der Diebstahl wirkliche Begebenheit ist; der vom Oberlandesgericht beiläufig erörterte Gesichtspunkt der Gerechtigkeit im vorliegenden Straffalle hat also für die grundsätzliche Beantwortung der Frage keine Bedeutung. Für die grundsätzliche Frage steht eine neue Beschuldigung gegen das rechtskräftige Urteil.

Die Antwort ist aus dem allgemein anerkannten Prozeßgrundsatze zu gewinnen: Eine neue Strafverfolgung gegen denselben Angeklagten ist — abgesehen vom Wiederaufnahmeverfahren — unzulässig, wenn dieselbe Tat bereits rechtskräftig erledigt ist (ne bis in idem). Von einer Gleichheit der Tat kann hier nicht die Rede sein, weil das historische Vorkommnis, das der rechtlichen Beurteilung im ersten Verfahren zugrunde lag, von dem neu zu beurteilenden historischen Vorkommnis völlig verschieden ist und sich in keinem Teilpunkte des Geschehens deckt. Daß beide Straftaten sich mit denselben beweglichen Sachen befassen, vermag die Identität der Tat im oben erörterten Sinne nicht zu begründen. Beim Preisvergehen ist das Ansichbringen der Sachen strafrechtlich bedeutungslos.

Wäre der Verdacht, die Angeklagten könnten die Sachen gestohlen haben, schon in der Hauptverhandlung des ersten Strafverfahrens aufgetaucht, so hätten sie auf die Anklage wegen Preisvergehens hin auch nicht nach Hinweis auf den veränderten rechtlichen Gesichtspunkt gemäß § 265 StPO. wegen Diebstahls verurteilt werden können; dazu hätte es einer neuen Anklage bedurft. Die Zulässigkeitsgrenze der Anklageänderung korrespondiert mit dem Grundsatz „ne bis in idem". Nachdem die Angeklagten rechtskräftig wegen Preisvergehens verurteilt sind, bedurfte es zur Verfolgung des Diebstahlsverdachts eines neuen Strafverfahrens.

---

15. 1. Zum Begriff der Vermögensschädigung im Falle der betrügerischen Erschleichung einer Anstellung als Beamter.

2. Die Zuständigkeit zur Abnahme einer Versicherung an Eides Statt ist ohne ausdrückliche Ermächtigung nur gegeben, wenn die Behörde zur Erhebung von Beweisen i. S. der Vorschriften der ZPO. oder StPO. zuständig ist. Sie fehlt bei einer Polizeibehörde, die bei der Bewerbung um Anstellung als Beamter die Eignung des Bewerbers nachprüfen will.

3. Auch der Versuch des Vergehens nach § 156 StGB. setzt voraus, daß die Erklärung gegenüber einer zuständigen Behörde abgegeben werden soll.

StGB. §§ 43, 156, 263.

Strafsenat. Urt. v. 14. Juni 1949 g. B. StS 8/49.

I. Landgericht Flensburg.
II. Oberlandesgericht Schleswig.

Aus den Gründen:

Der aus der Ostzone stammende Angeklagte bewarb sich im Dezember 1945 um Einstellung in den Polizeidienst des Landes Sch., machte dabei über seinen beruflichen und politischen Werdegang falsche Angaben, stellte eine im Jahre 1942 wegen Urkundenbeseitigung, fortgesetzter Urkundenfälschung und mittelbarer Falschbeurkundung ausgesprochene Bestrafung als eine politische Vorstrafe hin und versicherte auf Ansuchen der Anstellungsbehörde die Richtigkeit seiner Angaben insgesamt dreimal an

Eides Statt. Nachdem sich ihre Unrichtigkeit herausgestellt hatte, wurde er aus dem Polizeidienst entlassen.

Er ist wegen Betruges in Tateinheit mit Abgabe einer falschen Versicherung an Eides Statt verurteilt. Hiergegen richtet sich die Revision des Angeklagten.

Das Oberlandesgericht billigt die Verurteilung wegen Betruges, ist jedoch der Ansicht, daß die Polizei zur Entgegennahme der Versicherungen an Eides Statt nicht zuständig war und hält deshalb die Verurteilung des Angeklagten wegen Abgabe einer falschen Versicherung an Eides Statt für rechtsirrig. Durch die Entscheidung des OLG. Celle vom 14. 6. 1947 (Nds.Rpfl. 1947 S. 65), das eine mit der selbständigen Bearbeitung und Überprüfung von Personalfragen betraute Behörde als zuständig im Sinne des § 156 StGB. ansieht, wenn die urkundlichen Unterlagen vernichtet oder nicht zu beschaffen sind und die eidesstattliche Erklärung das einzige Mittel ist, eine brauchbare Entscheidungsgrundlage in der Anstellungsfrage zu beschaffen, sieht sich das OLG. gehindert, seine Auffassung der Entscheidung zugrunde zu legen.

Die Revision ist nur zum Teil begründet.

Die Verurteilung wegen vollendeten Betruges (§ 263 StGB.) läßt keinen Rechtsfehler erkennen. Das Landgericht stellt fest, der Angeklagte habe durch die falsche Angabe, daß er im Jahre 1933 wegen seiner politischen Einstellung aus dem Polizeidienst entfernt, 1942 wegen Wehrkraftzersetzung verurteilt und deswegen in ein Konzentrationslager verbracht worden sei, und unter Verschweigung der Tatsache, daß er in Wahrheit 1933 als SA- oder SS-Angehöriger Dienste als Hilfspolizist geleistet habe und 1942 wegen Urkundenfälschung verurteilt worden sei, seine Einstellung in den Polizeidienst des Landes Sch. erschlichen. Die Ansicht der Strafkammer, daß die durch die Täuschung bewirkte Einstellung des Angeklagten in den Polizeidienst das Vermögen des einstellenden Landes beschädigt habe, ist im Ergebnis nicht zu beanstanden. Zwar kann, da durch die Verleihung einer Beamtenstelle ein öffentlichrechtliches Dienstverhältnis begründet wurde, ein solches Dienstverhältnis nicht ohne weiteres und nicht in jeder Beziehung einem Dienst- oder Arbeitsverhältnis im Sinne des bürgerlichen Rechts gleichgesetzt werden. Die von der Rechtsprechung zu der

Frage entwickelten Grundsätze, unter welchen Umständen bei der Eingehung eines gegenseitigen Vertrages das Vermögen des einen Vertragspartners durch einen anderen beschädigt werden könne, dürfen deshalb nicht unterschiedslos auf die Begründung eines öffentlichrechtlichen Dienstverhältnisses übertragen werden. Aber auch durch die Verleihung einer Beamtenstelle werden — wenn auch auf öffentlichrechtlicher Grundlage — vermögensrechtliche Beziehungen begründet. Deshalb kann auch hier die Täuschung der einstellenden Behörde eine Vermögensschädigung zur Folge haben. Allerdings gestattet die besondere Stellung des Beamten nicht, daß — wie beim bürgerlichrechtlichen Dienstverhältnis — der Wert der vom Dienstverpflichteten zu leistenden Dienste und der Wert der vom Dienstberechtigten übernommenen Verpflichtungen miteinander verglichen werden und eine Vermögensbeschädigung dann bejaht wird, wenn der Wert der Dienstleistung dem Wert der Gegenleistung nicht entspricht. Mit der Stellung des Beamten würde sich eine solche Betrachtungsweise nicht vertragen. Das Beamtenverhältnis ist ein auf Dauer eingegangenes Treueverhältnis, bei dem der Beamte seine ganze Person in den Dienst des Staates stellt und die Anstellungsbehörde dafür die Fürsorge für den Beamten im beamtenrechtlichen Sinne übernimmt. Ein solches Verhältnis hat nicht nur zur Voraussetzung, daß der einzustellende Beamte den Anforderungen entspricht, die im Hinblick auf das von ihm zu bekleidende Amt an ihn hinsichtlich seiner Vorbildung und seiner Leistungen gestellt werden; er muß auch seiner ganzen Persönlichkeit nach für sein Amt geeignet sein und darf keine charakterlichen Schwächen und Mängel aufweisen, die ihn nach Auffassung der anstellenden Behörde für sein Amt ungeeignet erscheinen lassen. Solche Mängel weist aber ein Polizeibeamter auf, der schon 1923 aus der Polizei entfernt, 1933 als SA- oder SS-Angehöriger in die Hilfspolizei eingestellt, 1942 wegen Urkundenunterdrückung und Urkundenfälschung verurteilt wurde, diese Tatsachen verschweigt und stattdessen behauptet, 1933 aus politischen Gründen entlassen und 1942 wegen eines politischen Delikts in ein Konzentrationslager verbracht worden zu sein. Es kann unentschieden bleiben, ob schon allein die Tatsache, daß der Angeklagte über seinen Lebenslauf und seinen politischen und beruflichen Werdegang falsche Angaben gemacht hat, ihn als ungeeignet zum Polizeibeamten erscheinen läßt; die Ansicht der Strafkammer, daß alle angeführten Umstände zusammengenommen ihn zum Polizeibeamten untauglich machen, läßt jedenfalls keinen Rechtsirrtum erkennen. Der vermögensrechtliche Schaden des Landes Sch. bestand demnach darin, daß es infolge der Täuschung durch den Angeklagten die beamtenrechtliche Fürsorge, also vermögensrechtliche Leistungen, übernahm, ohne daß es wegen der Untauglichkeit des Angeklagten für das von ihm bekleidete Amt einen Gegenwert erhielt (vgl. RGSt. Bd. 65 S. 281). Auf die weitere festgestellte Tatsache, daß der Angeklagte auch in seinen dienstlichen Leistungen schwach war, kommt es deshalb ebenso wenig an wie auf die Erwägung des Vorlegungsbeschlusses, daß der Angeklagte — wozu das angefochtene Urteil im übrigen keine bestimmten Feststellungen trifft — durch seine Einstellung als „Wiedergutmachungsbeamter" gewisse vermögensrechtliche Vorteile erlangt habe.

Entgegen der Ansicht der Revision ist dem Zusammenhang der Urteilsgründe auch das Bewußtsein des Angeklagten vom Eintritt einer Vermögensbeschädigung als Folge seines täuschenden Verhaltens mit ausreichender Bestimmtheit zu entnehmen. Die Strafkammer ist ersichtlich der Auffassung, daß der Angeklagte mit dem Bewußtsein handelte, nach seinem Werdegang zum Polizeibeamten untauglich zu sein, und daß er sich gerade aus diesem Grunde dazu entschloß, unwahre Angaben zu machen.

Dagegen kann die Verurteilung wegen Abgabe einer falschen Versicherung an Eides Statt nicht bestehen bleiben, obwohl der Angeklagte die Richtigkeit seiner Angaben der Wahrheit zuwider dreimal versichert hat. Mit Recht wendet sich die Revision gegen die Ansicht der Strafkammer, daß die anstellende Polizeibehörde im Sinne des § 156 StGB. zuständig gewesen sei, Versicherungen an Eides Statt abzunehmen. Die Polizei ist zwar als ständiges Organ der Staatsgewalt dazu berufen, unter öffentlicher Autorität für die Zwecke des Staates tätig zu sein. Die anstellende Polizeidienststelle war also eine „Behörde";

es fehlte ihr aber schon allgemein die Zuständigkeit zur Abnahme von Versicherungen an Eides Statt, so daß es auf die Prüfung der besonderen Zuständigkeit, ob die Anstellungsbehörde nämlich auch über den Gegenstand, auf den sich die eidesstattliche Versicherung bezog, eine solche verlangen oder entgegennehmen konnte, nicht mehr ankam.

Rechtsprechung und Schrifttum sind darin einig, daß sich die allgemeine Zuständigkeit einer Behörde zur Abnahme eidesstattlicher Versicherungen nicht notwendig auf eine ausdrückliche gesetzliche Ermächtigung zu stützen braucht; sie kann sich auch aus der bestehenden Behördenorganisation und aus den diese regelnden gesetzlichen Bestimmungen ergeben (RGSt. Bd. 38 S. 209). Die Grenze ist unter Berücksichtigung des gesetzgeberischen Grundgedankens zu ziehen, auf dem die Vorschriften der §§ 153 bis 163 StGB. beruhen. Er ist darin zu sehen, daß die §§ 153 ff. StGB. dem Schutze jedes staatlichen Verfahrens, in dem tatsächliche Verhältnisse festgestellt werden müssen, dadurch dienen sollen, daß sie die Beweiskraft der Eidesleistungen oder eidesstattlichen Versicherungen verstärken oder sichern (RGSt. Bd. 73 S. 144). Es sind also, soweit keine besondere gesetzliche Ermächtigung vorliegt, als zuständig im Sinne des § 156 StGB. auch diejenigen Behörden anzusehen, die das Recht zur Durchführung formeller Beweisverfahren im Sinne der Vorschriften der ZPO. oder StPO., also auch das Recht zur Abnahme von Zeugen- und Sachverständigeneiden haben. Dazu gehört auch der in der Rechtsprechung erörterte Fall (RGSt. Bd. 38 S. 209), daß eine Behörde mit den Aufgaben einer anderen betraut wird, ohne daß dabei die Rechte der neu betrauten Behörde ausdrücklich im einzelnen aufgezählt werden. Es geht jedoch nicht an, den Kreis der nach § 156 StGB. zuständigen Behörden auch auf jene zu erweitern, die, ohne daß sie das Recht zur Durchführung formeller Beweisverfahren hätten, irgendwelche Ermittlungen vornehmen dürfen, sich aber im einzelnen Falle durch andere Beweismittel als durch Versicherungen an Eides Statt nicht die erforderliche Gewißheit verschaffen können, denn dann würden alle Grenzen unsicher und dem § 156 StGB. würde eine Tragweite gegeben, die durch den gesetzgeberischen Grundgedanken, auf dem er beruht, nicht mehr gedeckt würde.

Demgegenüber greift auch der Hinweis nicht durch, daß durch Kriegs- und Nachkriegsereignisse viele urkundliche Unterlagen verloren gegangen seien und oft nicht mehr beschafft werden könnten, daß darum für viele die Versicherung an Eides Statt das einzige und letzte Mittel zum Beweise von Tatsachen sei und auch die Behörden wegen des Fortfalls anderer, früher verfügbarer Beweismittel oft keine andere Möglichkeit hätten, sich — vor allem bei der Prüfung von Bewerbern für Angestellten- und Beamtenstellen — die erforderliche Gewißheit zu verschaffen. Denn wenn man in dieser Weise die Zuständigkeit zur Abnahme solcher Versicherungen von der Frage des Bedürfnisses abhängig machen wollte, würde jede Möglichkeit zur sicheren Grenzziehung aufgegeben. Der vorliegende Fall zeigt, daß ein solches Bedürfnis schließlich bei jeder Behörde auftauchen kann. Die vom Gesetzgeber gewollte Beschränkung auf die zuständige Behörde würde — entgegen dem gesetzgeberischen Willen — aufgegeben und schließlich jede Behörde für zuständig erklärt. Es würde damit die Gefahr heraufbeschworen, daß die Einrichtung der Versicherung an Eides Statt ihrer Bedeutung als einer feierlichen und eindrucksvollen Erklärung entkleidet und entwertet würde. Es wäre widersinnig, daß die Rechtsprechung durch weitherzige Auslegung des § 156 StGB. eine solche Entwicklung einleitet, nachdem die Rechtsentwicklung in den letzten Jahrzehnten aus guten Gründen dahin gegangen ist, die Eidesleistungen auf die wichtigen Fälle zu beschränken und dadurch die Bedeutung des Eides zu heben. Die erwähnten zeitbedingten Schwierigkeiten können also nicht durch eine Änderung der Rechtsprechung und eine möglichst weitherzige Auslegung des § 156 StGB. gelöst werden. Wo ein echtes Bedürfnis danach auftaucht, den Kreis der zuständigen Behörden zu erweitern, muß es dem Gesetzgeber überlassen bleiben, die ausdrückliche Ermächtigung zur Abnahme eidesstattlicher Versicherungen zu erteilen. In vielen Fällen wird übrigens die erwünschte strafrechtliche Sicherung gegen falsche Angaben — wie auch hier — schon dadurch gegeben sein, daß andere Strafbestimmungen eingreifen, wenn

§ 156 StGB. mangels Zuständigkeit der Behörde versagt. In der neueren Rechtsprechung haben u. a. OLG. Potsdam in NJ. 1947 S. 39, OLG. Freiburg in DRZ. 1947 S. 65 und OLG. Celle in Nds.Rpfl. 1947 S. 65 eine ausdehnende Auslegung befürwortet, während OLG. Tübingen in DRZ. 1947 S. 264, OLG. Kiel in SJZ. 1948 Sp. 347, OLG. Hessen, Kasseler Senat in NJW. 1949 S. 358 (mit Anm. von Bödicker) und Schönke in SJZ. 1948 Sp. 299 mit eingehender Begründung der engeren Auslegung den Vorzug gegeben haben. Sie führt allein zu Ergebnissen, die dem erkennbaren Willen des Gesetzgebers entsprechen und vermeidet die Gefahr, daß durch unscharfe Abgrenzung des gesetzlichen Tatbestandes eine auf dem Gebiet des Strafrechts nicht tragbare Unsicherheit in der Rechtsanwendung Platz greift. Ihr schließt sich deshalb auch — entgegen der Ansicht des Generalstaatsanwalts — der Senat an.

Die Verurteilung des Angeklagten wegen Abgabe einer falschen Versicherung an Eides Statt kann danach nicht aufrecht erhalten bleiben. Die anstellende Behörde war weder ausdrücklich durch Gesetz oder Verordnung zur Abnahme der Versicherungen an Eides Statt ermächtigt, noch hatte sie die Befugnis zur Durchführung formeller Beweisverfahren. Ihre Ermächtigung ergab sich also auch nicht mittelbar aus der Behördenorganisation und den sie regelnden Vorschriften. Sie war mithin im Sinne des § 156 StGB. zur Abnahme einer eidesstattlichen Versicherung nicht zuständig.

Auch die Verurteilung des Angeklagten wegen *Versuchs* der Abgabe einer falschen Versicherung an Eides Statt (§§ 156, 43 StGB.) scheidet im vorliegenden Falle aus. Das gilt auch dann, wenn der Angeklagte des Glaubens gewesen sein sollte, daß die Anstellungsbehörde für die Abnahme einer Versicherung an Eides Statt zuständig sei. Zwar ist die Zuständigkeit der Behörde keine bloße Bedingung der Strafbarkeit. Denn als solche können nur *außerhalb* der Tat liegende Umstände angesehen werden, von denen zwar die Strafbarkeit, nicht aber ihre Strafwürdigkeit abhängt. Daß die Versicherung an Eides Statt einer *zuständigen* Behörde gegenüber abgegeben wird, gehört aber nach Auffassung des Gesetzgebers ersichtlich zum Wesen der Straftat, weil nur das

Verfahren vor solchen Behörden und die in ihm abgegebenen Erklärungen eines besonderen Strafschutzes bedürfen. Muß demnach die Zuständigkeit nach geltendem Recht, anders als nach dem Entwurf von 1927, als Merkmal des Tatbestandes angesehen werden, so kann die irrige Vorstellung des Täters von der Zuständigkeit einer Behörde trotzdem nicht bewirken, daß die ihr gegenüber abgegebene falsche Erklärung als ein strafbarer Versuch des Vergehens nach § 156 StGB. zu gelten hat. Zu dieser Rechtsauffassung nötigt der Umstand, daß sonst auf dem Umwege über die Bestrafung des Versuchs alle die Gefahren eintreten würden, denen mit einer strengen Auslegung des Begriffs der Zuständigkeit gerade deswegen begegnet werden sollte. Das im Entwurf zum Strafgesetzbuch zunächst nicht enthaltene, erst während der Beratungen im Reichstag in den Tatbestand aufgenommene Merkmal der Zuständigkeit dient bewußt der Begrenzung. Sie allein verhütet den Mißbrauch dieser für das Rechtsleben unentbehrlichen Einrichtung, schützt den Einzelnen vor unbedachten Erklärungen und verhindert damit die sonst unvermeidliche Entwertung der Einrichtung selbst. Diese gesetzgeberischen Ziele würden vereitelt, wenn schon die irrige Vorstellung des Handelnden von der Zuständigkeit der Behörde für die Strafbarkeit des Versuchs genügen sollte. Der erst durch die Verordnung vom 29. Mai 1943 eingefügte Absatz 2 des § 156 StGB. ist also dahin auszulegen, daß nur der einer zuständigen Behörde gegenüber unternommene Versuch strafbar ist, weil die entgegengesetzte Auffassung mit dem gesetzgeberischen Grundgedanken nicht zu vereinbaren ist, der in Abs. 1 die Abgrenzung des Tatbestandes maßgebend beeinflußt hat.

---

16. Eine wahldeutige Feststellung zwischen Diebstahl und Hehlerei ist in den im Beschluß der Vereinigten Strafsenate des Reichsgerichts vom 2. Mai 1934 gezogenen Grenzen zulässig.

StGB. §§ 242, 259; StPO. §§ 264, 267.

Strafsenat. Urt. v. 20. Juni 1949 g. Sch. StS 198/49.

I. Landgericht Hamburg.

II. Oberlandesgericht Hamburg.

Aus den Gründen:

Die Verurteilung des Angeklagten wegen Hehlerei, die er nach der Auffassung der Strafkammer in Tateinheit mit dem Wirtschaftsverbrechen begangen hat, gibt zu Bedenken Anlaß. Die Strafkammer stellt fest: „Es besteht ein sehr starker Verdacht, daß der Einbruch von Sch. und K. gemeinsam ausgeführt worden ist. Solange aber K. nicht ergriffen ist, kann dies jedoch nicht mit unzweifelhafter Bestimmtheit festgestellt werden. Es besteht immerhin die entfernte Möglichkeit, daß der Einbruch ohne Mitwirkung des Sch. begangen ist. Das Gericht hat aber keinen Zweifel daran, daß Sch. über die Tat und die Täter unterrichtet ist und in voller Kenntnis der Tatsache, daß die Lebensmittelkarten gestohlen waren, bei deren Absatz in H. mitwirkte." Diese Feststellungen tragen den Schuldspruch wegen Hehlerei nicht. Die Handlung des Hehlers, wie sie § 259 StGB. umschreibt, muß nach allgemeiner Ansicht mit einer Sache vorgenommen werden, die ein anderer — nicht der wegen Hehlerei in Anspruch genommene Angeklagte — mittels einer strafbaren Handlung erlangt hat. Als Vortat kommt also nur eine fremde Tat in Betracht. Die Strafkammer ist aber nahezu davon überzeugt, daß der Angeklagte selber der Dieb ist. Sie hat diesen naheliegenden Verdacht nicht überwunden, läßt ihn vielmehr im Urteil offen. Deshalb kann sie nicht der sicheren Überzeugung sein, daß er die Karten von einem Vortäter in hehlerischer Absicht erhielt. Eine solche Feststellung fehlt demgemäß auch in den Urteilsgründen, die aus diesem Grunde eine Verwirklichung des Hehlereitatbestandes nicht einwandfrei ergeben. Es handelt sich vielmehr, wie das Oberlandesgericht zutreffend ausführt, um die verdeckte wahldeutige Feststellung, daß der Angeklagte die Karten entweder gestohlen oder gehehlt hat. Es kommt deshalb darauf an, ob eine Wahlfeststellung zwischen Diebstahl und Hehlerei zulässig ist.

Diese Frage beschäftigte seit dem Aufkommen der Schwurgerichte die deutsche Rechtsprechung ebenso wie das Schrifttum. Eine einheitliche und grundsätzliche Lösung wurde nicht erzielt (vgl. im einzelnen: Nüse, Das Problem der Zulässigkeit von Alternativ-Schuldfeststellungen im Strafprozeß, Strafrechtliche Abhandlungen Heft 324 S. 5—11). Der Gesetzgeber der Reichsstrafprozeßordnung überließ die Entscheidung der Rechtslehre und der Rechtsprechung (vgl. Hahn, Materialien zur Strafprozeßordnung, I S. 223, zitiert bei Nüse S. 11). Das Reichsgericht nahm vom Beginn seiner Tätigkeit an bis zum Jahre 1934 folgenden Standpunkt ein: Wahlweise Feststellungen sind da zulässig, wo lediglich verschiedene Ausführungsarten eines und desselben Verbrechens oder Vergehens in Betracht kommen, die, wenn sie auch in verschiedenen Vorschriften untergebracht sind, doch keinen verschiedenen Tatbestand ergeben und vom Gesetz als gleichwertig angesehen werden. Sie sind da unzulässig, wo verschiedene Tatbestände in Frage stehen, die in tatsächlicher und rechtlicher Beziehung dergestalt von einander abweichen, daß der eine den anderen ausschließt und abweichend von ihm zu beurteilen ist. Danach hielt das Reichsgericht insbesondere eine Wahlfeststellung zwischen Diebstahl und Hehlerei für unzulässig (Bd. 53 S. 232). Diese Rechtsprechung fand im allgemeinen zunächst Anerkennung, stieß jedoch im Laufe der Zeit, jedenfalls in den letzten Jahrzehnten, auf erheblichen Widerspruch. In dem praktischen Strafrechtsproblemen gewidmeten 2. Bande des Werkes: „Der Strafrichter" unterzog Marx Rumpf im Jahre 1913 die Rechtsprechung des Reichsgerichts weitgehender Kritik, erklärte, daß „bei genügend freier Gesetzesauslegung keine positive Norm unseres Strafprozesses der sachlich erwünschten Ausdehnung alternativer Feststellungen im Wege steht" (S. 147), hielt es jedoch für angebracht, folgende zusätzliche gesetzliche Regelung vorzuschlagen (S. 197): „Eine Handlung ist auch dann strafbar, wenn sie gegen eins von mehreren Strafgesetzen verstößt, wenn sich aber nicht feststellen läßt, gegen welches. Die Strafe ist aus dem Gesetze zu bestimmen, das die mildeste Strafe, bei ungleichen Strafarten die mildeste Strafart androht." Die gleiche Forderung erhob Rumpf auf der Tagung des Deutschen Richtervereins 1913. Bis auf eine Stimme schlossen sich die versammelten Richter diesem Vorschlag an (DRZ. 1913, Sp. 792, 812). Im Anschluß an Rumpf setzte sich der Reichsgerichtsrat Zeiler in DRZ. 1914, Sp. 521 und 569 für die wahldeutige Feststellung auch bei ungleichen Tatbeständen ein. Umfangreiches Material verwertend, vertiefte er seinen Standpunkt (ZStW. Bd. 40 S. 168 und Bd. 43 S. 596, über Diebstahl und Hehlerei insbesondere Bd. 40 S. 173 und Bd. 43 S. 607), dem Mannheim in ZStW. Bd. 44 S. 440 beitrat (vgl. auch ZStW. Bd. 49 S. 734). Zustimmend äußerten sich ferner Schneidewin, Ebermayer und Wachinger (Strafrechtliche Abhandlungen Heft 324 S. 69—76). Mit besonderer Eindringlichkeit setzte sich von Hippel (Deutsches Strafrecht Bd. II S. 44) für die alternative Feststellung ein, wenn feststehe, daß der Täter eine nach dem Gesetz strafbare Handlung beging, aber nicht feststellbar sei, ob diese Tat unter den Deliktstatbestand a oder b fällt. Auch der Kommentar von Löwe-Rosenberg trat in Anm. 4 b zu § 267 für eine Fortentwicklung der Rechtsprechung des Reichsgerichts ein. Hierzu kam es, als das Reichsgericht im Jahre 1934 ein Urteil nachzuprüfen hatte, das eine nur schwach verhüllte wahldeutige Feststellung zwischen Diebstahl und Hehlerei enthielt. In dem versehentlich veröffentlichten Urteilsentwurf vom 8. Dezember 1933 erklärte der I. Strafsenat innerhalb der dem § 264 StPO. zu entnehmenden Grenzen für die Umgestaltung der Strafklage allgemein eine Verurteilung auf Grund wahldeutiger Feststellungen für zulässig mit der Maßgabe, daß auf die wahldeutig festgestellte Tat das mildere Strafgesetz anzuwenden sei (JW. 1934 S. 294 und Erklärung des Präsidenten des I. Strafsenats, ebenda S. 366). Diese weitgehende Zulassung wahldeutiger Feststellungen hielten die Vereinigten Strafsenate, die nunmehr mit der Entscheidung dieser Frage befaßt wurden, wegen der mißlichen Folgen für die richterliche Urteilsbildung und die Urteilswirkung nicht für angängig. Sie beschränkten sich deshalb im Beschluß vom 2. Mai 1934 (RGSt. 68 S. 257) auf die Zulassung der wahlweisen Feststellung zwischen Diebstahl und Hehlerei. Sie stellten hierbei den Grundsatz auf, daß auf die so beurteilte Tat das Gesetz anzuwenden sei, das nach der besonderen Lage des Falles die mildeste Bestrafung zulasse und Nebenstrafen und Nebenfolgen nur verhängt werden könnten, wenn auch das andere Gesetz es erlaube. Der Urteilsentwurf des I. Strafsenats und der Beschluß der Vereinigten Strafsenate fanden teilweise Ablehnung, so bei Hellmuth Mayer (JW. 1934 S. 294), jedoch, jedenfalls der Beschluß, überwiegend Zustimmung, so bei Niethammer (DRZ. 1934 S. 167), Nüse (JW. 1934 S. 463), Schaffstein (JW. 1934 S. 531 und S. 2049) und Grünhut (Monatsschrift für Kriminalpsychologie und Strafrechtsreform 1934 S. 327). Die praktische Auswirkung dieser Entscheidung des Reichsgerichts blieb insofern gering, als durch das Gesetz vom 28. Juni 1935 eine wahlweise Feststellung durch die neu eingeführte Bestimmung des § 2 b StGB. ausdrücklich zugelassen wurde.

Nachdem Art. I des KRG. 11 den § 2 b StGB. wieder aufgehoben hatte, beschäftigte die gleiche Frage, die Gegenstand des oben angeführten Beschlusses der Vereinigten Strafsenate gewesen war, erneut die deutschen Gerichte. Sie stellten sich einheitlich auf den Standpunkt des Beschlusses vom 2. Mai 1934 (OLG. Freiburg vom 12. September 1946 in DRZ. 1947 S. 65, OLG. Celle vom 9. November 1946 in DRZ. 1947 S. 64, OLG. für Hessen vom 26. Februar 1948 in NJW. 1948 S. 696). Zustimmend äußerte sich insbesondere Niethammer (DRZ. 1946 S. 13).

Der Senat tritt in Übereinstimmung mit der Auffassung des Hanseatischen Oberlandesgerichts im Vorlegungsbeschluß dieser Rechtsprechung bei.

Da der Kontrollrat den § 2b StGB. aufgehoben hat, fehlt es an einer ausdrücklichen gesetzlichen Vorschrift über die Frage. Die Rechtslage ist also die gleiche wie vor dem Gesetz vom 28. Juni 1935. Der Senat hält den Beschluß der Vereinigten Strafsenate vom 2. Mai 1934, der vor der Einführung der Wahlfeststellung durch das Gesetz vom 28. Juni 1935 ergangen ist, noch aus der Zeit v o r dem Übergreifen der nationalsozialistischen Ideologie auf den damaligen höchsten deutschen Gerichtshof stammt, vorsichtig und abwägend und nur in den durch die Gebote der Gerechtigkeit und der Rechtssicherheit gezogenen Grenzen eine angemessene Berücksichtigung dringender kriminalpolitischer Zwecke ermöglicht, für eine gesunde Fortentwicklung der Rechtsprechung, wie sie von namhaften Wissenschaftlern und Praktikern, insbesondere auch von Mitgliedern des Reichsgerichts selbst, seit Jahrzehnten gefordert wurde. Der Beschluß vom 2. Mai 1934 ist deshalb auch heute noch in seinen überzeugenden Gründen maßgebend für die Frage, wann und in welcher Weise bei ungewissem Tathergang eine Verurteilung entweder aus §§ 242 ff. oder aus §§ 259 ff. StGB. erfolgen darf.

Die Entscheidung entspricht dem Antrage des Generalstaatsanwalts.

17. 1. „Judenaktion" vom 9. November 1938 in einem Dorfe als Verbrechen gegen die Menschlichkeit.

2. Gewalttätigkeiten gegen Personen im Sinne von § 125 Abs. 2 StGB. können durch Fenstereinwerfen und Festnahme einer Person begangen werden, auch wenn körperliche Berührung eines Menschen nicht erfolgt ist.

3. Zerstörung von Sachen (§ 125 Abs. 2 StGB.) ist die wesentliche Beschädigung einer ganzen Sache oder eines Teils der Sache, wobei die Wesentlichkeit aus den verschiedensten Umständen entnommen werden kann. Hierbei kommt es auf den Gesamtschaden an, an dem sich der Täter persönlich handelnd beteiligt hat.

4. Zeitablauf infolge Nichtverfolgung durch den nationalsozialistischen Staat kann nicht strafmildernd berücksichtigt werden.

5. Die Strafzumessung erfordert allseitige Würdigung von Täter und Tat nach den verschiedenen Strafzwecken.

KRG. 10 Art. II 1 c; StGB. § 125 Abs. 2; StPO. § 267 Abs. 3.

Strafsenat. Urt. v. 28. Juni 1949 g. Z. StS 16/49.

I. Schwurgericht Siegen.

Aus den Gründen:

Das Schwurgericht hat den Angeklagten wegen einfachen Landfriedensbruchs gemäß § 125 Abs. 1 StGB., begangen durch Beteiligung an der „Judenaktion" in der Nacht zum 10. November 1938 in seinem Dorfe, zur gesetzlichen Mindeststrafe von drei Monaten Gefängnis verurteilt. Eine Verurteilung wegen tateinheitlich begangenen Verbrechens gegen die Menschlichkeit gemäß dem KRG. 10 ist nicht erfolgt. Die Revision der Staatsanwaltschaft führt zur Aufhebung und Zurückverweisung.

1. Das Schwurgericht hätte den Angeklagten auf Grund der festgestellten Tatsachen wegen Unmenschlichkeitsverbrechens verurteilen müssen. In der betreffenden Nacht war dem Ortsgruppenleiter telefonisch befohlen worden, es solle etwas gegen die im Dorf wohnenden Juden unternommen, die männlichen Juden sollten festgesetzt werden. Das war dem Angeklagten, Führer des örtlichen SA-Trupps, gesagt worden, als ein

SA-Mann ihn aus dem Bett holte. Er kannte auch das Verfolgungsprogramm der nationalsozialistischen Staatsführung gegen die Juden. Er hat sich der zusammengerotteten, lärmenden Menge angeschlossen, in der die meisten Männer SA-Uniform trugen und die dabei war, an den drei in Betracht kommenden Häusern Fensterscheiben einzuwerfen. Die Menge ging dann dazu über, Haustüren mit Gewalt einzuschlagen. Die jüdische Frau B. floh ins Nachbarhaus, ein jüdischer Mann erlitt eine — ungefährliche — Kopfwunde durch das Aufbrechen der Haustür. Am Hause B. hat auch der Angeklagte mit Steinen geworfen und war einer der ersten Eindringenden. Zwei jüdische Männer wurden von der Menge ins Spritzenhaus geschafft und dort einige Tage gefangen gehalten, unter ihnen der geistesgestörte Bruder der Frau B. Als dem Angeklagten damals vorgehalten wurde, ein Steinwurf habe das Bett eines nichtjüdischen Kindes getroffen und hätte es töten können, antwortete er: Dann hätte er es auch nicht ändern können, dann wäre es eben tot gewesen.

Was die Juden des Dorfes unter Mitwirkung des Angeklagten durch diese nationalsozialistische Terroraktion erdulden mußten, erfüllt den äußeren Tatbestand des Unmenschlichkeitsverbrechens. Alle Juden in Deutschland befanden sich infolge der seit 1933 zunehmenden antisemitischen Maßnahmen in großer und steigender Sorge um ihr Schicksal. In dieser Schreckensnacht wurde den jüdischen Einwohnern des Dorfes durch schwere Eingriffe in Eigentum, Wohnung, Ehre und Freiheit handgreiflich klargemacht, daß sie völlig wehr-, hilf- und rechtlos alles über sich ergehen lassen mußten, was nur immer nationalsozialistische Willkür und Niedertracht gegen sie ersinnen mochte. Damit erreichte ihr Zustand von Angst einen bisher nicht erreichten Höhepunkt, und zwar auch dann, wenn dies die erste Gewaltaktion war, die sich in dem Dorf ereignete und man in dem Dorfe noch nicht wußte, daß sich zur gleichen Zeit in ganz Deutschland ähnliche und schlimmere Vorgänge abspielten entsprechend einem einheitlichen Plan der nationalsozialistischen Führung. Das war tiefste Menschenentwürdigung und als Teilstück und bisheriger Höhepunkt der seit Jahren betriebenen systematischen Judenverfolgung ein Angriff auch gegen die Menschheit. Das hat das Schwurgericht verkannt. Daß es in diesem Dorfe nicht zu Mißhandlungen, Verschleppungen und Zerstörung von Einrichtungen kam, daß die Festgenommenen nach Tagen freigelassen wurden, berührt den Charakter als Unmenschlichkeitsverbrechen nicht. Indem das Urteil ausführt, es sei „überhaupt kein bleibender Schaden eingetreten", läßt es die Verkennung des in Wirklichkeit Zugefügten erkennen.

Auch der innere Tatbestand dieses Verbrechens ist beim Angeklagten gegeben. Er hat sich vorsätzlich an Angriff und Schädigung der Opfer beteiligt und kann sich nicht im Unklaren darüber gewesen sein, daß es sich hier um eine Terrormaßnahme im Zuge der Judenverfolgung des Nationalsozialismus handelte. Damit war er, was das Schwurgericht verkannt hat, sich dessen bewußt, daß er im Zusammenhang mit dem nationalsozialistischen System von Willkür und Gewalt handelte. Hierzu bedurfte es nicht der Kenntnis von früheren Terroraktionen gegen Juden sowie von Ausmaß und Bedeutung der gegenwärtigen Aktion (OGHSt. Bd. 1 S. 53, 198, 284, 316).

2. Hinsichtlich des mit dem Unmenschlichkeitsverbrechen in Tateinheit stehenden Landfriedensbruchs hätte das Schwurgericht für die Frage, ob der Angeklagte dabei nicht „Gewalttätigkeiten gegen Personen begangen" hat (§ 125 Abs. 2 StGB.), folgendes beachten müssen:

Zum äußeren Tatbestande ist körperliche Berührung oder gar Verletzung einer Person nicht erforderlich. Es genügt schon, wenn körperlicher, äußerer Zwang gegen Personen in Bewegung gesetzt wird, also eine mittelbar gegen sie gerichtete Einwirkung, die von diesen körperlich empfunden wird, zum Beispiel das Werfen von Steinen gegen Menschen (RGSt. Bd. 65 S. 389). Da, wie festgestellt, sich hinter den eingeworfenen Fenstern Menschen aufhielten und diese durch die Steinwürfe getroffen werden konnten und gezwungen worden sind, zu fliehen, so ist dadurch der äußere Tatbestand erfüllt. Zum inneren Tatbestande genügt Eventualvorsatz; es genügt also, wenn der Angeklagte mit der Möglichkeit rechnete, daß die Steinwürfe derartige Zwangswirkungen gegen

Einwohner der Räume hätten und für diesen Fall mit der Wirkung einverstanden war. Seine anschließende Äußerung hinsichtlich der Gefährdung eines Kindes legt die Möglichkeit nahe, daß er diesen Vorsatz gehabt hat. Überhaupt ist es den Umständen nach kaum anders denkbar, als daß mit der Gewaltanwendung gegen Sachen hier von vornherein Gewalttätigkeiten gegen Menschen beabsichtigt waren.

Wenn eine feindselige Menschenrotte nachts durch gewaltsames Eindringen in ein Haus einen Bewohner veranlaßt, zum Haftlokal mitzugehen und sich in Haft zu begeben, so ist auch das Gewaltanwendung gegen eine Person, mag diese körperlich angefaßt worden sein oder nicht (OGHSt. Bd. 1 S. 284, 289). Auch das hat das Schwurgericht verkannt. Der Angeklagte war bei dieser Gewaltanwendung selbsttätig beteiligt, indem er den Bruder der Frau B. bis zur Wohnungstür hinausbegleitet hat.

Die Frage, ob der Angeklagte bei der Begehung des Landfriedensbruchs „Sachen zerstört" hat, wird vom Schwurgericht auch für den wahrscheinlichen Fall verneint, daß die Steinwürfe des Angeklagten zur Beschädigung der Fenster beigetragen haben; Beschädigung oder t e i l w e i s e Zerstörung falle nämlich nicht unter § 125 Abs. 2 StGB. Nun ist es zwar richtig, daß das Gesetz hier anders wie an anderen Stellen offenbar absichtlich nicht vom Beschädigen spricht. Auch ist, anders wie in den §§ 305, 311 StGB., die t e i l w e i s e Zerstörung nicht erwähnt. Andererseits ist im Gegensatz zu sonstigen Gesetzesstellen hier von Sache schlechthin die Rede, also Sachart und Sachgattung nicht bestimmt. Infolgedessen ist es fraglich, ob die gänzliche Zerstörung einer Teilsache oder der bestimmten Verwendungsmöglichkeit einer Sache in den Tatbestand hineingehört (so namentlich Olshausen N. 3 c), so daß auf diesem Umwege die Teilzerstörung wieder einbezogen wäre. Eine Grenzziehung zwischen Teilzerstörung und Beschädigung aber ist schwerlich möglich, namentlich wenn man von der zerstörten oder teilzerstörten Teilsache zur teilzerstörten oder beschädigten Gesamtsache fortschreitet (z. B. eine oder mehrere Scheiben — ein oder mehrere Fenster — Wohnung — Haus).

Aus diesen Erwägungen ergibt sich, daß eine derartige begriffliche Abgrenzung des gesetzlichen Tatbestandes untunlich ist. Sie wird auch der Absicht des Gesetzes nicht gerecht. Nach dieser ist unter Zerstörung einer Sache die wesentliche Beschädigung einer Sache, und zwar der ganzen Sache oder eines Teils der Sache zu verstehen (vgl. RGSt. Bd. 39 S. 223). Die Wesentlichkeit der Beschädigung kann aus den verschiedenen Umständen entnommen werden, insbesondere aus dem Ausmaß der Beschädigung und aus ihrer Bedeutung für die Sachbenutzung.

3. Schließlich bestehen dagegen Bedenken, daß das Schwurgericht strafmildernd das weite Zurückliegen der Tat berücksichtigt. Gewiß wird das Gericht nicht verkannt haben, daß die Tatschuld mit der Tatbegehung abgeschlossen ist und keiner Veränderung durch Zeitablauf unterliegt. Aber auch das Strafbedürfnis des Staates wird durch Zeitablauf dann nicht geringer, wenn der damalige Staat selbst während dieser Zeit zu Unrecht die Verfolgung der Tat absichtlich unterließ und es sich jetzt darum handelt, rechtsstaatliche Verhältnisse wiederherzustellen (OGHSt. Bd. 1 S. 119).

Im übrigen hat es nach den im Urteil angestellten Zumessungserwägungen den Anschein, als habe das Gericht ausschließlich die zugunsten des Angeklagten sprechenden Umstände berücksichtigt, die Schwere der Tat selbst nach ihren Umständen sowie nach Beteiligung, Stellung und Haltung des Angeklagten bei der Tat aber außer acht gelassen. Damit aber wäre das Wesen der Strafzumessung verkannt, die eine allseitige Würdigung von Tat und Täter unter Berücksichtigung der verschiedenen Zwecke des staatlichen Strafens erfordert.

---

18. 1. Wird ein Zeuge nicht darüber belehrt, daß er nach § 55 StPO. das Recht hat, die Auskunft auf bestimmte Fragen zu verweigern, so bildet das keinen Revisionsgrund.

2. Ob die Voraussetzungen des § 60 Ziff. 3 StPO. vorliegen, ist vom Tatrichter auf Grund des Ergebnisses der Hauptverhandlung nach freiem Ermessen zu beurteilen. Verneint das Gericht einen solchen Verdacht und ordnet es deshalb die Vereidigung an, braucht dieser Beschluß nicht näher begründet zu werden.

3. Zu der Frage, unter welchen Voraussetzungen die Aufklärungspflicht des Gerichts die Zuziehung eines zweiten Sachverständigen erforderlich macht.

4. Über die Grundsätze der Strafzumessung, wenn das Gericht von der ihm durch § 51 Abs. 2 StGB. gegebenen Möglichkeit der Strafmilderung keinen Gebrauch macht.

StGB. §§ 51 Abs. 2, 212; StPO. §§ 55, 60 Ziff. 3, 245 Abs. 1.

Strafsenat. Urt. v. 28. Juni 1949 g. K. StS 40/49.

I. Schwurgericht Krefeld.

Der Angeklagte hat angetrunken mehrere Leute mißhandelt und einen Passanten erstochen. Er ist wegen Totschlags verurteilt. Seine Revision wurde verworfen.

Aus den Gründen:

1. Zu Unrecht macht die Revision geltend, dem Zeugen Sch. habe ein „Zeugnisverweigerungsrecht" zugestanden, weil er der Beteiligung an der den Gegenstand der Untersuchung bildenden Tat, mindestens aber der Begünstigung verdächtig sei, und das Schwurgericht habe dadurch einen Verfahrensfehler begangen, daß es ihn auf dieses Zeugnisverweigerungsrecht nicht hingewiesen habe. Denn der Verdacht der Beteiligung oder Begünstigung hindert nach § 60 Ziff. 3 StPO. zwar die Vereidigung, nicht aber die Vernehmung. Auch wer der Beteiligung oder der Begünstigung verdächtig ist, kann als Zeuge vernommen werden. Der Zeuge hat nach § 55 StPO. nur das Recht, die Auskunft auf solche Fragen zu verweigern, deren Beantwortung ihm selbst oder einem in § 52 Nr. 1 bis 3 bezeichneten Angehörigen die Gefahr strafgerichtlicher Verfolgung zuziehen würde. Anders als in § 52 Abs. 2 StPO. ist in § 55 eine Belehrung über das Recht zur Nichtbeantwortung bestimmter Fragen nicht vorgeschrieben. Sie ist deshalb nicht als verfahrensrechtliche Pflicht anzusehen, deren Verletzung die Revision begründen würde (RGSt. Bd. 10 S. 154).

2. Unbegründet ist auch die Rüge, der Zeuge Sch. habe auf seine Aussage nicht vereidigt werden dürfen, weil er der Beteiligung an der den Gegenstand der Untersuchung

bildenden Tat, mindestens aber der Begünstigung verdächtig sei. Zwar ordnet § 60 Ziff. 3 StPO. an, daß in einem solchen Fall von der Vereidigung abzusehen ist. Wird sie trotzdem durchgeführt, so liegt darin, wie der Revision zuzugeben ist, ein Verfahrensfehler, auf dem unter Umständen auch das Urteil beruhen kann. Es ist jedoch nicht ersichtlich, daß das Schwurgericht den Zeugen trotz eines solchen Verdachts vereidigt hat oder daß es sich bei der Beantwortung der Frage, ob ein solcher Verdacht vorliegt, von rechtsirrtümlichen Erwägungen hat leiten lassen. Ob ein Zeuge im Sinne des § 60 Ziff. 3 StPO. verdächtig ist, hat das Gericht auf Grund des Ergebnisses der Hauptverhandlung nach freiem Ermessen zu beurteilen. Das Ergebnis dieser Prüfung ist in der Revisionsinstanz nur nach der Richtung nachprüfbar, ob dem Tatrichter dabei ein Rechtsfehler unterlaufen ist. Wenn auch das Gericht zu einer näheren Begründung seiner Überzeugung verfahrensrechtlich nicht genötigt ist, so kann sich aus der Gesamtheit der Umstände, vor allem aus den sonstigen Feststellungen des Urteils, doch ergeben, daß sich das Gericht bei der Prüfung der Verdächtigkeit eines Zeugen von rechtsirrtümlichen Erwägungen hat leiten lassen (vgl. RGSt. Bd. 28 S. 111, 113). Im vorliegenden Falle ist jedoch nicht ersichtlich, daß das Schwurgericht den Begriff der Beteiligung an der den Gegenstand der Untersuchung bildenden Tat oder den Begriff der Begünstigung verkannt hat.

Unter den Begriff der Beteiligung im Sinne des § 60 Ziff. 3 StGB. fällt nicht nur jede Form der Teilnahme nach den §§ 47 ff. StGB., sondern jede Mitwirkung, die in strafbarer Weise bei dem den Gegenstand der Untersuchung bildenden Vorgange und in derselben Richtung wie beim Angeklagten erfolgt (vgl. RGSt. Bd. 64 S. 296, 298). Das angefochtene Urteil enthält jedoch hinsichtlich des Zeugen Sch. keine Feststellungen, die in dieser Weise gedeutet werden müßten, selbst wenn man nicht nur den vom Angeklagten begangenen Totschlag, sondern die Gesamtheit der Vorgänge während der Nacht in Betracht zieht. Als der Angeklagte gegen den Nachtwächter des Lagerplatzes tätlich wurde, stand Sch. neben ihm. Der Angriff erfolgte aber so rasch und unvermutet, daß es keinen Rechtsirrtum bedeutet, wenn die bloße Anwesenheit des noch jugendlichen Sch. nicht als Mitwirkung an der Körperverletzung angesehen wird. Als der Angeklagte später gegen einen Radfahrer tätlich werden wollte, wurde er nach den Feststellungen des angefochtenen Urteils sogar durch Sch. daran gehindert. Als der Angeklagte dann gegen B. das Messer zog, lief Sch. fort. Es ist nicht ersichtlich, inwiefern dieser dadurch das Verhalten des Angeklagten „gebilligt und gedeckt" haben soll, wie die Revision geltend macht. Zwar wäre Sch. nach § 53 StGB. berechtigt gewesen, dem Überfallenen gegen den Angreifer zu Hilfe zu kommen. Eine rechtliche Verpflichtung dazu ist jedoch nicht ersichtlich, da Sch. von sich aus nichts dazu beigetragen hatte, daß der Überfallene in die gefährliche Lage geraten war. Deshalb ist auch in der Unterlassung der Nothilfe kein schuldhafter Beitrag zur Tötung des B. zu sehen, so daß es nicht einmal darauf ankommt, ob der erst 17 Jahre alte Sch. sich gegenüber dem Angeklagten mit Erfolg hätte durchsetzen können. Nach alledem kann kein Rechtsirrtum darin erblickt werden, daß das Schwurgericht den Verdacht einer Beteiligung Sch.s an der dem Angeklagten vorgeworfenen Handlung nicht als gegeben angesehen hat.

Ebensowenig läßt sich dem Urteil entnehmen, daß das Schwurgericht den Begriff der Begünstigung verkannt haben könnte. Für Sch. bestand keine Rechtspflicht, die von ihm beobachteten Vorgänge von sich aus anzuzeigen. In der Unterlassung der Anzeige ist deshalb — entgegen der Ansicht der Revision — keine Begünstigung zu erblicken. Eine bewußte falsche Aussage des Zeugen zugunsten des Angeklagten könnte zwar eine nach § 257 StGB. strafbare Begünstigung sein. Eine solche liegt aber hinsichtlich der den Gegenstand dieses Verfahrens bildenden Straftat, des Totschlags, selbst dann nicht vor, wenn Sch. bei seiner ersten Vernehmung von der Mißhandlung des Nachtwächters nichts erwähnte, ganz abgesehen davon, daß nach den gesamten, im Urteil geschilderten Umständen, gegen die auch die Revision nichts Entscheidendes vorbringt, nichts für die nach § 257 StGB. erforderliche Absicht Sch.s spricht, den Angeklagten der Bestrafung zu entziehen. Denn er gab schon bei der ersten Vernehmung, in der er die Mißhandlung des

Nachtwächters noch nicht erwähnte, von den mit dem Totschlag zusammenhängenden Vorgängen im wesentlichen dieselbe, den Angeklagten schwer belastende Darstellung. In der Vereidigung des Zeugen Sch. liegt nach alledem keine Verletzung des § 60 Ziff. 3 StPO. . . .

3. Ebensowenig liegt darin eine Verletzung der Aufklärungspflicht, daß das Schwurgericht zur Frage der Zurechnungsfähigkeit des Angeklagten nicht noch einen zweiten Sachverständigen vernommen hat. Ein Antrag auf Vernehmung eines weiteren Sachverständigen ist ausweislich der Verhandlungsniederschrift nicht gestellt. Da das Schwurgericht schon auf der Grundlage des Gutachtens des Sachverständigen Dr. K. die Überzeugung gewonnen hatte, daß die Zurechnungsfähigkeit des Angeklagten gemäß § 51 Abs. 2 StGB. erheblich vermindert, die Voraussetzungen des § 51 Abs. 1 jedoch nicht gegeben seien, bestand von seinem Standpunkt aus kein Anlaß zu weiterer Aufklärung. Es fehlt damit an der Grundlage für eine verfahrensmäßige Pflicht, gegen die das Gericht verstoßen haben könnte. Die Darlegungen der Revision sind nicht geeignet, das Ergebnis, zu dem der Sachverständige und, ihm folgend, das Schwurgericht gekommen sind, zu erschüttern. Die Sachkunde des Gutachters kann umso weniger bezweifelt werden, als sie von der Verteidigung in dem vor der Hauptverhandlung gestellten Antrage auf Vernehmung dieses Sachverständigen besonders hervorgehoben wurde. Daß der Umfang von Erinnerungsstörungen keine schlechthin sicheren Schlüsse auf den Grad der Trunkenheit und auf die Zurechnungsfähigkeit zuläßt, ist zwar richtig. Dem Urteil ist aber nicht zu entnehmen, daß der Sachverständige und das Gericht von einer anderen Ansicht ausgegangen wären. Das Erinnerungsvermögen des Angeklagten bildet in den Darlegungen des Urteils, die sich mit der Zurechnungsfähigkeit des Angeklagten befassen, nur *ein* Anzeichen neben zahlreichen anderen . . .

4. Wenn die Voraussetzungen des § 51 Abs. 2 StGB. vorliegen, *kann* das Gericht die Strafe nach den Vorschriften über die Bestrafung des Versuchs ermäßigen, ist dazu aber nicht *verpflichtet*. Die Entscheidung steht vielmehr im Ermessen des Gerichts (RGSt. Bd. 71

S. 179). Entschloß sich das Gericht, von der Möglichkeit der Strafmilderung keinen Gebrauch zu machen, so bedeutet das, daß es die Strafe unter Berücksichtigung aller Umstände des Falles, zu denen auch die verminderte Verantwortlichkeit gehört, innerhalb des ordentlichen Strafrahmens festsetzen will. Es liegt also darin nicht etwa die Erklärung, daß eine der persönlichen Schuld nicht mehr entsprechende Strafe festgesetzt werden solle. Das wäre allerdings rechtlich fehlerhaft. Die Gründe, die das Gericht im vorliegenden Falle für den Entschluß, von der Möglichkeit einer Strafmilderung keinen Gebrauch zu machen und für die Versagung mildernder Umstände anführt, lassen nicht erkennen, daß es sich bei dieser Entscheidung von rechtlich fehlerhaften Erwägungen hat leiten lassen. Bei der vom Schwurgericht in diesem Zusammenhange hervorgehobenen Roheit der Tatausführung und bei der Tatsache, daß der Angeklagte neun Kindern den Vater raubte, handelt es sich um Tatumstände und Tatfolgen, die der Straftat das besondere Gepräge geben. Der Gedanke der Abschreckung darf die Strafhöhe zwar nicht a l l e i n bestimmen; es handelt sich aber dabei um einen Strafzweck, dessen Berücksichtigung n e b e n den anderen anerkannten Strafzwecken nicht unzulässig ist.

---

19. 1. Die Angehörigen der Entnazisierungsausschüsse in der Britischen Zone sind Beamte im Sinne des § 359 StGB. Sie sind es von dem Zeitpunkt an, in dem sie mit der Wahrnehmung dieser Aufgabe von derjenigen Behörde ausdrücklich oder stillschweigend betraut wurden, die dazu berufen ist, das ihnen gegenüber auszusprechen.

2. Zur Frage des Zusammenhangs zwischen der Annahme eines Vorteils und der Amtshandlung bei der einfachen passiven Bestechung.

3. § 253 StGB. n. F. ist geltendes Recht.

4. Trifft ein fortgesetztes Vergehen gegen § 2 Abs. 1 Ziff. 1 Abs. 4 VRStrVO. zum Teil sowohl mit einfacher passiver Bestechung wie mit versuchter Erpressung tateinheitlich zusammen, so stehen alle drei Gesetzesverletzungen untereinander im Verhältnis der Tateinheit nach § 73 StGB.

StGB. §§ 253, 331, 359, 73; VRStrVO. § 2 Abs. 1.
Strafsenat. Urt. v. 5. Juli 1949 g. F. StS 18/49.

I. Landgericht Köln.
II. Oberlandesgericht Köln.

Aus den Gründen:

Der Angeklagte ist wegen fortgesetzter einfacher passiver Bestechung in Tateinheit mit Vergehen gegen § 2 Abs. 1 Ziff. 1 und Abs. 4 VRStrVO. und teilweise mit versuchter Erpressung zu 6 Monaten Gefängnis verurteilt. Seiner Revision kann der Erfolg nicht versagt werden, wenn auch die meisten Angriffe unbegründet sind.

1. Zutreffend hat die Strafkammer angenommen, daß der Angeklagte in seiner Eigenschaft als Mitglied des Entnazisierungshauptausschusses Beamter im Sinne des § 359 StGB. war. Zwar war er kein Beamter im staatsrechtlichen Sinne, weil er nicht nach den Vorschriften des Beamtenrechts in das Beamtenverhältnis berufen worden war. Jedoch war er durch öffentlichrechtlichen Akt zu Dienstverrichtungen berufen, die aus der Staatsgewalt abgeleitet sind und staatlichen Zwecken dienen. Die Entnazisierung bezweckt, die politische Haltung und Betätigung von Deutschen mit dem Ziele nachzuprüfen, denjenigen die Möglichkeit einer Beeinflussung des öffentlichen Lebens zu nehmen, bei denen nach ihrer Haltung und Betätigung in der Vergangenheit anzunehmen ist, daß sie auch in Zukunft für die Verwirklichung nationalsozialistischer oder militaristischer Gedanken eintreten könnten. Sie umschließt also, wie der Revision zuzugeben ist, eine politische Aufgabe. Zu Unrecht folgert die Revision jedoch aus dem mit der Entnazisierung verfolgten politischen Zweck, daß die Mitglieder der Entnazisierungsausschüsse der britischen Zone nur eine politische Tätigkeit entfaltet hätten, daß sie aber nicht zu einer staatlichen Zwecken dienenden, aus der Staatsgewalt abgeleiteten Dienstverrichtung berufen seien. Die politische Wirksamkeit bildet keinen notwendigen Gegensatz zum Amt. Auch zahlreiche andere Beamte üben durch ihre amtliche Tätigkeit weitreichenden politischen Einfluß aus, wenn auch Betätigung im öffentlichen Leben im Sinne einer politischen Betätigung keineswegs an ein

Amt gebunden ist. Es handelt sich also bei der politischen und der amtlichen Tätigkeit um zwei Bereiche menschlichen Wirkens, die sich nicht notwendig ausschließen, die sich vielmehr auch überschneiden und decken können. Für die Frage, ob die Mitglieder von Entnazisierungsausschüssen als Beamte im Sinne des § 359 StGB. anzusehen sind, kann also der Umstand, daß ihre Tätigkeit weitreichende politische Wirkungen hat, nicht von entscheidender Bedeutung sein. Da sie nicht nach den Vorschriften des Beamtenrechts in das Beamtenverhältnis berufen, also nicht Beamte im staatsrechtlichen Sinne sind, kommt es für die Anwendung des § 359 StGB. allein darauf an, ob sie von einer zuständigen Stelle durch ausdrücklichen oder stillschweigenden öffentlichrechtlichen Akt zu Dienstverrichtungen berufen sind, die aus der Staatsgewalt abgeleitet sind und staatlichen Zwecken dienen (vgl. RGSt. Bd. 67 S. 300, Bd. 70 S. 235).

Das ist zu bejahen. Die Länder der britischen Zone haben die Durchführung der Entnazisierung als staatliche Aufgabe übernommen. Sie erfolgt im Rahmen der allgemeinen Staatsverwaltung auf gesetzlicher Grundlage durch bestimmte, hierzu geschaffene und berufene Organe. Rechtsgrundlage waren für die hier in Frage kommende Zeit vom 1. Oktober 1946 bis 30. September 1947 die auf Grund der Kontrollratsverordnungen Nr. 24 vom 12. Januar 1946 und Nr. 38 vom 14. Oktober 1946 ergangenen Zonen-Exekutiv-Anweisungen Nr. 3 vom 17. Januar 1946 und Nr. 54 vom 30. November 1946, die von der britischen Militärregierung für die Länder der britischen Zone erlassen wurden. In ihnen war zur Durchführung der Entnazisierung die Bildung deutscher Entnazisierungsausschüsse und Unterausschüsse vorgesehen. Die Mitglieder der Entnazisierungsausschüsse wurden in den Kreisen von den Kreistagen berufen. Ihre Berufung bedurfte der Genehmigung der Militärregierung. Die Entscheidung im Entnazisierungsverfahren ist für die davon Betroffenen von großer Bedeutung und greift unter Umständen in ihre allgemeinen bürgerlichen Rechte und Freiheiten in empfindlicher Weise ein. Eine Entscheidung, die solche Folgen hat, kann nur als eine Betätigung der hoheitlichen Gewalt des Staates aufgefaßt werden. Daraus ergibt sich, daß die Mitglieder der Entnazisierungsausschüsse ihre Befugnisse aus der Staatsgewalt herleiten und die in Ausübung dieser Befugnisse vorgenommenen Dienstverrichtungen staatlichen Zwecken dienen. Sie sind also unter der Voraussetzung, daß sie von der zuständigen Stelle in den Ausschuß berufen sind, Beamte im Sinne des § 359 StGB.

Dem steht nicht entgegen, daß die Rechtsgrundlage zu der hier in Frage stehenden Zeit im Besatzungsrecht lag. Die Militärregierung handelte insoweit nicht als eine dem deutschen Reich oder den deutschen Ländern völkerrechtlich gegenüberstehende Macht, sondern als Trägerin der deutschen Staatsgewalt. So sehr auch die Ausschaltung nationalsozialistischer Einflüsse den politischen Wünschen und Zielen der Besatzungsmächte entspricht, so handelt es sich doch dabei in erster Linie um eine innerdeutsche Angelegenheit. Die Ausschußmitglieder stehen also im Dienste der deutschen Länder und nicht etwa im Dienste einer ausländischen Macht. Das zeigt auch die geschichtliche Entwicklung, die dahin ging, die ursprünglich nur beratenden Befugnisse der in der Entnazisierung tätigen deutschen Stellen immer mehr zu erweitern, bis die Durchführung ganz in ihre Hand gelegt wurde.

Zu der hier in Betracht kommenden Zeit übten die Ausschüsse noch keine entscheidende, sondern nur eine die Militärregierung b e r a t e n d e Tätigkeit aus. Zutreffend führt der Vorlegungsbeschluß aus, daß dadurch die Beamteneigenschaft der Ausschußmitglieder nicht in Frage gestellt werde. Für die Beamteneigenschaft ist es gleichgültig, ob die Dienstgeschäfte vorbereitender oder entscheidender Art sind (RGSt. Bd. 70 S. 235). Die Tätigkeit der Ausschußmitglieder diente jedenfalls auch damals unmittelbar der Aufgabe der Entnazisierung. Sie war — auch für die endgültige Entscheidung — von großer Bedeutung und forderte von jedem Mitglied fortlaufend die Anwendung eigenen Ermessens. Daß die Dienstverrichtungen nur vorbereitender Art waren, bedeutet also nicht, daß es sich nur um ganz untergeordnete Dienste gehandelt hätte, die die Beamteneigenschaft nicht zu begründen vermöchten.

Unerheblich ist das Vorbringen der Revision, der Angeklagte habe sich in seiner Eigenschaft als Ausschußmitglied nicht als Beamter b e t r a c h t e t, sondern geglaubt, eine politische Tätigkeit auszuüben. Die Entscheidung kann nicht davon abhängig sein, daß die von einem Rechtsunkundigen oft nicht leicht zu entscheidende Frage, ob er als Beamter im Sinne des § 359 StGB. anzusehen sei, richtig beantwortet wird. Das zum Vorsatz erforderliche Bewußtsein der Beamteneigenschaft ist vielmehr dann vorhanden, wenn der Täter die Tatsachen kennt, aus denen rechtlich seine Beamteneigenschaft folgt und weiß, daß er sich in einer Dienststellung befindet, die ihm ein besonderes Verhalten zur Pflicht macht (RGSt. Bd. 53 S. 131).

Die Revision macht schließlich geltend, der Angeklagte sei nicht durch öffentlichrechtlichen Akt einer zuständigen Stelle in den Ausschuß berufen worden. Aber auch dieser Angriff ist unbegründet. Der Angeklagte wurde auf einer Funktionärversammlung seiner Partei als Ersatzmann für ein ausscheidendes Mitglied in den Ausschuß gewählt, wurde im Oktober 1946 in diesen berufen, und zwar — wie dem Zusammenhang zu entnehmen ist — vom Kreistage, nahm daraufhin die Tätigkeit im Ausschuß auf, wurde jedoch erst am 4. Dezember 1946 von der Militärregierung bestätigt. Das angefochtene Urteil nimmt an, daß der Angeklagte von dem Zeitpunkt an Beamter im Sinne des § 359 StGB. gewesen sei, an dem er seine Tätigkeit im Ausschuß aufgenommen habe, zumal da er „sich auch selbst als ordnungsmäßig berufen und bestellt gefühlt" habe. Diese Auffassung wird von der Revision bekämpft. Sie ist der Ansicht, daß die Berufung erst in der Genehmigung der Militärregierung zu erblicken sei. Auch der Vorlegungsbeschluß ist der Ansicht, daß es auf den Zeitpunkt der Genehmigung durch die Militärregierung ankomme. Wenn sich der Angeklagte vorher schon als Beamter betrachtet habe, so komme für diesen Zeitraum allenfalls der Versuch eines Verbrechens im Amt in Betracht. Die Auffassung der Revision und des Vorlegungsbeschlusses ist jedoch nicht zutreffend. Da sich die Beamteneigenschaft des Angeklagten aus der Ausübung von Dienstverrichtungen ergibt, die aus der Staatsgewalt abgeleitet sind, kommt es darauf an, ob ihm diese amtliche Tätigkeit von der zuständigen Stelle übertragen ist. Als zuständig ist aber diejenige Stelle anzusehen, die dazu berufen ist, demjenigen gegenüber, der

Amtsgeschäfte verrichten soll, dies auszusprechen. Ob diese Stelle den Entschluß dazu allein und selbständig fassen kann oder ob sie nach den von ihr zu beachtenden Vorschriften an die Mitwirkung anderer Behörden gebunden ist, ist gleichgültig. Das muß jedenfalls für diejenigen Fälle gelten, in denen die etwa sonst noch erforderlichen Erklärungen anderer Stellen nur derjenigen Behörde gegenüber abgegeben zu werden brauchen, die die Berufung zu amtlichen Dienstverrichtungen ausspricht, in denen aber diese Tatsache dem Berufenen gegenüber nicht eröffnet zu werden braucht. Sonst würde man zu dem unannehmbaren Ergebnis kommen, daß die Beamteneigenschaft im Sinne des § 359 StGB. von Vorgängen zwischen mehreren Behörden oder Dienststellen abhängt, die möglicherweise nach außen hin nicht in Erscheinung getreten, deshalb auch dem mit den Dienstverrichtungen Betrauten nicht bekannt geworden sind und ihm darum auch nicht zum Bewußtsein gekommen zu sein brauchen. Auch der mit der Bestrafung von Verbrechen und Vergehen im Amt bezweckte erhöhte Schutz der Allgemeinheit vor dem Mißbrauch der Amtsgewalt würde nur unvollkommen erreicht. Beamter im Sinne des § 359 StGB. ist also jemand von dem Zeitpunkt an, in dem ihm eine für diesen Ausspruch nach außen zuständige Stelle amtliche Dienstverrichtungen überträgt.

Wendet man diese Grundsätze auf den vorliegenden Fall an, dann ergibt sich, daß als zuständige deutsche Stelle für die Berufung des Angeklagten in den Ausschuß nur der Kreistag angesehen werden kann. Zwar bestimmte die im Jahre 1946 in Geltung befindliche Zonenanweisung Nr. 3 in Ziffer 8, daß die Berufung aller Mitglieder der deutschen Entnazisierungsausschüsse, ehe sie ihre Tätigkeit aufnahmen, von der Militärregierung genehmigt sein müsse (All members of the German Denazification Panels must be approved by Public Safety before beginning to serve). Daß diese Zulassungsgenehmigung dem in den Ausschuß Berufenen gegenüber abzugeben war, ist jedoch nirgends vorgesehen. Es muß also davon ausgegangen werden, daß es genügt, wenn sie dem Kreistag gegenüber ausgesprochen wurde. Dem entspricht auch die Verwaltungspraxis in anderen Fällen. Auch sonst hätte sich die Militärregierung in vielen Fällen vorbehalten, die Berufung in Beamtenstellen von ihrer Genehmigung abhängig zu machen. Diese Genehmigung wurde aber regelmäßig der die Anstellung aussprechenden deutschen Behörde, nicht aber dem Beamten selbst bekannt gemacht. Wartet die Behörde, die jemand zu amtlichen Dienstverrichtungen beruft, den Eingang der an sich erforderlichen Genehmigung der Militärregierung nicht ab, sondern spricht sie die Berufung schon vorher aus, so verletzt sie damit möglicherweise zwar verbindliche Verwaltungsvorschriften; die von ihr ausgegangene Berufung zu amtlichen Dienstverrichtungen bleibt aber trotzdem von der zuständigen Behörde ausgesprochen. Daß die Verletzung von Rechts- oder Verwaltungsvorschriften bei der Berufung zu amtlichen Dienstverrichtungen die Beamteneigenschaft nicht zu beeinträchtigen braucht, ist auch sonst in der Rechtsprechung anerkannt. In der Entscheidung RGSt. Bd. 50 S. 19 ist sogar ausgesprochen, daß die von der an sich zuständigen Behörde ausgegangene Berufung selbst dann wirksam ist, wenn der Berufene die Fähigkeit zur Bekleidung öffentlicher Ämter verloren hatte und dieser Umstand sogar einem Teil der bei der Ernennung Mitwirkenden bekannt ist.

Im Ergebnis ist deshalb — entgegen der Ansicht der Revision und des Vorlegungsbeschlusses — der Auffassung der Strafkammer zuzustimmen, daß der Angeklagte schon von dem Zeitpunkt ab Beamter im Sinne des § 359 StGB. war, in dem er durch den Kreistag in den Ausschuß berufen wurde. Das geschah nach den Feststellungen des Urteils Anfang Oktober 1946. Die Einhaltung einer besonderen Form war dafür nicht vorgeschrieben. Es genügt mithin die stillschweigende Übertragung. Diese geht aus der festgestellten Tatsache hervor, daß der Angeklagte zu diesem Zeitpunkt mit Kenntnis und Billigung des Kreistages seine Tätigkeit im Ausschuß aufnahm und auch von diesem Zeitpunkt an die dafür vorgesehene Vergütung bezog. Dadurch, daß die nach Ziffer 8 der Zonenanweisung Nr. 3 erforderliche Genehmigung erst etwas später, am 4. Dezember 1946, ausgesprochen wurde, wird die Beamteneigenschaft des Angeklagten für die vorangehenden zwei Monate nicht in Frage gestellt.

2. Die Verurteilung wegen fortgesetzter einfacher Bestechung gemäß § 331 StGB. läßt keinen den Angeklagten

beschwerenden Rechtsfehler erkennen. Nach den Feststellungen der Strafkammer hat der Bäckermeister H. an den Angeklagten auf dessen Verlangen zehn Monate lang Brot ohne Brotmarken in einer Gesamtmenge von 120 bis 135 kg abgegeben, weil er wußte, daß dieser bei seinem Entnazisierungsverfahren mitwirkte, weil er sich für die Tätigkeit, die er vom Angeklagten dabei erwartete, dessen wohlwollende Behandlung sichern wollte und befürchtete, der Angeklagte werde ihm sonst dabei Schwierigkeiten machen. Der Angeklagte bezog das Brot in Kenntnis dieser Umstände. Damit ist dem Erfordernis des § 331 genügt, daß zwischen der vom Angeklagten erwarteten Amtshandlung und der Annahme des Vorteils ein beiden Teilen bewußter Zusammenhang besteht . . . Unzutreffend ist auch die Ansicht der Revision, es fehle an der erforderlichen Bestimmtheit der vom Angeklagten erwarteten oder in Aussicht gestellten Amtshandlung. Es genügt — vor allem, wenn der Vorteil für zukünftige Handlungen angenommen wird —, daß eine beiderseitige Vorstellung und ein gegenseitiges Einvernehmen über einen bestimmten Kreis von Beziehungen besteht, in dem sich der Beamte durch einzelne Handlungen betätigen und diese durch die Vorteile vergolten erhalten soll (RGSt. Bd. 64 S. 328, 335). Der amtliche Aufgabenbereich des Angeklagten war hier durch seine Tätigkeit im Entnazisierungsausschuß eng begrenzt. Was H. durch die Vorteilsgewährung erwarten konnte und nach den Feststellungen des Urteils auch erwartete, bezog sich nach dem Willen und der Vorstellung beider auf die Tätigkeit des Angeklagten im Entnazisierungsverfahren des H. Es ging damit, wie der Vorlegungsbeschluß zutreffend ausführt, über das allgemeine Wohlwollen eines Beamten einem Dritten gegenüber hinaus. Der Zusammenhang zwischen der Vorteilsgewährung und der in Aussicht gestellten Amtshandlung braucht auch keinesfalls ausdrücklich zur Sprache zu kommen; es genügt, wenn unter den Beteiligten stillschweigendes Einvernehmen herrscht. Wann das zutrifft, ist vom Tatrichter unter Berücksichtigung aller näheren Umstände zu entscheiden . . .

3. Die Ausführungen der Strafkammer zur versuchten Erpressung lassen erkennen, daß sie den § 253 StGB. in der Fassung der Verordnung vom 29. Mai 1943 anwendet.

Dagegen bestehen, soweit es sich um Abs. 1 handelt, keine Bedenken. Zum Unterschied gegenüber der alten Fassung verlangt der Tatbestand der Erpressung jetzt die Zufügung eines Vermögensnachteils. Damit wird klargestellt, daß Freiheit und Vermögen die geschützten Rechtsgüter sind. Auch sonst entspricht die neue Fassung den Forderungen, die von Schrifttum und Rechtsprechung schon vor 1933 erhoben waren. Sie muß also als eine Fortentwicklung des Rechts angesehen werden. Allerdings verwendet Abs. 2 den Begriff des gesunden Volksempfindens, um das Merkmal der Rechtswidrigkeit zu umschreiben, und der Verwendung dieses Maßstabs steht die Proklamation Nr. 3 Ziff. II 3 und das Militärregierungsgesetz Nr. 1 Art. IV Ziff. 7 entgegen. Dadurch wird aber nicht die ganze Vorschrift unanwendbar; die Unanwendbarkeit des Begriffs des gesunden Volksempfindens hat nur zur Folge, daß die Rechtswidrigkeit der Nötigung — wie auch sonst der Begriff der Rechtswidrigkeit — nach allgemeinen Rechtsgrundsätzen zu bestimmen ist.

Soweit die Revision geltend macht, der Angeklagte habe nicht in seinen Willen und seine Vorstellung aufgenommen, daß sein von der Strafkammer als Drohung beurteiltes Verhalten zur Kenntnis H.s gelange, steht ihr Vorbringen in Widerspruch zu den bedenkenfrei getroffenen Feststellungen des angefochtenen Urteils. (Wird ausgeführt.)

Dagegen ist die Annahme der Strafkammer, in dem Verhalten des Angeklagten der Angestellten H.s gegenüber liege die Drohung mit einem empfindlichen Übel, nicht frei von Rechtsirrtum. Weshalb das laute, polternde Auftreten eine solche Drohung sein soll, ist nicht ersichtlich, zumal jede Feststellung nach der Richtung fehlt, daß der Angeklagte die Fortsetzung oder Wiederholung dieses Verhaltens in Aussicht stellte. Die Äußerung des Angeklagten, das Weitere werde sich finden, konnte zwar eine solche Drohung umschließen. Diese Redewendung ist jedoch keineswegs eindeutig. Es wäre deshalb notwendig gewesen, daß die Strafkammer festgestellt hätte, welchen Sinn der Angeklagte mit dieser Wendung verbunden wissen wollte. Daran fehlt es jedoch. Nach den näheren Umständen, unter denen die Äußerung fiel, ist es zwar nicht ausgeschlossen, daß der Angeklagte damit ausdrücken wollte, er werde sonst H. im Entnazisierungsverfahren Schwierigkeiten machen, insbesondere darauf hinwirken, daß er in eine ihm ungünstigere Gruppe eingestuft werde. Wenn der Angeklagte seine Äußerung in diesem Sinne verstanden wissen wollte, könnte in ihr allerdings unter Umständen die Androhung eines empfindlichen Übels gefunden werden. Jedoch kann eine solche Feststellung mit hinreichender Bestimmtheit nicht einmal dem Zusammenhang der Urteilsgründe entnommen werden. Es bleiben auch andere Deutungsmöglichkeiten übrig. Vor allem kommt in Betracht, daß der Angeklagte möglicherweise überhaupt keinen bestimmten Sinn mit der Redewendung verband, sondern sich nur in großsprecherischer Art einen guten Abgang verschaffen wollte, nachdem ihm H. zu verstehen gegeben hatte, er wolle sich von ihm nicht länger ausbeuten lassen. Klare, zweifelsfreie Feststellungen über den Sinn, den der Angeklagte mit der Äußerung verbunden wissen wollte, sind nach alledem unerläßlich. Erst dann läßt sich beurteilen, ob in ihr die Drohung mit einem empfindlichen Übel im Sinne des § 253 StGB. liegt.

4. Die Strafkammer hat zutreffend angenommen, daß die versuchte Erpressung, die einfache passive Bestechung und das Vergehen gegen § 2 Abs. 1 Ziff. 1 Abs. 4 VRStrVO. sämtlich im Verhältnis der Tateinheit stehen. Ob einfache passive Bestechung und versuchte Erpressung für sich allein tateinheitlich zusammentreffen können oder ob, wie vielfach angenommen wird, die Verschiedenartigkeit des Vorsatzes die Anwendung des § 73 StGB. ausschließt, braucht im vorliegenden Falle nicht entschieden zu werden. Die Annahme tateinheitlichen Zusammentreffens von versuchter Erpressung, einfacher passiver Bestechung und Vergehen gegen § 2 Abs. 1 Ziff. 1 Abs. 4 VRStrVO. ist im vorliegenden Falle jedenfalls deshalb zutreffend, weil sowohl die fortgesetzte einfache passive Bestechung (§ 331 StGB.) wie der fortgesetzte Erpressungsversuch (§§ 253, 43 StGB.) mit dem fortgesetzten Vergehen gegen § 2 Abs. 1 Ziff. 1 Abs. 4 VRStrVO. im Verhältnis der Tateinheit stehen. Auch wenn die Möglichkeit tateinheitlichen Zusammentreffens von Erpressung und Bestechung sonst grundsätzlich zu verneinen wäre, haben sie hier ihre rechtliche Selbständigkeit dadurch verloren, daß sie

durch das fortgesetzte Vergehen gegen § 2 Abs. 1 Ziff. 1 Abs. 4 VRStrVO. miteinander verbunden sind (RGSt. Bd. 66 S. 117 [120] und Bd. 68 S. 216 [218]).

---

20. 1. Dem § 33 StPO. ist genügt, wenn die Prozeßbeteiligten vor Verkündung oder vor Ausführung des Gerichtsbeschlusses über den Ausschluß der Öffentlichkeit ersichtlich Gelegenheit zur Stellungnahme gehabt haben.

2. Die Merkmale der Heimtücke und der Grausamkeit (§ 211 Abs. 2 StGB.) setzen die Fähigkeit zur Abwägung des eigenen Handlungsentschlusses voraus. Hochgradige Erregung (Eifersucht) kann diese Fähigkeit ausschließen. Ob das der Fall ist, muß der Tatrichter unter Beachtung aller Umstände des Einzelfalles entscheiden.

StGB. § 211 Abs. 2; StPO. § 33.

Strafsenat. Urt. v. 18. Juli 1949 g. O. StS 186/49.

I. Schwurgericht Oldenburg.

Aus den Gründen:

Der Angeklagte ist unter Aberkennung der bürgerlichen Ehrenrechte auf Lebenszeit wegen Mordes zum Tode verurteilt. Seine Revision ist begründet.

1. In der Niederschrift über die Hauptverhandlung heißt es: „Der Staatsanwalt beantragte Ausschluß der Öffentlichkeit. B. u. v.: Die Öffentlichkeit wird wegen Gefährdung der Sittlichkeit ausgeschlossen. Der Beschluß wurde ausgeführt." Hieran schließt der Angeklagte die Rüge, er habe keine Gelegenheit gehabt, sich zu dem Antrage des Staatsanwalts zu äußern; er erblickt darin einen verfahrensrechtlichen Mangel. Die Rüge greift nicht durch.

Die Ausschließung der Öffentlichkeit erfordert einen Gerichtsbeschluß, der gemäß § 33 StPO. die vorherige Anhörung der Beteiligten voraussetzt. Besondere Bestimmungen über die Anhörung enthält das Gesetz nicht. Insbesondere schreibt es nicht vor, daß jeder einzelne Beteiligte ausdrücklich zur Erklärung aufzufordern sei. Es genügt, wenn jeder Prozeßbeteiligte ersichtlich Gelegenheit gehabt hat, sich zu äußern (RGSt. Bd.

37 S. 437, Bd. 47 S. 342). Das aber ist hier der Fall gewesen. Nach der Sitzungsniederschrift hat der Staatsanwalt die Ausschließung der Öffentlichkeit beantragt. Sodann ist ein entsprechender Gerichtsbeschluß ergangen. Ein Gerichtsbeschluß setzt eine Beratung voraus. Während dieser Zeit hatte der von einem Rechtsanwalt vertretene Angeklagte Gelegenheit, eine Erklärung abzugeben. Daran besteht kein Zweifel; denn der Angeklagte behauptet selbst nicht, daß er versucht habe, sich zu dem Antrage des Staatsanwalts zu äußern und daß ihm dies verwehrt worden sei. Selbst nach Verkündung des Beschlusses hätte er vor dessen Ausführung noch Gelegenheit gehabt, Gegenvorstellungen zu machen. Wenn sich also der Angeklagte zu dem Antrage des Staatsanwalts nicht ausdrücklich äußerte, so geschah dies nicht etwa deshalb, weil hierzu keine Möglichkeit bestand, was z. B. bei einer zwangsweisen Entfernung gemäß § 247 StPO. der Fall sein kann, sondern weil er keine Erklärung abgeben wollte.

Das Reichsgericht hat allerdings mehrfach die Behauptung des Angeklagten, er sei zu dem Antrage des Staatsanwalts nicht gehört worden, bei gleichlautender Fassung des Protokolls für erheblich erachtet (RGSt. Bd. 57 S. 265; JW. 1931 S. 2505). Diese Auffassung wird jedoch der dargelegten Sachlage nicht gerecht. Denn es kommt nach den vorstehenden Ausführungen nur darauf an, ob der Angeklagte die Möglichkeit zur Stellungnahme gehabt hat. Daran besteht im vorliegenden Fall kein Zweifel und der Senat ist der Auffassung, daß er mit dieser Auslegung und Würdigung des Protokolls sich in der Richtung bewegt, die das Reichsgericht bereits im Jahre 1905 eingeschlagen hatte, jedoch später wieder verließ (vgl. hierzu Schneidewin in „Fünfzig Jahre Reichsgericht" S. 335). In dem der Entscheidung in Bd. 37 S. 437 zugrundeliegenden Falle hatte das Landgericht trotz entgegenstehender Anträge des Staatsanwalts und des Angeklagten die Öffentlichkeit ausgeschlossen. Der am Verfahren beteiligte Nebenkläger stützte die Revision darauf, daß er ausweislich des Protokolls zu dieser Frage nicht gehört worden sei. Das Reichsgericht verwarf diese Rüge mit folgendem entscheidenden Satze: „Es war den Beteiligten erkennbar geworden, daß sie (die Frage des

Ausschlusses) zur Verhandlung gestellt war, und es hing nunmehr von ihnen ab, ob sie sich zum Wort melden und ihre Interessen geltend machen wollten." Die gleiche Erwägung liegt auch der Entscheidung in Bd. 47 S. 342 zugrunde.

Nach diesen Rechtsgrundsätzen, denen der Senat beitritt, ist der Beschluß, durch den das Schwurgericht die Öffentlichkeit ausschloß, unter Beachtung des § 33 StPO. ergangen. Die Verfahrensrüge des Angeklagten erweist sich somit als unbegründet. Es kann deshalb dahingestellt bleiben, ob die Verkündung eines die Öffentlichkeit ausschließenden Beschlusses, ohne daß den Beteiligten Gelegenheit zur Äußerung gegeben ist, einen absoluten (so RG. in ständiger Praxis z. B. Bd. 57 S. 265) oder relativen (so Bd. 69 S. 401) Revisionsgrund bildet.

2. Hingegen hat die Sachbeschwerde des Angeklagten Erfolg. Bedenkenfrei ist zwar die Annahme des Schwurgerichts, der Angeklagte habe die Arbeiterfrau W. vorsätzlich getötet, dadurch, daß er ihr mit einem 1 kg schweren Hammer 13 zum Teil wuchtige Schläge gegen Kopf und Arme versetzte und ihr dann gewaltsam ein Tuch tief in den Hals hineinpreßte, so daß sie erstickte; denn es stellt neben der Zurechnungsfähigkeit des Angeklagten fest, daß er wußte, was er tat, und daß er den eingetretenen Erfolg wollte. Auch die Revision erhebt hiergegen keine Einwendungen. Eine Straftat nach § 212 StGB. ist also gegeben. Die weitere Annahme des Schwurgerichts, der Angeklagte habe heimtückisch, grausam und aus niedrigen Beweggründen getötet, findet jedoch in den tatsächlichen Feststellungen keine genügende Stütze . . . (Wird ausgeführt.)

Das Schwurgericht stellt zur inneren Tatseite des Merkmals der Heimtücke fest, daß der Angeklagte die Arg- und Wehrlosigkeit seiner Geliebten bewußt herbeigeführt und ihr Vertrauen, als er völlig überraschend auf sie einschlug, bewußt ausgenutzt habe. Diese Feststellung ist jedoch eine Schlußfolgerung, die sowohl der Erfahrung des Lebens als auch dem Gesamtverlauf der Tat, wie ihn das Schwurgericht darlegt, widerspricht und überdies den Zweifel offen läßt, ob das Schwurgericht von dem richtigen Rechtsbegriff der Heimtücke ausgegangen ist. Eine b e w u ß t e Ausnutzung der Wehrlosigkeit des

Opfers, die zu dem äußeren Tatbilde der Heimtücke hinzukommen muß, setzt die Fähigkeit zur Abwägung des eigenen Handlungsentschlusses voraus. Darin berührt sich die subjektive Seite der Heimtücke mit dem Merkmal der Überlegung des § 211 StGB. a. F. Eine Erregung des Täters schließt diese Fähigkeit zur Abwägung ebensowenig wie die zur Überlegung schlechthin aus. Doch wird eine erhebliche Erregung häufig einer solchen Fähigkeit entgegenstehen. Wann dieser Grad erreicht ist, das muß der Tatrichter unter Beachtung aller Umstände des einzelnen Falles entscheiden. Ob das Schwurgericht von den entwickelten Anforderungen an die seelische Verfassung des Angeklagten bei der Bejahung der bewußten Herbeiführung und Ausnutzung der hilflosen Lage des Opfers ausgegangen ist, läßt sich den Urteilsgründen nicht entnehmen. Nach ihnen steht fest, daß der Angeklagte, von einer tiefgehenden Leidenschaft für Frau W. beherrscht, „in seiner Eifersucht maßlos gewesen" ist und sich bei der Tat von „seinen Gefühlen" hat treiben lassen. Hiermit ist die Annahme des Schwurgerichts, der Angeklagte habe die Arglosigkeit und Wehrlosigkeit der Frau W. bewußt in dem entwickelten Sinne ausgenutzt, jedenfalls nach den bisherigen Feststellungen mit der Erfahrung des Lebens nicht zu vereinbaren. Die Verurteilung wegen heimtückischer Tötung läßt sich deshalb nicht aufrechterhalten. Sie bedarf erneuter Prüfung.

Die Annahme des Schwurgerichts, der Angeklagte habe seine Geliebte grausam getötet, ist nicht ausreichend begründet. Das äußere Tatbild der Grausamkeit ist zwar erfüllt. Zum inneren Tatbestande gehört jedoch ein Handeln aus gefühlloser oder unbarmherziger Gesinnung (OGHSt. Bd. 1 S. 99). Der Vorderrichter spricht nur von einer brutalen und gefühllosen Handlung sowie von einer gefühllosen, rohen und grausamen Tat. Schon diese Ausdrucksweise gibt zu dem Zweifel Anlaß, ob das Schwurgericht von dem richtigen Rechtsbegriff der Grausamkeit hinsichtlich der inneren Tatseite ausgegangen ist. Im übrigen würden auch der Annahme, der Angeklagte habe aus unbarmherziger Gesinnung gehandelt, die wiedergegebenen Feststellungen des Schwurgerichts über die seelische Verfassung des Angeklagten bei der Ausführung der Tat entgegenstehen.

Schließlich ist auch die Auffassung des Schwurgerichts, die Tötung sei aus niedrigen Beweggründen erfolgt, rechtsirrig. Der Angeklagte hat Frau W. aus *Eifersucht* getötet. Das ist das einzig erkennbare Motiv, wie das Schwurgericht bemerkt. Eifersucht ist an und für sich kein niedriger Beweggrund. Davon geht auch das Schwurgericht aus. Eifersucht ist im eigentlichen Sinne überhaupt kein Beweggrund, sondern eine Leidenschaft, gegen die mit Vernunftgründen häufig nicht anzukämpfen ist und die, wenn sie tief geht, oft zu unvernünftigen Handlungen treibt. Das Schwurgericht hält aber die Eifersucht des Angeklagten deshalb für sittlich so besonders verwerflich und daher für niedrig, weil sie *selbstsüchtig* gewesen sei. Das ist aber die Eifersucht in jedem Falle. Darin unterscheidet sich, soweit erkennbar, die seelische Verfassung des Angeklagten von der anderer Männer in gleicher Lage in keiner Beziehung. Deshalb ist die Annahme des Schwurgerichts, der Angeklagte habe auch aus niedrigem Beweggrunde getötet, unbegründet . . .

---

21. 1. Zur Tötung von geisteskranken Erwachsenen und Kindern im Rahmen der Hitleraktion.

2. Über Voraussetzungen und Rechtsfolgen sabotierenden Widerstandes ärztlicher Beteiligter. Kein Rechtfertigungs- oder Schuldausschließungsgrund, sondern gegebenenfalls persönliche Strafausschließung.

3. Begeht der Täter nacheinander an verschiedenen Orten Verbrechen gegen das Leben, so kann er wegen einzelner Fallgruppen gesondert angeklagt und verurteilt werden, auch wenn sie sämtlich auf einheitlichem Vorsatz beruhen und zusammen ein Verbrechen gegen die Menschlichkeit sein können.

4. Zum Bewußtsein der Rechtswidrigkeit der an der Kindertötung beteiligten Pflegerin, der eine gesetzliche Grundlage vorgetäuscht ist.

KRG. 10 Art. II 1c; StGB. §§ 211, 212, 49b, 47, 49; StPO. § 264.

Strafsenat. Urt. v. 23. Juli 1949 g. C. u.a. StS 161/49.

I. Schwurgericht Düsseldorf.

Aus den Gründen:

Zutreffend würdigt der Tatrichter die Tötung der geisteskranken Erwachsenen und Kinder als ein Verbrechen gegen die Menschlichkeit (KRG. 10 II 1c) und als Mord. Insoweit sei auf die Entscheidung des Senats vom 5. März 1949 StS 19/49 = OGHSt. Bd. 1 S. 321 in einem ähnlichen Arztfalle verwiesen, wo ausgeführt ist, daß diese Tötungen, von den Planern her gesehen, rechtswidrig, heimtückisch und sehr wahrscheinlich aus niedrigen Beweggründen — insoweit fehlen abschließende Feststellungen, die aber auch entbehrlich sind — durchgeführt sind, und daß sie insgesamt auch den äußeren und inneren Tatbestand des KRG. 10 II 1c erfüllen. Der vom Schwurgericht vorgenommenen Prüfung, ob die Tötung von Geisteskranken allgemein oder unter den Umständen dieses Falles, auf ordnungsmäßiger gesetzlicher Grundlage unter rechtsstaatlichen Verhältnissen oder ohne solche und insgeheim nach unverbrüchlichem Naturrecht rechtswidrig war oder sein könnte, bedurfte es nicht. Denn der Tatrichter stellt fest, daß hier keine gesetzliche Grundlage vorhanden war, und führt zutreffend aus, daß der Hitlererlaß vom 1. September 1939 keine dieser Tötungen zu rechtfertigen vermochte (vgl. OGHSt. Bd. 1 S. 321, 324).

Nicht zu zweifeln ist nach den Urteilsfeststellungen am Heimtückecharakter der Tötungsplanung und -durchführung. Die Aktion bezweckte die Beseitigung „abgebauter Menschen, unnützer Esser". Sie sollte angeblich auch Betten für Verwundete freimachen. Sie war, entsprechend diesen verwerflichen Beweggründen, streng geheim und zu diesem Zwecke durch amtliche Lügen und Täuschungen in jeder denkbaren Richtung getarnt. Insoweit sei auf OGHSt. Bd. 1 S. 326 verwiesen. Die Täuschung richtete sich gegen die zahlreichen Kranken, die zur Erkenntnis ihrer Lage noch fähig waren und gegen deren Angehörige, ebenso aber auch gegen die Angehörigen und Fürsorgepflichtigen der übrigen Opfer. Beide, Kranke und Angehörige, vertrauten auf Anstaltspflege und versahen sich keiner Tötung. Ohne die Tarnung und Täuschung wären die Tötungen in dieser Weise und in solchem Ausmaße unmöglich gewesen. Beides diente also nicht allein der Täuschung nach außen hin, sondern ebensosehr auch dem Tötungsverfahren selbst. Die Planer wußten auch, daß sie mit ihrem Tun gegen die Volksüberzeugung verstießen, die es mißbilligte und dies später eindeutig und wirkungsvoll bewiesen hat. Denn sie waren in Wahrheit allein von krassen, menschenverachtenden Nützlichkeitserwägungen geleitet. Das Freimachen von Betten für Verwundete war ihnen allenfalls eine erwünschte Nebenwirkung. Daß sie die Durchschaubarkeit ihrer verwerflichen Beweggründe und Planung auch selbst erkannten, zeigt die im Urteil festgestellte Äußerung Bracks in einer Berliner Planungssitzung, der Sieg stehe bevor; im Siegesrausch werde das Volk die Maßnahme „schlucken". Wenn das Schwurgericht aus alledem entnimmt, daß die Tötungen heimtückisch geplant und durchgeführt seien, so ist das weder nach dem äußeren Tatbilde, noch hinsichtlich der Gesinnung der Planer, die schlechthin verwerflich war und auf die hinterlistige, anders nicht mögliche Tötung argloser Kranker ausging, rechtlich zu beanstanden (vgl. OGHSt. Bd. 1 S. 321, 326). Ob diejenigen, die die Tötungen unmittelbar ausgeführt haben, selbst immer heimtückisch gehandelt haben, ist hier nicht zu entscheiden. Soweit sie Mittäter sind, wäre diese Feststellung bei jedem von ihnen für den Mordtatbestand erforderlich, bei Beihilfe dagegen nur ihre Kenntnis derjenigen Umstände, die die Gesamtaktion selbst zum heimtückischen Massenmord machten.

Zutreffend hat der Tatrichter weiter entschieden, daß der Angeklagte C. die Tötungen an sich vorsätzlich gefördert hat. Denn der geplante und auch erfolgreiche Widerstand des Angeklagten war ohne die mitgewollte Beteiligung an der Tötungsorganisation nach dem Urteil undurchführbar. Vorsatz ist bereits gegeben, wenn der Täter das normwidrige Tun gewollt hat. Warum er es gewollt hat, ob er insbesondere den Taterfolg mißbilligt hat, muß für den Vorsatz außer Betracht bleiben. Denn für seinen Widerstandszweck, der anders nicht erreichbar war, mußte er ihn mit in Kauf nehmen. Der Tatbeitrag des Angeklagten C. stellt sich somit, da dieser alle Tatumstände im Sinne der Planung gekannt hat, mangels eines Rechtfertigungs- oder Schuldausschließungsgrundes — wie noch darzulegen ist — als Beihilfe zum Morde (§§ 211, 49 StGB.) dar. Die Beurteilung richtet sich nicht nach der bis zum 15. September 1941 geltenden Fassung des § 211 StGB., sondern, da die Tötungen teilweise erst nach diesem Tage ausgeführt sind und die Haupttat daher erst dann vollendet war, nach § 211 neuer Fassung (vgl. OGHSt. Bd. 1 S. 325). Das rechtliche Ergebnis bleibt indessen dasselbe. Auch insoweit kann auf die erwähnte Entscheidung verwiesen werden, ebenso zur Frage der Schuld des Gehilfen im Verhältnis zu der des Haupttäters (§§ 211, 49, 50 StGB.); der Senat hält nach erneuter Prüfung an seinem dort und oben dargelegten Standpunkt fest (vgl. ferner auch die eingehenden Ausführungen in StS 159/48 vom 17. Mai 49, OGHSt. Bd. 2 S. 51) . .

Der Freispruch beruht auf der Erwägung, der Angeklagte sei durch übergesetzlichen Notstand gerechtfertigt. Seine Ablehnung der Tötungen und jeder Euthanasie überhaupt sei vollauf erwiesen. Sein Verhalten habe bezweckt, die Aktion tunlich einzuengen, im Rahmen des Möglichen Kranke zu retten — dies habe für ihn im Vordergrunde gestanden — und die Zerschlagung der konfessionellen Heil- und Pflegeanstalten im Rheinlande zu verhindern. Das habe er weitgehend erreicht. Die Urteilsausführungen hierzu sind frei von inneren Widersprüchen oder Denkfehlern. . . .

Zuzugeben ist der Revision dagegen, daß kein Fall übergesetzlichen Notstandes im Sinne der Rechtsprechung des Reichsgerichts vorliegt. Soweit sie allerdings ausführt, das einzige Mittel, der Gefahr für die Kranken entgegenzuwirken, sei die Dienstverweigerung des Angeklagten gewesen, ist ihr nicht zu folgen. Die Dienstverweigerung versprach nach der Sachlage nur als eine g e m e i n s a m e Aktion aller Anstalts- und Fachärzte in Deutschland Erfolg. Eine solche aber kam, wie gerichtsbekannt ist, nicht in Betracht, weil feststeht, daß genügend willfährige Ärzte vorhanden waren, mögen sie auch in der Minderzahl geblieben sein. Vereinzelte Dienstverweigerungen aber hätten die Kranken nicht geschützt, sondern im Gegenteil weiter gefährdet, nach den Urteilsfeststellungen sogar vielen weiteren Kranken das Leben gekostet. Aber übergesetzlicher Notstand ist dennoch nicht gegeben. Der Senat hält vielmehr an der in OGHSt. Bd. 1 S. 333 hierzu entwickelten Ansicht fest. Ein übergesetzlicher Notstand ist anerkannt, wenn der Täter zwar vorsätzlich und tatbestandsmäßig handelt, aber nur, um eine Rechtspflicht gegenüber einer minderhohen Rechtspflicht zu erfüllen, oder um ein Rechtsgut zum Nachteile eines minderen Rechtsguts zu schützen, Fälle, die getrennt und vereinigt vorkommen können. Ein Fall solcher Güter- oder Pflichtenabwägung liegt hier nicht vor. Von einem Widerstreit zwischen verschiedenen Rechtsgütern ist schon deshalb nicht zu sprechen, weil als beteiligtes Rechtsgut hier nur das Leben der Kranken in Betracht kommt. Die Versuche, zwei Gruppen von Kranken einander gegenüberzustellen, müssen scheitern. Es geht nicht an, wie bereits OGHSt. Bd. 1 S. 334 ausgeführt, zwei solche Gruppen zu bilden, nämlich die Geretteten und die Unrettbaren und daher Getöteten, sie zahlenmäßig oder nach anderen Gesichtspunkten gegeneinander abzuwägen und die vermutlich größere Gruppe innerhalb der Gefahrengemeinschaft aller Kranken als ein höheres Rechtsgut für schutzwürdiger zu halten. Das liefe auf Maßstäbe hinaus, die gegenüber dem menschlichen Leben als unangemessen ausscheiden. Menschenleben sind nicht gegeneinander abwägbar. Das hat nach dem Urteil auch der Angeklagte nicht angenommen. Mit Recht betont die Revision der Staatsanwaltschaft hierzu, die Kraft des Tötungsverbots dürfe durch solche Erwägungen nicht geschwächt werden. Außerdem würde es die Würdigung des Täterverhaltens vom mehr oder weniger zufälligen Erfolg seines Tuns abhängen lassen.

Ebensowenig hat sich der Angeklagte — darin ist dem Generalstaatsanwalt beizutreten — in einem Widerstreit von Rechtspflichten im Sinne dieser Lehre befunden, wenngleich er dann, wenn er maßgebend nur von dem Wohl der Kranken geleitet gewesen ist, einem außerordentlichen, im Grunde unlösbaren sittlichen Konflikt ausgesetzt gewesen ist. Der Angeklagte war weder als Staatsbürger, noch als Arzt und Beamter irgendwie zur Teilnahme an der Aktion verpflichtet; auch die Nichtbeteiligung konnte ihn keinem rechtlichen Vorwurf aussetzen. Der in § 139 StGB. vorgesehenen Anzeigepflicht konnte er nicht erfolgreich nachkommen, da die Verbrechensplanung vom Staat selbst ausging. Unter solchen Umständen hatte der Angeklagte keinerlei erfüllbare

Rechtspflicht zum Schutze der Kranken seines Dienstbereichs, noch weniger zur Anwendung von List gegenüber der staatlichen Planung. Auch sonst ist keine Grundlage einer ärztlichen oder staatsbürgerlichen Rechtspflicht zur Gegenwirkung mit anderen als ärztlichen Mitteln erkennbar. Sie wäre auch allgemein und für jedermann sozial unzumutbar. Weder vermag der Staat von Rechts wegen die Beteiligung an einem von Staatsstellen geplanten Verbrechen zu verlangen, noch darf die Rechtsordnung andererseits höchste menschliche Aufopferung und Hingabe zur Verbrechensbekämpfung fordern, soweit nicht eine solche Verpflichtung sich aus der besonderen beruflichen Stellung ergibt. Beides bleibt dem Recht im allgemeinen als unerreichbar verschlossen und der selbstverantwortlichen sittlichen Entscheidung vorbehalten. Rechtspflichten im Sinne der Lehre vom übergesetzlichen Notstande haben einander daher nicht gegenübergestanden. Die einzige hier vorliegende Rechtspflicht war vielmehr die jedes Staatsbürgers, sich von der Beteiligung an Straftaten fernzuhalten. Auf sie hat der Generalstaatsanwalt nachdrücklich hingewiesen. Der Senat hält deshalb an seiner Auffassung in OGHSt. Bd. 1 S. 321 fest und erachtet es aus diesen Gründen für unzulässig, den Rechtfertigungsgrund des übergesetzlichen Notstandes bei einer derart gründlich abweichenden Tatlage anzuerkennen. Vielmehr vermag, wie bereits in der erwähnten Entscheidung des Senats ausgeführt ist, der anzuerkennende sittliche Konflikt, aus dem das Verhalten des Angeklagten entstanden ist, diesen strafrechtlich weder zu rechtfertigen, noch zu entschuldigen, sondern innerhalb der vom Senat aufgestellten engen Grenzen nur von Strafe zu befreien.

Diesem vom Obersten Gerichtshof als sachnotwendig erachteten Straffreiheitsgrunde ist entgegengehalten worden (vgl. Welzel MDR. 1949 S. 374, ferner Eberhard Schmidt im Augustheft der SJZ.), die Erwägungen, auf denen er beruhe, sprächen in Wahrheit zwingend für die Schuldlosigkeit des Täters. Wer aus übermächtigem sittlichen Drange und zu einem anzuerkennenden sittlichen Zwecke nicht anders als tatbestandsmäßig habe handeln können, sei strafrechtlich nicht nur straffrei, sondern schuldlos. Seine seelischen Beziehungen zur Tat seien sittlich einwandfrei und könnten daher auch rechtlich keinen Schuldvorwurf begründen. Dem vermag der Senat nicht beizutreten. Richtig an dieser Ansicht mag sein, daß jemand, der nach einem allgemein anerkannten, unumstrittenen sittlichen Gebot handelt, dadurch selbst bei Verwirklichung eines Straftatbestandes rechtlich schwerlich schuldig werden kann. Die Gemeinschaft ist in der Tat nicht berechtigt, den schuldig zu sprechen, der das tut, was das Sittengesetz eindeutig gebietet, mag es auch zu einer Normverletzung führen. Indessen kann dahingestellt bleiben, wann ein solcher Fall gegeben sein könnte. Denn hier liegt er jedenfalls nicht vor. Der zur Entscheidung stehende Fall kennzeichnet sich gerade dadurch, daß das Gesamtverhalten des Täters — die in OGHSt. Bd. 1 S. 337 aufgestellten Voraussetzungen persönlicher Straffreiheit unterstellt — sittlich keineswegs schlechthin und von jedem Standpunkt aus Billigung findet. Er hat zwar aus sittlichem Drange Gutes erstrebt und erreicht, aber nur um den Preis dann unvermeidbarer Förderung des Gesamtverbrechens. Diese notwendige Zwiespältigkeit der Tat, die einen einheitlichen, nicht zerlegbaren Lebensvorgang darstellt, macht sie zu einer sittlich immerhin stark umstrittenen. Ihre sittliche Billigung oder Mißbilligung steht offensichtlich keineswegs für jeden Einsichtigen von vornherein fest. Vielmehr bestimmt sie sich danach, ob der Beurteiler dem sittlichen Drange zur tätigen Verbrechensbekämpfung durch Sabotage den Vorrang einräumt, oder der allgemeinen Rechtspflicht jedes Staatsbürgers, sich unter allen Umständen — auch solchen, die den Täter stark zur Sabotage drängen — vom Verbrechen fernzuhalten. Das zeigt deutlich die durchaus verschiedene Würdigung desselben Sachverhalts durch das Schwurgericht und den OGH. in OGHSt. Bd. 1 S. 321 ff. einerseits und den Generalstaatsanwalt andererseits, der mit starken ethischen und rechtlichen Erwägungen die zuletzt erwähnte Meinung vertreten hat, während das Schwurgericht einen Rechtfertigungsgrund annimmt, der OGH. aber innerhalb enger Grenzen nur persönliche Straffreiheit des Täters. Schon diese verschiedene sittliche und rechtliche Beurteilung desselben Konflikts durch dazu berufene Staatsorgane, die beiderseits durch weitere ebensolche Wertungen ergänzbar wäre, zeigt die sittliche Umstrittenheit der Tat des Angeklagten. Mag ihn auch wegen seines Verhaltens, sofern sich dieses innerhalb des vorerwähnten Rahmens hält, allgemein kein sittlicher Vorwurf treffen, so ist doch anzuerkennen, daß sich in diesem tragischen Zwiespalt auch die Gegenmeinung auf höchst beachtliche sittliche Grundsätze zu berufen vermag. Deshalb behauptet die Verteidigung zu Unrecht, der Angeklagte sei rechtlich schuldlos, weil er dem eindeutigen Sittengebot gemäß gehandelt habe. Richtig ist allein, daß er möglicherweise — wie noch auszuführen ist — einen schweren sittlichen Konflikt derart gelöst hat, daß sich sein Gesamtverhalten nach menschlichem Maß sowohl verwerfen, wie billigen läßt.

Sittlich ähnlich verschieden und zeitlich wechselnd bewertete Straftaten kennt das Gesetz auch sonst, zum Beispiel in den verschiedenen gesetzlichen Regelungen und Vorschlägen zur Tötung auf Verlangen, die sich unter anderem auch dem Fall der echten Sterbehilfe (Euthanasie) nähert. Manche Rechte würdigen sie lediglich als vorsätzliche Tötung und erlauben dem Tatrichter nur, die zweifellos auch hier gegebene seelische Konfliktslage des Täters im Strafmaß zu berücksichtigen. Die meisten Rechte dagegen ordnen sie in einem besonderen Tatbestande und geben teilweise Strafrahmen, die sich nach unten hin der untersten Strafgrenze kriminellen Unrechts überhaupt nähern (vgl. v. Liszt, Vergl. Darst., Bes. Teil Bd. V S. 126, besonders 133 ff. und v. Liszts Vorschläge dazu), aber andererseits auch höherem Schuldgehalt genügen. So auch § 247 des deutschen Entwurfs von 1927, der schlechthin Gefängnis vorsah. § 216 StGB. schreibt dagegen Gefängnis nicht unter drei Jahren vor; die bisherige deutsche Praxis schließt die Anwendung mildernder Umstände (§ 213 StGB.) aus. Diese verschiedene und wechselnde Bewertung im wesentlichen desselben Sachverhalts im deutschen und ausländischen Recht stimmt nur darin überein, daß die anerkannte Konfliktslage des Täters nicht zur Straflosigkeit führen darf. Ob sie aber als Sondertatbestand Beachtung fordert und mit welchen Straffolgen im einzelnen, ist durchaus umstritten und überall verschieden geregelt. Der Grund dafür liegt in der verschiedenen sittlichen Würdigung des Unrechtsgehalts solcher Taten, die im modernen Strafrecht insoweit umstritten sind. Und der Streit darüber ist, ebenso wie die hier vorliegende, weit schärfere Konfliktslage, nicht mit Rechtsgründen zu beenden. Er bedarf der sittlichen und rechtspolitischen Vorentscheidung durch den Beurteiler und ist daher einhellig nicht lösbar. Dasselbe gilt im vorliegenden Falle.

Rechtlich entschuldigt mag ein Täter hiernach dann sein, wenn er dem eindeutigen Sittengesetz gemäß gehandelt hat. Aber dasselbe kann nicht gelten bei sittlich stark umstrittenem Handeln, das das gesetzliche Tötungsverbot verletzt. In dieser Richtung liegende Fälle hat das Gesetz zwar, wie § 216 StGB. zeigt, teilweise vorausschauend geordnet. Indessen konnte es solche unvorhersehbaren Konflikte nicht allgemein regeln. Ihre Beurteilung muß daher, wo das Gesetz schweigt, dem Richter verbleiben. Dem Gesetz ist auch nicht dessen Wille zu entnehmen, keinen dieser naturgemäß seltenen Konfliktsfälle, die als Grenzfälle schwer ins Gewicht fallen, straffrei zu lassen. Der Richter hat mithin den Sachverhalt so zu beurteilen, daß das Ergebnis dem Geist der Strafrechtsordnung entspricht, ohne die berechtigten Interessen der Allgemeinheit und des Angeklagten zu verletzen. Ergibt die Besonderheit des Falles bei der erörterten zwiespältigen sittlichen Wertung aber, daß das rechtliche Entschuldigtsein des Täters zumindest die eine dieser beiden gleichermaßen berechtigten sittlichen Wertungen verletzen würde, so kann der Täter nicht entschuldigt sein. Nur die Befolgung des unbedingten Tötungsverbots schloß hier, wie der Generalstaatsanwalt hervorgehoben hat, jeden rechtlichen Schuldvorwurf aus. Der sittlich zwiespältige Weg der sabotierenden Teilnahme dagegen führte notwendig zur Schuldverstrickung, wie der Angeklagte es nach dem Urteil auch selbst erkannt hat. Diese bei der Wahl des letzteren Weges unvermeidbare rechtliche Schuld offenbart sich in der noch immer hohen Zahl der Opfer, bei deren Vernichtung mitzuwirken der Angeklagte dann nicht umhin konnte; niemand vermag ihm diese Schuld abzunehmen. Ihre Verneinung würde den strafrechtlichen Schuldgrundsatz unerträglich verwischen und Eingriffe in das Leben, die nicht auf Notwehr oder Notstand beruhen, von der sittlichen Motivation des Täters abhängig machen.

Dennoch aber bleibt der Angeklagte C. gegebenenfalls straffrei. Kann der Täter für sein an sich normwidriges Handeln überzeugende sittliche Gründe in Anspruch nehmen, ohne andererseits jeden sittlichen Vorwurf ausschließen zu können, so ist trotz strafrechtlicher Schuld, eben weil sich diese mit der sittlichen Schuld weder eindeutig deckt, noch zu ihr eindeutig in Widerspruch steht, Straffreiheit der einzige Ausweg. Hierzu tritt endlich noch die Erwägung, daß gerade die staatlichen Machthaber durch ihre verbrecherische Planung die Veranlassung dazu gegeben haben, daß der Angeklagte sich entschloß, gegenwirkend das gesetzliche Tötungsverbot zu verletzen. Ohne dieses Verhalten des Staates wäre dem Angeklagten kein solcher Konflikt erwachsen. Es ziemt dem Rechtsstaate aber nicht, Strafen zu verhängen, wenn der Täter im Kampfe gegen schweres staatliches Unrecht das Recht verletzen mußte. Der Senat hält daher an der Annahme eines persönlichen Strafausschließungsgrundes fest. Das nur bei Notwehr und Notstand zurücktretende Tötungsverbot würde mit unübersehbaren Folgen durchbrochen und damit ein wichtiges Gemeinschaftsinteresse beeinträchtigt, wenn im vorliegenden Falle ein Schuldausschließungsgrund anerkannt würde. Deshalb muß auch der S t r a f ausschließungsgrund an die e n g e n A u s n a h m e n gemäß OGHSt. Bd. 1 S. 337 geknüpft bleiben. Wenn dort gesagt ist, daß Zweifel am Vorliegen dieser Ausnahmen zu Lasten des Angeklagten gingen, so verstößt das nicht gegen den Grundsatz in dubio pro reo. Auch die gesetzlichen Strafausschließungs- und Strafaufhebungsgründe sind sämtlich nur anwendbar, wenn ihr Vorliegen nach Amtsaufklärung zweifelsfrei feststeht. Keineswegs ist dem Angeklagten ihr Fehlen nach allgemeinen Beweisregeln nachzuweisen.

Unzulässig ist die Anerkennung eines weiteren Strafausschließungsgrundes nicht. Das Gesetz kennt zahlreiche Fälle von Straffreiheit und Strafaufhebung, in denen es t r o t z Täterschuld aus rechtspolitischen Erwägungen verschiedener Art, die mitunter auch die Schuld berühren, von Strafe sofort oder nachträglich absieht. Nirgends wird erkennbar, daß diese Fälle keiner Erweiterung fähig seien. Im Gegenteil ergibt die sehr verschiedenartige Motivierung der Strafausschließungs- und Strafaufhebungsgründe gerade deren Ausnahmecharakter, dem die Rechtsordnung nur von Fall zu Fall zu entsprechen vermag. (Es folgen Ausführungen zu den Urteilsfeststellungen, die Zurückverweisung nötig machen, ferner, für zwei andere Angeklagte, zu § 49 b StGB.).

Die Revisionen der angeklagten Pflegerinnen W. und M. haben Erfolg. Insoweit stellt der Tatrichter fest: Die Angeklagte W. war Erstpflegerin in der „Kinderfachabteilung" Wa. unter dem Angeklagten Dr. We. und hat dort bis Mitte 1943 auf dessen Anweisung mindestens 25 sehr tiefstehende, idiotische Kinder von 2 bis 8, selten aber über 5 Jahre, durch Luminal getötet. Bevor sie die Pflegerinnenstelle annahm, hat ihr Dr. von H., ein leitender Mann im „Reichsausschuß zur Erforschung erb- und anlagebedingter schwerer Leiden" in Berlin (der Trägerorganisation der „Fachabteilungen") eröffnet, in der Fachabteilung würden sehr tiefstehende, geisteskranke Kinder auf Grund eines ergangenen, aus Reichssicherheitsgründen aber erst später zu veröffentlichenden Gesetzes „von ihren Leiden erlöst". In Wahrheit bestand kein solches Gesetz. Bei dieser Eröffnung war der Leiter der Anstalt Wa., Dr. K., zugegen. Er schwieg dazu. Allerdings war die Fachabteilung nur in den Anstaltsräumen untergebracht; sie unterstand nicht Dr. K., sondern unmittelbar dem Reichsausschuß. Dies wußte die Angeklagte damals aber nicht. Sie hat, wie der Tatrichter feststellt, an das Bestehen des vorgetäuschten Gesetzes geglaubt, angenommen, ihre Tätigkeit als Pflegerin, wie sie ihr geschildert worden war, werde auf diesem Gesetz beruhen und die Stelle daraufhin übernommen. Welche innere Haltung die Angeklagte zur Tötung von Geisteskranken überhaupt und zur Tötung dieser Kinder im besonderen gehabt hat, ob sie insbesondere die nationalsozialistische Tötungsaktion, soweit sie ihr bekannt geworden ist, in allen Teilen und Beweggründen auch selbst gebilligt hat, ist nicht festgestellt. Dagegen steht fest, daß Dr. We., ihr unmittelbarer Vorgesetzter, ihr bei seinen einzelnen Tötungsanweisungen noch auseinandergesetzt hat, e r trage die Verantwortung, und zwar jeweils nach Vorzeigen des für jedes zu tötende Kind aus Berlin eingegangenen „Therapiebefehls". Das übrige Pflegepersonal der Fachabteilung war über die heimlichen Tötungen nach den Urteilsfeststellungen nicht unterrichtet.

Die Angeklagte M., damals mit der W. engstens befreundet, kam im März 1942 als Pflegerin nach Wa. und wurde im Oktober 1942 zur Vertretung der W. auch bei Tötungen herangezogen. Erst hierbei wurde sie, wie sich das Urteil ausdrückt, von We. „genauestens über die Tätigkeit der Fachabteilung unterrichtet." Ob dabei das angebliche Gesetz erwähnt worden ist und ob die Angeklagte Mü. daran geglaubt hat, sagt das Urteil nicht, ebensowenig, ob sie diese Frage anderwärts, etwa mit der W., besprochen und welche Vorstellung sie von der vermeintlichen Rechtsgrundlage der Tötungen gehabt hat. Der Tatrichter gibt nur ihre Einlassung hierzu wieder, trifft insoweit aber keine eigenen Feststellungen. Sie hat mindestens 4 Kinder durch Luminal getötet.

Das Schwurgericht würdigt das Verhalten beider Angeklagten gleichmäßig als Mordbeihilfe und als Verbrechen gegen die Menschlichkeit (§§ 211, 49 StGB.; KRG. 10 Art. II 1c). Es geht davon aus, beide hätten trotz des zumindest der W. vorgetäuschten Gesetzes — für die Mü. scheint der Tatrichter denselben Sachverhalt anzunehmen — das Bewußtsein der Rechtswidrigkeit gehabt, nämlich „ganz allgemein das Gefühl, sich mit ihrer Handlungsweise außerhalb der allgemeinen Sitte und Moral zu bewegen". Das folge bei der Angeklagten W. schon daraus, daß sie ihre intime Freundin Mü. nicht nach Wa. habe kommen lassen wollen, damit diese die Art ihrer dortigen Tätigkeit nicht erfahre. Die Angeklagte Mü. wiederum habe nach der Schließung der Fachabteilung geäußert, nun wolle man sie in ihrer früheren Anstalt als Pflegerin gewiß nicht mehr haben; auch habe sie sich trotz örtlicher Familienbindung wegversetzen lassen. Deutlicher könne, so sagt das Schwurgericht, das Unrechtsbewußtsein des Täters nicht hervortreten. Aber selbst, wenn beide Angeklagte das Unrechtsbewußtsein hiernach nicht schon gehabt hätten, so hätten sie es nach ihrer Reife und Lebenserfahrung zumindest haben können, und zwar auch schon auf Grund der Mütterlichkeit und Liebe, die sie sonst pflegerisch gezeigt hätten, auch gegenüber denjenigen Kindern in der Fachabteilung, die nicht zur Tötung bestimmt wurden.

Den Revisionen ist zuzugeben, daß diese Beurteilung der Sachlage nicht genügt. Hinsichtlich der äußeren Tatseite, der Beihilfe und des Beihilfevorsatzes, gilt auch hier das bereits zu den §§ 211, 49 StGB. und zum KRG. 10 Ausgeführte, auf das verwiesen sei. Zutreffend hat das Schwurgericht auch einen Sachverhaltsirrtum verneint. Denn wenn die Angeklagte W. auch gemeint hat, nach gesetzmäßigen Anweisungen zu töten — wie das Urteil feststellt —, so hätte sie hier das wirkliche Bestehen des vermeintlichen Gesetzes dennoch nicht zu rechtfertigen vermocht. Ein Sachverhaltsirrtum ist nur dann anzuerkennen, wenn der vorgestellte Sachverhalt, läge er wirklich vor, den Täter rechtfertigen oder entschuldigen würde. Ein Gesetz aber über die massenweise, geheime Tötung von geisteskranken Erwachsenen und Kindern unter Täuschung der Angehörigen und Sorgepflichtigen allein nach Fragebogen oder knappen ärztlichen Befunden, dazu erlassen, um sich im Kriege „unnützer Esser" zu entledigen, wäre früheren, ernsthaften Bestrebungen auf diesem Gebiete unvergleichbar gewesen und hätte auch dann keine dieser Tötungen gerechtfertigt, wenn die Nationalsozialisten es in damaliger Gesetzesform erlassen hätten. Auf frühere Erörterungen der Frage in Deutschland und anderwärts kommt es daher in diesem Zusammenhange mangels sachlicher Vergleichbarkeit nicht an.

Schied ein Sachverhaltsirrtum hiernach bei beiden Angeklagten aus, so blieb, wie das Schwurgericht es getan hat, das Unrechtsbewußtsein der Angeklagten zu prüfen. Dabei genügt es, wie der OGH. wiederholt entschieden hat, daß der Täter das Unrechte seines Tuns erkennen konnte. Nur das Nicht-Erkennen-Können entschuldigt, wie auch das Schwurgericht anerkennt. Das gilt jedenfalls für den Bereich derjenigen Strafgesetze, deren Verbote sich mit den sittlichen decken, also auch für die Verbrechen und Vergehen wider das Leben. Es ist Pflicht jeden Staatsbürgers, seine Handlungen nach dem Maß seiner Einsichtsfähigkeit mit den Geboten der Rechtsordnung in Einklang zu bringen und für mangelnde Sorgfalt hierbei strafrechtlich einzustehen. Verwirklicht er vorsätzlich einen Straftatbestand, dessen Erfüllung auch sittlich verwerflich ist, so vermag ihn die rechtsfahrlässige Annahme, erlaubt zu handeln, nicht vor Vorsatzstrafe zu schützen, weil ein solcher Fall rechtspolitisch dem Vorsatz, nicht der bloßen Fahrlässigkeit zuzuordnen ist (vgl. v. Hippel, Dt. Strafrecht, Bd. 2 S. 348).

Das angefochtene Urteil läßt aber nicht erkennen, ob der Tatrichter alle Tatumstände bei der Prüfung des Unrechtsbewußtseins der Angeklagten gebührend erwogen hat. Es geht zunächst nicht an, allein aus jenen beiläufigen Äußerungen der beiden Angeklagten deren Unrechtsbewußtsein zu entnehmen. Denn diese Äußerungen waren schon an sich derart, wie sie auch sonst im Leben unter ganz unverfänglichen Umständen vorkommen. Hinzu kommt aber weiter, daß die Sachlage, wie sie bisher festgestellt ist, für die Angeklagten offensichtlich nur schwer durchschaubar war, wie noch darzulegen ist. Das Unrechtsbewußtsein der Angeklagten steht damit allein also noch keineswegs fest.

Ähnlich verhält es sich mit den Hilfserwägungen des Schwurgerichts. Aus den ihnen zu Grunde liegenden Tatsachen entnimmt es, die Angeklagten hätten das Unrechtsbewußtsein zumindest haben können. Das Schwurgericht kommt dabei aber über allgemeine Wertungen der Persönlichkeit und des Werdeganges der Angeklagten, die offensichtlich einfache Menschen sind, nicht hinaus und bleibt formelhaft. Deshalb reichen diese Hilfserwägungen nicht aus, die Einsichtsfähigkeit der Angeklagten in das Verbotensein ihres Tuns zu erweisen. Zwar deckt sich, wie schon erwähnt, das gesetzliche Tötungsverbot mit dem Sittengesetz. Die Gemeinschaft darf daher verlangen, daß jeder Zurechnungsfähige sich diese Erkenntnis verschafft; für ihr Fehlen darf sie ihn verantwortlich machen. In der Regel ergibt sich diese Feststellung auch bereits aus der Zurechnungsfähigkeit des Täters selbst, so daß sich weitere Erwägungen hierzu dann erübrigen. Hier aber ist die Sachlage dadurch gekennzeichnet, daß sich die Angeklagten keineswegs darauf berufen haben, das allgemeine gesetzliche Tötungsverbot nicht gekannt zu haben. Ihnen ist vielmehr, wie im Falle W. festgestellt ist und im Falle Mü. zu klären bleibt, das Bestehen eines rechtfertigenden Verwaltungsgesetzes vorgetäuscht worden. Deshalb handelt es sich hier nicht um die allerdings auch für einfache Menschen leicht zu beurteilende Frage, ob man geisteskranke (idiotische) Kinder in einer Anstalt beliebig nach ärztlicher Prüfung töten dürfe, sondern darum, ob das unter den Umständen, die die Angeklagten zur Tatzeit jeweils vor Augen hatten, erlaubt sei, nämlich auf (vermeintlicher) gesetzlicher Grundlage mit Kenntnis und auf Anordnung ärztlicher Vorgesetzter (die ihrerseits aus Berlin angewiesen wurden), und zwar in der angeordneten schmerzlosen Weise, aber unter Täuschung der Angehörigen und Sorgeberechtigten. Bei der Prüfung dieser Frage sind für und gegen die Angeklagten alle Umstände zu würdigen, die ihnen zur Tatzeit bekannt waren, oder über die sie sich vernünftigerweise damals hätten unterrichten sollen und können. Alle anderen Umstände und Erkenntnisse, insbesondere auch später allgemein gewonnene, müssen ausscheiden, soweit sie zur Tatzeit nicht auch den Angeklagten nach dem Maß ihrer Einsicht zugänglich waren. In Betracht kommt bei alledem zunächst, daß Staatsgesetze jedenfalls regelmäßig die Vermutung des Rechtmäßigen für sich haben und haben müssen, und zwar sowohl nach ihrer Entstehung, wie inhaltlich. Auch muß sich im allgemeinen jeder darauf verlassen dürfen, daß ihn nicht gerade ein staatliches Gesetz zu Straftaten veranlassen will. Unter normalen staatlichen Verhältnissen besteht zu einer solchen Annahme nicht einmal ein entfernter Anlaß.

Nach den bisherigen Urteilsfeststellungen ist es zunächst unwahrscheinlich, daß der Angeklagten W., soweit das Bestehen des vermeintlichen Gesetzes in Betracht kommt, mangelnde Sorgfalt vorzuwerfen ist. Rückschauend ist es allerdings wahrscheinlich, daß sich das Nichtbestehen des behaupteten Gesetzes auf Fragen an Dr. von H. nach Inhalt und Datum alsbald herausgestellt hätte. Berücksichtigt man aber, daß die Angeklagte gerade von v. H., einer Amtsperson, in Gegenwart des Anstaltsleiters Dr. K. getäuscht worden ist, so erscheint ein Mangel an Sorgfalt in dieser Beziehung fraglich. Das müßte besonders dann gelten, wenn die Angeklagte gewußt oder erfahren haben sollte, daß noch andere namhafte Ärzte oder Amtspersonen von dem „Gesetz" wußten und an seiner „Durchführung" teilnahmen. Denn die Angeklagte wußte nicht, daß sich unter diesen Ärzten auch solche befanden, die bei ihrem Verhalten von billigenswerten Beweggründen geleitet gewesen sein mögen. Ihr konnte alles das als Bestätigung der Angaben v. H.s erscheinen. Zweifel konnten ihr dagegen aus der Geheimhaltung und aus der bewußten Täuschung der Angehörigen der Kinder durch We. kommen, und zwar nicht nur wegen des Bestehens, sondern auch wegen der inhaltlichen Zulässigkeit des vermeintlichen Gesetzes. Dieses hatte bei vernünftiger Betrachtung mit der Kriegführung und deren Geheimnissen nichts zu tun. Waren Erwägungen ähnlicher Art auch anderswo angestellt worden, so war nicht ersichtlich, welcher propagandistische Schaden dem Reich aus der Veröffentlichung eines solchen Gesetzes hätte erwachsen können, der ihm nicht auch sonst gedroht hätte. Unvereinbar mit staatlicher Gesetzesanwendung war auch das Belügen der Angehörigen durch We. und die sorgfältige Tarnung der Tötungen innerhalb der Abteilung selbst. Alles das konnte die Angeklagte möglicherweise bedenklich machen. Andererseits ist festgestellt, daß in Wa. nur äußerst tiefstehende, idiotische Kinder getötet worden sind. Es hat sich also um Fälle gehandelt, die auch anderswo und unter rechtsstaatlichen Verhältnissen und Garantien unter solchen Gesichtspunkten ernsthaft erörtert worden sind. Nicht feststeht dagegen, ob die Angeklagte diesen früheren Meinungsstreit kannte. Abgesehen von der Frage des Bestehens des vorgeblichen Gesetzes wird der Tatrichter also zu entscheiden haben, ob beide Angeklagte 1941/42 fähig waren, zu erkennen, daß ein staatliches Gesetz der vorgestellten Art in Wirklichkeit Unrecht war.

Eine solche Entscheidung braucht nicht immer schwierig zu sein. Das frühere Blutschutzgesetz und die Judensternverordnung waren so eindeutig Unrecht und „gesetzliche" Aufforderungen zum Unrechttun, daß ihr Unrechtscharakter greifbar nahelag. Dasselbe würde gelten müssen von einem Gesetz, das die Tötung von Geisteskranken aus den Beweggründen, in der Weise und dem Umfange, wie die jetzigen Tötungsprozesse sie nachträglich enthüllt haben, zur Tatzeit offen angeordnet hätte. Denn ein solches Gesetz hätte die Menschenverachtung aus bloßer Nützlichkeit offensichtlich zum Grundsatz erhoben und seine Verwerflichkeit damit dargetan. Durchaus zweifelhaft aber kann die Sachlage auf Grund der Kenntnisse und Vorstellungen sein, die sich die Angeklagten bei ihrem Bildungsstande über die Kindertötungen gemacht haben, solange hierüber nichts Genaueres oder Belastendes feststeht. Das Schwurgericht wird daher auf dieser Grundlage neu erörtern und prüfen müssen, ob die Angeklagten bewußt rechtswidrig getötet haben oder doch zur Unrechtserkenntnis fähig gewesen sind. In beiden Fällen wären sie des Unmenschlichkeitsverbrechens und der Beihilfe zur Tötung schuldig. Ist die Fähigkeit zur Unrechtserkenntnis zu verneinen, so ist freizusprechen. . . .

(Das Urteil erörtert dann die rechtliche Würdigung der Kindestötungen durch den Angeklagten Dr. We. als Mord in mittelbarer Täterschaft und als Verbrechen gegen die Menschlichkeit und fährt fort:)

Beizutreten ist dem Schwurgericht darin, daß es die Strafklage durch das Verfahren gegen den Angeklagten Dr. We. wegen der I.er Tötungen nicht für verbraucht erachtet (§ 264 StPO.). Es hat erwogen, daß We. in F. nur wegen der Tötungen in I. angeklagt gewesen sei, die örtlich, zeitlich und sachlich einen getrennten Ausschnitt seiner Gesamttätigkeit für den Reichsausschuß gebildet hätten und etwa ein Jahr nach den hier behandelten Wa.er Fällen lägen, mit denen We. seine Tätigkeit für den Reichsausschuß begonnen habe. Diese örtlich und und zeitlich getrennten Tatakte We.s beruhten auf getrennten Vorsätzen. Das ergebe sich aus dem zeitlichen Abstand, den verschiedenen Tatorten, der teilweisen Verschiedenheit der Fälle — hier nur Kinder, dort auch zwei Erwachsene — und auch aus der dazwischenliegenden kurzen Einberufung We.s zur Wehrmacht. Seine allgemeine Bereitschaft, für den Reichsausschuß zu arbeiten, bedinge nicht zugleich auch einen allgemeinen Tötungsvorsatz.

Mit Recht ist hieraus der Nichtverbrauch der Strafklage gefolgert. Unter dem Gesichtspunkt der Tötungsplanung, wie der Reichsausschuß sie betrieben hat, gehören die I.er Fälle zwar mit denen in Wa. zusammen. Für die Aktion gegen die erwachsenen Geisteskranken hat der Senat in OGHSt. Bd. 1 S. 342 ausgeführt, daß die planmäßige Tötung trotz der Vielzahl der Opfer, der verschiedenen Tatakte und einer gewissen Gesamtdauer der Aktion wegen deren Einheitlichkeit bei natürlicher Betrachtung doch als e i n e Tat, Beihilfe dazu als je e i n e Handlung im Rechtssinne gelten k ö n n e. Dasselbe gilt an sich auch für die Kindertötungen. Damit war aber nur gesagt, daß es bei festgestellter Täterschaft oder Teilnahme in diesen Fällen besonderer Feststellungen über die Person und die genaue Zahl der Opfer dann nicht bedürfe, wenn diese nur unter besonderen Schwierigkeiten oder überhaupt nicht möglich seien. Ist der Umfang des Tatbeitrags und des Taterfolgs hinreichend sicher abgegrenzt, so ist bei diesen Massenverbrechen die Verurteilung wegen e i n e r einheitlichen Tat nach deutschem Recht und nach dem KRG. 10 Art. II 1c unbedenklich. Damit wird aber weder nach deutschem Recht, noch nach dem KRG. 10 ausgeschlossen, daß sich ein Mittäter oder Gehilfe bei gewisser Dauer und örtlicher Ausgedehntheit des Gesamtverbrechens in zeitlich und örtlich selbständigen, gesondert aburteilbaren Tatabschnitten zu beteiligen vermag. Zulässig ist es vor allem auch, daß die Anklage bei mehrfachen Verbrechen gegen das Leben, mögen diese nach dem KRG. 10 auch eine e i n h e i t l i c h e Tat bilden können, nur eine örtlich zusammengehörige Gruppe zur Anklage stellt, eine andere, unter Umständen von d e m s e l b e n Tätervorsatz umfaßte Gruppe gleicher Taten desselben Täters aber späterer Anklage vorbehält. Dadurch wird deutlich, daß von vornherein ein örtlich und sachlich, aber auch rechtlich klar abtrennbarer Teil des Gesamtverbrechens „Tat" im Sinne des § 264 StPO. sein soll. Der Angeklagte wird dadurch nicht benachteiligt. Nach deutschem Recht besteht hieran von vornherein kein Zweifel. Aber auch das KRG. 10 trägt lediglich dem Umstande Rechnung, daß sich die kriminellen Untaten des nationalsozialistischen Regimes und seiner Helfer fast sämtlich in den großen Rahmen der politischen, rassischen und religiösen Verfolgung eingliederten und in ihrer Menschenverachtung die Grundlagen des menschlichen Zusammenlebens berührten. Diese Zusammenfassung der einschlägigen Verstöße gegen das KRG. 10 unter dem übergeordneten Gesichtspunkt des Verbrechens gegen die Menschlichkeit gebietet aber gerechterweise keineswegs, einen Angeklagten, der wegen Mordes, der zugleich ein Verbrechen gegen die Menschlichkeit ist, in gewissen Fällen rechtskräftig verurteilt ist, deshalb wegen weiterer, zuerst nicht angeklagter Verbrechen gegen das Leben, die auch Unmenschlichkeitsverbrechen sind und an sich in den gleichen Tatrahmen gehören mögen, wegen Verbrauchs der Strafklage außer Verfolgung zu setzen. Das KRG. 10 führt durch seinen zusammenfassenden Tatbestand des Verbrechens gegen die Menschlichkeit keine verfahrensrechtlich eingeengte Beurteilung der Verbrechen gegen das Leben herbei. Es unterwirft lediglich mehrere, nach deutschem Recht verschiedenartige, sachlich aber zusammengehörige Verfolgungsakte einem einheitlichen Verbrechenstatbestande. Im Verfahren in F. gegen den Angeklagten Dr. We. war die Strafverfolgung daher zulässigerweise allein auf die I.er Fälle beschränkt. Die Strafklage ist durch die dortige Verurteilung somit selbst dann nicht verbraucht, wenn er für den Reichsausschuß, was der Tatrichter an sich unangreifbar verneint hat, nach einheitlichem Vorsatz tätig gewesen sein sollte. Der Verurteilung stand daher kein Verfahrenshindernis entgegen. Die Revision des Angeklagten war vielmehr zu verwerfen.

---

22. Das Verschulden eines nachgeordneten Beamten der Staatsanwaltschaft ist kein unabwendbarer Zufall für diese und kann deshalb die Wiedereinsetzung in den vorigen Stand gegen die Versäumnis der Revisionsbegründungsfrist nicht begründen.

StPO. §§ 44, 345.

Strafsenat. Beschl. v. 6. September 1949 g. B. StS 243/49.

I. Schwurgericht Bonn.

Gründe:

Gegen das Urteil des Schwurgerichts vom 5. März 1949 hat die Staatsanwaltschaft am 8. März, also rechtzeitig, Revision eingelegt. Das Urteil mit den Gründen ist ihr am 18. Mai 1949 zugestellt worden. Die Revisionsanträge und ihre Begründung sind erst am 28. Mai 1949 bei Gericht eingegangen. Gegen die Versäumung der Revisionsbegründungsfrist hat die Staatsanwaltschaft Wiedereinsetzung in den vorigen Stand beantragt und zur Begründung des Gesuchs geltend gemacht:

Die vom Oberstaatsanwalt unterzeichnete Reinschrift der Revisionsbegründung sei schon am 23. Mai 1949 dem Leiter der zuständigen Geschäftsstelle der Staatsanwaltschaft zugegangen. Am selben Tage sei auch die Zustellung der Revisionseinlegung und der Revisionsbegründung gefertigt und an den Angeklagten abgesandt worden. Obwohl der Geschäftsstellenleiter, Justizsekretär Sch., schon am 21. Mai vom Oberstaatsanwalt darauf hingewiesen worden sei, daß die Revisionsbegründungsfrist am 25. Mai 1949 ablaufe und die Revisionsbegründung bis dahin bei Gericht eingegangen sein müsse, habe er geglaubt, vorher noch den Eingang der Zustellungsurkunde abwarten zu müssen und die Akten mit der Revisionsbegründung erst alsbald nach dem Eingang der Zustellungsurkunde am 28. Mai 1949 dem Gericht vorgelegt. Dieser Sachverhalt ist durch dienstliche Erklärungen des Oberstaatsanwalts und des Justizsekretärs Sch. glaubhaft gemacht. Er vermag jedoch die nachgesuchte Wiedereinsetzung in den vorigen Stand nicht zu rechtfertigen.

Die Rechtsprechung hat bisher ausnahmslos an dem Grundsatz festgehalten, daß das Verschulden eines nachgeordneten Beamten der Staatsanwaltschaft ein Verschulden der Behörde selbst und deshalb kein unabwendbarer Zufall im Sinne des § 44 StPO. ist (vgl. Löwe-Rosenberg 19. Aufl. S. 161 Anm. 4b zu § 44). Zwar darf sich der Prozeßbevollmächtigte im Zivilprozeß darauf berufen, daß eine in seinem Betriebe entstandene Fristversäumnis ausschließlich auf Verschulden seines Büropersonals, also nicht auf sein eigenes Verschulden zurückzuführen sei. In derselben Weise würdigte die Rechtsprechung auch das Verschulden des Büropersonals eines Verteidigers, bis durch die Entscheidung RGSt. Bd. 70 S. 186 auch das Verschulden des Verteidigers selbst als unabwendbarer Zufall für den Angeklagten anerkannt wurde. Zu Unrecht macht die örtliche Staatsanwaltschaft geltend, daß für die nachgeordneten Beamten und Angestellten der Staatsanwaltschaft dieselbe rechtliche Betrachtung geboten sei; denn die Unterscheidung ist wohlbegründet. Die Angestellten eines Rechtsanwalts sind nur seine Hilfspersonen. Sie nehmen ihm einen Teil seiner Arbeit ab, den er eigentlich selbst ausführen müßte. Versagt eine von ihnen, ohne daß dem Rechtsanwalt der Vorwurf gemacht werden kann, sie mangelhaft unterrichtet oder beaufsichtigt zu haben, so läßt sich das in der Tat vom Standpunkt des Rechtsanwalts aus als einen für ihn unabwendbaren Zufall ansehen. Die Beamten und Angestellten der Staatsanwaltschaft nehmen aber eine andere Stellung ein. Sie unterstehen zwar der Dienstaufsicht des leitenden Beamten der Staatsanwaltschaft und müssen auch dessen Weisungen befolgen. Soweit ihnen aber Verrichtungen übertragen werden, die sie unter eigener persönlicher Verantwortung ausüben (vgl. auch § 3 Abs. 1 Satz 1, § 7 Abs. 1 des deutschen Beamtengesetzes), wie es jedenfalls bei dem leitenden Beamten einer Geschäftsstelle zutrifft, dienen sie bei ihren dienstlichen Handlungen nicht dem leitenden Beamten der Staatsanwaltschaft, wie das Personal des Rechtsanwalts diesem, sondern der den Staat verkörpernden Behörde selbst. Darum muß auch das Verschulden eines solchen Beamten oder Angestellten der Staatsanwaltschaft trotz des bestehenden Unterordnungsverhältnisses als Verschulden der Behörde selbst angesehen werden.

Für diese Auffassung spricht nach Ansicht des Senats auch ein wichtiger rechtspolitischer Grund. Wollte man das Verschulden nachgeordneter Beamter der Staatsanwaltschaft als einen unabwendbaren Zufall für die Behörde anerkennen, so bestünde die Gefahr, daß dadurch die Sorgfalt der nachgeordneten Beamten und Angestellten bei der Wahrung von Fristen — einer für ein geordnetes Verfahren unerläßlichen Einrichtung — wie bei der Wahrnehmung ihrer Amtsgeschäfte überhaupt in bedenklicher Weise nachlassen könnte. Die Rechtsprechung muß alles vermeiden, was eine solche Entwicklung irgendwie begünstigen könnte.

Zudem würde die von der Staatsanwaltschaft vertretene Rechtsauffassung die Angeklagten insofern empfindlich schlechterstellen, als diese sich nun nicht mehr auf die Rechtswirkung von Fristabläufen verlassen könnten, sondern immer noch mit etwaigen Versehen bei der Staatsanwaltschaft rechnen müßten. Es ist besondere Vorsicht geboten gegenüber einer Auslegung, die die prozeßrechtliche Lage des Angeklagten verschlechtert.

Der Senat hat schließlich noch erwogen, ob nicht im vorliegenden Falle bereits die Revisionsschrift, obwohl sie keine Anträge und keine Begründung enthielt, dahin ausgelegt werden könnte, daß sie die Anfechtung des Urteils seinem ganzen Inhalt nach und die Erhebung der Sachbeschwerde zum Ausdruck bringt. Das verbietet sich aber schon deshalb, weil es einseitig zum Nachteil des Angeklagten ausschlüge. Denn die Erklärung des Angeklagten, der selbst privatschriftlich Revision einlegt, könnte wegen § 345 Abs. 2 StPO. niemals in diesem Sinne ausgelegt werden.

Das Gesetz verlangt nun einmal neben der Revisionseinlegung eine Erklärung über Anträge und Gründe und behandelt beides als etwas durchaus verschiedenes. In der Praxis schrumpft zwar diese Erklärung nicht selten zu einer formelhaften Wendung von nur wenigen Worten zusammen, denen man ihre verfahrensrechtliche Wichtigkeit nicht ansieht. Solche Worte, z. B. „Gerügt wird Verletzung sachlichen Rechts" sind so geläufig geworden, daß man sie in allen Revisionen zu finden erwartet, in denen eine nähere Revisionsbegründung fehlt. Trotzdem kann dieses geläufige Minimum einer Revisions*begründung* nicht aus einer Schrift im Wege der Auslegung entnommen werden, die nur eine Revisions*einlegung* enthält. Das würde der ausdrücklichen gesetzlichen Regelung widersprechen.

Das Gesuch um Wiedereinsetzung in den vorigen Stand muß nach alledem verworfen werden. Die Entscheidung entspricht dem Antrage des Generalstaatsanwalts.

---

23. Totschlag kann mit lebenslangem Zuchthaus bestraft werden. Die Ziffer 8b der AAR. Nr. 1 und die Änderung der Mordstrafe durch Art. 102 des Bundesgrundgesetzes stehen nicht entgegen.

StGB. §§ 212, 211, 214, 215, Bundesgrundgesetz Art. 102.

Strafsenat. Urt. v. 13. September 1949 g. Sch. StS 237/49.

I. Schwurgericht Lüneburg.

Aus den Gründen:

Der 27 Jahre alte Angeklagte, nach den Urteilsfeststellungen ein zu hochstaplerischen Schwindeleien, Betrügereien und Diebstählen neigender asozialer, haltloser Mensch, hat seine bejahrte Tante, die ihn bei sich aufgenommen hatte, am 9. Februar 1948 in L. im Streit mit einem Beil erschlagen, den Leichnam unter Täuschung der Nachbarn vergraben und über zahlreiche Sachen der Toten wie über eigene verfügt. Er ist wegen Totschlags (§ 212 StGB.) zu lebenslangem Zuchthaus und dauerndem Ehrverlust verurteilt. Seine Revision ist unbegründet. (Zur Strafzumessung ist ausgeführt):

Diese Höchststrafe — lebenslanges Zuchthaus —, durch § 2b des Gesetzes zur Änderung des StGB. vom 4. 9. 1941 (RGBl. I S. 549) bei § 212 StGB. eingeführt, ist weder durch die Neuabgrenzung von Mord und Totschlag (§§ 211, 212 StGB.), durch dasselbe Gesetz in Verbindung mit Ziffer 8b der AAR. Nr. 1, noch durch die Abschaffung der Todesstrafe im deutschen Strafrecht durch Art. 102 des Bundesgrundgesetzes geändert. Zwar ist Mord seit dem 24. Mai 1949 gemäß Art. 102 nicht mehr mit dem Tode, sondern allein mit lebenslangem Zuchthaus bedroht (OGHSt. Bd. 2 S. 1). Seitdem entspricht die Höchststrafe des Totschlags (§ 212) der — abgesehen von den Fällen minderer Verantwortlichkeit nach § 51 Abs. 2 StGB. — absoluten Mordstrafe, so daß gewisse schwerste Totschlagsfälle nun gleich dem Morde zu bestrafen sind. Daraus ergibt sich aber nicht, daß lebenslanges Zuchthaus nach § 212 seitdem unzulässig wäre. Eine so einschneidende Änderung des Strafrahmens des § 212 ist dem Art. 102 des Bundesgrundgesetzes, der sich allein mit der Todesstrafe befaßt, nicht zu entnehmen und sachlich auch nicht erforderlich, sofern man sich vergegenwärtigt, daß die Höchststrafe des § 212 nur in schwersten Totschlagsfällen zu verhängen sein wird. Erwägungen über die etwaige Änderung und Anpassung des Strafrahmens des § 212 an die jetzige absolute Mordstrafe müssen dem Gesetzgeber vorbehalten bleiben. Hier kommt außerdem hinzu, daß das angefochtene Urteil am 28. April 1949, also vor der Strafänderung des § 211 durch Art. 102, ergangen ist und schon deshalb aus diesem Gesichtspunkte in der Strafhöhe nicht rechtsirrig sein kann. Der Abschaffung der Todesstrafe hat der Oberste Gerichtshof zwar Rückwirkung für vorher ergangene, noch nicht rechtskräftige Urteile zuerkannt (OGHSt. Bd. 2 S. 1, 4), weil Inhalt und Form des Art. 102 dies erfordern. Daraus folgt aber nicht, daß Ähnliches auch für ein Urteil wie das vorliegende zu gelten hätte, das keine Todesstrafe verhängt.

Die Unzulässigkeit der lebenslangen Zuchthausstrafe ergibt sich endlich auch nicht aus den Ziffern 8a oder b der AAR. Nr. 1, ohne daß es dazu der Prüfung bedürfte, ob etwa die kriminelle Vergangenheit des Angeklagten oder die Häufigkeit der Straftat die am 30. Januar 1933 für Totschlag zulässige Strafe — 15 Jahre Zuchthaus — zu überschreiten erlaubte. Die AAR. Nr. 1 Ziffer 8b ist hier unanwendbar; denn das Gesetz vom 4. September 1941, wie schon in OGHSt. Bd. 1 S. 81, 82 näher ausgeführt ist, hat eine der bisherigen Fassung des § 211 StGB. unvergleichbare Neuabgrenzung von Mord und Totschlag eingeführt; es hat außerdem die §§ 214, 215 StGB., Fälle von Totschlag im bisherigen Sinne, in denen als Höchststrafe bereits lebenslanges Zuchthaus angedroht war, aufgehoben und die Fälle der vorsätzlichen Tötung, soweit sie in den §§ 211 bis 215 StGB. enthalten waren, unter Änderung und Anpassung der Strafrahmen in einer der bisherigen Regelung unvergleichbaren Weise neu geordnet. Alles das läßt einen Vergleich der Strafrahmen im Sinne der Ziffer 8 b der AAR. Nr. 1 allgemein nicht zu.

---

24. Besonders schwerer Raub. Zum Begriff des Marterns beim Raube.

§ 251 StGB.

Strafsenat. Urt. v. 6. September 1949 g. G. u. a. StS 106/49.

I. Schwurgericht Duisburg.

Aus den Gründen:

Die Verurteilung wegen besonders schweren Raubes (§§ 249, 251 StGB.), begangen an einem Unbekannten in Frankfurt, kann nur insoweit nicht bestehen bleiben, als der Begriff des Marterns beim Raube verkannt ist. Beim Raube einen Menschen martern heißt, ihn bei der Raubausführung vorsätzlich peinigen, oder, anders ausgedrückt, bei der Raubausführung verursachen, daß er besondere Schmerzen erleidet, wobei der Vorsatz des Täters die Zufügung der besonderen Schmerzen umfaßt. Ob dieser Begriff des besonderen Schmerzes begrifflich allgemein bestimmt werden kann und ob auch besondere Schmerzen den äußeren Tatbestand erfüllen können, die bei der Raubausführung verursacht, aber erst nachher erlitten sind, braucht hier nicht entschieden zu werden. Denn besondere Schmerzen des Opfers, die man als Marterung bezeichnen könnte, hat das Schwurgericht nicht festgestellt.

Festgestellt ist nur, daß G. den in die Trümmer gelockten Unbekannten durch einen Faustschlag ins Gesicht zu Fall gebracht, dann auf ihm gekniet und ihn durch mindestens einen Schlag mit dem Stein auf den Kopf betäubt, alsdann ausgeplündert und in der einsamen Gegend liegen gelassen hat. Das ist Raub, auch Körperverletzung unter Verwendung eines gefährlichen Werkzeuges und mittels einer das Leben bedrohenden Behandlung, aber kein Martern beim Raub, so roh die Tat auch war. Das Schwurgericht verkennt auch selbst nicht, daß das Opfer besondere Schmerzen beim Raube nicht empfunden hat, da es möglicherweise schon durch den einzigen Schlag mit dem Steine bewußtlos wurde. Die Tat war darauf angelegt, das Opfer schnell und wirksam in einen Zustand zu versetzen, in dem man es ungestört ausplündern und sich dann entfernen konnte. Nun schildert das Urteil zwar, daß der Unbekannte nach seinem Erwachen aus der Betäubung in der einsamen und schwer zugänglichen Gegend große Schmerzen gehabt haben werde. Aber das ist eine bloße Vermutung, da die Möglichkeiten des weiteren Ablaufes unübersehbar sind und über das Schicksal des Unbekannten keine sicheren Feststellungen getroffen worden sind, offenbar auch nicht getroffen werden können. Der Umstand allein, daß dem Opfer mehr körperliches Ungemach zugefügt wird, als für die Beraubung nötig ist, macht dieses Ungemach nicht schon zur Marterung, wie umgekehrt Marterung auch dann vorliegen kann, wenn dem Opfer nicht mehr geschieht, als sich für die Beraubung als nötig erweist. Mithin fehlt hier schon der äußere Tatbestand des Marterns. Die vom Schwurgericht erörterte Frage, ob zum Martern auch ein besonderes inneres Tatbestandsmerkmal gehört, braucht also nicht entschieden zu werden. Die bloße Tatsache, daß die Ausführungsart des Raubes von einer grausamen Gesinnung des Täters zeugt, erfüllt den äußeren Tatbestand des Marterns beim Raube noch nicht . . .

---

25. Verbrechen gegen die Menschlichkeit. Äußerer Tatbestand. Auch einem Anprangerungsmarsch kann die zum Tatbestande des Unmenschlichkeitsverbrechens erforderliche überpersönliche Wirkung fehlen.

KRG. 10 Art. II 1c.

Strafsenat. Urt. v. 6. September 1949 g. H. u. a. StS 46/49.

I. Schwurgericht Itzehoe.

Aus den Gründen:

Die Angeklagten haben in W. Mitte 1933 mit zwei Kommunisten einen Anprangerungszug veranstaltet. Das Schwurgericht hat sie von der Anklage wegen Verbrechens gegen die Menschlichkeit (KRG. 10) freigesprochen aus Gründen des inneren Tatbestandes. Die Revision der StA. hat keinen Erfolg, weil der Freispruch im Ergebnis rechtlich nicht zu beanstanden ist.

Wie vom Schwurgericht festgestellt, waren die beiden Kommunisten in Polizeigewahrsam genommen worden, weil sie eine illegale kommunistische Schrift hergestellt und verbreitet hatten, in der Einwohner von W. durch Wort und Bild beschimpft wurden. Die Angeklagten haben als Mitglieder der SA. oder NSBO. auf Veranlassung eines nationalsozialistischen Führers, wahrscheinlich des NSBO.-Führers P., die Kommunisten aus dem Polizeigewahrsam im Spritzenhaus abgeholt. Beiden wurden Schilder umgehängt mit der Aufschrift: „Wir Lumpen haben den roten Roland gedruckt", „Wir Schmutzfinken haben ehrsame Bürger mit Dreck beworfen". Dann wurden sie in geschlossenem Zuge etwa zwei Stunden lang durch die Stadt geführt, wobei ein Beteiligter mit einer Schelle voranging. Unterwegs wurde die fotografische

Aufnahme des Zuges veranlaßt. Als man bei dem Apotheker v. F., der in der Zeitschrift beschimpft worden war, vorbeikam, eilte dieser hinzu, begleitete den Zug etwa 150 Meter und rief den Opfern zu: „Euch Lumpen müßte man alle aufhängen"; dann wurde er von den Angeklagten abgedrängt und kehrte heim. Sonst schlossen sich keine erwachsenen Personen dem Zuge an. Vielmehr zeigten die Passanten deutlich Widerwillen gegen dieses Schauspiel. Nur ungefähr 20 halbwüchsige Kinder folgten dem Zuge. Im Verlaufe der Aktion schloß sich der Angeklagte R. auf Aufforderung des P. dem Zuge an und blies Signale, wofür er 20 RM erhielt. Für weitere 20 RM, die ihm der Bürgermeister gab, blies er ein Spottlied, das sich auf die Opfer bezog. Schließlich wurden diese am Spritzenhaus wieder der Polizei übergeben.

Zu Unrecht sieht das Schwurgericht hierdurch den äußeren Tatbestand eines Unmenschlichkeitsverbrechens als erfüllt an. Zwar sind die Opfer im Zusammenhang mit der nationalsozialistischen Macht- und Willkürherrschaft an ihrer Freiheit, Ehre und Menschenwürde in aller Öffentlichkeit empfindlich getroffen worden in einer Weise, die einen Rückfall in eine primitive Stufe der Menschheitskultur darstellt. Auch sind sie zweifellos seelisch stark erschüttert worden, indem sie bedrohlich an sich erfuhren, daß die Straße über sie Macht hatte, obwohl sie sich in Polizeihaft befanden. Aber im Gegensatz zu vielen anderen Anprangerungsumzügen der damaligen Zeit sind die Opfer überaus glimpflich davongekommen; weitere Unbilden sind ihnen weder von den Angeklagten, noch von den Passanten zugefügt worden. Die Angriffe des Apothekers v. F. haben die Angeklagten selbst alsbald abgewehrt. Das Schwurgericht hat nicht verkannt, daß es sich hier um eine weniger schwerwiegende Tat handelt, zumal sich dieser Fall dadurch kennzeichnet, daß die beiden Kommunisten einige ihrer Mitbürger in der Flugschrift in unsachlicher, gehässiger Weise verunglimpft hatten. Es hat trotzdem den äußeren Tatbestand des Unmenschlichkeitsverbrechens bejaht, weil nach dem KRG. 10 sogar Geldstrafe zulässig und daraus der Wille des Gesetzes abzuleiten sei, auch kleinere Delikte zu umfassen. Diese Auslegung des Gesetzes trifft indes nicht zu. Der weitgespannte Strafrahmen entspringt englischem Rechtsdenken, und niedrige Strafen kommen beispielsweise für solche Täter in Betracht, die an der eben noch tatbestandsmäßigen Schädigung eines Opfers mit einem nur geringen Maß von persönlicher Schuld in einer der Formen des Art. II 2 des KRG. 10 beteiligt waren. Aber der nach unten unbegrenzte Strafrahmen des Gesetzes ist kein Beweis dafür, daß Verletzungen der Menschenrechte und der Menschenwürde ohne Rücksicht auf ihre objektive Schwere, insbesondere auf die Schwere der Wirkung auf das Opfer, Unmenschlichkeitsverbrechen sein könnten. Das Gegenteil folgt aus den vom Gesetz aufgeführten Beispielen und aus der Erwägung, daß eine Durchbrechung des rechtsstaatlich überaus wichtigen Grundsatzes „nullum crimen sine lege" nur für wirklich schwerwiegende Taten beabsichtigt gewesen sein kann. Andere Verletzungen der Menschenwürde greifen nicht die abendländische Kulturmenschheit als solche an, haben also nicht die überpersönliche Wirkung, die nach der ständigen Rechtsprechung des Senats zum äußeren Tatbestande des Unmenschlichkeitsverbrechens gehört. Das Schwurgericht ist ersichtlich nur auf Grund dieses Rechtsirrtums zur Bejahung des äußeren Tatbestandes gekommen . . .

---

26. Zur Angreifbarkeit der Strafzumessung im Revisionsverfahren.

StPO. §§ 261, 267 Abs. 3.

Strafsenat. Urt. v. 6. September 1949 g. A. StS 67/49.

I. Schwurgericht Itzehoe.

Gründe:

Der Angeklagte ist wegen Anzeigeverbrechens (KRG. 10 Art. II 1c) zu 1000 DM Geldstrafe, ersatzweise zu je einem Tage Gefängnis für 10 DM verurteilt. Die Revision der Staatsanwaltschaft wendet sich nur gegen die Strafzumessung. Sie mußte erfolglos bleiben.

Zutreffend bemerkt der Tatrichter, daß ein Anzeigeverbrechen an sich in milden Fällen „ausnahmsweise" auch durch Geldstrafe geahndet werden könne. Das ergibt sich bereits aus Art. II 3 des KRG. 10, der, allein oder neben der Todes- oder Freiheitsstrafe, auch Geldstrafe vorsieht. Immerhin bleibt diese bei der Art der Straftat die seltene Ausnahme. Regelmäßig wird sie nur bei entfernter Beteiligung an der Straftat und entsprechend geringerer Schuld eine gerechte und ausreichende Sühne sein können, obgleich alle denkbaren Tatformen nach Art. II 2 des KRG. 10 an sich Täterschaft begründen. Das KRG. 10 kennt auch keinen schweren, besonders schweren oder leichten Fall im Sinne des deutschen Strafrechts, ebensowenig mildernde Umstände. Der außerordentlich weit gespannte Strafrahmen des Art. II 3 überläßt es vielmehr dem Richter, nach diesen Gesichtspunkten diejenige Strafe zu verhängen, die der Gerechtigkeit und den anerkannten Strafzwecken entspricht und genügt. Insoweit gilt nichts anderes als auch nach deutschem Recht. Der Tatrichter entscheidet nach pflichtgemäßem Ermessen. Daran ist festzuhalten. Die Revision vermöchte daher nicht etwa schon dann durchzugreifen, wenn die verhängte Strafe dem Revisionsgericht, das nur nach den Urteilsfeststellungen zu urteilen vermag, abgesehen von grausamer oder überhoher Strafe, unangebracht hoch oder niedrig erschiene. Das würde insoweit, dem Gesetz zuwider, zur tatrichterlichen Würdigung des Sachverhalts durch das Revisionsgericht führen und dessen Aufgaben zuwiderlaufen. Zwar ist es gedanklich richtig, daß der gegebenen Tatschwere unter Berücksichtigung aller Strafzwecke nur e i n e Strafe innerhalb des gesetzlichen Strafrahmens entsprechen kann. Läßt dieser Rahmen auch verschieden hohe Strafen zu, so kann doch nur eine von ihnen gerecht und schuldgemäß sein. Diese Erkenntnis ist aber praktisch undurchführbar, weil die Straffestsetzung auf der Gesamtwertung von Tat und Täter und damit zum Teil unvermeidbar auf Unwägbarkeiten beruht. Daher ist ihr nur der Rechtssatz zu entnehmen, daß der Tatrichter, wie das Gesetz es will, in der angegebenen Weise über die angemessene Strafe entscheidet, nicht dagegen das Revisionsgericht. Selbst wenn beide Gerichte die Tat erheblich verschieden werten sollten, so läge d a r i n a l l e i n noch kein mit der Revision angreifbarer Rechtsfehler des Tatrichters. Daher kann der Revision nicht zugegeben werden, daß ein solcher Rechtsfehler hier bereits darin liegen könnte, daß das Schwurgericht, etwa entgegen der umfangreicheren Erfahrung des Revisionsgerichts und dessen etwaiger anderer Wertung, einen verhältnismäßig leichten Fall annähme. Da das KRG. 10, wie schon dargelegt, schwere und leichte Fälle nicht besonders vorsieht, wäre die sonst mögliche Verkennung dieser Begriffe, wenn sie überhaupt gegeben wäre, hier kein Rechtsfehler.

Die Revision der Staatsanwaltschaft rügt nun weiter, der Tatrichter habe die einzelnen Tatfeststellungen bei der Straffestsetzung nur unzulänglich gewürdigt, vor vor allem aber, wie die Strafzumessungsgründe zeigten, den Sühnezweck der Strafe verkannt und hinter den weit weniger gewichtigen Strafzweck zurücktreten lassen, dem Angeklagten das dem Opfer zugefügte Leid deutlich vor Augen zu führen. So sei er zu der unzureichenden Geldstrafe gekommen.

Dieser Würdigung des angegriffenen Urteils durch die Revision vermag der Senat indessen nicht beizutreten. Der Tatrichter führt im Urteil eine Reihe von Strafzumessungsgründen an, die er teils strafmildernd, teils strafschärfend wertet. Einerseits erwägt er in zulässiger Weise, daß der Angeklagte den halbjüdischen Zeugen E. zweimal „unter Einsatz seiner eigenen Person vor der Verschleppung und dem fast sicheren Untergang bewahrt" habe, weiter, daß er sich bei der Tat wohl wenigstens teilweise davon habe leiten lassen, daß er die herzkranke Frau P. beruhigen müsse. Sodann erwägt er, daß T. schließlich noch verhältnismäßig glimpflich davongekommen sei und daß der Angeklagte durch das von ihm veranlaßte Telegramm an den Volksgerichtshof hieran Anteil habe. Dem stellt das Schwurgericht andererseits gegenüber, daß der Angeklagte den Mantel gern nach dem Winde hänge, durch die Tat bezweckt habe, sich selbst in ein gutes Licht zu setzen und eine nicht anständige Gesinnung bewiesen habe. Alledem ist nach dem Zusammenhange der Gründe zu entnehmen, daß das Schwurgericht bemüht gewesen ist, unter Würdigung der Persönlichkeit des Angeklagten und der Tat selbst das Maß der Schuld des Angeklagten abzuwägen und festzustellen, um die schuldangemessene Strafe bestimmen zu können. Wenn es dann fortfährt — wogegen sich die Revision besonders wendet —, durch die Strafe solle „nicht Rache und Vergeltung geübt" werden, vielmehr diene sie „nur" dazu, dem Angeklagten das dem Zeugen T. und dessen Familie zugefügte Leid vor Augen zu führen, so klingt das zwar mißverständlich. Nach der Überzeugung des Senats will es im Urteilszusammenhange aber nur besagen, die staatliche Strafe sei nicht nach den etwaigen Rachegefühlen des Geschädigten, sondern nach der Täterschuld und den feststehenden Strafzwecken zu bemessen. Die an sich nicht eindeutige Ausdrucksweise des Urteils läßt jedenfalls noch immer erkennen — und dies ist rechtlich entscheidend —, daß das Schwurgericht die Strafe, mag sie auch äußerst milde erscheinen, in Ausübung unangreifbaren Ermessens nach dem von ihm für festgestellt erachteten Schuldmaß bemessen hat, ohne dabei die wesentlichen Strafzwecke zu verkennen. Daher kann die Revision keinen Erfolg haben.

Der Generalstaatsanwalt hatte beantragt, das angefochtene Urteil im Strafausspruch aufzuheben . . .

---

27. Zum Einfluß verminderter Zurechnungsfähigkeit auf die Mordmerkmale der Heimtücke und der Verdeckungsabsicht.

StGB. §§ 211, 212, 51 Abs. 2, 44 Abs. 1, 2, 4.

Strafsenat. Urt. v. 13. September 1949 g. St. StS 72/49.

I. Schwurgericht Paderborn.

Aus den Gründen:

Gegen die Verurteilung wegen Mordes an dem Sohne D. bestehen Rechtsbedenken. Als der Angeklagte die Frau tötete, spielte der Knabe auf der Straße. Der Tatrichter stellt nun weiter fest: als der Angeklagte nach der Affekttat merkte, was er angerichtet hatte, fühlte er sich gedrängt, die alsbaldige Entdeckung der Tat, die durch den Sohn drohte, hinauszuschieben, um jedenfalls zunächst zu entfliehen, wie es dann auf einige Zeit auch geschehen ist. Deshalb entschloß er sich in verhältnismäßig überlegter Weise, den Jungen, „den er nach seinen eigenen Worten wie einen Sohn liebte und dessen volles Vertrauen er besaß", hereinzurufen und auch zu töten. Das hat er alsbald ausgeführt, die Leichen dann bedeckt, die Küche aufgeräumt, die Wohnung verschlossen und die Hausbewohner getäuscht. Dann ist er stundenlang in der Stadt umhergeirrt, bis er schließlich auf Wochen entfloh. Diesem Hergange entnimmt das Schwurgericht, der Angeklagte habe den Jungen getötet, um den Totschlag an der Mutter zu verdecken. Auch sei die Tat wegen der Ausnutzung des Vertrauens des Kindes heimtückisch (§ 211 StGB.). Der Angeklagte habe es planmäßig in den Tod gelockt. Diese Tatbeurteilung erregt in dieser Form Bedenken. Daß der Angeklagte den Jungen vorsätzlich getötet hat, wird auch von der Revision nicht bezweifelt und ist unbedenklich als festgestellt zu erachten. Nach dem äußeren Tatbilde ist dies weiter auch unter Ausnutzung der Arglosigkeit des Kindes und zur zumindest einstweiligen Verdeckung der Tötung der Mutter geschehen (§ 211 Abs. 2 StGB.). Fraglich ist dagegen, ob dem Angeklagten alle die Umstände, die die Tat heimtückisch und als Verdeckungstat erscheinen lassen, auch bewußt geworden und somit zuzurechnen sind. Hierzu stellt das Urteil mit dem ärztlichen Sachverständigen nur fest, die hohe Erregung des an sich überhaupt leicht erregbaren Angeklagten, aus der die erste Tat entsprungen war, sei soweit abgeklungen gewesen, daß der Angeklagte habe erwägen können, zur Verdeckung sei die Tötung des Kindes nötig, von dem hierin vor allem Gefahr gedroht habe. Demgemäß habe er folgerichtig gehandelt. Damit vertrage sich der Fortbestand des Zustandes hoher Erregung nicht. Dagegen ist lediglich vom Gesichtspunkt des Affektzustandes her rechtlich nichts einzuwenden.

Durchgreifende Zweifel gegen die Feststellungen zum Verdeckungszweck und zur Heimtücke ergeben sich aber daraus, daß der Angeklagte möglicherweise an beginnender Hirnlues leidet, wodurch sein Unterscheidungs- (Wertungs-) und Hemmungsvermögen nach ärztlicher Ansicht erheblich vermindert sein kann. Aus diesem Grunde hält das Schwurgericht den Angeklagten auch überhaupt für minder verantwortlich (§ 51 Abs. 2 StGB.). Tatrichter und Gutachter sprechen sich aber nicht darüber aus, welche Folgerungen sich aus dem etwaigen Zusammenwirken dieser Krankheit mit dem vorhergegangenen Erregungszustand des Angeklagten für dessen

Fähigkeit ergeben, sich vor und bei der Tötung des Kindes eines etwaigen Verdeckungsmotivs oder der heimtückebegründenden Verhaltensmerkmale bewußt zu sein. Insbesondere sagt das Urteil nichts darüber, ob es dem Angeklagten bei der Tat zum Bewußtsein gekommen ist, daß er die Arglosigkeit und das kindliche Vertrauen des Knaben zu ihm zur Tötung ausnützte. Ist Hirnlues durch die von ihr bewirkten Hirnveränderungen aber an sich schon in schwer feststellbarer Weise imstande, die Persönlichkeit des Kranken und sein Handeln durch Verwischung sittlicher Unterscheidungen und Ausschaltung von Hemmungen fortschreitend zu verändern, so war hier zu prüfen, ob dies nicht in noch höherem Maße beim Angeklagten gelten muß, der an sich leicht erregbar ist, bereits in ruhiger Gemütslage erhebliche, vom Schwurgericht hervorgehobene Abartigkeiten gezeigt hat, und der sich zumindest unmittelbar vor der Tötung des Jungen in einem so hohen Affekt befunden hat, daß ihn das Schwurgericht allein deshalb auch schon als für die erste Tötung vermindert verantwortlich ansieht. Läßt sich der Beginn einer krankhaften Veränderung der Persönlichkeit hier nicht sicher ausschließen, so sind die zu den erwähnten Mordmerkmalen, die die Motivation und die innere Haltung des Täters berühren, getroffenen Feststellungen nur zu halten, wenn trotzdem gewiß feststeht, daß der Angeklagte zur Tatzeit und unter den gesamten Tatumständen jedenfalls noch immer fähig gewesen ist, die der Heimtücke und der Verdeckung einer anderen Straftat zugrundeliegenden Erwägungen innerhalb weniger Augenblicke anzustellen und nach ihnen zu handeln . . . (Wird ausgeführt).

---

28. Prügeln von Juden. Zur Angreifbarkeit der Strafzumessung im Revisionsverfahren.

StPO. § 267 Abs. 3.

Strafsenat. Urt. v. 10. Okt. 1949 g. W. StS 252/49.

I. Schwurgericht M.Gladbach

Aus den Gründen:

Der zur Tatzeit 32jährige Angeklagte, akademisch gebildeter Ingenieur und Prokurist im väterlichen Stahlbaubetrieb, Mitglied der NSDAP seit 1931 und der SS (dort zuletzt Oberscharführer), ist 1940 mit anderen angetrunken nachts in ein Haus eingedrungen, in dem jüdische Familien zusammengepfercht wohnen mußten. Man schickte die Bewohner — Männer, Frauen und Mädchen, darunter alte und schwächliche Menschen — sämtlich im Nachtgewand in den Keller. Dort ließ sie sich der Angeklagte, der auf einem Sofa saß, einzeln „vorführen". Nach seiner Anordnung erhielten sie in seiner Gegenwart von einem Mittäter abgezählte Schläge mit einer schweren Lederpeitsche auf das, jedenfalls bei den Männern, entblößte Gesäß, und zwar 4 Männer je 10 bis 20 Schläge, 6 Frauen und Mädchen je 1 bis 3 Schläge. Die Täter handelten, wie festgestellt ist, eigenmächtig und aus Rassedünkel. Zunächst wegen gefährlicher Körperverletzung zu 1½ Jahren Gefängnis verurteilt, ist der Angeklagte auf die Revision der Staatsanwaltschaft vom OGH. wegen Verbrechens gegen die Menschlichkeit in Tateinheit mit gefährlicher Körperverletzung in zehn Fällen verurteilt und die Sache zur Straffestsetzung zurückverwiesen worden (StS 139/48 vom 21. Dezember 1948). Das Schwurgericht hat nunmehr auf 1 Jahr Gefängnis als Gesamtstrafe erkannt, und zwar unter Anrechnung von Untersuchungs- und Internierungshaft.

Die auf das Strafmaß beschränkte erneute Revision der Staatsanwaltschaft hat Erfolg. Der Tatrichter hat zum Strafmaß erwogen: Der Angeklagte habe in unmenschlicher Weise ältere und schwächliche Menschen und auch Frauen und Mädchen durch Auspeitschen mißhandeln lassen. Die Tat sei wegen ihrer Richtung gegen ohnehin schon schutzlose Juden besonders gemein und erfordere eine höhere Freiheitsstrafe, zumal der Angeklagte ihre Verwerflichkeit nach seinem Bildungsstande habe erkennen müssen. Andererseits habe er Milderungsgründe für sich. Abgesehen von der Bestrafung durch das Spruchgericht wegen seiner Zugehörigkeit zur SS zu sechs Monaten Gefängnis sei er unbestraft. Die Tat habe er alsbald nachher als „ungehörig" empfunden, seine damalige Haltung inzwischen lange aufgegeben; bessernd brauche die

Strafe daher nicht mehr auf ihn einzuwirken. Aus der „Natur der Straftat" ergebe sich auch, daß die Strafe hier keine allgemeine Abschreckungswirkung anzustreben brauche. Strafmildernd sei die enthemmende Wirkung des Alkoholgenusses und weiter die dreijährige Internierungshaft unter guter Führung des Angeklagten, die seinen Sühne- und Wiederaufbauwillen zeige. Er sei auch „kein besonders aktiver Nationalsozialist" gewesen, sondern habe „zum Teil sogar noch gewisse persönliche Beziehungen zu Juden aufrechterhalten" und sich im eigenen Betriebe kameradschaftlich verhalten. Weitere Vorwürfe, sich auch an den Ausschreitungen gegen die Juden am 9./10. November 1938 beteiligt zu haben, seien erst im künftigen Verfahren zu prüfen und hier daher unerheblich.

Diese Erwägungen zur Strafzumessung beanstandet die Revision zum Teil mit Recht als rechtsirrig. Über die Strafe entscheidet grundsätzlich das rechtlich gebundene Ermessen des Tatrichters. Für sich allein ist der Strafspruch daher nur angreifbar — wie auch die Revision nicht verkennt —, soweit er auf rechtsirrigen Erwägungen beruht. Zur Strafzumessung gehört die vollständige, alle Tatfeststellungen berücksichtigende Würdigung von Tat, Täter und Tatfolgen unter Berücksichtigung der Strafzwecke. Die Erwägungen des Schwurgerichts lassen nicht zweifelsfrei erkennen, ob diese Grundsätze bei der Strafzumessung sämtlich berücksichtigt sind. Teils sind festgestellte, wesentliche Umstände nicht herangezogen, die strafschärfend ins Gewicht fallen können, andererseits begegnen die Milderungserwägungen teilweise rechtlichen Bedenken, weil Tatsachen strafmildernd verwertet sind, die in dieser Weise nicht verwertet werden durften.

Das Urteil scheint zunächst außer acht zu lassen, daß der Angeklagte bei der gemeinen Tat nicht nur beteiligt, sondern offenbar führend beteiligt war. Er hat sich die Juden einzeln vorführen lassen und ihnen die Peitschenhiebe zudiktiert. In seiner Gegenwart haben sich die gequälten Menschen, darunter Alte, Frauen und Mädchen über den Tisch legen und zum Teil entblößen müssen. Er hat das Prügeln überwacht. Hiernach ist es kaum zweifelhaft, daß die gesamte Tat, wenn nicht überhaupt vom Angeklagten ersonnen, jedenfalls unter seiner Leitung stattgefunden hat. Das ergeben die Feststellungen. Dies mußte der Tatrichter bei der Strafzumessung erwägen. Das Urteil läßt nicht erkennen, ob das geschehen ist.

Weiter erscheint die Tat, äußerlich betrachtet, zwar nur als ein örtlicher Exzeß Angetrunkener. Diese Betrachtung verkennt aber den offensichtlichen Gesamtzusammenhang. Die Juden sind in Deutschland unter Hitler nicht nur gelegentlich, sondern planmäßig gedemütigt, gepeinigt, ihrer Habe beraubt und teilweise bis zum Tode verfolgt worden. Von vollberechtigten Staatsbürgern wurden sie zu „Schutzangehörigen" des Reichs erniedrigt, im privaten und öffentlichen Leben verfemt, durch diffamierend gemeinte Namenszusätze gekennzeichnet. Durch die Nürnberger Gesetze wurde versucht, sie zu deklassieren und herabzusetzen. Im November 1938, 1½ Jahre vor der Tat, wurden umfassende Pogrome gegen sie entfesselt. In ihrer Bewegungsfreiheit wurden sie aufs stärkste beschränkt, später, wie auch hier, auf engstem Raume zusammengedrängt und schließlich, bevor die körperliche Vernichtung einsetzte, in entehrender Weise äußerlich gekennzeichnet. Die Tat des Angeklagten ist ein bewußtes Sicheinfügen in diese verbrecherische Gesamtaktion. Diese ungerechte Verfolgung der Juden in Deutschland hat die Deutschen in der Welt bei aller Unterscheidung zwischen Schuldigen und hieran Nichtschuldigen herabgesetzt und kann nur durch deutliches Abrücken von solchen Scheußlichkeiten und durch tätig bewiesene innere Umkehr getilgt werden. Die Nichtberücksichtigung dieser offenkundigen Zusammenhänge bei der Tatbeurteilung ist rechtsirrig. Angetrunken hat der Angeklagte zumindest seine damalige Gesinnung offenbart, die das Schwurgericht als Rassedünkel kennzeichnet. Es will wenig besagen, daß er die Tat bald nachher selbst als „ungehörig" empfunden hat. Damit wird er ihrem wirklichen Unrechtsgehalt nicht entfernt gerecht, zumal nicht festgestellt ist, daß er sich damals bemüht hat, seine Verfehlung, soweit angängig, wieder gutzumachen. Auch die damaligen Machthaber haben sie in Wahrheit nicht mißbilligt. Der Angeklagte hat sich im ersten Revisionsverfahren selbst darauf berufen, daß er der Tat wegen durch Strafbefehl mit 20 RM „bestraft" worden sei, eine Maßnahme, die, wenn das zutrifft, nicht der Gerechtigkeit, sondern der Verhöhnung der Opfer gedient hätte. Das Schwurgericht hat diese Zusammenhänge und die Schädigung des deutschen Ansehens durch die Tat des Angeklagten, wie nach den Strafzumessungsgründen anzunehmen ist, unberücksichtigt gelassen.

Weiter hebt die Revision mit Recht die Außerachtlassung des Sühnezwecks der Strafe hervor, der angesichts dieser Tat und des dargelegten Zusammenhangs besonders im Vordergrund stehen muß, im Urteil aber nur formelhaft erwähnt wird, ohne daß rechtlich Gewähr dafür besteht, daß er bei der Strafzumessung auch gebührend berücksichtigt ist.

Unzutreffend ist endlich auch die Ansicht des Tatrichters, aus der „Natur der Straftat" ergebe sich, daß die Strafe auch keine allgemeine Abschreckungswirkung mehr zu haben brauche. Wenn das Schwurgericht damit sagen will, aus Rassedünkel geborene Mißhandlungen wehrloser Menschen seien heute allgemein so fernliegend, daß praktisch niemand durch gerechte Strafen von ihnen abgeschreckt zu werden brauche, so wäre dieser Standpunkt jedenfalls solange verfrüht, als nicht eine allgemeine Humanisierung des politischen und allgemeinen menschlichen Zusammenlebens auf diesem Gebiete durch die Entwicklung erwiesen ist. Zur Zeit ist dieser Zustand — wie die Erfahrungen der Gegenwart zeigen — noch nicht eingetreten. Aus diesem Grunde ist die Nichtberücksichtigung des Abschreckungszweckes rechtsirrig. Das Schwurgericht wird die Strafe unter Berücksichtigung aller dieser Gesichtspunkte bemessen und, daß dies geschehen ist, in den Urteilsgründen erkennbar machen müssen.

Die Entscheidung entspricht dem Antrage des Generalstaatsanwalts.

---

29. 1. Zum Begriff des Verdachts der Beteiligung an der den Gegenstand der Untersuchung bildenden Tat im Sinne des § 60 Ziff. 3 StPO.

2. Ergibt der Sachverhalt, den der Tatrichter nach den Urteilsgründen für erwiesen oder für möglich hält, daß gegen einen auf seine Aussage vereidigten Zeugen danach der Verdacht der Beteiligung besteht, ist § 60

Ziff. 3 StPO. verletzt. Auf dieser Verletzung kann das Urteil beruhen.

StPO. §§ 60 Ziff. 3, 337.

Strafsenat. Urt. v. 13. September 1949 g. T. StS 86/49.

I. Schwurgericht Bonn.

Aus den Gründen:

Die Angeklagte ist wegen Verbrechens gegen die Menschlichkeit in der Form der Anzeigetat verurteilt.

Ihre Revision muß Erfolg haben.

Die auf die Verletzung des § 60 Ziff. 3 StPO. gestützte Verfahrensrüge ist begründet. Danach ist von der Vereidigung eines Zeugen abzusehen, wenn er der Beteiligung an der den Gegenstand der Untersuchung bildenden Tat verdächtig ist. Zutreffend macht die Revision geltend, daß nach dem Sachverhalt, von dem das Schwurgericht ausgehe, diese Voraussetzung bei dem als Zeugen vernommenen und auf seine Aussage vereidigten Polizeibeamten J. zu bejahen sei. Denn das Gericht hält es, wie die Urteilsgründe ergeben, zwar nicht für erwiesen, aber doch für *möglich*, daß J. der Angeklagten, als sie ihm von ihren Beobachtungen in der W.schen Wohnung erzählte, sagte, sie hätte den Rundfunkapparat herunterreißen sollen; nun solle sie sofort zur Gestapo gehen und das anzeigen; er werde sich erkundigen, ob sie dagewesen sei. Geht man aber von diesem Sachverhalt aus, dann liegt es auch nach den sonstigen Feststellungen des Schwurgerichts zumindest im Bereiche der Möglichkeit, daß *auch* das Verhalten J.s im Rechtssinne ursächlich für die Erstattung der Anzeige durch die Angeklagte gewesen ist und daß J. dabei mindestens mit bedingtem Vorsatz handelte. Diese vom Schwurgericht nicht ausgeschlossene Möglichkeit bedeutet aber nichts anderes, als daß gegen den Zeugen J. ein Verdacht der Beteiligung am Verbrechen gegen die Menschlichkeit bestand. Im einzelnen ergibt sich das aus folgendem:

Die Angeklagte wußte schon monatelang vor Erstattung der Anzeige, daß Frau W. und A. ausländische Sender hörten. Trotzdem hatte sie bisher keine Anzeige gemacht. Wenn es erst unmittelbar nach der Aufforderung J.s zu der Anzeige durch sie kam, ohne daß nach dem festgestellten Sachverhalt ein anderer Umstand ersichtlich ist, der die Angeklagte sonst dazu bestimmt haben könnte, so spricht vieles dafür, daß die Bemerkung J.s diesen Entschluß mit herbeigeführt hat, sei es, daß sie den Entschluß überhaupt erst hervorrief, sei es, daß sie die noch nicht fest entschlossene Angeklagte in ihrem Vorhaben bestärkte. In beiden Fällen müßte die Ursächlichkeit der Bemerkung für das weitere Geschehen bejaht werden.

Diese Ursächlichkeit wird auch nicht durch die Feststellung ausgeschlossen, daß die Angeklagte aus freiem Entschluß gehandelt habe. Denn damit wird nur die Freiheit ihres Willens bejaht, also verneint, daß diese durch die Bemerkung J.s in strafrechtlich erheblicher Weise beeinträchtigt wurde. Es wird aber dadurch nicht ausgeschlossen, daß die Äußerung J.s motivierend gewirkt haben könnte. Sollte das Schwurgericht aber haben zum Ausdruck bringen wollen, daß die Bemerkung J.s ohne jeden Einfluß auf den weiteren Ablauf der Geschehnisse gewesen sei, so könnte diese Auffassung im Hinblick auf die sonstigen Feststellungen nur dann als frei von Widerspruch und damit auch frei von Rechtsirrtum angesehen werden, wenn näher dargelegt wäre, welche sonstigen Umstände die Anzeige auslösten . . .

Nach den vom Schwurgericht für möglich gehaltenen Umständen muß also von einem Verhalten J.s ausgegangen werden, das für den weiteren Ablauf der Geschehnisse ursächlich gewesen sein kann. Dieses Verhalten würde den äußeren Tatbestand des Verbrechens gegen die Menschlichkeit (Art. II 1c KRG. 10) verwirklichen. Der Verdacht der Beteiligung an der den Gegenstand der Untersuchung bildenden Tat könnte bei J. unter diesen Umständen also allenfalls noch mit der Begründung verneint werden, daß es mindestens an den Erfordernissen des inneren Tatbestandes fehle. Aber auch diese Möglichkeit wird durch die Darlegungen des angefochtenen Urteils keineswegs ausgeschlossen. (Wird ausgeführt.)

Geht man von dem vom Schwurgericht teils festgestellten, teils für möglich gehaltenen Sachverhalt aus und würdigt man ihn, soweit das Verhalten J.s in Frage steht, in rechtlich zutreffender Weise, dann ergibt sich also, daß ein von J. zum Nachteil der Frau W. und des A. begangenes Verbrechen gegen die Menschlichkeit (Art. II 1c

KRG. 10) zwar nicht erwiesen ist, aber doch durchaus im Bereiche naher Möglichkeit liegt. Unterstellt man, daß sich auch J. wegen dieser Anschuldigung hätte verantworten müssen, dann vermöchte der vom Schwurgericht festgestellte oder für möglich erachtete Sachverhalt bei zutreffender rechtlicher Würdigung allenfalls seine Freisprechung mangels ausreichenden Beweises, nicht aber wegen erwiesener Unschuld zu rechtfertigen. Jedenfalls schließt der Sachverhalt, von dem das Schwurgericht nach den Darlegungen des angefochtenen Urteils selbst ausgeht, die Möglichkeit nicht aus, daß sich auch J. eines Verbrechens gegen die Menschlichkeit schuldig gemacht hat. Das bedeutet aber, daß gegen ihn ein Verdacht im Sinne des § 60 Ziff. 3 StPO. bestand.

Dabei ist es für die Anwendung des § 60 Ziff. 3 StPO. gleichgültig, in welchem Verhältnis der mögliche Tatbeitrag J.s zur Tat der Angeklagten stände. Denn unter den Begriff der Beteiligung im Sinne des § 60 Ziff. 3 StPO. fällt nicht nur jede Teilnahmehandlung im Sinne der §§ 47 ff. StGB.; die Vorschrift bezieht sich vielmehr auf jeden, der in strafbarer Weise bei dem fraglichen Vorgange und in derselben Richtung wie der Angeklagte mitgewirkt hat (RGSt. Bd. 64 S. 296 [298], OGHSt. Bd. 2 S. 98). Das würde auch für das vom Schwurgericht für möglich gehaltene Verhalten J.s zu gelten haben. Seine Vereidigung hätte deshalb nach § 60 Ziff. 3 StPO. unterbleiben müssen. Ohne Bedeutung ist, daß die Angeklagte und ihr Verteidiger zur Frage der Vereidigung des Zeugen J., wie die Sitzungsniederschrift ergibt, keine Anträge gestellt haben. Denn § 60 StPO. ist eine von Amts wegen zu beachtende Verfahrensvorschrift. Der auf § 60 Ziff. 3 StPO. gestützten Verfahrensrüge steht auch nicht entgegen, daß die Frage, ob ein Zeuge der Beteiligung an der den Gegenstand der Untersuchung bildenden Tat verdächtig ist, eine Würdigung des Sachverhalts durch den Tatrichter voraussetzt und diese — wie auch sonst die Beurteilung der Tatfrage — in weitem Umfange der Nachprüfung durch das Revisionsgericht entzogen ist. Die tatsächliche Würdigung ist allerdings der Nachprüfung nicht zugänglich, wohl aber die Rechtsfrage, ob in dem Sachverhalt, von dem der Tatrichter ausgeht, die Merkmale einer strafbaren Handlung zu finden sind und diese als Beteiligung an der den Gegenstand des Verfahrens bildenden Tat angesehen werden müßte. Hier ergibt sich, daß nach den Tatsachen, die das Schwurgericht festgestellt hat oder für möglich hält, der Verdacht der Beteiligung zu bejahen ist. (Wird ausgeführt.)

Wenn dieser Verfahrensverstoß auch nicht zu den in § 338 StPO. angeführten Gesetzesverletzungen zählt, so muß er doch die Aufhebung des Urteils zur Folge haben, weil nicht auszuschließen ist, daß das Urteil auf ihm beruht (§ 337 Ziff. 1 StPO.) . . .

---

30. 1. Gewahrsamsbruch kann an allen Beförderungsgütern der Staatsbahn begangen werden, die sich überhaupt im amtlichen Aufbewahrungsbereich befinden.

2. Zur Frage der Gleichstellung von Beförderungsgütern auf privaten Kleinbahnen mit solchen der Staatsbahn.

3. Gewinnsucht als gesetzlicher Strafschärfungsgrund bei Notlage des Täters.

4. Zur Abgrenzung des Versuchs von der Vorbereitungshandlung. Der Versuch, die Signalstellung zu verhindern, um einen herannahenden Zug zum Halten zu bringen und aus ihm Kohlen zu stehlen, ist Diebstahlsversuch.

5. Zur Auswirkung eines Fehlers im Schuldspruch auf den Strafausspruch.

StGB. §§ 133 Abs. 1 und 2, 43; StPO. § 353 Abs. 1.

Strafsenat. Urt. v. 20. September 1949 g. O. StS 36/49.

I. Schwurgericht Stade.

Aus den Gründen:

Der Angeklagte ist verurteilt wegen Diebstahls in Tateinheit mit gewinnsüchtigem Verwahrungsbruch in vier Fällen (§§ 242, 133 Abs. 2, 73, 74 StGB.) und wegen Beihilfe zum versuchten Diebstahl in Tateinheit mit versuchtem gewinnsüchtigem Verwahrungsbruch in einem Falle (§§ 242, 133 Abs. 2, 43 f., 49 StGB.).

Seine Revision rügt Verletzung des sachlichen Rechts.

In jedem der vier Entwendungsfälle hat das Schwurgericht mit Recht Diebstahl angenommen, und zwar auch in dem Falle 4, in dem der Angeklagte zur eigenen Verwendung eine zu $^3/_4$ gefüllte Kanne Lack mitgenommen hat, die, wie ihm bekannt war, aus einem fahrenden Güterzuge in den noch zum Bahnkörper gehörigen Graben gefallen war. Die Eisenbahn hat den Gewahrsam an Beförderungsgütern noch nicht verloren, wenn diese aus dem Waggon gefallen sind, aber noch auf dem Bahnkörper liegen.

In allen vier Fällen handelte es sich um Beförderungsgut der Eisenbahn. Soweit dabei die Staatsbahn in Frage kam, nämlich in den Fällen 1 und 4, ist tateinheitlicher Gewahrsamsbruch zu Recht bejaht. Dabei ist zum Falle 4 zu bemerken: Wenn § 133 Abs. 1 StGB. davon spricht, daß sich der beiseite geschaffte Gegenstand an einem zur amtlichen Aufbewahrung bestimmten Orte befinden muß, so ist darunter jeder Ort zu verstehen, auf den sich die amtliche Aufbewahrung allgemein erstreckt, also nicht nur der Ort, der für die Aufbewahrung regelmäßig vorgesehen ist, sondern auch die Stelle, an die die Sache geraten ist, sofern sie im amtlichen Aufbewahrungsbereich liegt. Das ist der Fall bei einem Beförderungsgute der Staatsbahn, das vom rollenden Zuge auf den Bahnkörper heruntergefallen ist. (Im Ergebnis übereinstimmend RG. in LZ. 14 Jg. 1920 Sp. 532).

In den Diebstahlsfällen 2 und 3 hat der Angeklagte Beförderungsgüter aus den Wagen einer privaten Kleinbahn weggenommen. Auch hier hat das Schwurgericht Bruch der „amtlichen Aufbewahrung" im Sinne von § 133 StGB. bejaht auf Grund der Feststellung, daß die Transportgüter (Waggons mit Holz) der Kleinbahn im Rahmen des öffentlichen Güterverkehrs zur Beförderung übergeben und zur Weiterbeförderung auf der Staatsbahn vorgesehen waren. Aus diesen Feststellungen ist nicht mit genügender Deutlichkeit zu erkennen, ob der Zustand amtlicher Verwahrung im Augenblick der Diebstähle bestanden hat. Eine solche Feststellung läßt sich nur durch nähere Erörterung des tatsächlichen und rechtlichen Verhältnisses begründen, in dem die private Kleinbahn anläßlich der Beförderung dieser Güter zu der Staatsbahn gestanden hat. Zur Annahme des Tatbestandsmerkmals der „amtlichen Aufbewahrung" würde es erforderlich sein, festzustellen, daß diese Aufbewahrung erfolgt, um einen Kreis gewisser, die öffentliche Beförderung angehender Geschäfte unter Verantwortung des Staates oder einer ihm in der Erfüllung seiner Aufgabe untergeordneten Körperschaft, etwa eines Organes der Selbstverwaltung, zu erledigen. Auch fällt auf, daß zum inneren Tatbestand keinerlei Feststellungen getroffen sind. Hinsichtlich dieser beiden Entwendungsfälle muß das Urteil also aufgehoben und die Sache zurückverwiesen werden.

Die Bejahung gewinnsüchtiger Absicht des Täters nach § 133 Abs. 2 StGB. beanstandet die Revision mit Rücksicht darauf, daß der Angeklagte nach dem Urteil aus wirtschaftlicher Not gehandelt habe. Diese Rüge ist nicht begründet. Wo das Gesetz eine Strafschärfung bei Gewinnsucht oder gewinnsüchtiger Absicht vorsieht, muß darunter etwas verstanden werden, was den Täter zusätzlich belastet, also seine Schuld erhöht. Handelt der Täter zwar aus der Absicht, einen materiellen Vorteil zu erlangen, stellt dieses Motiv aber unter Berücksichtigung aller Umstände keine zusätzliche Belastung dar, so kann ein solches Motiv nicht Anlaß einer Strafschärfung werden. So aber ist hier die festgestellte Sachlage keineswegs. Das Schwurgericht hat als unwiderlegt angenommen, daß der Angeklagte in seinem jungen Hausstand bei seiner wirtschaftlichen Lage nicht zu Möbeln kommen konnte und daß die Deputatkohlen, die er als Eisenbahnarbeiter erhielt, nicht ausgereicht hätten, daß der Angeklagte deshalb erhebliche Mengen Bretter und Stammholz gestohlen hat. Andererseits hat das Schwurgericht den Angeklagten als typischen Gelegenheitsdieb bezeichnet, der, wenn er etwas Passendes sah und die Gelegenheit günstig war, immer innerlich zum Stehlen bereit war. Der Angeklagte hat also aus krimineller Neigung wesentlich mehr Holz beiseite geschafft, als es zur Befriedigung seiner persönlichen besonderen Notlage erforderlich war. Er ist mithin durch Notlage nicht entlastet, sondern durch verwerfliches Streben nach Gewinn zusätzlich belastet.

Weiter ist der Angeklagte mit Recht wegen Beihilfe

zum versuchten Diebstahl verurteilt worden. Dieser Verurteilung liegen folgende Feststellungen zugrunde:

Im März 1948 hielt sich der Jugendliche K. zusammen mit anderen Jungen in der Nähe des Bahnhofs T. am Bahnkörper auf. Der Angeklagte, der hinzukam und annahm, daß die Jungen wohl auf Kohlendiebstähle ausgingen, sagte ihnen: „Wenn ihr Kohlen haben wollt, müßt ihr die Signaldrähte festhalten." Er erklärte ihnen, wie man die Signaldrähte mit der Hand zusammendrücken müsse, um das Ziehen des Signals zu verhindern und auf diese Weise einen Zug zum Halten zu bringen. Etwa eine Woche später, Ende März 1948, unternahm dann K., diesem Rat des Angeklagten folgend, tatsächlich einen Versuch, die Signaldrähte eines in der Nähe des Bahnhofs T. befindlichen Signals mit der Hand zusammenzudrücken, um auf diese Weise das Stellen des Signals auf Fahrt zu verhindern und einen nahenden Güterzug, von dem er Kohlen stehlen wollte, zum Halten zu bringen. Der Versuch mißlang jedoch, da die Kräfte des Jungen nicht ausreichten, die Drähte so fest zusammenzuhalten, daß dadurch die Signalstellung unmöglich wurde. Bei seiner Raterteilung hat der Angeklagte mindestens in Rechnung gezogen, daß der Rat möglicherweise zu einem Kohlendiebstahl befolgt werde, insbesondere von K., der, wie der Angeklagte annahm, ohnehin zu Kohlendiebstählen entschlossen war. . . .

Die Auffassung, daß K. bereits einen Diebstahlsversuch begangen hat und nicht nur eine Vorbereitungshandlung dazu, ist rechtlich zu billigen. Versuch setzt voraus, daß mit der Ausführung der strafbaren Handlung begonnen ist. Der Anfang der Ausführung aber umfaßt alle Handlungen, die vermöge ihrer unmittelbaren Zusammengehörigkeit mit der Tatbestandshandlung für die natürliche Auffassung als deren Bestandteile erscheinen (vgl. u. a. RG. 54 S. 35, 53 S. 27). Aber es muß bereits eine solche Annäherung an die Tatbestandsverwirklichung vorliegen, daß der darauf gerichtete Wille des Täters deutlich zu erkennen ist. Das Anhalten eines Güterzuges in der aus den Umständen erkennbaren Absicht, Beförderungsgüter zu stehlen, erfüllt diese Voraussetzungen und ist versuchter Diebstahl. Das gleiche gilt von Handlungen, die unmittelbar und eindeutig dazu dienen, den herannahenden Güterzug zum Halten zu bringen, sofern die Diebstahlsabsicht aus den Umständen hervorgeht . . .

Die Verurteilung wegen tateinheitlichen Versuchs eines gewinnsüchtigen Verwahrungsbruchs ist rechtsirrig, wie das Schwurgericht bereits in seinen Urteilsgründen zum Ausdruck gebracht hat. Denn diese Versuchstat ist als versuchtes Vergehen mangels ausdrücklicher Gesetzesbestimmung nicht strafbar (§ 43 Abs. 2 StGB.) . . . Durch das Versehen war auch der Strafausspruch rechtlich betroffen. Denn während beim vollendeten Diebstahl Gefängnis von einem Tage an zulässig ist, sieht § 133 Abs. 2 StGB. für die vollendete Tat mindestens drei Monate Gefängnis vor. Die Angabe der Urteilsgründe, daß das rechtliche Versehen keinen praktischen Einfluß auf den Strafausspruch gehabt habe, kann als eine nach der Urteilsfällung angestellte Erwägung dieses Versehen nicht ausgleichen. Es bedarf hier der Aufhebung der Einzelstrafe. Der Tatrichter kann nur auf Grund einer neuen Verhandlung entscheiden, ob die veränderte rechtliche Beurteilung eine andere Zumessung der Einzelstrafe rechtfertigt oder nicht.

Mit den drei aufgehobenen Einzelstrafen entfällt auch die Gesamtstrafe.

---

31. 1. Die falsche uneidliche Aussage ist auch dann nicht Beginn der Ausführung eines Meineids, wenn der Vernommene vereidigt werden soll. Erst mit dem Schwören selbst beginnt der Meineid.

2. Die uneidliche Falschaussage ist vollendet, wenn die Aussage abgeschlossen ist. Zum Begriff der abgeschlossenen Aussage.

3. Beihilfe zur Falschaussage kann seitens einer Partei im Zivilprozeß unter Umständen auch durch schweigendes Anhören der Aussage geschehen.

4. Aussagenotstand kommt dem Gehilfen, der nicht selbst als Zeuge oder Sachverständiger vernommen wird, nicht zugute.

5. Die Wohltat des § 158 StGB. kommt dem Anstifter und Gehilfen zugute, der von sich aus die falsche Aussage rechtzeitig richtigstellt.

StGB. §§ 153, 154, 157, 158, 43, 49.

Strafsenat. Urt. v. 20. September 1949 g. W. StS 22/49.

I. Landgericht Bochum.
II. Oberlandesgericht Hamm.

Aus den Gründen:

Die Mitangeklagte K. ist wegen falscher uneidlicher Aussage, der Angeklagte W. wegen Beihilfe hierzu verurteilt. Bei beiden Angeklagten hat das Gericht den Aussagenotstand des § 157 StGB. als vorliegend erachtet und demgemäß die Strafe gemildert.

Das Oberlandesgericht hat die Revision des Angeklagten W. dem Obersten Gerichtshof wegen der grundsätzlichen Frage vorgelegt, ob die Strafermäßigung gemäß § 158 StGB. auch auf Teilnehmer anzuwenden sei; diese Frage möchte das Oberlandesgericht entgegen der Rechtsprechung des Reichsgerichts bejahen. Die Sache ist zurückverwiesen worden.

Wenn ein Zeuge vor Gericht vernommen wird, so macht er zunächst seine Aussage. Nach deren Abschluß wird er möglicherweise auf diese vereidigt. Meineid gemäß § 154 StGB. ist nach dem klaren Wortlaut des Gesetzes das falsche Schwören selbst. Die voraufgegangene falsche Bekundung kann Vorbereitung dazu sein. Die Ausführung des Meineides wird erst begonnen mit dem Beginn der Eidesleistung; versuchter Meineid liegt also vor, wenn mit der Eidesleistung begonnen, sie aber noch nicht beendet ist (RGSt. Bd. 54 S. 117). Hierzu ist es, wie auch die Revision nicht in Zweifel zieht, nicht gekommen. Rücktritt vom versuchten Meineid kommt also hier nicht in Betracht.

Die falsche Bekundung des Zeugen ist nach § 153 StGB. als uneidliche Falschaussage strafbar, und zwar als vollendete, wenn die Aussage abgeschlossen ist. Das ist dann der Fall, wenn dem äußeren Geschehen nach der Richter sein Fragen und der Zeuge sein Bekunden zum Gegenstand der Vernehmung beendet hat. Die äußeren Kennzeichen hierfür sind Tatfrage. Beispielsweise liegt eine abgeschlossene Bekundung dann vor, wenn der Richter den Zeugen entläßt, Platz nehmen läßt, sich einem anderen Zeugen oder auch nur einem anderen selbständigen

Vernehmungsgegenstand zuwendet, ohne daß der Richter oder Zeuge die Möglichkeit der Fortsetzung der Vernehmung oder Bekundung erkennbar macht. Die an sich bestehende Möglichkeit, daß der Zeuge sich nochmals zu Wort meldet oder der Richter ihn später erneut vorruft oder vorlädt, steht dem Abschluß der Bekundung ebensowenig entgegen, wie ein innerer Vorbehalt des Richters oder Zeugen nach dieser Richtung. Zum inneren Tatbestande der vollendeten Falschbekundung gehört in dieser Beziehung nur das Bewußtsein einer den äußeren Umständen nach abgeschlossenen Bekundung. Auch der ausdrückliche Vorbehalt des Richters, später über die Beeidigung des Zeugen zu entscheiden und den Zeugen gegebenenfalls zu vereidigen, hindert den Abschluß der Bekundung nicht; auch ist die Frage an den Zeugen, ob er bereit sei, die Aussage zu beschwören, und seine bejahende Antwort nicht erforderlich für den Abschluß seiner Bekundung.

In dem angefochtenen Urteil sind keine ausreichenden Tatsachen angegeben, aus denen entnommen werden könnte, daß die Aussage der früheren Mitangeklagten K. tatsächlich abgeschlossen war, als der Angeklagte sie berichtigte. Das angefochtene Urteil enthält nur die Bemerkung, daß die K. vor dem Oberlandesgericht in einem Ehescheidungsprozeß uneidlich als Zeugin vernommen worden ist und daß der Angeklagte W. als Prozeßpartei, als sie auf diese Aussage vereidigt werden sollte, die Berichtigungserklärung abgab. Aus dieser kurzen Bemerkung kann nicht mit hinreichender Sicherheit entnommen werden, daß sich die Strafkammer darüber im klaren war, daß es hier auf die Frage ankommt, ob eine abgeschlossene Aussage vorliegt, und daß der Begriff der abgeschlossenen Aussage richtig erkannt ist . . .

Die Strafkammer hat die Beihilfe des Beschwerdeführers zur uneidlichen Falschaussage der K. darin erblickt, daß er im Laufe eines Gesprächs über die demnächstige Zeugenvernehmung mit den Worten: „Es ist gut, dann verschweigen wir es" ihren Willen zur Tat wesentlich unterstützt und in Fortsetzung dessen während der Zeugenvernehmung bis zum Abschluß der Bekundung die Wahrheit verschwiegen hat, obwohl er durch sein voraufgegangenes Prozeßverhalten rechtlich verpflichtet war, eine wahrheitswidrige Aussage zu verhindern. Das ist rechtlich nicht angreifbar.

Rechtlich fehlerhaft allerdings war es, daß die Strafkammer auch dem Beschwerdeführer als dem Gehilfen der K. Aussagenotstand (§ 157 Abs. 1 StGB.) zugute gehalten hat. Nach Wortlaut und Sinn dieser Bestimmung sind durch sie nur die als Zeugen oder Sachverständige selbst vernommenen Personen begünstigt, weil nur sie durch ihre Aussagepflicht in die besondere Konfliktslage geraten können. Die Konfliktslage für solche Personen ist auch durch das Recht zur Aussageverweigerung gemäß § 384 Ziff. 2 ZPO., § 55 StPO. nicht ausgeräumt, sondern nur gemildert; denn schon diese Verweigerung kann die Vernommenen belasten oder benachteiligen. In dieser Lage sind sie infolge ihrer rechtlichen Aussagepflicht. Unter dem Druck dieser Pflicht steht jemand, der nicht als Zeuge oder Sachverständiger vernommen wird, auch dann nicht, wenn er durch die wahrheitsgemäße Aussage eines Zeugen oder Sachverständigen in die Gefahr strafrechtlicher Verfolgung geraten würde und diesen deshalb dazu anstiftet oder darin bestärkt, falsch auszusagen, mag dieser selbst sich auch im Aussagenotstand befinden.

Die Natur der Zwangslage ist für die Partei schon um deswillen von der des Zeugen wesentlich verschieden, weil die Partei in ihre Rolle im Verfahren nicht, wie der Zeuge, im Interesse der Rechtspflege und der Wahrheitsermittlung gerät, sondern weil sie an den dem Rechtsstreit zugrunde liegenden tatsächlichen Vorgängen beteiligt ist. Hieraus folgt ihre natürliche Verpflichtung, an der rechtlichen Klärung im Prozeß mitzuwirken. Es ist ihr deshalb auch zuzumuten, daraus sich ergebende Folgen zu tragen. Die Zwangslage der Partei entsteht nicht aus Gründen eines öffentlichen Interesses. Einem Anstifter oder Gehilfen, der nicht selbst als Zeuge oder Sachverständiger vernommen wird, kommt mithin Aussagenotstand nicht zugute. Die vom Reichsgericht (RGSt. Bd. 75 S. 37, 41, 42) gestreifte Frage, ob § 157 Abs. 1 StGB. entsprechend anzuwenden sei auf einen Anstifter oder Gehilfen, der selbst auch als Zeuge vernommen wird und sich dabei persönlich im Aussagenotstand befindet, steht hier nicht zur Entscheidung, da der Angeklagte im Ehescheidungsprozeß Partei war, also nicht selbst als Zeuge vernommen worden ist. An der vollen Strafbarkeit einer Partei als Teilnehmer am Zeugendelikt muß festgehalten werden (so auch das RG. a.a.O.) . . .

Dagegen kam dem Beschwerdeführer, und zwar nur ihm, nicht der Mitangeklagten K., unter der Voraussetzung, daß deren uneidliche Falschaussage vollendet war, die Wohltat des § 158 StGB. infolge rechtzeitiger Berichtigung der falschen Aussage zu. Zwar spricht § 158 nur von einer Berichtigung durch den Täter. Aber der Zweck dieser Vorschrift geht dahin, die Berichtigung falscher Aussagen zu fördern, damit die Wahrheit siege und drohende Nachteile abgewendet werden. Deshalb ist sie weit auszulegen und zugunsten solcher Personen entsprechend anzuwenden, die als Anstifter und Gehilfen der falschen Aussage strafbar geworden sind, aber diese rechtzeitig berichtigen. Die entgegengesetzte Meinung würde übrigens im Widerspruch stehen zu der herrschenden Rechtsprechung, daß beim Versuch auch der Teilnehmer durch eigenen Rücktritt straflos wird, obwohl auch § 46 nur vom Täter spricht.

Das RG. (DJ. 1936 S. 290 und JW. 1937 S. 1329 Nr. 25; wie hier Pfundtner-Neubert Bd. 2 c Abt. 6 S. 228, Dalcke 1947 N. 2 und Schönke 1947 N. I) hat zwar den entgegengesetzten Standpunkt vertreten; doch können seine Gründe, wie das Oberlandesgericht im wesentlichen zutreffend ausführt, nicht überzeugen.

Daß auch ein Nichttäter den Schaden für andere durch Berichtigung abwenden kann, zeigt der vorliegende Straffall. Es hat nur scheinbar etwas Unbefriedigendes, daß namentlich der Anstifter sich durch Berichtigung die Wohltat des § 158 StGB. verschaffen kann, obwohl die durch seine Anstiftung mitbegründete Schuld des Täters bleibt und nicht ausgeräumt ist. Indes hätte ja auch der Täter die Möglichkeit gehabt, zu widerrufen. Zudem bleibt die Strafbedürftigkeit des Täterdelikts durch den Umstand, daß der Anstifter die Aussage berichtigt hat, keineswegs unberührt und wird umgekehrt für die Strafzumessung beim Anstifter zu berücksichtigen sein, wieweit durch seine Mitschuld der Angestiftete strafbar ist.

Daß nach der bis 1943 gültigen Fassung des § 159 StGB. schon die erfolglose Verleitung zum Meineid strafbar blieb, steht nach der Neufassung dieser Bestimmung dem hier vertretenen Standpunkt nicht entgegen. Ob der hiernach entsprechend anzuwendende § 49 a StGB. n.F. heute seinem ganzen Inhalte nach geltendes Recht ist, braucht hier nicht entschieden zu werden (vgl. das Urteil des OGH StS 27/49 vom 21. 6. 1949). Jedenfalls ist § 49 a Abs. 4 n.F. bei erfolgloser Verleitung zum Meineid nach wie vor entsprechend anzuwenden und tritt demnach bei tätiger Reue des Anstiftenden für diesen Straffreiheit ein.

Für den Fall, daß die neue Hauptverhandlung ergibt, daß nur eine versuchte uneidliche Falschaussage vorliegt und der Beschwerdeführer nur zu dieser Versuchstat Beihilfe geleistet hat, ist eine Berichtigung nach § 46 StGB. zu beurteilen.

---

32. 1. Durch die Verordnung des Oberpräsidenten von Westfalen vom 30. Januar 1946 wurde die Vollbewirtschaftung der Tabakwaren rechtswirksam eingeführt.

2. Zur Frage der Zuständigkeit deutscher Stellen zum Erlaß von Rechtsverordnungen nach der Besetzung Deutschlands und zur Frage ihrer Verkündung.

KWVO. § 1 Abs. 2; Verordnung des Oberpräsidenten von Westfalen vom 30. Januar 1946.

Strafsenat. Urt. v. 26. Sept. 1949 g. M. StS 170/48.

I. Landgericht Bielefeld.
II. Oberlandesgericht Hamm.

Aus den Gründen:

Der Angeklagte ist wegen Bewirtschaftungsverbrechens (§ 1 Abs. 2 KWVO.) mit Tabakwaren verurteilt. Auf seine Revision ist die Sache in die Vorinstanz zurückverwiesen.

Für die Beurteilung des Sachverhalts ist es von entscheidender Bedeutung, ob durch die Anordnung I/45 des Reichsbeauftragten für Tabak und Kaffee oder durch die Verordnung des Oberpräsidenten der Provinz Westfalen vom 30. Januar 1946 für den Bereich dieser Provinz die Vollbewirtschaftung für Tabak rechtsgültig angeordnet worden ist. Denn andere Gesetze und Verordnungen, die die Vollbewirtschaftung eingeführt haben könnten, sind nach der amtlichen Auskunft des Wirtschaftsministers von Nordrhein-Westfalen vom 11. Oktober 1948 nicht ergangen. Danach waren insbesondere die schon vorher eingeführten Raucherkarten keine Bezugsmarken im Sinne des § 2 der Verordnung über die Verbrauchsregelung für lebenswichtige gewerbliche Erzeugnisse vom 14. November 1939 in der Fassung der Verordnung vom 25. November 1941 (RGBl. I S. 731). Die Einzelhändler wurden, ohne daß es dazu besonderer Bezugsberechtigungen bedurfte, durch die Großhändler und Hersteller nach Prozentsätzen beliefert, die für jeden Händler nach seinen Bezügen im Jahre 1938 berechnet wurden. Ein Lieferantenwechsel war nicht ohne weiteres möglich (sogenannter zementierter Handelsweg). Falls auch die Anordnung I/45 des Reichsbeauftragten für Tabak und Kaffee oder die Verordnung des Oberpräsidenten der Provinz Westfalen vom 30. Januar 1946 die Vollbewirtschaftung für Tabakwaren nicht eingeführt hat, fehlt es also an einer Rechtsgrundlage für eine Verpflichtung der Kleinhändler, die Raucherkartenabschnitte der Verbraucher bei den Wirtschaftsämtern in Wiederbezugsmarken umzutauschen und nur gegen Hingabe dieser Wiederbezugsmarken vom Großhändler oder Hersteller Tabakwaren zu beziehen. Die Wiederbezugsmarken könnten dann nicht als Bezugsberechtigungen im Sinne des § 1 Abs. 2 KWVO. angesehen werden, wie es die Strafkammer ohne nähere Begründung getan hat. Die von der Revision vertretene Auffassung, daß im Bereiche der ehemaligen Provinz Westfalen die Vollbewirtschaftung für Tabakwaren nicht rechtsgültig eingeführt worden sei, ist jedoch unzutreffend. Dabei kann unentschieden bleiben, ob der Anordnung I/45 des Reichsbeauftragten für Tabak und Kaffee jede rechtliche Wirkung abzusprechen ist. Denn sie ist noch im Reichsanzeiger veröffentlicht worden; die in ihr vorgesehenen Wiederbezugsmarken und Raucherkarten sind allerdings, ebenso wie die zu ihrer Herstellung notwendigen Klischees und Papiersorten, nicht mehr von der Reichsstelle in den Besitz des Wirtschaftsamtes gelangt, weil Westfalen inzwischen von alliierten Truppen besetzt wurde. Da es sich bei der Anordnung um Rechtsvorschriften handelte, die zu ihrer Durchführung und damit zu ihrem Wirksamwerden weiterer behördlicher Maßnahmen bedurften, und da diese Maßnahmen in Westfalen nicht mehr getroffen wurden, muß für diesen Bereich die rechtliche Wirksamkeit und Verbindlichkeit der Anordnung selbst trotz ihrer Verkündung im Reichsanzeiger jedenfalls solange verneint werden, bis die zu ihrem Wirksamwerden notwendigen weiteren ergänzenden behördlichen Maßnahmen getroffen wurden. Ob das nach dem Zusammenbruch noch geschehen konnte und ob etwa die auf der Grundlage der Verordnung des Oberpräsidenten von Westfalen vom 30. Januar 1946 getroffenen Maßnahmen die Anordnung I/45 nunmehr wirksam werden ließen, kann dahingestellt bleiben. Denn jedenfalls wurde, entgegen der Ansicht der Revision und in Übereinstimmung mit den Ausführungen des Vorlegungsbeschlusses, durch die Verordnung vom 30. Januar 1946 für den Bereich Westfalens die Vollbewirtschaftung der Tabakwaren eingeführt. Nach der amtlichen Auskunft des Wirtschaftsministers von Nordrhein-Westfalen wurde der Text dieser Verordnung durch den Runderlaß 24/46 mit dem Text der Durchführungsverordnung den Wirtschaftsämtern übersandt. Vorher war der Entwurf der Verordnung in deutscher und englischer Sprache der Militärregierung vorgelegt worden. Von dort war sie mit dem Vermerk zurückgelangt: „Gesehen und für die britische Zone genehmigt". Der Vermerk war unterschrieben und mit dem Stempel versehen: „Commercial Branch Econ. Div. 18. 1. 1946". Die zur Durchführung der Verordnung vom 30. Januar 1946 erforderlichen Maßnahmen wurden — anders als bei der Verordnung des Beauftragten für Tabak und Kaffee I/45 — auch tatsächlich getroffen, insbesondere wurden die Raucherkarten, Rauchermarken, Wiederbezugsmarken, Kontrollbücher und Karteikarten nach einheitlichem Muster in Druck gegeben und den Wirtschaftsämtern zur Verfügung gestellt. Entsprechend den Bestimmungen der Verordnung vom 30. Januar 1946 und der Durchführungsanweisung vom 4. Februar 1946 wurde von den Wirtschaftsämtern verfahren; dazu gehörte u. a. die Ausgabe von Raucherkarten und Wiederbezugsscheinen, der Umtausch von Raucherkartenabschniten in Wiederbezugsmarken, die Erfassung aller Groß- und Kleinhändler in Listen und Karteien und die Führung von Wiederbezugsmarkenkonten für Einzelhändler durch die Wirtschaftsämter. Auf diese

Weise wurde erreicht, daß alle, denen durch die Verordnung vom 30. Januar 1946 bestimmte Pflichten auferlegt wurden, mit ihnen genau bekannt wurden. Die von der Revision gegen die Geltung der Verordnung vom 30. Januar 1946 vorgebrachten Bedenken, die sie aus der mangelnden Zuständigkeit des Oberpräsidenten zum Erlaß der Verordnung und aus der Art ihrer Verkündung herleitet, sind unbegründet.

Die Berechtigung des Oberpräsidenten zum Erlaß der Verordnung kann allerdings nicht — jedenfalls nicht allein — aus früherem deutschen Recht hergeleitet werden. Mit dem Hinweis des Vorlegungsbeschlusses auf die Warenverkehrsordnung in der Fassung vom 11. Dezember 1942 (RGBl. I 685) ist deshalb nichts gewonnen, und es geht nicht ohne weiteres an, an die Stelle des darin genannten Reichswirtschaftsministers oder des Reichsbeauftragten den Oberpräsidenten zu setzen. Denn durch den Zusammenbruch und die Besetzung Deutschlands war die aus bisherigem Recht herzuleitende Befugnis deutscher Stellen zum Erlaß von Rechtsverordnungen beseitigt und lebte mit der Schaffung deutscher Dienststellen nicht ohne weiteres wieder auf. Das Recht deutscher Dienststellen zum Erlaß von Verordnungen konnte sich vielmehr nur auf eine — allgemein oder von Fall zu Fall erteilte — Ermächtigung der Militärregierung stützen, in deren Händen allein die gesetzgebende Gewalt lag. Diese Ermächtigung liegt im vorliegenden Falle in der Erklärung, mit der die Militärregierung den ihr vorgelegten Entwurf der Verordnung genehmigte. Damit wurde der Oberpräsident — darin ist dem Vorlegungsbeschluß zuzustimmen — allerdings nicht zu einem „Organ der Besatzungsmacht", er erhielt aber damit wirksam das Recht zum Erlaß der Verordnung, das er aus deutschem Recht allein nicht herzuleiten vermochte.

Ebenso unbegründet sind die aus der Art der Verkündung gegen die Geltung der Verordnung hergeleiteten Bedenken. Auch diese Frage kann nur vom Boden der damals in Deutschland bestehenden tatsächlichen und rechtlichen Verhältnisse aus beurteilt werden. Der Zusammenbruch und die Besetzung Deutschlands durch die alliierten Truppen hatten alle bisherigen gesetzgeberischen Zuständigkeiten beseitigt, auch diejenige zum Erlaß von Rechtsverordnungen. Die gesetzgebende Gewalt lag ausschließlich bei den Militärregierungen, die sie entweder unmittelbar oder durch deutsche Stellen ausübten. Eine bestimmte Form der Verkündung neuer gesetzlicher Bestimmungen war nirgends vorgeschrieben. Auch soweit sich die Militärregierungen und deutsche Dienststellen nach und nach bestimmte Verkündungsorgane schufen, bedeutete das jedenfalls im Anfang noch nicht, daß neue Rechtsvorschriften erst durch Veröffentlichung in diesen Verkündungsorganen Geltung erlangten. Die Praxis des staatlichen Lebens in Deutschland ging jedenfalls dahin, die Öffentlichkeit auch in anderer Weise von neuen Rechtsvorschriften in Kenntnis zu setzen. So ist die Allgemeine Anweisung an Richter Nr. 1 niemals in einem amtlichen Verkündungsorgan veröffentlicht worden. Auch zahlreiche die Durchführung der Entnazisierung betreffende Vorschriften sind nicht in amtlichen Blättern verkündet worden. Zwar mußten nach dem Gesetz über die Verkündung von Rechtsverordnungen vom 13. Oktober 1923 (RGBl. I S. 959) Rechtsverordnungen grundsätzlich im Reichsgesetzblatt, einem Reichsministerialblatt oder im Deutschen Reichsanzeiger veröffentlicht werden. Diese Verkündungsorgane sind jedoch sämtlich mit dem Zusammenbruch Deutschlands weggefallen. Es kann deshalb — entgegen der Ansicht der Revision — aus dem Umstande, daß die Verordnung des Oberpräsidenten von Westfalen vom 30. Januar 1946 in keinem amtlichen Verkündungsorgan veröffentlicht worden ist, nichts gegen ihre Gültigkeit hergeleitet werden. Daran ändert auch der Umstand nichts, daß das Mitteilungs- und Verkündungsblatt des Oberpräsidenten der Provinz Westfalen schon vor dem Erlaß der Verordnung vom 30. Januar 1946, nämlich seit dem 7. 12. 1945 als amtliches Verkündungsorgan erschien. Denn allein dadurch, daß sich der Oberpräsident von Westfalen ein Verkündungsorgan schuf, entstand noch keine Rechtsnorm des Inhalts, daß vom Oberpräsidenten mit Genehmigung der Militärregierung erlassene Rechtsverordnungen nur durch Verkündung in dem genannten Mitteilungs- und Verordnungsblatt rechtlich ins Dasein treten konnten. In das durch den Zusammenbruch Deutschlands herbeigeführte Durcheinander wurde erst ganz allmählich und schrittweise Ordnung gebracht. Diese

Entwicklung, vor allem auch der Aufbau eines Behördenapparates und seine Besetzung im einzelnen, war noch keinesfalls auch nur vorläufig abgeschlossen und noch ständig im Fluß. Für diesen Zeitabschnitt gilt deshalb, daß Rechtsverordnungen auch auf andere Weise als durch Veröffentlichung in amtlichen Verkündungsorganen wirksam werden konnten. Sonst würden die Ergebnisse der damaligen Bemühungen um die Schaffung einer neuen Ordnung in bedenklicher Weise noch nachträglich in Frage gestellt werden. Bei Vorschriften, die — wie die VO. vom 30. Januar 1946 — zum Wirksamwerden weiterer behördlicher Maßnahmen bedurften, ist es deshalb ausreichend, daß sie denjenigen Stellen, die sie handhaben sollten, mitgeteilt wurden und daß ihr Inhalt gerade durch die weiteren Maßnahmen mit Notwendigkeit allen bekannt wurde, denen sie bestimmte Verpflichtungen auferlegten ..

Die Wiederbezugsmarken sind von der Strafkammer daher im Ergebnis zu Recht als Bezugsberechtigungen im Sinne des § 1 Abs. 2 KWVO. angesehen worden.

---

33. Die Genehmigung der Militärregierung zur Ausübung der Gerichtsbarkeit gegen einen Angehörigen der Vereinten Nationen kann noch in der Revisionsinstanz nachgeholt werden.

KRG. 4 Art. III d; MRG. Nr. 2 § 10 Art. VIb; VO. Nr. 29 der BritMilReg. Art. I.

Strafsenat. Urt. v. 3. Oktober 1949 i. S. Mu. StS 220/49.

Schwurgericht Hamburg.

Aus den Gründen:

Der Angeklagte ist als Mörder und zugleich als Räuber unter Aberkennung der bürgerlichen Ehrenrechte auf Lebenszeit zum Tode verurteilt. Seine Revision hat nur hinsichtlich des Strafausspruchs Erfolg.

Unter Überreichung eines Schreibens des polnischen Konsulats in H. vom 14. April 1949 macht der Angeklagte geltend, daß er polnischer Staatsbürger und das Verfahren gegen ihn vor einem deutschen Gericht deshalb unzulässig sei. Dieser Angriff geht fehl.

Nach § 10 des Art. VIb des auf Grund des KRG. 4 Art. IIId erlassenen Gesetzes Nr. 2 der BritMilReg. in der durch die Verordnung Nr. 29 Art. I gegebenen Fassung darf allerdings kein deutsches Gericht ohne Ermächtigung der Militärregierung gegen einen Staatsangehörigen der Vereinten Nationen die Gerichtsbarkeit beanspruchen oder ausüben. Wenn der Angeklagte polnischer Staatsangehöriger ist, gehört er gemäß dem MRG. Nr. 3 einer der Vereinten Nationen an. In diesem Falle wäre die Strafverfolgung vor dem Schwurgericht mangels einer solchen Ermächtigung unzulässig gewesen. Inzwischen ist jedoch diese Ermächtigung der MilReg. von der Staatsanwaltschaft eingeholt worden. Damit ist die Befugnis des Revisionsgerichts zur Entscheidung in der Sache selbst gegeben und der Mangel, der dem bisherigen Verfahren etwa anhaftete, geheilt.

Das Reichsgericht hat zwar zunächst die Auffassung vertreten, daß prozessuale Voraussetzungen, zu denen unbestritten auch die Gerichtsbarkeit gehört, nicht erst in der Revisionsinstanz geschaffen werden könnten, und zwar, weil es die Aufgabe des Revisionsgerichts allein in der „Nachprüfung eines bereits begründeten Verfahrens" sah (RGSt. Bd. 46 S. 48). Jedoch bereits in der Entscheidung Bd. 67 S. 53, 55 hat es in Erweiterung seines Aufgabenkreises den Standpunkt vertreten, daß es sich bei der Untersuchung der Verfahrensvoraussetzungen nicht ausschließlich um die Prüfung handele, ob der Vorderrichter einen Verstoß begangen habe, sondern vor allem um die Frage, ob das Revisionsgericht zur Entscheidung in der Sache selbst berechtigt sei. Von dieser schon vor dem Jahre 1933 gewonnenen Einsicht aus war es nur folgerichtig, wenn das Reichsgericht es später darauf abstellte, ob zur Zeit seiner Entscheidung alle Verfahrensvoraussetzungen vorlagen (RGSt. Bd. 68 S. 120; Bd. 72 S. 379). Diese Ansicht, die das Reichsgericht seit dem Jahre 1934 ständig vertreten hat (z. B. in DR. 1940 S. 1523; HRR. 1940 Nr. 39; HRR. 1941 Nr. 98), ist eine zweckmäßige Fortentwicklung der älteren Rechtsprechung. Der Senat ist ihr bereits in der Entscheidung vom 7. Juni 1949 (StS 160/48) gefolgt und hält hieran fest . . .

34. 1. Es unterliegt dem Ermessen des Tatrichters, ob er der Erklärung eines Zeugen, die Angeklagte sei seine Verlobte, ohne weiteres Glauben schenkt und von seiner Vernehmung absieht oder ob er gemäß § 56 StPO. eine Glaubhaftmachung der das Verlöbnis ergebenden Tatsachen verlangt. Die Anerkennung eines Zeugnisverweigerungsrechts ist mit der Revision nur angreifbar, wenn sie erkennbar auf Rechtsirrtum beruht.

2. Zur Frage der Grausamkeit, der Heimtücke und des niedrigen Beweggrundes bei einer im Affekt begangenen Tötung.

3. Untersuchungshaft kann auf lebenslanges Zuchthaus nicht angerechnet werden.

StGB. §§ 60, 211; StPO. §§ 52 Ziffer 1, 56.

Strafsenat. Urt. v. 3. Oktober 1949 g. H. StS 217/49.

Schwurgericht Münster.

Aus den Gründen:

Die Angeklagte ist wegen Mordes unter Aberkennung der bürgerlichen Ehrenrechte auf Lebenszeit zu lebenslangem Zuchthaus verurteilt. Die Sache ist auf ihre Sachrüge zurückverwiesen.

In verfahrensrechtlicher Hinsicht erblickt die Revision darin einen Verstoß gegen die §§ 52, 245 StPO., daß das Schwurgericht von einer Vernehmung des Zeugen B., der seine Aussage unter Hinweis auf sein Verlöbnis mit der Angeklagten verweigerte, abgesehen hat, ohne die Feststellung zu treffen, daß das Verlöbnis zur Zeit der Hauptverhandlung noch bestanden habe. Einer solchen Feststellung bedarf es jedoch nicht. Zwar darf ein Zeuge seine Aussage nach § 52 Ziffer 1 StPO. nur dann verweigern, wenn das Verlöbnis bei seiner Vernehmung noch besteht. Ob aber das Gericht der Erklärung eines Zeugen, die Angeklagte sei seine Verlobte, ohne weiteres Glauben schenkt und deshalb die hierauf gestützte Zeugnisverweigerung hinnimmt, oder ob es gemäß der ihm in § 56 StPO. eingeräumten Befugnis die Glaubhaftmachung der das Verlöbnis ergebenden Tatsachen verlangt, unterliegt seinem Ermessen. Ausführungen hierüber in den Urteilsgründen sind weder in § 267 StPO., noch an anderer Stelle vorgeschrieben und sachlich auch nicht erforderlich. Die Anerkennung eines Zeugnisverweigerungsrechts ist mit der Revision nur angreifbar, wenn sie erkennbar auf Rechtsirrtum beruht (RG. in JW. 1928 S. 414 und JW. 1929 S. 861). In dem vorliegenden Falle hat der Zeuge nach der Sitzungsniederschrift die Erklärung abgegeben: „Die Angeklagte ist meine Verlobte" und nach Belehrung die Aussage verweigert. Wenn das Schwurgericht daraufhin von seiner weiteren Vernehmung absah, so geschah das offenbar deshalb, weil es dessen Erklärung glaubte. Das war Sache des pflichtgemäßen Ermessens des Schwurgerichts. Ein Rechtsfehler läge nur vor, wenn es hierbei von rechtsirrigen Erwägungen ausgegangen wäre und etwa ein Verlöbnis, das zwar früher bestanden hatte, zur Zeit der Vernehmung aber bereits aufgelöst war, als einen die Zeugnisverweigerung rechtfertigenden Grund angesehen hätte. Das anzunehmen, liegt kein Anlaß vor.

Die Sachbeschwerde der Angeklagten muß jedoch Erfolg haben. Bedenkenfrei ist allerdings die Annahme des Schwurgerichts, die Angeklagte habe am 3. Dezember 1948 ihren damals etwa 2½ Jahre alten Sohn Hans-Jürgen vorsätzlich getötet; denn es stellt hierzu fest, daß sie ihn im Aasee unter Wasser drückte, bis er sich nicht mehr bewegte, daß er hierbei den Erstickungstod fand, und daß sie „die Tötung ihres Kindes vor und während der Tat in ihr Bewußtsein aufgenommen und den Tod des Kindes gewollt" hat. Da das Schwurgericht ferner mit einwandfreier Begründung die Zurechnungsfähigkeit der Angeklagten zur Tatzeit bejaht, ist der Tatbestand der vorsätzlichen Tötung gegeben. Hiergegen erhebt die Revision auch keine Einwendungen. Die weitere Annahme des Schwurgerichts, die Angeklagte habe „grausam" getötet, findet jedoch, worauf die Revision mit Recht hinweist, in dem festgestellten Sachverhalt keine genügende Stütze.

Das Schwurgericht legt das Merkmal der „Grausamkeit" in § 211 Abs. 2 StGB. dahin aus, daß es „allein in der inneren Einstellung des Täters während der Tat vorhanden" sein müsse, „die sich lediglich durch äußere Umstände der Tat dokumentiert" und meint, die Tat lasse eine gefühllose und unbarmherzige Gesinnung der Angeklagten erkennen, weil diese die Gefühle der Mutterliebe und des Mitleids in grober, grauenerregender Weise vergewaltigt oder sich über sie hinweggesetzt habe. Diese Auffassung gibt in mehrfacher Hinsicht zu Bedenken Anlaß.

Unrichtig ist zunächst die Auslegung des Begriffs „grausam" insofern, als das Gericht nur auf die *Gesinnung* des Täters abstellt, den äußeren Umständen der Tat jedoch keine selbständige Bedeutung beimißt, sondern sie nur als Anzeichen für die seelische Verfassung des Täters verwerten will. Das Reichsgericht hat bereits in den in den Gründen des angefochtenen Urteils angeführten Entscheidungen RGSt. Bd. 76, S. 297, 299, Bd. 77 S. 45 zwischen den *äußeren* Umständen der Tat und der *Gesinnung*, in der sie begangen wurde, unterschieden, wenn auch noch nicht mit voller Schärfe, und dann im Urteil vom 4. November 1943 (JW. 1944 S. 148) klar zum Ausdruck gebracht, daß das Merkmal „grausam" eine äußere *und* eine innere Tatseite enthalte. Die äußere Tatseite sieht es für gegeben an, wenn die Ausführung der Tötung dem Opfer körperliche oder seelische Leiden von einer Stärke oder Dauer bereitet, die nicht *erforderlich* ist, um den Tod herbeizuführen. Zur inneren Tatseite verweist es auf die früheren Entscheidungen, in denen es insoweit eine gefühllose und unbarmherzige Gesinnung verlangt hat. In dem angeführten Urteil vom 4. November 1943 hebt das Reichsgericht sodann das Urteil schon deshalb auf, weil die äußere Tatseite nach dem festgestellten Sachverhalt nicht gegeben sei.

Diese Auffassung des Reichsgerichts liegt auch der Entscheidung des Senats OGHSt. Bd. 1 S. 87, 90 zu Grunde. Im Urteil OGHSt. Bd. 1 S. 95, 99 hat der Senat dann die Begriffsbestimmung des Reichsgerichts als zu eng bezeichnet. Nach dieser Entscheidung, an der der Senat festhält, heißt grausam töten: jemanden *bewußt und gewollt in einer Weise oder unter solchen Umständen* töten, daß die Tat, weil dem Opfer *über die Vernichtung des Lebens hinaus weiteres Übel zugefügt wird*, als *gefühllos und unbarmherzig* besonders zu verabscheuen ist. Diese Begriffsbestimmung enthält wiederum als wesentliche Bestandteile die äußere *und* die innere Tatseite.

Während zur inneren Tatseite, wie bisher, neben der Kenntnis des äußeren Tatbildes eine gefühllose und unbarmherzige Gesinnung erfordert wird, ist eine Tötung, bei der das Opfer schwer oder lange seelisch oder körperlich zu leiden hat, nur die regelmäßige äußere Erscheinungsform der Grausamkeit, zu der es gehört, daß die Art der Tötung oder die Umstände, unter denen sie erfolgt, die Zuführung eines über die Vernichtung des Lebens hinausgehenden, verabscheuungswürdigen Übels enthalten. Welche Umstände hiernach das äußere Tatbild der Grausamkeit ergeben, kann nur von Fall zu Fall entschieden werden.

Hiernach beruht die Verurteilung der Angeklagten wegen Mordes auf Rechtsirrtum. Nach den Feststellungen des Schwurgerichts trat der Tod des Kindes innerhalb von ½—1 Minute nach dem Eintauchen in das Wasser ein. Daß das Kind hierbei erhebliche Schmerzen erlitten hätte, läßt sich den Urteilsgründen nicht entnehmen. Das Schwurgericht stellt vielmehr fest, daß die Lebensfunktionen des von einem langen Wege ermüdeten Kindes durch das plötzliche Eintauchen in das kalte Wasser infolge einer Schockwirkung vermindert gewesen sein können. Das Opfer hat also weder besondere Schmerzen erleiden, noch einen langen Todeskampf bestehen müssen. Auch sonst ist nicht ersichtlich, daß ihm durch die Art der Tötung oder die Umstände, unter denen sie geschah, ein Übel zugefügt wurde, das über die Vernichtung des Lebens hinausging. Das „Strampeln" des Kindes im Wasser, dem das Schwurgericht, wie die ausführliche Beweiswürdigung zeigt, so viel Gewicht beigelegt hat, ist in dieser Hinsicht bedeutungslos; denn es stellt nur eine Reaktion dar, die normalerweise jedes Ertrinken auslöst. Es fehlt daher bereits an dem äußeren Bilde einer grausamen Tötung.

Zur inneren Tatseite gehört, daß der Täter die Umstände, die das äußere Bild dieses Merkmals ergeben, in sein Bewußtsein und seinen Willen aufnimmt und aus gefühlloser, unbarmherziger Gesinnung handelt. Da es an solchen Umständen in dem vorliegenden Falle fehlt, entfällt die innere Tatseite. Die Annahme des Schwurgerichts, die Angeklagte habe aus einer in dem dargelegten Sinne verwerflichen Gesinnung getötet, ist auch mit den übrigen tatsächlichen Feststellungen nach der allgemeinen Lebenserfahrung nicht vereinbar. Nach ihnen beherrschte die Angeklagte bei der Begehung der Tat die Vorstellung, daß sie ihren Verlobten nur heiraten könne, wenn sie ihr Kind opfere, das der Eheschließung im Wege stand. Diese „spontan" aufgetretene Vorstellung wurde zu einer überwertigen Idee, die alle anderen Gefühle und Regungen, die gegen eine Tötung sprachen, überwog und bewirkte, daß die Angeklagte die Tat „in einem erheblichen Affektzustande" und „rein maschinenmäßig" ausführte. Eine solche seelische Verfassung schließt regelmäßig eine unbarmherzige Gesinnung aus. Wenn der Tatrichter dennoch im Einzelfall zu der Annahme einer solchen Gesinnung gelangt, dann muß er dies eingehend in tatsächlicher Hinsicht begründen, damit das Revisionsgericht prüfen kann, ob die Bildung seiner Überzeugung nicht auf rechtsirrigen Erwägungen beruht. Bemerkungen allgemeiner Art wie die, die Angeklagte habe die Gefühle der Mutterliebe und des Mitleids vergewaltigt, vermögen eine solche tatsächliche Begründung nicht zu ersetzen. Demnach läßt sich die Verurteilung der Angeklagten wegen grausamer Tötung nicht aufrechterhalten.

Das Schwurgericht hat ferner geprüft, ob die Angeklagte aus niedrigen Beweggründen oder heimtückisch getötet habe und diese Frage, soweit sie sich auf Grund der bisherigen Feststellungen beurteilen läßt, im Ergebnis zutreffend verneint. Die Angeklagte befürchtete, daß der Erfüllung ihres Wunsches, ihren Verlobten zu ehelichen, den sie sehr liebte, das von einem anderen Manne erzeugte Kind im Wege stehe. Der Zweck der Tat war also, den Weg für die ersehnte Eheschließung frei zu machen. Wenn die Angeklagte, um dieses Ziel zu erreichen, nicht einmal davor zurückschreckte, ihr eigenes von ihr geliebtes Kind zu opfern, so legt dies zwar die Annahme nahe, daß ihre an sich nicht zu mißbilligende Neigung zu ihrem Verlobten von einem rücksichtslosen Egoismus beherrscht wurde. Dieser Egoismus, der sie sogar dazu bestimmte, sich über ihre Mutterpflichten hinwegzusetzen, könnte als niedriger Beweggrund anzusehen sein. Erforderlich wäre jedoch weiterhin, daß sich die Angeklagte dieses verwerflichen Beweggrundes bei der Tatausführung b e w u ß t gewesen ist. Hiergegen spricht der vom

Schwurgericht festgestellte erhebliche Affektzustand, in dem die Angeklagte die Tötung „rein maschinenmäßig" ausgeführt hat. Ein niedriger Beweggrund ist deshalb bisher nicht erwiesen.

Was die Frage der Heimtücke anbelangt, so war das Kind zwar infolge seines geringen Alters dem Angriff der Angeklagten wehrlos und hilflos ausgesetzt. Das allein genügt jedoch noch nicht, um eine Handlungsweise als heimtückisch erscheinen zu lassen; denn sonst würde jede Tötung eines kleinen Kindes heimtückisch sein. Es muß vielmehr eine bewußte Ausnutzung dieser Wehrlosigkeit durch List, Falschheit oder Berechnung als inneres Merkmal hinzukommen (OGHSt. Bd. 1 S. 87, 90. Hieran fehlt es nach den Feststellungen des Schwurgerichts im vorliegenden Falle. Die bei der Erörterung zur Frage der Grausamkeit wiedergegebene seelische Verfassung der Angeklagten zur Zeit der Tat würde im übrigen einer solchen bewußten Ausnutzung der Hilflosigkeit des Opfers entgegenstehen (vgl. OGHSt. Bd. 2 S. 113) . . .

Für den Fall, daß das Schwurgericht wiederum zur Annahme eines Mordes gelangen sollte, was eine Verurteilung zu lebenslangem Zuchthaus zur Folge haben würde, bedarf noch der letzte Revisionsangriff der Angeklagten der Erörterung. Er geht dahin, daß das Schwurgericht die Feststellung und Anrechnung der von der Angeklagten erlittenen Untersuchungshaft unterlassen hat. Diese Rüge ist jedoch unbegründet. Nach § 60 StGB. kann die Untersuchungshaft auf die erkannte Strafe ganz oder teilweise angerechnet werden. Eine solche Anrechnung ist aber nur möglich, wenn die Art der Strafe sie ihrer Natur nach zuläßt. Bei der Todesstrafe oder bei lebenslanger Freiheitsstrafe ist das nicht der Fall. Mit Recht hat deshalb das Schwurgericht von einer Anrechnung der Untersuchungshaft abgesehen. Die Annahme der Revision, die Nichtberücksichtigung der Haft im Urteil sei im Interesse der Angeklagten untragbar, weil bei einer etwaigen Umwandlung der lebenslangen Freiheitsstrafe in eine zeitige im Gnadenwege die Entscheidung des Gerichts über Dauer und Anrechnung von erheblicher Bedeutung werden könne, vermag eine rechtlich unzulässige Maßnahme nicht zu rechtfertigen. . . .

35. 1. Zum Begriff der Grausamkeit und des Handelns aus niedrigen Beweggründen bei § 211 StGB.

2. Zum Begriff der öffentlichen Zusammenrottung.

3. Ist der Landfriedensbruch vollendet, ist es auf die Schuldfrage ohne Einfluß, wenn sich der Täter später aus Unwillen über den Grad der Ausschreitungen von der Menge trennt.

4. § 2a Abs. 2 StGB. in der Fassung des Gesetzes vom 28. Juni 1935 ist geltendes Recht.

StGB. §§ 2a Abs. 2, 125, 211; AAR. Nr. 1 Ziff. 8b.

Strafsenat. Urt. v. 3. Oktober 1949 g. B. u. a. StS 180/49.

I. Schwurgericht Düsseldorf.

Aus den Gründen:

Die Angeklagten sind wegen Teilnahme an Ausschreitungen gegen die Juden am 9./10. November 1938 verurteilt, bei denen es in H. zu schweren Mißhandlungen und zu Tötungen gekommen ist. Das Urteil kennzeichnet den Hergang als ein Verbrechen gegen die Menschlichkeit und führt dann aus:

Die daneben gebotene (OGHSt. Bd. 1 S. 39) Würdigung des Verhaltens der verurteilten Angeklagten nach deutschem Strafrecht ist dagegen nicht frei von Rechtsirrtum . . . Im Falle E. W. hat das Schwurgericht festgestellt, daß der Angeklagte Bu. hier mit Überlegung gehandelt hat. Diese Darlegungen sind rechtlich bedenkenfrei. Die Beurteilung des Sachverhalts nach dem zur Zeit der Tat geltenden Recht führt hier zur Anwendung des § 211 StGB. alter Fassung. Mit Rücksicht auf § 2a StGB. hat das Schwurgericht richtig auch weiter geprüft, ob das zur Zeit der Entscheidung geltende Recht milder ist. Es ist zu dem Ergebnis gekommen, daß der Tatbestand des Mordes nach § 211 StGB. n. F. nicht vorliege, sondern nach neuem Recht nur § 212 StGB. gegeben sei. Diese Begründung ist jedoch rechtlich fehlerhaft. Das Merkmal der Heimtücke im Sinne des § 211 StGB. n. F. wird zwar mit nicht zu beanstandender Begründung verneint. Falschheit und Verschlagenheit haben der Tat ersichtlich nicht das Gepräge gegeben. Aber schon die Verneinung eines niedrigen Beweggrundes ist nach den sonst getroffenen Feststellungen nicht bedenkenfrei. Das Gericht hält es für wahrscheinlich, daß der Angeklagte aus einer falsch verstandenen Gefolgschaftstreue heraus geglaubt habe, seine Mitwirkung nicht versagen zu dürfen und daß er gehandelt habe, um nicht als Feigling zu erscheinen. Der Umstand, daß Treue, Mut und Tapferkeit sonst billigenswerte und wünschenswerte männliche Tugenden sind, reicht aber nicht aus, hier den niedrigen Beweggrund zu verneinen. Denn das Schwurgericht stellt auch fest, daß der Angeklagte die wahre Bedeutung der ganzen Aktion erkannte. Er wußte also, daß völlig schuldlose Menschen ohne jeden menschlich verständlichen Anlaß zu Tode gehetzt wurden, nur weil sie zu einer bestimmten rassischen oder religiösen Gemeinschaft gehörten. Die Tötung eines Menschen aus einem solchen Grunde bedeutet eine Abkehr von den einfachsten und selbstverständlichsten Grundsätzen und sittlichen Überzeugungen aller Kulturvölker. Wer, wie der Angeklagte, um diese Grundsätze und Überzeugungen weiß, sich aber in so unmißverständlicher Weise von ihnen lossagt, handelt sittlich besonders verwerflich. Wer sich in seinem Verhalten von Überlegungen leiten läßt, die eine bewußte Abkehr von diesen Grundsätzen bedeuten, handelt aus niedrigen Beweggründen. Das bedeutet nicht, daß jede Tötung aus politischen Gründen als Mord beurteilt werden müßte, weil der politische Beweggrund in *jedem* Falle ein niedriger Beweggrund sei. Der vorliegende Sachverhalt unterscheidet sich vielmehr deutlich von dem üblichen Bilde der Tötung aus politischen Gründen. Bei ihr wird der Täter seinem Opfer regelmäßig eine bestimmte, an ihm mißbilligte politische Haltung oder ein bestimmtes Verhalten vorwerfen. Im vorliegenden Falle bildete aber nicht einmal das *Verhalten* der Opfer, sondern ihr bloßes Dasein, ihre Zugehörigkeit zu einer bestimmten rassischen oder religiösen Gemeinschaft den Grund dafür, daß sie umgebracht wurden. Nach den Darlegungen des Schwurgerichts war sich der Angeklagte darüber auch klar. Bei dieser Sachlage liegt die Annahme nahe, daß mißverstandene Gefolgschaftstreue und die Befürchtung, sich sonst dem Vorwurf der Feigheit auszusetzen, den Angeklagten *allein* zur Tat niemals bestimmt hätten, sondern letzten

Endes der Gedanke, daß es sich bei seinem Opfer „nur" um einen Juden handele. Traf das aber zu — und das ist nach den Feststellungen des Schwurgerichts nicht auszuschließen —, dann muß das Vorliegen eines niedrigen Beweggrundes bejaht werden.

Mit unzutreffender Begründung hat das Schwurgericht auch das Merkmal der Grausamkeit verneint. Es führt hierzu aus: „Die Tötung ist hier durch den Schuß mit einer auf die Schläfe aufgesetzten Pistole ausgeführt worden. Eine solche Art der Tötung führt aber normalerweise zu einem sofortigen und damit auch schmerzlosen Ende"

Das Schwurgericht folgert also das Fehlen der Grausamkeit schon daraus, daß der eigentliche Vorgang des S t e r b e n s bei E. W. kurz und — soweit Überlebende das zu erkennen vermögen — schmerzlos war. Diese Betrachtungsweise ist zu eng. Schon in OGHSt. Bd. 1 S. 95, 99 ist ausgesprochen, daß die Grausamkeit einer Tötung auch in den U m s t ä n d e n , unter denen sie geschieht, liegen kann, mag auch die T ö t u n g selbst schnell und ohne besondere körperliche Qualen bewirkt werden. Hier aber ist E. W. gleichsam zu Tode gehetzt worden. Er erlebte zunächst, wie seine Mutter völlig schuldlos getötet wurde. Längere Zeit verbrachte er dann versteckt in Todesangst, bis auch er schließlich aufgespürt wurde und der Angeklagte Bu., dem die vorhergehenden Ereignisse bekannt waren, den hilflos, blutüberströmt und im Zustande höchster Verängstigung vor ihm stehenden Menschen nach vorbereitenden Maßnahmen, die diesem als zu seiner Tötung führend deutlich erkennbar waren, erbarmungslos niederschoß. Zum äußeren Tathergang enthält das angefochtene Urteil damit so eingehende Feststellungen, daß auf ihrer Grundlage das Vorliegen der Grausamkeit, soweit es dabei auf den ä u ß e r e n Hergang ankommt, schon jetzt zu bejahen ist. Zum inneren Tatbestand, zu dem Handeln aus unbarmherziger Gesinnung gehört, hat sich das Schwurgericht von seinem Standpunkt aus noch nicht geäußert. Die fehlenden Feststellungen können auch trotz eindeutiger Anzeichen dem Zusammenhang der Urteilsgründe nicht mit hinreichender Sicherheit entnommen werden. Das angefochtene Urteil ist deshalb insoweit aufzuheben.

Ergibt die neue Hauptverhandlung, daß das Verhalten

des Angeklagten im Falle E. W. sowohl nach der alten w i e nach der neuen Fassung des § 211 StGB. als Mord zu beurteilen ist, so ist mit Rücksicht auf Art. 102 des Grundgesetzes § 211 a. F. anzuwenden. Denn Art. 102 hat die Todesstrafe mit unmittelbar eingreifender, rückwirkender Kraft abgeschafft (OGHSt. Bd. 2 S. 1). Damit ist s o w o h l in § 211 a. F. wie in § 211 StGB. n. F. nur noch lebenslanges Zuchthaus als einzige Strafe angedroht. Dem § 211 StGB. a. F. mit der durch Art. 102 des Grundgesetzes bestimmten Strafe steht also kein m i l d e r e s späteres Gesetz gegenüber, das nach § 2a Abs. 2 StGB. angewendet werden könnte. Wenn auch bei tateinheitlichem Zusammentreffen mit Verbrechen gegen die Menschlichkeit die Strafe gemäß § 73 StGB. dem KRG. 10 zu entnehmen ist, weil dieses neben Freiheitsstrafen bis zu lebenslangem Zuchthaus auch noch Geldstrafen androht und deshalb als dasjenige Gesetz anzusehen ist, das die schwerste Strafe a n d r o h t, so führt die gleichzeitige Anwendung des § 211 StGB. a. F. in Verbindung mit Art. 102 des Grundgesetzes doch dazu, daß keine mildere Strafe als lebenslanges Zuchthaus verhängt werden d a r f (OGHSt. Bd. 1 S. 244).

Müßte nach dem Ergebnis der neuen Hauptverhandlung § 211 a. F. bejaht, § 211 StGB. n. F. dagegen verneint werden, so würde der Sachverhalt nach jetzt geltendem Recht nach § 212 StGB. n. F. zu beurteilen sein. Dieser wäre gegenüber dem § 211 a. F. das mildere Gesetz, könnte also nach § 2a Abs. 2 StGB. an Stelle des § 211 StGB. a. F. angewendet werden. Gegen die Geltung dieser Vorschrift in ihrer jetzt vorliegenden Fassung bestehen keine Bedenken. Sie ist zwar erst durch das Gesetz vom 28. Juni 1935 eingeführt und bedeutet eine Änderung des früheren Rechtszustandes insofern, als sie die Bestimmung des früheren § 2 Abs. 2 StGB., der die Anwendung eines späteren milderen Gesetzes z w i n g e n d vorschrieb, in eine K a n n vorschrift umwandelte. Sie ist jedoch nicht etwa ein Ausdruck nationalsozialistischer Rechtsauffassung, so daß ihr auch nicht aus diesem Grunde die Geltung abgesprochen werden kann. Das Reichsgericht hat schon den früheren § 2 Abs. 2 StGB. einschränkend stets dahin ausgelegt, daß die Anwendung des späteren milderen Gesetzes nur ge b o t e n sei, wenn es auf einer veränderten

(„geläuterten") Rechtsauffassung beruhe. Die Frage der Rückwirkung eines späteren milderen Gesetzes war auch schon vor 1933 Gegenstand lebhafter Auseinandersetzungen. Diesen Meinungsstreit brachte der durch Gesetz vom 28. Juni 1935 eingeführte § 2a Abs. 2 StGB. dadurch zu einem vorläufigen Abschluß, daß er die Anwendung des späteren milderen Gesetzes in das Ermessen des Gerichts stellte. Dabei handelt es sich nicht um ein freies, sondern — wie bei jeder richterlichen Ermessensentscheidung — um rechtlich gebundenes Ermessen, das sich vor allem durch die mit einer Rechtsänderung verfolgten Ziele und Zwecke und durch die gesetzgeberischen Gründe leiten lassen muß, auf denen die Änderung beruht. So verstanden, haftet dem § 2a Abs. 2 StGB. nichts an, was mit dem Geiste der heutigen Strafrechtsordnung unverträglich wäre. Bezeichnenderweise hat auch das KRG. 11 die dem § 2a benachbarten §§ 2 und 2b StGB. aufgehoben, den § 2a StGB. aber unberührt gelassen.

Schließlich steht der uneingeschränkten Anwendung des § 2a Abs. 2 auch nicht die Sperrvorschrift der AAR. Nr. 1 Ziffer 8 b entgegen. Dabei kommt es allerdings nicht entscheidend darauf an, daß es sich bei § 2a StGB. um eine strafrechtliche Vorschrift allgemeiner Art handelt, durch die kein bestimmtes Strafgesetz in seiner Strafdrohung verschärft wird. Entscheidend ist, daß die uneingeschränkte Anwendung des § 2a Abs. 2 StGB. den mit der Sperrvorschrift der Ziffer 8 b AAR. Nr. 1 verfolgten Zwecken widerstreitet. Diese gehen ersichtlich dahin, daß — von hier nicht vorliegenden Ausnahmefällen abgesehen — für eine Tat keine höhere Strafe verhängt werden soll, als für dieselbe Tat vor dem 30. Januar 1933 zulässig gewesen wäre. Dieser Zweck wird durch die Anwendung des § 2a Abs. 2 StGB. dann nicht gefährdet, wenn — wie es auch im vorliegenden Falle zutrifft — das mildere Gesetz nach dem 30. Januar 1933 erlassen ist. Macht der Tatrichter in einem solchen Falle von der ihm durch § 2a Abs. 2 StGB. gegebenen Ermächtigung keinen Gebrauch, sondern wendet er, entgegen dem früheren § 2 Abs. 2 StGB., das zur Tatzeit geltende strengere Gesetz an, so verhängt er doch keine Strafe, die er für dieselbe Tat nicht auch vor dem 30. Januar 1933 hätte verhängen können. Unter der Voraussetzung, daß das mildere Gesetz erst nach dem

30. Januar 1933 in Kraft getreten ist, muß also die Geltung des § 2a Abs. 2 StGB. mit der im Schrifttum und in der Rechtsprechung überwiegend vertretenen Rechtsmeinung bejaht werden. Im vorliegenden Falle müßte also das Schwurgericht, wenn es § 211 StGB. a. F. bejahen, § 211 StGB. n. F. aber verneinen müßte, sich nach § 2a Abs. 2 StGB. schlüssig werden, ob es dann den § 212 StGB. n. F. anwenden will, nach dem die Tat des Angeklagten vom jetzt geltenden Rechtszustande aus zu beurteilen wäre. Obwohl § 212 StGB. n. F. im Gegensatz zu § 212 StGB. a. F. als Höchststrafe lebenslanges Zuchthaus androht, stehen, wie in OGHSt. Bd. 2 S. 138 ausgeführt ist, Bestimmungen des Besatzungsrechts seiner Anwendung nicht entgegen.

Mit unzutreffender Begründung hat das Schwurgericht auch den Tatbestand des Landfriedensbruchs verneint. Es geht zwar an sich zutreffend davon aus, daß die öffentliche Zusammenrottung einer Menschenmenge nur vorliege, wenn die den Teilnehmern bewußte Möglichkeit der Beteiligung vieler, nicht bestimmter Personen gegeben ist. Abweichend von diesem richtigen Ausgangspunkt untersucht es aber dann, ob sich dem Trupp, zu dem die Angeklagten Bo., P. und Sch. gehörten, noch andere angeschlossen haben oder sich beteiligen wollten, oder ob die ursprünglich Beteiligten darauf Wert legten. All das ist für die Frage der Möglichkeit zum Anschluß nicht entscheidend. Auch wenn jede Gruppe zunächst nur aus bestimmten, zu der „Aktion" befohlenen ortsfremden SS-Leuten bestand und dieser Kreis sich zunächst nur um diejenigen vergrößerte, die besonders zur Teilnahme aufgefordert wurden, steht das der Annahme einer öffentlichen Zusammenrottung nicht entgegen. Aus dem angefochtenen Urteil ist nichts darüber zu entnehmen, daß die einzelnen Gruppen Vorkehrungen oder Maßnahmen getroffen hätten, die den Zweck verfolgt hätten, andere — auch Gesinnungsfreunde — von der Beteiligung auszuschließen. Es ist nicht einmal ersichtlich, daß die ursprünglichen und besonders aufgeforderten Teilnehmer durch eine straffe Befehlsgewalt zusammengefaßt wurden. Mit der Tätigkeit, die die Gruppen entfalteten, war die Erregung großen Lärms notwendig verbunden. Es widerspricht aller Lebenserfahrung, daß dadurch nicht auch andere angelockt werden konnten.

Allein im „Deutschen Haus" waren gegen 150 Menschen versammelt, die nach ihrer politischen Gesinnung und Haltung zu einem großen Teil als mögliche Beteiligte in Betracht kamen. Zum Unterschiede von zahlreichen anderen mit Gewalttätigkeiten gegen Mißliebige und Andersgesinnte verbundenen Unternehmungen zur Zeit der nationalsozialistischen Herrschaft, denen dann meist der Anschein polizeilicher Maßnahmen gegeben wurde, war die Judenverfolgung im November 1938, wie die Erfahrung gezeigt hat und was das Schwurgericht übersehen hat, jedenfalls dort, wo nach den örtlichen Verhältnissen eine zustimmende Haltung weiterer Kreise zu e r w a r t e n stand, geradezu darauf angelegt, daß sich außer den ursprünglich dazu Befohlenen auch andere Gesinnungsfreunde an den Ausschreitungen beteiligten. Die vom Schwurgericht im einzelnen erörterten näheren Tatumstände, vor allem die Art und der Verlauf der Ausschreitungen, die auch zur Nachtzeit die Aufmerksamkeit weiter Kreise erregen mußten und die Tatsache, daß vorwiegend solche Einwohner der Stadt, die nach ihrer politischen Haltung am ehesten für eine Beteiligung in Betracht kamen, zur Tatzeit noch in Gaststätten versammelt oder auf dem Heimweg begriffen waren, zeigen zur Genüge, daß auch in H. die Verhältnisse nicht anders lagen. Tatsächlich stellt das angefochtene Urteil sogar fest, daß sich der rechtskräftig verurteilte frühere Mitangeklagte Sch. o h n e besondere Aufforderung einer der Gruppen anschloß. Auch Kr. fügte sich für einige Zeit, vorauf noch besonders einzugehen ist, einer Gruppe ein. Der Angeklagte L. konnte nach den Feststellungen des Urteils aus eigenem Entschluß die Wohnung H. aufsuchen, als eine der Gruppen dort wütete und sich der Frau H. und ihres kleinen Kindes annehmen, ohne irgendwie behindert zu werden. Um wieviel weniger ist daher anzunehmen, daß seine t ä t i g e Beteiligung an den Ausschreitungen unterbunden worden wäre. Bezeichnend ist, daß in der Wohnung der jüdischen Familie B. gleich zwei dieser gewalttätigen Trupps zusammentrafen, wobei sich jeder um den anderen vergrößerte. Alle diese vom Schwurgericht selbst festgestellten Tatsachen ergeben, daß die M ö g l i c h k e i t des Anschlusses anderer bestand. . . .

Zur i n n e r e n Tatseite hat sich das Schwurgericht

nicht geäußert. Nach den den Angeklagten bekannten äußeren Tatumständen liegt zwar die Annahme nahe, daß auch sie sich dessen bewußt waren, daß sich jederzeit noch andere den Ausschreitungen anschließen konnten. Mit voller Sicherheit ist aber dieser Umstand dem Zusammenhange der Urteilsgründe nicht zu entnehmen. . . .

Auch der Freispruch des Angeklagten Le. beruht, wie der Revision der Staatsanwaltschaft zuzugeben ist, auf den irrigen Rechtsansichten des Schwurgerichts zur Frage und den Erfordernissen des Landfriedensbruchs. Nach den Urteilsfeststellungen bemerkte Le., der sich mit zahlreichen anderen im „Deutschen Haus" befand, wie verschiedene SA- und SS-Leute die Gaststätte verließen, hörte, wie es auf der Straße laut wurde und ging hinaus, um zu sehen, was es gebe. Als er am Hause H. vorbeikam, hörte er Hilferufe. Er ging in das Haus hinein und war zugegen, als H. von dem Mitangeklagten Bu. erstochen wurde. Vor ihm stand die Schwiegertochter des H. mit einem kleinen Kinde auf dem Arm. Diese fiel unmittelbar nach dem von Bu. geführten Dolchstoß in Ohnmacht. Le. brachte sie und das Kind zu einer Nachbarsfrau. Auf Bitten der Frau H. blieb er noch weiterhin bei dem Kinde, bis alles ruhig geworden war.

Diese Feststellungen vermögen die Freisprechung Le.s noch nicht zu rechtfertigen. Dadurch, daß er sich der Schwiegertochter des H. und ihres kleinen Kindes annahm, setzte er sich allerdings erkennbar in bewußten Gegensatz zu dem gewalttätigen Treiben der anderen, die in dem Hause wüteten. Die bloße Tatsache der körperlichen Anwesenheit im Hause kann deshalb von diesem Zeitpunkt an nicht als Anschluß an die Zusammenrottung angesehen werden. Denn er nahm nach außen deutlich erkennbar eine Haltung ein, die die Meinung nicht aufkommen lassen konnte, daß er jederzeit unterstützend eingreifen und die Zusammenrottung verstärken könne. Von dem Zeitpunkt an, wo er für Frau H. und ihr Kind sorgte, ist die Ansicht des Schwurgerichts, daß er sich weder des Verbrechens gegen die Menschlichkeit noch des Landfriedensbruchs schuldig gemacht habe, daher frei von Rechtsirrtum. Die Feststellungen des Schwurgerichts lassen aber die Möglichkeit offen, daß er durch sein Verhalten vorher diese Tatbestände verwirklicht hat. Denn dem Urteil ist nicht zu entnehmen, daß er gerade durch die Hilferufe veranlaßt wurde, die Wohnung der Familie H. zu betreten und daß er alsbald nach dem Eintritt die Gewalttat Bu.s erlebte und für Frau H. und das Kind sorgte. Nach den bisherigen Feststellungen ist es vielmehr nicht ausgeschlossen, daß er aus anderen Gründen in das Haus ging, sich dort längere Zeit aufhielt, ehe er helfend eingriff, dabei ein Verhalten an den Tag legte, das ihn als Teil der in der Wohnung wütenden Menge erscheinen ließ und erst durch die Bluttat Bu.s dazu gebracht wurde, sich von dem gewalttätigen Treiben der anderen abzuwenden und den Regungen der Anständigkeit und der Menschlichkeit nachzugeben. Wenn das zutraf, würde er sich durch dieses Verhalten des Landfriedensbruchs nach § 125 StGB., möglicherweise auch des Verbrechens gegen die Menschlichkeit schuldig gemacht haben. Auch wenn sein späteres Verhalten dazu im Gegensatz gestanden hätte und erkennen ließ, daß er eine bessere Einsicht gewonnen hatte und ihr auch unter deutlicher Abkehr vom bisherigen strafbaren Treiben folgte, so würde dadurch der schon vollendete Landfriedensbruch nicht aus der Welt geschafft worden sein. Die Schuldfrage würde durch sein späteres Verhalten nicht berührt, nur für das Maß seiner persönlichen Schuld und damit für die Höhe der Strafe könnte dann von Bedeutung sein, daß er sich von der gewalttätigen Menge, nachdem er ihr eine Zeitlang angehört hatte, aus besserer Einsicht trennte. Da das Schwurgericht das verkannt hat, fehlen ausreichende tatsächliche Feststellungen . . .

---

36. 1. Gesetze, die RM-Strafen androhten, drohen nunmehr DM-Strafen in gleicher Höhe an, auch für Taten, die vor der Währungsreform begangen sind. Eine vor der Währungsreform noch nicht verhängte Strafe kann nicht im Verhältnis 10:1 auf DM umgestellt werden.

2. Zum Verbot der reformatio in peius:

a) Die im aufgehobenen Urteil erkannte Freiheitsstrafe begrenzt nicht die Höhe einer nunmehr stattdessen erkannten Geldstrafe, wohl dagegen die Höhe der Ersatzfreiheitsstrafe.

b) War im aufgehobenen Urteil nur auf Geldstrafe erkannt, so darf im neuen Urteil auch zu Wertersatz verurteilt werden, wenn nunmehr Geldstrafe und Wertersatz zusammen die alte Geldstrafe nicht übersteigen.

3. Der nach Aufhebung des § 354a StPO. wieder uneingeschränkt geltende § 337 StPO. hindert das Revisionsgericht grundsätzlich, Gesetzesänderungen zu berücksichtigen, die nach Erlaß des angefochtenen Urteils in Kraft getreten sind. Eine Ausnahme hiervon kann unter besonderen Umständen der Änderung selbst zu entnehmen sein.

4. Das Gesetz des Wirtschaftsrats zur Änderung des Gesetzes über das Branntweinmonopol vom 21. Oktober 1948 stellt die früheren Strafdrohungen dieses Gesetzes wieder her, und zwar als milderes Gesetz mit Rückwirkung; diese ist auch noch vom Revisionsgericht zu berücksichtigen.

5 Auch bei Monopolhehlerei ist auf Einziehung bzw. Wertersatz zu erkennen.

KRG. 27 Art. V; MRG. Nr. 61 (Währungsgesetz) § 2; MRG Nr. 63 (Umstellungsgesetz) §§ 13 ff.; MRVO. Nr. 194; AAR. Nr. 1 Ziff. 8b; WirtschaftsratsG. z. Änd. d. BrMonG. vom 21. Oktober 1948 § 1 IV; Grundgesetz Art. 102; StGB. § 2a Abs. 2; StPO. § 337, früherer § 354a, § 358 Abs. 2; RAbgO. §§ 401 Abs. 2, 403 Abs. 2; BrMonG. §§ 123, 124, 128.

Strafsenat. Urt. v. 4. Oktober 1949 g. M. StS 132/49.

I. Landgericht Paderborn.
II. Oberlandesgericht Hamm.

Gründe:

Der Angeklagte war von der Strafkammer am 23. Februar 1948 wegen Monopolhehlerei zu 1000 RM Geldstrafe und wegen Unterschlagung zu zwei Wochen Gefängnis verurteilt worden. Auf seine Revision hat das Oberlandesgericht am 5. Juli 1948 die Verurteilung wegen Unterschlagung aufgehoben und den Schuldspruch dahin geändert, daß der Angeklagte auch in diesem Falle der Monopolhehlerei schuldig sei. Wegen des Strafausspruchs in diesem Falle ist die Sache an das Landgericht zurückverwiesen worden. Daraufhin hat die Strafkammer am

1. Oktober 1948 den Angeklagten wegen Monopolhehlerei in einem zweiten Falle zu einer Geldstrafe von 1000 DM als der gesetzlichen Mindeststrafe, an deren Stelle im Nichtbeitreibungsfalle für je 100 DM ein Tag Gefängnis tritt, verurteilt.

Gegen diesen Strafausspruch richtet sich die Revision des Angeklagten. Sie führt sinngemäß aus, daß der Angeklagte bei zutreffender Beurteilung durch die Strafkammer bereits am 23. Februar 1948 nicht wegen Unterschlagung, sondern wegen einer zweiten Monopolhehlerei zu bestrafen gewesen sei. Aus den Strafzumessungsgründen des angefochtenen Urteils ergebe sich, daß der Angeklagte in diesem Falle auch nur mit der Mindeststrafe von 1000 RM bestraft worden wäre. Die durch das Versehen der Strafkammer bedingte Verzögerung der Entscheidung rechtfertige es aber nicht, daß im Urteil vom 1. Oktober 1948 die Mindeststrafe nunmehr in DM festgesetzt worden sei.

Das Oberlandesgericht hat die Revision dem Obersten Gerichtshof vorgelegt wegen der unter Oberlandesgerichten der Britischen Zone strittigen, grundsätzlichen Rechtsfrage, ob der Revisionsrichter eine gesetzliche Bestimmung, die erst nach dem Erlaß des angefochtenen Urteils in Kraft getreten ist, berücksichtigen dürfe. Das Oberlandesgericht möchte die Frage verneinen und die Revision verwerfen.

Indes ist der Revision der Erfolg nicht zu versagen.

Aus dem § 2 MilRegG. 61 (Währungsgesetz) ist zu entnehmen, daß mit der Währungsreform Gesetze und Verordnungen, die RM-Strafen androhten, nunmehr grundsätzlich DM-Strafen in gleicher Höhe androhen. Ein Unterschied, ob die Tat vor oder nach der Währungsreform begangen ist, wird dabei nicht gemacht. Der gesetzgeberische Gedanke bei dieser Regelung ist der, daß die Strafdrohung die gleiche bleiben, also weder erhöht noch erniedrigt werden soll. Es handelt sich also nicht um den Fall der Verschärfung eines Strafgesetzes, deren Rückwirkung auf Taten, die vor ihrem Inkrafttreten begangen sind, fraglich sein könnte. Die Anwendung des § 2 des Währungsgesetzes auf Taten, die vor der Währungsreform begangen sind, verstößt also nicht gegen das Rückwirkungsverbot.

Der staatliche Strafanspruch wird erst dann zu einer auf die Zahlung einer Geldsumme gerichteten Strafforderung, wenn auf eine bestimmte Strafe erkannt ist. Ist das, wie hier, erst nach der Währungsreform geschehen, so liegt eine RM-Verbindlichkeit, die nach den §§ 13 ff. des MilRegG. 63 (Umstellungsgesetz) im Verhältnis 10:1 auf DM umgestellt werden könnte, nicht vor. Das ist auch dann nicht anders, wenn die tatrichterliche Verurteilung zu Geldstrafe schon vor der Währungsreform erfolgen konnte und hätte erfolgen sollen.

Die Strafkammer ist also mit Recht bei Erlaß ihres Urteils am 1. Oktober 1948 davon ausgegangen, daß die gesetzliche Mindestgeldstrafe für Monopolhehlerei nach § 124 BrMonG. i. V. mit Art. V Z. 1 des KRG. 27 1000 DM sei. An der Verhängung dieser Mindeststrafe war die Strafkammer auch nicht durch das Verbot der Erschwerung des Strafausspruchs (§ 358 Abs. 2 StPO.) gehindert. Zwar konnte das Gericht die im KRG. 27 angedrohte Mindestgefängnisstrafe von sechs Monaten nicht verhängen, durfte vielmehr, wenn es wieder auf eine Gefängnisstrafe erkennen wollte, über die im ersten Urteil erkannte Strafe von zwei Wochen Gefängnis nicht hinausgehen. Sollte aber statt der ursprünglichen Gefängnisstrafe nur auf eine Geldstrafe erkannt werden, so durfte nur die Ersatzfreiheitsstrafe nicht höher sein als zwei Wochen Gefängnis; das hat die Strafkammer richtig berücksichtigt; die Geldstrafe selbst aber, als die grundsätzlich geringere Strafart und ihrer Höhe nach unvergleichbar mit der Dauer einer Freiheitsstrafe, war durch das Verbot der Erschwerung des Strafausspruchs nicht beschränkt.

Es ist nicht zu verkennen, daß eine gesetzliche Mindeststrafe von 1000 DM für einen besonders leichten Fall der Monopolhehlerei eine überaus harte Strafe sein kann, zumal der Verurteilte die Wahrscheinlichkeit vor Augen hat, daß er bei zutreffender Verurteilung vor der Geldreform neun Zehntel dieser Strafe erspart haben würde.

Nun ist inzwischen eine neue Rechtslage entstanden duch das Gesetz des Wirtschaftsrats zur Änderung des Gesetzes über das Branntweinmonopol vom 21. Oktober 1948 (VOBl. BZ. S. 319) § 1 IV und § 4, das zuvor zweifellos vom Bipartite Board gemäß Art. X Z. 1 der MilRegVO. 126 genehmigt und später durch die MilRegVO. 194

(Amtsblatt Nr. 29, Datum 30. Juli 1949) amtlich ausgelegt worden ist: Die Strafvorschriften im ersten Teil, elften Abschnitt des BrMonG., zu denen auch die §§ 124, 122 (Monopolhehlerei) gehören, sind wieder in der Fassung des Gesetzes vom 25. März 1939 (RGBl. I S. 604) anzuwenden. Die Mindeststrafen des KRG. 27 sind weggefallen, es kann auch wieder auf Geldstrafe schlechthin erkannt werden.

Das erwähnte Gesetz des Wirtschaftsrats ist seinem strafrechtlichen Inhalt nach „ein milderes Gesetz" im Sinne von § 2a Abs. 2 StGB. Die darin ausgesprochene Streichung der Mindeststrafen beruht auf geläuterter Rechtsauffassung. Hätte die Strafkammer den Strafausspruch erst n a c h dem Inkrafttreten dieses Gesetzes gefällt, so hätte sie nicht mehr von der im KRG. 27 vorgeschriebenen Mindestgeldstrafe ausgehen dürfen (AAR. Nr. 1 Z. 8b, § 2 Abs. 2 StGB. in der vor 1933 gültigen Fassung). Da aber das angefochtene Urteil vorher ergangen ist, bleibt die vom Vorlegungsbeschluß gestellte Frage, ob das Revisionsgericht die nachträgliche Rechtsänderung berücksichtigen darf.

Nach § 337 StPO. kann die Revision nur auf Rechtsverletzungen gestützt werden, auf denen das Urteil beruht, hat also das Revisionsgericht nur nachzuprüfen, ob der Tatrichter das zur Zeit seines Urteils geltende Recht richtig angewandt hat. Hieraus hat das Reichsgericht in ständiger Rechtsprechung zutreffend abgeleitet, daß spätere Gesetzesänderungen für die Revisionsinstanz grundsätzlich ohne Bedeutung seien. Der durch die Novelle vom 28. Juni 1935 (RGBl. I S. 844) eingeführte § 354a StPO. hat nach einer verbreiteten Auslegung diese Praxis durchbrochen; u. a. k o n n t e nunmehr auch das Revisionsgericht ein späteres milderes Gesetz anwenden. Die durch die AAR. Nr. 2 eingeführte Neufassung der StPO. enthält den § 354a nicht mehr. Es gibt keinen Anhaltspunkt dafür, daß diese Vorschrift als überflüssig deswegen gestrichen worden wäre, weil die darin getroffene Regelung inzwischen feststehende Praxis geworden wäre und diese Praxis trotz Aufhebung ihrer gesetzlichen Stütze Bestand haben werde und solle. Es ist also wieder grundsätzlich nach § 337 StPO. zu verfahren. Soweit ist der Rechtsauffassung des Vorlegungsbeschlusses zuzustimmen. Diese

Auffassung ist keineswegs formalistisch. Sie dient vielmehr in gesetzestreuer Weise dem Gleichheitsprinzip bei der Anwendung des Grundsatzes, daß für jeden Straffall die Rechtslage beim letzten tatrichterlichen Urteil maßgeblich ist, ohne Rücksicht darauf, ob im Einzelfalle Revision eingelegt ist.

Es kann indes vorkommen, daß die Milderung eines Strafgesetzes einer besonders wichtigen rechtspolitischen Forderung oder einem besonders dringenden Bedürfnis der Gerechtigkeit entspricht. Der Gesetzgeber kann dem dadurch Rechnung tragen, daß er in der Novelle ausdrücklich bestimmt, auch im Revisionsverfahren müsse diese Gesetzesmilderung rückwirkend berücksichtigt werden. Ein solcher Gesetzeswille kann aber auch unter Umständen, ohne daß er besonders zum Ausdruck gebracht ist, der Novelle durch Auslegung zu entnehmen sein. Der OGH. hat das bereits in einem Falle bejaht, und zwar für die Abschaffung der Todesstrafe durch Art. 102 des Grundgesetzes (OGHSt. Bd. 2 S. 1). Dasselbe ist anzunehmen für die Aufhebung der Mindestgeldstrafen des KRG. 27 Art. V durch das Wirtschaftsratsgesetz. Der nach unten begrenzte Strafrahmen der Geldstrafen stand nämlich seit der Währungsreform nicht mehr in Übereinstimmung mit der Gerechtigkeit. Mindestgeldstrafen von 1000 bzw. 800 DM überstiegen den Schuldgehalt geringfügiger Monopolvergehen ganz beträchtlich; auch in den schwereren Fällen konnte diese Strafuntergrenze zu überhöhten Strafen führen. Für jedermann war klar, daß sofortige Abhilfe unerläßlich war. Kam diese schließlich, dann notwendig in dem Sinne, alle Straffälle zu erfassen, die noch nicht *endgültig* abgeschlossen waren. Auf diese Auslegung deutet auch Art. 2 der MilRegVO. 194 hin, wonach *solche* Strafen nicht berührt sind, die durch ein bereits „*rechtskräftig* gewordenes Urteil verhängt worden sind".

Mithin hat in diesem besonderen Falle das Revisionsgericht die *nach* dem Erlaß des angefochtenen Urteils ergangene Gesetzesmilderung ausnahmsweise zu berücksichtigen. Der in dem Urteil enthaltene Strafausspruch muß aufgehoben werden, da die Höhe der Geldstrafe nur durch die damals bestehende gesetzliche Mindeststrafe zu erklären ist.

Bei der neuen Strafzumessung durch die Strafkammer ist zu berücksichtigen, daß bei Monopolhehlerei in gleicher Weise wie bei Monopolhinterziehung auf Einziehung, wenn diese aber, wie im vorliegenden Falle, nicht mehr möglich ist, auf Wertersatz neben der Hauptstrafe zu erkennen ist. Das ergibt sich aus den §§ 124 Abs. 2 und 3, 123, 128 BrMonG., §§ 401 Abs. 2, 403 Abs. 2 RAbgO. Die Wertersatzstrafe nachzuholen, widerspricht nicht dem § 358 Abs. 2 StPO., sofern die neue Geldstrafe zusammen mit der Wertersatzstrafe die Höhe der bisher allein erkannten Geldstrafe nicht übersteigt.

---

37. 1. Findet die Urteilsberatung und -abstimmung schon vor dem Schlußwort des Angeklagten statt und gibt der Angeklagte noch nachher sachliche, wenn auch kurze Erklärungen ab, so müssen sich die Mitglieder des Gerichts in äußerlich erkennbarer Weise untereinander darüber verständigen, ob diese Schlußerklärungen an den Grundlagen des bisherigen Verhandlungsergebnisses etwas geändert haben und es bei dem beschlossenen Urteil verbleiben soll. Die Verletzung dieser Verpflichtung führt nur dann zur Aufhebung des Urteils, wenn es auf diesem Mangel beruhen kann.

2. War zur Zeit der Entscheidung des Tatrichters noch § 1 KWVO. und die VRStrVO. in Kraft, kann das Revisionsgericht die durch das Gesetz zur Vereinfachung des Wirtschaftsstrafrechts vom 26. Juli 1949 eingetretene Rechtsänderung nicht berücksichtigen.

3. Auch Ansprüche, die keinen rechtlichen Bestand haben, können einen Vermögenswert im Sinne des § 263 StGB. darstellen.

StGB. § 263; KWVO. § 1 Abs. 1 und 3; VRStrVO. § 2 Abs. 1 Ziffer 1 Abs. 4; Gesetz zur Vereinfachung des Wirtschaftsstrafrechts vom 26. Juli 1949 §§ 102, 104, 105; StPO. §§ 258 Abs. 2 und 3, 260, 261, 337, 338 Ziffer 1; GVG. § 193.

Strafsenat. Urt. v. 11. Oktober 1949 g. P. u. a. StS 160/49.

I. Landgericht Köln.

II. Oberlandesgericht Köln.

Aus den Gründen:

Am 11. November 1946 wurden 123 Kisten zu je 25 kg, also insgesamt $61^1/_2$ Zentner Butter, die der Lebensmittelgroßhandlung des Mitangeklagten zur Verteilung zugewiesen waren, von dort weggebracht und im Kettenschwarzhandel zum Preise von 100 bis 185 RM. je Pfund abgestoßen. Die Angeklagten sind wegen Verbrechens gegen § 1 Abs. 1 und 3 KWVO. in Tateinheit mit Vergehen gegen §§ 1—6 PrStrRVO. und gegen § 2 Abs. 1 Nr. 1 und Abs. 4 VRStrVO., der Angeklagte D. auch in Tateinheit mit Betrug verurteilt.

Ihre Rechtsmittel sind nicht begründet.

1. Zur Verfahrensrüge tragen die Beschwerdeführer vor: Die Strafkammer habe nach mehrtägiger Verhandlung nach den Schlußvorträgen der Verteidigung, aber vor dem Schlußwort der Beschwerdeführer, über das Urteil beraten und zu Beginn des neuen Verhandlungstages die Beschwerdeführer befragt, ob sie selbst noch etwas zu ihrer Verteidigung anzuführen hätten. Diese hätten erklärt, sie bereuten die Tat und bäten um ein mildes Urteil. Im Anschluß daran sei auf Anordnung des Vorsitzenden die schon vorher festgelegte Urteilsformel durch den Berichterstatter verlesen worden, ohne daß die Strafkammer den Inhalt der Schlußworte zum Gegenstand der Beratung gemacht habe. Aus der Sitzungsniederschrift und den dienstlichen Erklärungen der Richter, die bei der Verhandlung mitwirkten, ergibt sich die Richtigkeit dessen. Die Schlußworte der Beschwerdeführer wiederholten jedoch nur Erklärungen, die sie im Verlaufe der Hauptverhandlung schon mehrfach abgegeben hatten. Sie boten also sachlich nichts Neues und änderten nichts an den Grundlagen des bereits beratenen Urteils. Die Mitglieder der Strafkammer, die ebenfalls sämtlich dieser Ansicht waren, haben sich jedoch darüber nicht untereinander verständigt, sondern ihre Auffassung nur dadurch zum Ausdruck gebracht, daß sie gegen die Anordnungen des Vorsitzenden keine Einwendungen erhoben. Dieses Verfahren wird von der Revision mit Recht bemängelt.

Nach § 258 Abs. 2 StPO. gebührt den Angeklagten das letzte Wort. Auch wenn für sie, wie es im vorliegenden Falle geschah, ein Verteidiger spricht, sind sie nach § 258 Abs. 3 StPO. zu befragen, ob sie selbst noch etwas zu ihrer Verteidigung anzuführen haben. Daran schließt sich die Beratung nach den §§ 193 ff. GVG. Ihr folgt als Schluß der Hauptverhandlung die Erlassung des Urteils (§ 260 StPO.). Rechtsprechung und herrschende Rechtslehre haben diese Bestimmungen stets dahin ausgelegt, daß sich das Gericht dabei nicht notwendig zur Beratung und Abstimmung zurückzuziehen braucht, daß sich die Mitglieder des Gerichts vielmehr über einfache Fragen auch im Sitzungszimmer mit leiser Stimme oder auch durch Zeichen verständigen können (vgl. RGSt. Bd. 22 S. 396; Bd. 30 S. 226, 230; Bd. 42 S. 85). Rechtsprechung und Schrifttum haben es auch stets für zulässig erklärt, daß Beratungen über den Gegenstand der Urteilsfindung auch schon in einem der Urteilsverkündung vorausliegenden Zeitpunkt stattfinden (RGSt. Bd. 42 S. 85). Der Senat sieht keinen Grund, der eine Abweichung von diesen Grundsätzen rechtfertigen könnte. Es ist deshalb nicht zu beanstanden, daß die Strafkammer schon nach dem vierten Verhandlungstage zur Beratung und Abstimmung schritt, noch ehe die Angeklagten erklärt hatten, ob sie noch selbst etwas zu ihrer Verteidigung hinzuzufügen hätten. Wenn sich jedoch die Urteilsverkündung nicht unmittelbar an die Beratung anschließt, sondern das Gericht noch einmal in die Verhandlung eintritt und die Angeklagten — wie im vorliegenden Falle — noch Erklärungen abgeben, müssen sich die Richter vor der Urteilsverkündung erneut verständigen, ob die nach der ersten Beratung abgegebenen Erklärungen eine Änderung des beratenen Urteilsinhalts zur Folge haben können oder nicht. Das ergibt sich nicht nur daraus, daß das Urteil am Schlusse der Hauptverhandlung zu erlassen ist (§ 260 Abs. 1 StPO.), sondern folgt auch unmittelbar aus § 261 StPO. Diese Vorschrift enthält nicht nur das Verbot der Berücksichtigung von Tatsachen, die nicht Gegenstand der Verhandlung gewesen sind; daß das Gericht seine Überzeugung aus dem Inbegriff der Verhandlung zu schöpfen hat, schließt auch die Verpflichtung ein, alles bei der Urteilsfindung zu berücksichtigen, was in der Verhandlung zur Sprache gekommen ist. Dazu gehören auch die Erklärungen der Angeklagten gemäß § 258 Abs. 3 StPO. Eine schon vor diesem Zeitpunkt durchgeführte Beratung und Abstimmung kann also die künftige Entscheidung nur tragen, wenn die weitere Verhandlung nichts erbracht hat, was das Ergebnis beeinflussen könnte. Ob das zutrifft, kann aber grundsätzlich nur durch eine erneute Beratung und Abstimmung geklärt werden. Kommt es unter den Mitgliedern des Gerichts zu keiner Verständigung über Wert und Bedeutung des nach der letzten Beratung liegenden Verhandlungsergebnisses, so wird damit offensichtlich, daß es, entgegen der Vorschrift des § 261 StPO., nach der das Gericht seine Überzeugung aus dem Inbegriff der ganzen Hauptverhandlung zu schöpfen hat, bei der Entscheidung nicht berücksichtigt ist. Eine Ausnahme von der Notwendigkeit erneuter Beratung kann mit der bisherigen Rechtsprechung nur in den Fällen anerkannt werden, in denen der nach der ersten Beratung liegende Teil der Hauptverhandlung nur solche Vorgänge umfaßt, die ihrer Art nach ungeeignet sind, die Entscheidung des Gerichts zu beeinflussen. Ein solcher Fall liegt etwa dann vor, wenn dem Angeklagten das letzte Wort gewährt wird, dieser aber keine Erklärungen abgibt, oder wenn ein nach § 265 StPO. erforderlicher Hinweis erfolgt und die Prozeßbeteiligten nur erklären, daß sie bei ihren bisherigen Ausführungen und Anträgen verbleiben. Das gilt jedoch nicht von dem Schlußwort eines Angeklagten, wenn es — wie im vorliegenden Falle — die Erklärung enthält, daß er die Tat bereue und um eine milde Strafe bitte. Denn es handelt sich dabei um eine Äußerung, die immerhin anzeigen kann, wie der Angeklagte innerlich zu seiner Tat steht und die darum für die Beurteilung, vor allem für die Höhe der Strafe, von Bedeutung sein kann. Nur für den Fall, daß der Angeklagte Erklärungen desselben Inhalts schon im Laufe der Verhandlung abgegeben hat und diese bei der Beratung mit berücksichtigt worden sind, das Schlußwort des Angeklagten also sachlich nichts Neues enthält und den Grundlagen des schon beratenen Urteils nichts Neues hinzufügt, könnte an sich von einer erneuten Beratung abgesehen werden. Ob aber eine solche Erklärung im Hinblick auf das bisherige Beratungsergebnis ohne selbständigen Wert und ohne Bedeutung ist, kann doch nur durch erneute Verständigung unter den mitwirkenden Richtern geklärt werden. Für diese an sich unerläßliche erneute Verständigung ist — wie schon hervorgehoben — keine besondere Form vorgeschrieben. Der

Senat hält es jedoch in Übereinstimmung mit dem Reichsgericht (RGSt. Bd. 42 S. 85, 87) für unerläßlich, daß das erneute Einverständnis in äußerlich erkennbarer Weise herbeigeführt wird. Denn nur dann besteht die Gewähr, daß die vom Gesetz für notwendig erachtete und geforderte Verständigung auch wirklich herbeigeführt ist. Nur dann bleibt auch dem Schlußwort des Angeklagten die Bedeutung gesichert, die ihm das Verfahrensrecht beilegt. Es muß deshalb jedes Verfahren beanstandet werden, daß auch nur den Anschein erweckt, als komme es auf den Inhalt des Schlußworts eines Angeklagten nicht an.

Diese Erkennbarkeit ist im vorliegenden Falle, wie die Revision mit Recht rügt, nicht gewahrt. Aus dem Umstande, daß der Berichterstatter auf Anordnung des Vorsitzenden die Urteilsformel verlas, könnte allenfalls entnommen werden, daß zwischen ihnen beiden in äußerlich erkennbarer Weise ein Einvernehmen dahin zustande gekommen sei, daß die Schlußworte der Angeklagten nichts Neues erbracht und daher an dem Beratungsergebnis nichts geändert hätten. Nach dem Vortrag der Revision und den dienstlichen Erklärungen der Richter muß jedoch davon ausgegangen werden, daß jedenfalls der andere Beisitzer sein Einverständnis nur dadurch zum Ausdruck gebracht hat, daß er gegen das Verfahren des Vorsitzenden keine Einwendungen erhob. Das mag unter Umständen für die Mitglieder des Gerichts, vor allem wenn sie längere Zeit zusammengearbeitet und sich dadurch näher kennengelernt haben, noch ein genügender Ausdruck des Einverständnisses sein. Dem Erfordernis der Erkennbarkeit nach außen wird dadurch aber nicht genügt. Das Verfahren der Strafkammer hat deshalb die §§ 258 Abs. 3, 260 Abs. 1, 261 StPO. verletzt.

Der Verfahrensfehler bildet jedoch keinen absoluten Revisionsgrund im Sinne des § 338 StPO. Es geht insbesondere nicht an, in der Art, wie das Urteil verkündet wurde, eine Ausschaltung der Beisitzer oder wenigstens des zweiten Beisitzers zu erblicken und darin eine unvorschriftsmäßige Besetzung des Gerichts (§ 338 Ziffer 1 StPO.) zu sehen. Die Rechtsprechung hat zwar anerkannt, daß ein Fall des § 338 Ziffer 1 StPO. auch dann vorliegen kann, wenn die gesetzlich vorgesehenen Richter in der vom Gesetz vorgeschriebenen Zahl körperlich anwesend sind. Es handelt sich jedoch dann immer darum, daß ein zur Mitwirkung an sich ordnungsmäßig berufener Richter aus irgendwelchen Gründen, etwa wegen Bewußtseinsstörung, Krankheit oder Übermüdung nicht in der Lage ist, der Verhandlung mit Verständnis zu folgen. Der Fall der unvorschriftsmäßigen Besetzung liegt jedoch nicht vor, wenn — wie hier — die nach dem Gesetz zur Mitwirkung berufenen Richter körperlich und geistig anwesend sind, jedoch nicht sämtlich in der verfahrensrechtlich vorgesehenen Weise t ä t i g werden.

Ebensowenig liegt in dem Verfahren des Gerichts eine unzulässige Beschränkung der Verteidigung (§ 338 Ziffer 8 StPO.). Diese Vorschrift greift schon deshalb nicht ein, weil ausweislich der Sitzungsniederschrift kein Gerichtsbeschluß ergangen ist, der über eine gegen die Sachleitung des Vorsitzenden gerichtete Beanstandung entschieden hätte (§ 238 Abs. 2 StPO.).

Der Verfahrensfehler, der in der Unterlassung einer erneuten äußerlich erkennbaren Beratung und Abstimmung nach dem Schlußwort der Beschwerdeführer liegt, kann den Bestand des Urteils daher nur gefährden, wenn und soweit es auf ihm b e r u h t (§ 337 StPO.). Das ist hier zu verneinen. Die Schlußworte der Beschwerdeführer, die allein zwischen der Beratung und der Urteilsverkündung lagen, beschränkten sich auf die kurze Bemerkung, daß sie ihre Tat bereuten und um ein mildes Urteil bäten. Sie wurden nach einer viertägigen Verhandlung abgegeben, in der ein weitschichtiger und ziemlich verwickelter Sachverhalt zu klären war. Diese Klärung erfolgte, wie das umfängliche Urteil erkennen läßt, zu einem großen Teil auf der Grundlage der eigenen Angaben der Angeklagten, die sie teils im Ermittlungsverfahren, teils in der Hauptverhandlung gemacht hatten. Dabei ergab sich vielfach die Gelegenheit und die Notwendigkeit, zu erörtern, wie die Angeklagten innerlich zu der Tat stünden. Das angefochtene Urteil läßt erkennen, daß das Gericht auf die Aufklärung dieser inneren Haltung der Beschwerdeführer und ihrer Beziehung zur Tat besondere Sorgfalt verwendet hat. Nach den dienstlichen Erklärungen der Mitglieder der erkennenden Strafkammer, vor allem des Berichterstatters, hatten die Beschwerdeführer im Laufe der

Hauptverhandlung wiederholt Erklärungen derselben Art abgegeben, wie sie ihr Schlußwort enthielt. Es brachte also sachlich nichts Neues. Auch die Revision bringt nichts Gegenteiliges vor. Die formelhaften Erklärungen der Beschwerdeführer im Schlußwort waren also tatsächlich ohne jedes selbständige Gewicht und konnten darum die Entscheidung nicht beeinflussen. Die Vermeidung des Verfahrensfehlers, der nur in dem Mangel einer äußerlich erkennbaren Verständigung aller mitwirkenden Richter liegt, hätte im vorliegenden Falle also mit Sicherheit zu demselben Ergebnis geführt. Das ergibt sich aus dem mangelnden sachlichen Gewicht der Schlußworte wie aus der Tatsache, daß keiner der mitwirkenden Richter, wie ihre dienstlichen Erklärungen ergeben, auf den Gedanken gekommen ist und auch nicht zu kommen brauchte, in den Schlußworten Erklärungen zu erblicken, die das bei der Beratung zugrunde gelegte Verhandlungsergebnis veränderten oder ergänzten. Da nach allem jede Möglichkeit auszuschließen ist, daß der Verfahrensfehler auf die Entscheidung des Gerichts von Einfluß gewesen ist, muß der Verfahrensrüge im Ergebnis der Erfolg versagt bleiben...

Entgegen der Ansicht der Revision ist es ohne Einfluß auf die Entscheidung des Senats, daß das Gesetz zur Vereinfachung des Wirtschaftsstrafrechts vom 26. Juli 1949, das in § 102 u. a. auch § 1 KWVO. und die VRStrVO. aufhebt, am 1. Oktober 1949 in Kraft getreten ist. Das Revisionsgericht hat nach § 337 StPO. nur nachzuprüfen, ob der Tatrichter das zur Zeit s e i n e r Entscheidung geltende Recht richtig angewendet hat. In Übereinstimmung mit der Rechtsansicht des Reichsgerichts hat der OGH. daraus die Folgerung abgeleitet, daß das Revisionsgericht spätere Rechtsänderungen grundsätzlich nicht berücksichtigen darf (vgl. OGHSt. Bd. 2 S. 187, 191). Eine Ausnahme gilt nur dann, wenn das Gesetz selbst die Berücksichtigung einer Gesetzesänderung noch im Revisionsverfahren vorschreibt. Eine solche Ausnahme kann ausdrücklich ausgesprochen sein, kann sich aber auch im Wege der Auslegung aus den gesetzgeberischen Gründen, auf denen die Rechtsänderung beruht und aus den mit ihr verfolgten Zwecken und Zielen ergeben. Dem Wirtschaftsstrafgesetz vom 26. Juli 1949 ist aber die Anordnung einer solchen Ausnahme nicht zu entnehmen. Sie ist insbesondere nicht daraus herzuleiten, daß § 104 Abs. 3 a.a.O. den Begriff der Verfolgung verwendet. Es fehlt an jedem Anhaltspunkt dafür, daß mit diesem Ausdruck auch das Verfahren vor dem Revisionsgericht gemeint ist. Einer solchen Annahme steht schon der Umstand entgegen, daß das Wirtschaftsstrafgesetz vom 26. Juli 1949 in § 105 den Zeitpunkt seines Inkrafttretens auf den 1. Okt. 1949 festgelegt hat. Damit ist deutlich zum Ausdruck gebracht, daß der Tatrichter bis zu diesem Zeitpunkt, also für einen nicht unbeträchtlichen Zeitraum nach der Verkündung des Gesetzes, noch das bisherige Wirtschaftsstrafrecht anwenden solle. Mit dieser Anordnung wäre die Durchbrechung des Grundsatzes, daß das Revisionsgericht nur die richtige Rechtsanwendung durch den Tatrichter nachzuprüfen hat, nicht in Einklang zu bringen. Der das Revisionsverfahren sonst beherrschende Grundsatz kann vielmehr nur verlassen werden, wenn es sich um eine wichtige, auf einem Wandel der Rechtsanschauung beruhende Rechtsänderung handelt und der Gesetzgeber aus diesem Grunde will, daß sie sofort und in allen noch nicht rechtskräftig entschiedenen Fällen Platz greife. Diese Voraussetzungen liegen beim Wirtschaftsstrafgesetz vom 26. Juli 1949 nicht vor.

3. Die Feststellungen des angefochtenen Urteils zum Verhalten des Angeklagten D. enthalten auch alle Merkmale des Betruges. D. war, wie der Zusammenhang der Urteilsgründe ergibt, an sich bereit und in der Lage, im Einklang mit den getroffenen Abreden an P. als Kaufpreis für die abgenommene Butter außer den sonst entrichteten Beträgen weitere 100 000 RM zu zahlen, erklärte ihm jedoch, daß er für einen seiner Abnehmer beim Absatz der Butter ein „Lösegeld" von 100 000 RM aufbringen müsse. Er erbat P.s Einverständnis zur Zahlung dieser Summe unter entsprechender Kürzung des Betrages, den er an P. abzuführen hatte. Allerdings war D. durch seinen Abnehmer ebenfalls getäuscht worden. Dieser hatte D. wahrheitswidrig angegeben, er müsse ein „Lösegeld" von 50 000 RM aufbringen. D. glaubte ihm das auch, war unter der Voraussetzung, daß seine eigene Schuld an P. um diesen Betrag gekürzt würde, zur Zahlung dieser Summe bereit, benutzte jedoch die Gelegenheit, sich selbst einen Vorteil von 50 000 RM zu verschaffen und

nannte deshalb P. gegenüber als „Lösegeld" den Betrag von 100 000 RM, obwohl er von Anfang an entschlossen war, nur 50 000 RM seinem Abnehmer zu übergeben. P. glaubte auch den bewußt falschen Angaben D.s und erklärte sich damit einverstanden, daß D. einen um 100 000 RM geringeren Betrag zahle, als ihren Abrechnungen entsprach. Den Unterschiedsbetrag von 50 000 RM behielt D. für sich.

In dieser durch bewußte Täuschung herbeigeführten Verzichterklärung P.s liegt eine sein Vermögen schädigende Verfügung. Seit der Entscheidung der Vereinigten Strafsenate vom 14. Dezember 1910 (RGSt. Bd. 44 S. 230) ist in der Rechtsprechung anerkannt, daß es kein gegen Betrug ungeschütztes Vermögen gibt. Auch Werte, die jemand widerrechtlich besitzt, gehören zu seinem Vermögen. In der Rechtsprechung hat sich diese wirtschaftliche Vermögensauffassung bisher aber nur durchgesetzt, soweit es sich um Sachwerte handelte. Bezieht sich jedoch die Verfügung des Getäuschten auf einen Anspruch, so hat das Reichsgericht die Möglichkeit eines Betruges immer nur bejaht, wenn der Anspruch rechtlichen Bestand hatte (RGSt. Bd. 65 S. 99). Diese Auffassung ist im Schrifttum mit guten Gründen bekämpft worden (vgl. die Anmerkung Grünhuts zu der angeführten Entscheidung in JW. 1932 S. 2434). In der Tat ist nicht einzusehen, weshalb im Bereich der Sachwerte die wirtschaftliche Vermögensauffassung gelten soll, im Bereich der Ansprüche es aber darauf ankommen soll, ob sie rechtlichen Bestand haben. Einen wirtschaftlichen Wert hat auch ein rechtlich nicht bestehender „Anspruch", mit dessen Erfüllung jedoch, wie hier, dennoch gerechnet werden kann. Es ist kein Grund ersichtlich, weshalb ein solcher Wert nicht Gegenstand des Betruges sein könnte. Auch bei rechtlich anerkannten Ansprüchen ist die Klage im Zivilprozeß oft nur ein Weg zu ihrer Durchsetzung. Oft sind Zahlungsfähigkeit, Zahlungswilligkeit und gesellschaftliche Bindungen des Schuldners entscheidend. Diese Umstände können auch „Ansprüchen", die an sich keinen rechtlichen Bestand haben, einen beträchtlichen wirtschaftlichen Wert verleihen. Es kann mithin im vorliegenden Falle nur darauf ankommen, ob P., wenn er die Täuschung durch D. durchschaut hätte, auf die Zahlung der 100 000 DM nicht verzichtet, sondern geeignete Schritte unternommen hätte, diesen Betrag zu erlangen und wirklich diese Summe erhalten hätte, obwohl sie ihm von Rechts wegen nicht zustand, weil die Forderung aus einem Schwarzmarktgeschäft herrührte. Das ist nach den Urteilsfeststellungen zu bejahen. Denn die Forderung wurde von beiden Teilen als zu Recht bestehend behandelt. Der Angeklagte D. war zahlungsfähig und offensichtlich nicht gesonnen, sich dem Rufe auszusetzen, eine aus einem Schwarzmarktgeschäft herrührende Forderung nicht bezahlt zu haben. Daß die Täuschung nur zur Kürzung einer rechtlich nicht anerkannten, aber als bestehend behandelten Forderung führte und nicht zur Hingabe von Geld, das der Geschädigte von Rechts wegen vielleicht auch nicht im Besitz haben durfte, kann deshalb nichts ausmachen und ist im vorliegenden Falle nur auf den Zufall zurückzuführen, daß die Täuschung in einem Zeitpunkt erfolgte, in dem der Beschwerdeführer und der Getäuschte ihre Geschäfte noch nicht vollständig abgewickelt hatten. Der Beschwerdeführer D. selbst war von seinem Abnehmer erst getäuscht worden, als er von diesem die rechtlich nicht bestehende Forderung schon bezahlt erhalten hatte. Bei ihm führte die Täuschung daher zur Hingabe von 50 000 RM. Das wirtschaftliche Ergebnis ist aber in beiden Fällen das gleiche. Die Strafkammer hat deshalb im Ergebnis zu Recht in dem Verzicht P.s auf einen Teil seiner Schwarzmarktpreisforderung eine Vermögensschädigung erblickt. . . .

---

38. 1. Zur Revisibilität der Strafzumessung.

2. Der einer Nachprüfung durch das Revisionsgericht zugängliche Rechtsfehler bei der Strafzumessung kann darin bestehen, daß die ihr zugrundeliegenden Tatsachen unter Verletzung verfahrensrechtlicher Grundsätze festgestellt oder widerspruchsvoll sind, oder daß die Strafzumessung auf Erwägungen beruht, die gegen die Rechtsidee und allgemein anerkannte Grundsätze staatlichen Strafens oder solche Grundsätze verstoßen, die aus dem verletzten Strafgesetz herzuleiten sind.

3. Auch zugunsten des Angeklagten begangene Rechtsfehler unterliegen insoweit der Nachprüfung durch das Revisionsgericht.

KRG. 10 Art. II 1c; StPO. §§ 267 Abs. 3, 337.

Strafsenat. Urt. v. 25. Juli 1949 g. R. StS 193/49.

I. Schwurgericht Lübeck.

Aus den Gründen:

Der Angeklagte ist als politischer Denunziant wegen Verbrechens gegen die Menschlichkeit (KRG. 10 II 1c) verurteilt. Die Revision der StA. ist auf das Strafmaß beschränkt. Sie macht geltend, die Strafzumessungsgründe ständen teilweise in Widerspruch zu den sonstigen tatsächlichen Feststellungen des Urteils. Außerdem habe das Gericht durch unrichtige Bewertung von Strafschärfungs- und Strafmilderungsgründen sein rechtlich gebundenes Ermessen beim Strafausspruch verletzt und eine dem Unrechtsgehalt der Tat nicht entsprechende Strafe verhängt.

Das Rechtsmittel ist jedoch nicht begründet.

Der Senat hat zwar in der Entscheidung OGHSt. Bd. 1 S. 119 anerkannt, daß auch die Strafzumessung der Nachprüfung durch das Revisionsgericht zugänglich ist. Der das Revisionsverfahren beherrschende Grundsatz des § 337 StPO., nach dem die Revision nur darauf gestützt werden kann, daß das Urteil auf einer Verletzung des Gesetzes beruhe, bedeutet jedoch, daß auch die Nachprüfung des Strafausspruches darauf beschränkt ist, ob dem Tatrichter bei der Strafzumessung ein Rechtsfehler unterlaufen ist. Soweit das dem Tatrichter bei der Strafzumessung eingeräumte Ermessen durch Rechtssätze bestimmt oder umgrenzt ist, kann also das Revisionsgericht prüfen, ob diese rechtlichen Schranken beachtet sind. Innerhalb dieses so abgegrenzten Bereichs ist dem Revisionsgericht jedoch jeder Eingriff in das tatrichterliche Ermessen verwehrt. Dazu würden bei der Eigenart des Revisionsverfahrens auch alle ausreichenden sachlichen Voraussetzungen fehlen. Wie bei der Schuldfrage kann auch bei der Straffestsetzung der Rechtsfehler darin bestehen, daß der Tatrichter dabei von einem verfahrensrechtlich nicht einwandfrei geklärten Sachverhalt ausgegangen ist. Er kann aber auch in einer rechtsirrtümlichen Würdigung der vom Tatrichter bei der Strafzumessung berücksichtigten Umstände liegen. In beiden Fällen handelt es sich um Gesetzesverletzungen im Sinne des § 337 StPO., die der Nachprüfung durch das Revisionsgericht zugänglich sind. Daran ändert auch der Umstand nichts, daß sie im engsten Zusammenhang mit einer dem Tatrichter vorbehaltenen Ermessensentscheidung stehen. Der Strafausspruch ist also rechtlich fehlerhaft, wenn sich — als Folge einer zulässigen und begründeten Verfahrensrüge — herausstellt, daß die Tatsachen, die ihn tragen sollen, falsch festgestellt sind oder daß wesentliche Tatsachen übergangen sind, oder wenn sich, was auf die Sachbeschwerde hin zu beachten ist, Widersprüche finden, so daß insoweit einwandfreie Tatsachenunterlagen überhaupt entfallen und deshalb der Nachprüfung der auf ihnen beruhenden Erwägungen und Überlegungen die Grundlage entzogen ist. Der Rechtsfehler kann aber auch in den rechtlichen Erwägungen liegen. Das ist vor allem dann der Fall, wenn sich der Tatrichter im einzelnen von Überlegungen hat leiten lassen, die, gemessen an der Rechtsidee und anerkannten Grundsätzen staatlichen Strafens, als unzulässig bezeichnet werden müssen. Auch Grundsätze, die sich aus Besonderheiten des verletzten Strafgesetzes ergeben, können in Betracht kommen. Dabei kann es keinen Unterschied ausmachen, ob sich der Rechtsirrtum zugunsten oder zu Lasten des Angeklagten auswirkt. Auch der zugunsten des Angeklagten begangene Rechtsfehler muß auf die Revision der Staatsanwaltschaft hin zur Aufhebung des Urteils im Strafausspruch führen.

Bei den von der Revision im vorliegenden Falle gegen die Strafzumessung gerichteten Angriffen, daß die Strafzumessungstatsachen widerspruchsvoll und die vom Schwurgericht angeführten Milderungsgründe rechtlich unzulässig seien, handelt es sich also um ein der Nachprüfung durch das Revisionsgericht zugängliches Vorbringen. Sie ergibt jedoch, daß die gerügten Rechtsfehler nicht vorliegen. Ein Widerspruch zwischen den bei den Strafzumessungsgründen angeführten Tatsachen und den sonstigen tatsächlichen Feststellungen ist nicht ersichtlich. Zwar erwähnt das Urteil in den Strafzumessungsgründen von den Tatfolgen zunächst nur die Freiheitsentziehung, die die Opfer der Anzeigen erlitten hatten und bezeichnete sie, worauf noch einzugehen ist, als „verhältnismäßig glimpflich". Damit hat das Schwurgericht aber, wie der Zusammenhang ergibt, nicht etwa zum Ausdruck bringen wollen, daß es auf die übrigen, vorher festgestellten Anzeigefolgen (schwere seelische Belastungen infolge der Sorge um das künftige Schicksal, teilweise noch heute andauernde erhebliche körperliche Schädigung) bei der Strafzumessung nicht ankomme. Denn es erwähnt selbst auch in den Strafzumessungsgründen kurz darauf die große Lebensgefahr, der sich die Angezeigten ausgesetzt sahen. Daß von allen die Straftat kennzeichnenden Umständen bei der Strafzumessung nur die bedeutsamsten in die Erinnerung gerufen werden, entspricht im übrigen nicht nur allgemeiner Übung, sondern auch der Vorschrift des § 267 Abs. 3 S. 1 StPO., der von den bestimmenden Zumessungsgründen spricht und damit zum Ausdruck bringt, daß eine schlechthin erschöpfende Aufzählung der Strafzumessungsgründe nicht gefordert werden kann. Damit trägt das Gesetz dem Umstand Rechnung, daß die Strafzumessungsgründe überhaupt oft nur teilweise einer gedanklichen Fassung zugänglich sind . . . (wird weiter ausgeführt).

Zu Unrecht beanstandet die Revision auch, daß das Schwurgericht dem Angeklagten zugute gehalten habe, er habe möglicherweise bei seinem Vorhaben stark unter dem Eindruck der amtlichen Propaganda gehandelt. Ihr ist zwar zuzugeben, daß sich hinter der beanstandeten Wendung eine rechtlich fehlerhafte Bewertung von Tatumständen verbergen kann. Das ist, worauf der Senat schon in der Entscheidung OGHSt. Bd. 1 S. 1 (6) hingewiesen hat, vor allem dann der Fall, wenn die propagandistische Beinflussung einseitig und ausschließlich unter dem Gesichtspunkt gewürdigt wird, ob sie etwa den sittlichen und rechtlichen Vorwurf, der den Täter trifft, in einem milderen Lichte erscheinen, aber unbeachtet läßt, daß gerade der Verhetzte oft der besonders gefährliche Täter ist. Die Gerechtigkeit gebietet, daß alle möglichen Wirkungen propagandistischer Beeinflussung berücksichtigt werden. Nur unter dieser Voraussetzung ist es rechtlich nicht zu beanstanden, wenn der Tatrichter einmal in starken äußeren Einflüssen einen Umstand findet, der den den Täter treffenden Vorwurf mindert und der darum insoweit als Strafmilderungsgrund berücksichtigt werden darf. Denn die Erfahrung lehrt, daß die Fähigkeit der Menschen, massenpsychologischen Einflüssen zum Schlechten Widerstand zu leisten, ganz verschieden ist. Diese Tatsache zu leugnen und ihr grundsätzlich keinen Einfluß auf die Strafzumessung einzuräumen, würde den tatsächlichen Lebensverhältnissen nicht gerecht werden. Der OGH. hat auch bereits in OGHSt. Bd. 2 S. 69, 70 anerkannt, daß sich aus der unterschiedlichen Empfänglichkeit gegenüber massenpsychologischen Einflüssen, soweit es sich nicht um die Urheber nationalsozialistischer Massenverbrechen, sondern um Mitläufer handelt, auch Unterschiede in der Schwere der persönlichen Schuld ergeben können, die auch auf die Strafzumessung Einfluß zu gewinnen vermögen, weil die Strafe in erster Linie dem Grade der persönlichen Schuld des Täters zu entsprechen hat. Es ist kein Grund ersichtlich, weshalb dieser Gedanke, der sonst allgemein bei der Strafzumessung beachtet werden darf, beim Verbrechen gegen die Menschlichkeit nicht berücksichtigt werden dürfte. Erforderlich ist nur, daß es — wie schon hervorgehoben —, im Rahmen der anderen Zwecke geschieht, die das KRG. 10 verfolgt. Der Tatrichter darf deshalb vor allem nicht außer acht lassen und muß bei der Strafzumessung mitberücksichtigen, daß Art. II 1c KRG. 10 gerade diejenigen Täter treffen will, die das menschliche Gefühl und die Achtung vor dem Wert und der Würde der Mitmenschen bewußt ihrer politischen Überzeugung geopfert haben, und daß vom Standpunkt der Gefährlichkeit für die Umwelt oft kein Unterschied besteht, ob der Täter blindlings äußeren Einflüssen folgt oder sich nur vom eigenen bösen Willen leiten läßt, ja daß er oft gerade dann besonders gefährlich ist, wenn er sich hemmungslos und kritiklos äußeren Einflüssen zum Schlechten hingibt. Daß das Schwurgericht im vorliegenden Falle diese notwendige Einschränkung übersehen hätte, kann dem angefochtenen

Urteil jedoch nicht entnommen werden. . . . (Wird ausgeführt).

Der Generalstaatsanwalt hatte beantragt, das angefochtene Urteil im Strafausspruch aufzuheben und die Sache insoweit an die Vorinstanz zurückzuverweisen.

---

39. Zur Entscheidung über den Antrag der Verteidigung, den Angeklagten zusätzlich klinisch auf seine Verantwortlichkeit zu untersuchen, obwohl der ärztliche Sachverständige einen Antrag nach § 81 StPO. als sachlich unnötig ablehnt.

StPO. §§ 81, 245 Abs. 5, 250.

Strafsenat. Urt. v. 18. Oktober 1949 g. Ehel. M. StS 63/49.

I. Schwurgericht Verden (Aller).

Aus den Gründen:

Auch die Revision der Ehefrau M. kann keinen Erfolg haben. Verfahrensrechlich rügt sie, über ihren Beweisantrag, sie psychiatrisch auf ihre Verantwortlichkeit und ihre Überlegungs- und Entschlußfähigkeit zur Tatzeit klinisch untersuchen zu lassen, sei unzulässigerweise erst im Urteil entschieden. Das trifft zwar zu, vermag die Revision aber nicht zu stützen. Dieser Antrag der Verteidigung betraf den Geisteszustand der Angeklagten, den der Amtsarzt als Sachverständiger in der Hauptverhandlung bereits begutachtet hatte. Er erstrebte daneben noch die klinische Untersuchung und Begutachtung der Angeklagten, zu der der bisherige Gutachter selbst nicht in der Lage war. Der Antrag der Verteidigung richtete sich daher, ohne daß dies besonders gesagt war, auf die Hinzuziehung eines zweiten Sachverständigen; er war also ein Beweisantrag, über den das Schwurgericht durch begründeten Beschluß in der Hauptverhandlung (§ 245 Abs. 5 StPO.) zu entscheiden hatte. Das ist zwar nicht geschehen. Das angefochtene Urteil beruht aber nicht auf diesem Verfahrensverstoß. Denn ein ablehnender und mit Gründen versehener Beschluß in der Hauptverhandlung hätte die Verteidigung nicht, wie sonst bei Beweisanträgen, in den Stand gesetzt, andere sachdienliche Beweisanträge zur Wahrung der Rechte der Angeklagten zu stellen, über die das Gericht dann wiederum nach Maßgabe des § 245 Abs. 5 StPO. hätte entscheiden müssen. Es liegt daher insofern anders als bei echten Beweisanträgen, die nicht lediglich die Zuziehung eines zweiten Sachverständigen zwecks klinischer Untersuchung bezwecken; daher läßt sich nicht sagen, daß das angefochtene Urteil auf einer Verletzung des § 245 Abs. 5 StPO. beruhe. Auch sonst ist insoweit kein Verfahrensfehler erkennbar. Insbesondere die Pflicht zur Amtsaufklärung (§ 245 Abs. 1 StPO.) ist nicht verletzt. Das Gericht hat die von der Verteidigung erhobenen Einwände gegen die Zurechnungsfähigkeit der Angeklagten mit dem Sachverständigen in der Hauptverhandlung erörtert, insbesondere auch die Frage der etwaigen Anstaltsbeobachtung. Der Sachverständige hat deren Notwendigkeit mangels ersichtlichen Anlasses verneint und erklärt, die Angeklagte sei in keiner Weise psychisch auffällig. Ein zweiter ärztlicher Sachverständiger hat auf Befragen erklärt, nach seinen eigenen Beobachtungen in der Hauptverhandlung zweifle er das Gutachten seines Kollegen nicht an. Das Gericht hat sich dieser ärztlichen Beurteilung der Angeklagten angeschlossen. Ein Ermessensfehler liegt hierin nicht. Die gegenteilige Ansicht der Revision stützt sich teilweise auf Annahmen, die mit den Urteilsfeststellungen unvereinbar sind, zum anderen auf die Überzeugung des Verteidigers von der Unschuld der Angeklagten und deren psychischer Beeinträchtigung durch das Stillen. Beides vermag aber nicht darzutun, daß das angegriffene Urteil oder das Verfahren, auf dem es beruht, rechtlich fehlerhaft wäre.

Dasselbe gilt im Ergebnis für die Bedenken der Revision gegen die Glaubwürdigkeit der Schwester des Angeklagten, Marie M. Deren frühere Krankenakten sind ausweislich der Sitzungsniederschrift in der Hauptverhandlung nicht als Beweismittel verwertet, sondern lediglich ein Fürsorgebericht der R.er Anstalt der Inneren Mission über die Zeugin aus dem Jahre 1937. Dessen Verlesung in der Hauptverhandlung haben zwar alle Prozeßbeteiligten zugestimmt. Dennoch verstieß sie, da sie die Bekundungen des Berichtverfassers über eigene Wahrnehmungen ersetzte, gegen § 250 StPO. Das Urteil beruht aber nicht auf diesem Verstoß. Die geistige Erkrankung der Zeugin Marie M. liegt 13 Jahre zurück. Der verlesene

Bericht vom Jahre 1937 besagt nur, daß sie, ein Jahr später, den Haushalt auf dem Hofe führe und nichts Krankhaftes erkennen lasse. Unter diesen Umständen ist nicht ersichtlich, wie die Verlesung des Berichts den unmittelbaren Eindruck des Gerichts in der Hauptverhandlung von der Zeugin hätte beeinflussen und sie als mehr oder weniger glaubwürdig hätte erscheinen lassen können. Ob das Gericht der Zeugin im übrigen unter den auf Grund der übrigen Beweismittel festgestellten Tatumständen glauben wollte, stand in seinem Ermessen. Dieses Ermessen ist nicht erkennbar verletzt. . . .

---

40. 1. Zum äußeren Tatbestand der Bauwerkszerstörung: Ganzzerstörung, Teilzerstörung, versuchte Zerstörung. Auch ein beschädigtes Bauwerk kann zerstört werden; mehrfache Zerstörung hintereinander am gleichen Bauwerk ist möglich. Mittäterschaft und Beihilfe an einer in Gang befindlichen Zerstörung sind solange möglich, bis nur mehr eine nicht wiederherstellbare Ruine vorhanden ist.

2. Zum äußeren Tatbestand des Landfriedensbruchs:

a) Der Landfriede kann auch im Zusammenwirken mit den Trägern der staatlichen Macht gestört werden; ungeregeltes, tumultförmiges Auftreten ist nicht erforderlich. Daß die Polizei die Friedenstörung beseitigen könnte, ist belanglos.

b) Eine öffentlich zusammengerottete Menschenmenge kann auch dann vorhanden sein, wenn die Teilnehmer gattungsmäßig bestimmt waren (z. B. SA-Männer in Uniform). Erforderlich ist, daß eine Personenmehrheit eine räumliche Einheit bildet; ob bei Aufteilung in Gruppen die räumliche Einheit unter diesen erhalten bleibt, ist Tatfrage.

c) Täter ist nur, wer an der Zusammenrottung körperlich teilnimmt; Befehlserteiler, die örtlich fernbleiben, können nur Anstifter oder Gehilfen sein.

d) Über den Begriff der Gewalttätigkeiten gegen Sachen.

StGB. §§ 125, 305.

Strafsenat. Urt. v. 4. Oktober 1949 g. B. u. a. StS 56/49.

I. Schwurgericht Osnabrück.

Aus den Gründen:

Auf die Revision der Staatsanwaltschaft ist rechtlich zunächst zu beanstanden, daß die Prüfung unterblieben ist, ob tateinheitlich mit dem Verbrechen gegen die Menschlichkeit Mittäterschaft, Anstiftung oder Beihilfe an der Zerstörung eines Bauwerks gemäß § 305 StGB. vorliegt. Hierbei ist auf folgende Gesichtspunkte hinzuweisen:

Nach dem Gesetz ist diese Tat vollendet, wenn vorsätzlich und rechtswidrig ein fremdes Bauwerk ganz oder teilweise zerstört ist. Zerstören bedeutet hier wesentliche Beschädigung, so daß das Bauwerk für seinen Zweck für eine nicht unbeträchtliche Zeit völlig unbrauchbar wird (vergl. OGHSt. Bd. 1 S. 53). Teilweise Zerstörung liegt dann vor, wenn diese Wirkung für einen zwecknötigen Teil des Bauwerks oder hinsichtlich eines von mehreren Bauwerkszwecken eintritt. Geht der Vorsatz des Täters auf völlige oder teilweise Unbrauchbarmachung des Bauwerks, wird aber nicht mindestens teilweise Unbrauchbarkeit bewirkt, so liegt Versuch nach § 305 Abs. 2 vor.

In der Praxis ist mit Recht anerkannt, daß auch an noch unfertigen Bauwerken eine vollendete Tat nach § 305 begangen werden kann (RGSt. Bd. 30 S. 246). Folgerichtig muß umgekehrt die Möglichkeit bejaht werden, eine solche Tat an „nicht mehr fertigen", also beschädigten Bauwerken zu begehen. Voraussetzung ist nur, daß das Bauwerk einen Zweck verkörpert, und sei es auch nur den, fertiggestellt oder wiederhergestellt zu werden. Es ist also möglich, daß an dem gleichen Bauwerk hintereinander selbständige, vollendete Taten gemäß § 305 begangen werden.

Die vorstehende Darlegung betrifft den Fall, daß eine vorangegangene Störungsaktion abgeschlossen ist, wenn die neue beginnt. Ist die alte aber noch im Gange, so können neu hinzukommende Personen, deren Vorsatz darauf geht, daß die Zerstörung des Bauwerks vollendet werde, auch dann noch als Mittäter oder Gehilfen gemäß § 305 strafbar sein, wenn bei ihrem Hinzutritt nur noch eine nicht mehr wiederherstellbare Ruine vorhanden ist. Mittäterschaft und Beihilfe ist nicht nur solange denkbar, als der gesetzliche Tatbestand nicht voll erfüllt ist, sondern solange, als das tatbestandsmäßige Geschehen nicht abgeschlossen ist.

Die Begründung, mit der das Schwurgericht Landfriedensbruch verneint hat, ist rechtlich unzutreffend. Es hat offenbar das Bedenken, daß die Gewaltaktionen hier nicht dem Tatbilde entsprechen, das ein Landfriedensbruch vor 1933 gewöhnlich bot. Früher handelte es sich um die Bedrohung des durch die staatliche Ordnung geschützten Landfriedens, auch meist um ungeregeltes, oft tumultförmiges Auftreten einer Menschenmenge, nunmehr aber um Gewalttaten, die von den Trägern der staatlichen Macht selbst organisiert, von der Polizei befohlenermaßen geduldet und von zentral geleiteten Gruppen von Gewalttätern, möglicherweise ganz sachlich und äußerlich geordnet, ausgeführt wurden. Daß trotzdem hier Gewalttätigkeiten vorlagen, die den Landfrieden bedrohten, ja bereits teilweise aufhoben, ist dann selbstverständlich, wenn man zutreffenderweise diesen nicht schlechthin gleichsetzt mit den von den Trägern der staatlichen Macht befohlenen oder geduldeten Verhaltensweisen. Daß die Polizei, wenn sie ihre Pflicht getan hätte, die Gewalttätigkeiten hätte verhindern können, besagt — entgegen der Ansicht des Schwurgerichts — nichts gegen Bedrohung des Landfriedens. Alsdann kann auch, wenn die Personenmehrheit als eine organisierte und zentral geleitete Gruppe (vergl. RGSt. Bd. 60 S. 332) in äußerer Ordnung ihren Terrorauftrag ausführt, eine öffentlich zusammengerottete Menschenmenge im Sinne von § 125 StGB. gegeben sein . . .

Das Schwurgericht hätte auch Veranlassung gehabt, nachzuprüfen, ob nicht die Wirtschaft des Angeklagten Sch., die Synagoge und die verschiedenen jüdischen Geschäfte sämtlich oder teilweise räumlich so zueinander lagen, daß die SA-Ansammlungen an diesen Stellen örtlich und zeitlich als eine öffentlich zusammengerottete Menschenmenge in Betracht kamen. Zwar kommt für den Tatbestand des Landfriedensbruchs nur eine Personenmehrzahl in Frage, die räumlich eine Einheit bildet. Diese Einheit kann eng oder lose sein. Ob im vorliegenden Straffalle die verschiedenen SA-Gruppen noch eine solche räumliche Einheit darstellten, ist Tatfrage. Andererseits können nur solche Personen als Mittäter nach Abs. 1

oder 2 des § 125 StGB. strafbar sein, die an einer Zusammenrottung **körperlich** teilgenommen haben. Befehlserteiler und Organisatoren, die dem Ort einer Zusammenrottung fernbleiben, können höchstens Anstifter oder Gehilfen sein (vergl. RGSt. Bd. 60 S. 331, RG. in LZ. 1922 S. 593).

Hinsichtlich der **Plünderung** der jüdischen Geschäfte in N. gilt folgendes. Nachts sind zunächst Gewalttätigkeiten gegen sie verübt worden, die den Angeklagten nach den bisherigen Tatfeststellungen nicht zur Last fallen. Sie wurden dann von Polizei, später von SA. bewacht. Am nächsten Tage sind sie von SA-Kommandos ausgeräumt und die weggenommenen Sachen später von der NSV. verwertet worden. Dieses Ausräumen und Sachenwegbringen **für sich allein** ist nur dann Landfriedensbruch (§ 125 StGB.), wenn es wiederum von einer öffentlich zusammengerotteten Menschenmenge im bereits dargelegten Sinne verübt worden ist und Gewalttätigkeit gegen Sachen mit vereinten Kräften war, wenn nicht auch eine solche gegen Personen. Ob die einzelnen SA-Kommandos räumlich, zeitlich und hinsichtlich der etwaigen Beteiligung anderer eine Menschenmenge im erwähnten Sinne darstellten, ist Tatfrage und vom Schwurgericht noch zu prüfen. Daß Gewalttätigkeiten gegen **Sachen** vorliegen, unterliegt nach den bisherigen Tatfeststellungen schon jetzt keinem Zweifel. Zwar waren die Geschäftsräume bereits vorher mit Gewalt geöffnet. Ihr Inhalt lag aber dem Zugriff der SA. nur deshalb offen, weil die Berechtigten infolge der vorher durch andere gegen sie geübten und noch fortwirkenden Gewalt unfähig waren, ihre Habe zu schützen, ein Umstand, der nach dem Hergange offen zutage liegt und allen Plünderern klar gewesen sein muß. Wenn diese unter solchen Umständen in die Lage gesetzt waren, mehrere Geschäfte völlig auszuplündern, ohne auf Widerstand zu stoßen, so liegt darin nicht nur eine Gewalttätigkeit gegen Personen, nämlich die betroffenen Juden, sondern auch eine solche gegen Sachen, mag auch sonst der Regelfall der letzteren durch die Anwendung besonderer Hilfsmittel oder von Körperkraft gekennzeichnet sein. Diejenigen Täter, die sich am Wegbringen der Sachen beteiligt haben, haben unter diesen Umständen Sachen geplündert (§ 125 Abs. 2 StGB.).

41. 1. Äußerer und innerer Tatbestand der Monopolhinterziehung. Schwarzbrennen ist nur dann Monopolhinterziehung, wenn es mindestens auch auf die Herbeiführung eines unrechtmäßigen Vermögensvorteils abzielt. Über Bereicherungsabsicht beim Schwarzbrennen für den Hausbedarf in der Zeit vor der Währungsreform.

2. Bei fehlender Bereicherungsabsicht kann Schwarzbrennen schwere Monopolordnungswidrigkeit sein. Nach § 126 Abs. 1 Ziff. 1 BrMonG. ist jedes vorsätzliche Brennen außerhalb eines angemeldeten Betriebes, auch das nichtgewerbliche, strafbar.

3. Wertersatzstrafe ist bei schwerer Monopolordnungswidrigkeit nicht zulässig. Stattdessen ist der Branntweinaufschlag zu zahlen. Branntweinaufschlag entfällt, soweit Branntwein eingezogen oder Wertersatz geleistet wird.

4. Schwarzbrenngerät, bei dem die Voraussetzungen der Einziehung nach § 123 BrMonG. oder der Sicherstellung mit nachfolgender Überführung in Staatseigentum fehlen, kann nach § 40 StGB. eingezogen werden.

StGB. § 40; BrMonG. §§ 51b, 51c, 78, 79, 119—121, 123, 126, 128; RAbgO. § 401.

Strafsenat. Urt. v. 4. Oktober 1949 g. N. StS 35/48.

I. Landgericht Osnabrück.
II. Oberlandesgericht Oldenburg.

Aus den Gründen:

Der Angeklagte ist wegen fortgesetzter Monopolordnungswidrigkeit gemäß § 126 BrMonG. in Verbindung mit KRG. Nr. 27 Art. V Ziff. 2 zu 1200 RM Geldstrafe und 400 RM Wertersatz verurteilt; die beschlagnahmten Brenngeräte sind auf Grund von § 123 BrMonG. eingezogen.

Der Angeklagte hat im Winter 1946/47 mittels einer Brennvorrichtung, deren Eigentümer bisher nicht festgestellt ist, aus fünf bis sechs Zentnern Runkelrüben heimlich etwa 8 l Branntwein gewonnen, und zwar lediglich deswegen, weil er infolge seines Nierenleidens auf Schnaps angewiesen war und diesen auf gesetzlichem Wege nicht erhalten konnte. Es kam ihm nicht darauf an, dem Staat Monopolabgaben zu entziehen; er würde vielmehr die Selbstherstellung unterlassen und den für die Gesundheit nötigen Schnaps gekauft haben, wenn ihm das möglich gewesen wäre. Die Absicht, den Schnaps gewinnbringend zu verwerten, bestand nicht, wenn auch der Angeklagte einige Male einem Lieferanten einige Schnäpse eingeschenkt hat.

Auf Grund dessen hat die Strafkammer mangels Bereicherungsabsicht eine Monopolhinterziehung (§ 119 BrMonG.) verneint. Das Oberlandesgericht hat die Revision der Staatsanwaltschaft und des Hauptzollamts als Nebenkläger zur Entscheidung vorgelegt, weil es die Verneinung der Bereicherungsabsicht rechtlich für zutreffend hält, sich damit aber in Gegensatz stellt zu dem Urteil des OLG. Hamm Ss 233/47 vom 22. August 1947; dort ist Bereicherungsabsicht für einen Fall bejaht, in dem eine geringe Menge Weingeist lediglich für den Eigenverbrauch schwarz gebrannt worden war.

Nach § 119 BrMonG. in der Fassung vom 25. März 1939 (RGBl. I S. 604) begeht Monopolhinterziehung, wer in der Absicht, sich oder einen anderen unrechtmäßig zu bereichern, durch monopolfeindliches Verhalten Monopoleinnahmen verkürzt. Objektiv entsteht beim Schwarzbrennen diese Verkürzung gemäß § 121 Z. 1 und 2 dadurch, daß der verbotenerweise hergestellte Branntwein weder abgeliefert wird (§ 58 Abs. 1), noch der bei Nichtablieferung zu entrichtende Branntweinaufschlag in Höhe des festgesetzten regelmäßigen Verkaufspreises (§§ 78—80 in der Fassung vom 7. Dezember 1944, RGBl. I S. 336) entrichtet wird. Das tatbestandsmäßige monopolfeindliche Verhalten des Schwarzbrenners (§ 120 Z. 2) ist das Schwarzbrennen selbst, nicht aber auch die nachfolgende Unterlassung der Ablieferung und Zahlung an die Monopolbehörde. In der Tatsache des Schwarzbrennens liegt die nachfolgende Unterlassung bereits wesensmäßig eingeschlossen, so daß es künstlich wäre, bei dieser Unterlassung von einer Fortsetzung des monopolfeindlichen Verhaltens zu reden.

Es kommt also weiter darauf an, daß der innere Tatbestand beim Schwarzbrennen selbst gegeben ist. Es ist zunächst Vorsatz erforderlich, wenn auch die neuere Gesetzesfassung im Gegensatz zur älteren (RGBl. 1922 S. 405) und zu § 396 RAbgO. das Erfordernis des Vorsatzes nicht ausdrücklich hervorhebt: Hinterziehung ist ihrem Wesen nach Vorsatzdelikt. Der Vorsatz muß sowohl Monopolfeindlichkeit des Verhaltens als auch die dadurch entstehende Verkürzung umfassen. Bedingter Vorsatz genügt. Ein Schwarzbrenner muß mindestens mit der Möglichkeit rechnen und bejahendenfalls damit einverstanden sein, daß sein Verhalten der öffentlichen Hand Einnahmen verkürzt durch Verletzung von Vorschriften, die zur Einbringung dieser Einnahmen ergangen sind. Den Inhalt dieser Vorschriften im übrigen und die Art dieser Einnahmen braucht er nicht zu kennen. Dieser Mindestvorsatz ist zwar beim Schwarzbrenner unter normalen Verhältnissen in aller Regel gegeben, kann aber unter besonderen Umständen auch fehlen und muß deshalb festgestellt werden.

Weiter erfordert das Gesetz zum inneren Tatbestand die „Absicht, sich oder einen anderen unrechtmäßig zu bereichern". Das bedeutet, daß es dem Täter mindestens auch auf Bereicherung ankommen muß, Bereicherung also mindestens einer seiner Beweggründe ist. Bereicherung heißt Vermögensvorteil. Der frühere Gesetzestext aber lautete: „Wer zum eigenen Vorteil oder zum Vorteil eines anderen . . . vorsätzlich bewirkt, daß Einnahmen . . . verkürzt werden." Mithin ist im März 1939 der Tatbestand der Monopolhinterziehung dahin eingeengt worden, daß nunmehr die Absicht des Täters auf einen unrechtmäßigen Vermögensvorteil gerichtet sein muß. Es mag zutreffen, daß der Gesetzgeber damals glaubte, dies sei zwar eine genauere Fassung, nicht aber eine Einengung des Tatbestandes. Weil nämlich damals Brennereierzeugnisse für jedermann in beliebiger Menge und Art zu Normalpreisen frei käuflich waren, ging eine bei vorsätzlicher Einnahmeverkürzung vorhandene Vorteilsabsicht praktisch so gut wie immer mindestens auch auf Vermögensvorteil, und zwar selbst dann, wenn der Täter lediglich zum eigenen Verbrauch schwarzbrannte. Die Bereicherungsvorstellung hatte regelmäßig den Inhalt, daß Schwarzbrennen von Schnaps billiger sei als vorschriftsmäßiges Brennen oder Kaufen.

Im Frühjahr 1939 dachte noch niemand daran, daß eines Tages, hauptsächlich verursacht durch Rohstoffmangel und Währungsverhältnisse, geistige Getränke — außer für Bergleute — nur noch ungesetzlich zu beschaffen sein würden, entweder durch verbotenes Selbstbrennen oder durch verbotenen Kauf auf dem schwarzen Markt. Ein Landwirt, der zur Tatzeit aus eigenen Produkten „schwarz" Schnaps brannte, konnte dabei gar nicht aus der Vorstellung heraus handeln, selbstgebrannter Schnaps sei billiger als Monopolbranntwein; denn für diese in normalen Zeiten nächstliegende Bereicherungsvorstellung fehlte es an dem konkreten Beziehungspunkte deshalb, weil er den Monopolbranntwein eben nicht bekommen konnte. Trotzdem war ein Handeln aus Bereicherungsabsicht in verschiedener Weise denkbar:

1. Es war alsbaldige oder spätere gewinnbringende Verwertung nach Art der Schwarzmarktgeschäfte geplant. Diese Urteilsvorstellung schied allerdings dann als Beweggrund aus, wenn n u r für den alsbaldigen Verbrauch im Hausbedarf gebrannt wurde. Es blieb dann

2. als Motiv die V o r s t e l l u n g, daß Selbstbrennen billiger sei als Einkaufen zu Schwarzmarktpreisen. Aber auch dieser Beweggrund, meist schwer nachweisbar, kann leicht gefehlt haben, mag das nun in der mangelnden Gelegenheit oder in der nicht vorhandenen Neigung zum Schwarzeinkauf seinen Grund gehabt haben.

Weiter war zu prüfen, ob nicht ein Bereicherungsmotiv dessen, der nur zum alsbaldigen Selbstverbrauch schwarz gebrannt hat, in anderen Vorstellungen gefunden werden kann: a) in der Vorstellung, daß der Brennvorgang als Verarbeitung geringwertiger Produkte an sich eine Wertsteigerung des Vermögens darstellt. Diese V o r s t e l l u n g k a n n der Schwarzbrenner zwar gehabt haben; zum Motiv seines Handelns kann sie aber deswegen nicht geworden sein, weil er nur zum alsbaldigen eigenen Verbrauch schwarz gebrannt hat; b) in der Vorstellung des Vermögensvorteils, der durch pflichtwidrige Nichtablieferung des Branntweins oder Nichtzahlung des Branntweinaufschlages an die Monopolverwaltung entsteht. Hierzu ist folgendes zu sagen. Es mag sein, daß ein Schwarzbrenner weiß, daß er bei Anzeige Strafe, Wegnahme der Brenngeräte und Brennerzeugnisse und, soweit letztere nicht mehr vorhanden sind, eine Nachforderung zu erwarten hat. Alles dies empfindet er dann beim Schwarzbrennen als Risiko, als Gefahr eines Vermögensschadens. Es geht aber nicht an, diese Vorstellung eines möglichen Vermögens s c h a d e n s in die eines möglichen Vermögens v o r t e i l s umzudeuten, indem man behauptet, der Täter empfinde statt der Schadensgefahr die Vorteilsmöglichkeit, die in der Vermeidung der Gefahr beschlossen liegt, als Motiv. In Wirklichkeit bedeutet die Erwägung der genannten Gefahren gar nichts für die Frage, ob der Schwarzbrenner mit Bereicherungsabsicht gehandelt hat oder nicht. Der Täter kann beim Handeln unter bewußter Übernahme der Gefahr einen Vermögensvorteil bedacht oder aber völlig außer Acht gelassen haben. So führt diese Erörterung auf die Erkenntnis zurück, daß die Bereicherungsabsicht nicht schon in dem Verkürzungsvorsatz enthalten ist, sondern zu ihm hinzukommen muß, unter normalen Verhältnissen in der Regel in der Weise, daß der Täter durch die Verkürzung der Monopoleinnahmen billiger an Schnaps zu kommen denkt . . .

Die Verneinung von Monopolhinterziehung kann mithin nicht mit Erfolg gerügt werden. § 126 BrMonG. kennzeichnet in Abs. 1 Z. 1 Branntweinherstellung „vor Anmeldung des Betriebes" als schwere Monopolordnungswidrigkeit. Damit ist jedes vorsätzliche Brennen außerhalb eines angemeldeten Betriebes im Bewußtsein der Vorschriftswidrigkeit zu verstehen, also auch ein nichtgewerbliches Brennen mit solchen Geräten und unter solchen Umständen, daß man nach allgemeinem Sprachgebrauch von einem „Betrieb" nicht sprechen könnte. Der Angeklagte hat mithin, da am inneren Tatbestand nicht zu zweifeln ist, fortgesetzt handelnd eine schwere Monopolordnungswidrigkeit begangen . . . Der Angeklagte ist rechtlich zutreffend aus § 126 Abs. 2 BrMonG. bestraft. Dabei ist berücksichtigt, daß zur Zeit der Tat und der Verurteilung nach KRG. 27 Art. V Z. 2 die Mindestgeldstrafe 800 RM betrug. Insoweit ist mithin die auch vom Generalstaatsanwalt beim Obersten Gerichtshof vertretene Revision unbegründet.

Die W e r t e r s a t z strafe aber war rechtlich unzulässig. Nach § 128 BrMonG. in Verbindung mit § 401 RAbgO. ist auf Wertersatz bei Monopol hinterziehung zu erkennen, nicht aber bei schwerer Monopol ordnungswidrigkeit. Durch den Wegfall dieser Nebenstrafe ist die Geldstrafe auch ihrer Höhe nach nicht betroffen. Denn nach Wegfall des Wertersatzes schuldet der Angeklagte der Zollstelle gemäß §§ 78, 79 Abs. 2 Ziffer 3 BrMonG. den regelmäßigen Verkaufspreis des schwarzgebrannten Branntweins als Branntweinaufschlag. Da der Branntweinaufschlag keinen Strafcharakter hat — er ist auch zu zahlen für Branntwein, der von der Ablieferungspflicht ausgenommen ist —, entfällt er umgekehrt dann, wenn nach § 123 Abs. 1 Z. 1 BrMonG. der Branntwein eingezogen oder Wertersatz geleistet wird. Die Wertersatzstrafe kann also ohne Einfluß auf den sonstigen Strafausspruch gestrichen werden.

Ferner durfte die Einziehung des Brenngeräts nicht auf § 123 BrMonG. gestützt werden. Das Gesetz hat unverkennbar die Absicht, erschöpfend zu bestimmen, wann Brenngerät dem Besitzer weggenommen werden muß oder darf, entweder im Aufsichtswege durch Sicherstellung und Überführung in Staatseigentum gemäß den §§ 51 b, 51c, 123 Abs. 2 Ziffer 2 oder sonst im Strafverfahren durch Einziehung. Indes zeigt der vorliegende Straffall, daß das Gesetz unbeabsichtigt eine Lücke gelassen hat. Voraussetzung für Überführung in Staatseigentum wäre es nämlich, daß entweder gewerbliches Brenngerät abgegeben worden wäre ohne schriftliche Anzeige bei der Finanzbehörde (§ 45 Abs. 2), oder daß nichtgewerbliches Brenngerät angeboten, angepriesen oder verkauft worden wäre (§ 46 Abs. 1 Z. 1). Daß solche Voraussetzungen vorlägen, ist bisher nicht festgestellt. Insbesondere unterliegt behelfsmäßiges Brenngerät, das von oder bei dem Schwarzbrenner hergestellt worden ist, nicht der Überführung in Staatseigentum. Alsdann ist die Einziehung nach § 123 Abs. 1 Z. 2, Abs. 3 und 4 vorgeschrieben oder möglich, wenn das Brenngerät zur Begehung oder Vorbereitung einer Monopol hinterziehung bestimmt war oder benutzt worden ist, auch wenn nicht auf Strafe erkannt werden kann, im übrigen aber die Voraussetzungen der Einziehung gegeben sind. Hiernach muß eine Monopol hinterziehung dem äußeren und inneren

Tatbestande nach begangen oder vorbereitet worden sein, mag auch ein Strafverfahren gegen einen bestimmten Täter nicht durchgeführt werden können. Im vorliegenden Straffalle fehlt ein Teil des inneren Tatbestandes der Monopolhinterziehung; für den Fall, daß bewußtes und gewolltes Schwarzbrennen mangels Bereicherungsabsicht nur eine schwere Monopolordnungswidrigkeit ist, hat das BrMonG. hinsichtlich der Einziehung des Geräts keine Regelung getroffen. Zur Ausfüllung dieser Lücke muß § 40 StGB. herangezogen werden.

Das Urteil der Strafkammer bedarf hinsichtlich der Einziehungsanordnung der Aufhebung und Zurückverweisung. Zunächst muß der Tatrichter noch feststellen, ob das Brenngerät dem Täter oder einem Teilnehmer gehört. Ist das der Fall, so entscheidet nach § 40 StGB. tatrichterliches Ermessen über die Einziehung. Insoweit entspricht das Urteil dem Antrage des Generalstaatsanwalts.

---

42. Es ist ein Rechtsfehler, bei Leugnen des Angeklagten schematisch die Anrechnung der Untersuchungshaft zu versagen.

§ 60 StGB.

Strafsenat. Urt. v. 10. Oktober 1949 g. St. StS 219/49.

I. Schwurgericht Osnabrück.

Aus den Gründen:

Mit Recht rügt die Revision des Angeklagten, daß ihm die Anrechnung der Untersuchungshaft versagt worden sei, weil er seine Schuld (am Raufhandel und an der Körperverletzung mit Todesfolge) geleugnet habe. Die Frage der Anrechnung oder Nichtanrechnung gemäß § 60 StGB. ist ein Bestandteil der Strafzumessung. Zuzumessen ist die Strafe nach dem Maß an Schuld des Täters für die Tat und nach der Gefährlichkeit des Täters. Das Verhalten des Täters nach der Tat, insbesondere im Strafprozeß, kann das in der Tat *enthaltene* rechtliche Schuldmaß nicht verändern, wohl aber für das Maß an Schuld und Gefährlichkeit kennzeichnend sein. Es ist also rechtlich nicht unzulässig, Gestehen oder Leugnen des Angeklagten dann für die Strafzumessung, also auch für die Frage der Haftanrechnung zu verwerten, wenn aus seinem Prozeßverhalten Schlüsse gezogen werden können auf die in der Tat enthaltene Schuld oder auf die Gefährlichkeit des Täters. Abgesehen hiervon aber ist es rechtlich unzulässig, den Leugnenden durch Nichtanrechnung zu bestrafen oder den Geständigen durch Anrechnung zu belohnen. Das widerstreitet der Prozeßordnung, die um der Wahrheitsfindung willen davon absieht, den Schuldigen zum Geständnis zu verpflichten oder sogar durch Androhung von Nachteilen zu veranlassen.

Das hat das Schwurgericht verkannt. Es hat zwar von einem „hartnäckigen Leugnen" des Angeklagten gesprochen. Aber dadurch, daß es dem früheren Mitangeklagten H. die Untersuchungshaft ausdrücklich nur „wegen seines Geständnisses" angerechnet hat, wird zweifelsfrei klar, daß hier die Nichtanrechnung als Folge eines bis zum Ende der Hauptverhandlung durchgeführten Leugnens behandelt ist. Keinesfalls kann durch die oft gebrauchte Wendung „hartnäckiges Leugnen" ausgedrückt werden, das Gericht habe aus Art und Umständen des Leugnens Schlüsse auf Schuldmaß oder Gefährlichkeit des Täters ziehen können. Das Schwurgericht hätte von der Erwägung ausgehen sollen, daß das Verhalten eines Angeklagten im Strafprozeß in der Regel zunächst vom Selbsterhaltungstrieb bestimmt wurde und daß hierbei H. sehr viel leichter zum Geständnis kommen konnte als der Beschwerdeführer, weil der erstere nur mit einer sehr viel geringeren Strafe zu rechnen hatte.

Das Schwurgericht wird die Anrechnung der Untersuchungshaft unter Berücksichtigung der vorstehenden Rechtsausführungen neu zu prüfen und zu entscheiden haben.

---

43. 1. Heimtückischer Giftmordversuch.
2. Zur persönlichen Begünstigung des Täters.

StGB. §§ 211 Abs. 2, 257, 43.

Strafsenat. Urt. v. 18. Oktober 1949 g. D. u. a. StS 158/49.

I. Schwurgericht Verden (Aller).

Aus den Gründen:

Die Angeklagte D. ist wegen Mordversuchs (§§ 211, 43 StGB.) an der Ehefrau F. verurteilt, der Ehemann F. wegen persönlicher Begünstigung (§ 257 StGB.). Die Revisionen der beiden Angeklagten sind unbegründet . . .

Zur Heimtücke der Tat führt das Urteil aus, die Angeklagte habe sich nachts an ihr schlafendes Opfer „herangeschlichen" und dessen Arg- und Wehrlosigkeit zum Tötungsversuch ausgenutzt. Mit Recht bemerkt die Revision dazu, dabei sei die hohe Erregung der Angeklagten und der Umstand unbeachtet geblieben, daß sie ja kein Einschleichen, sondern eine Aussprache mit Frau F. vorgehabt habe. Der einzige Halbsatz, den das Urteil dem Tatmerkmal der heimtückischen Tötung widmet, wird den festgestellten Umständen in der Tat nicht voll gerecht. Dennoch ergeben die Tatfeststellungen aber insgesamt, daß der Tötungsversuch heimtückisch begangen worden ist (§§ 211, 43 StGB.). Dahingestellt bleiben mag, ob der ursprüngliche Plan der Angeklagten, wenn er geglückt wäre, das Merkmal der Heimtücke bei der Tatausführung erfüllt hätte. Die Angeklagte suchte zunächst eine Aussprache, war aber entschlossen, bei Mißlingen sich und die Frau F. durch die nach Öffnung der Ampulle freiwerdenden Blausäuredämpfe plötzlich und für Frau F. überraschend zu töten. Die hohe Erregung, in der sie diesen Plan faßte, hat sie nicht gehindert, immerhin zu erwägen, die durchaus arglose Frau F. mit dem Morde zu überraschen, deren Arg- und Wehrlosigkeit zur Tat also ausnützen zu können. Eine derartige Tat würde kaum an besonderer List und Tücke der Angeklagten gegenüber ihrem Opfer zweifeln lassen. Offen bliebe lediglich, ob das Tatbild deswegen weniger heimtückisch erschiene, weil die Angeklagte ja entschlossen war, sich unter den gleichen Umständen mit zu töten. Begrifflich würde dies zwar nichts daran ändern, daß das Verhalten der Angeklagten gegenüber Frau F., für sich allein betrachtet, heimtückisch erschiene. Immerhin aber ist die innere Haltung des Täters, der auf diese Weise einen anderen zwar „heimtückisch" töten, unter denselben Umständen aber zugleich selber durch eigene Hand sterben will, erheblich verschieden von der des bloßen Heimtückentäters. Ob das eine andere rechtliche Beurteilung erfordern könnte, kann hier aber auf sich beruhen, da die Tat so nicht verlaufen ist. Unzutreffend wäre das Urteil jedenfalls, wenn es der Angeklagten vorwürfe, sie habe sich an ihr Opfer „herangeschlichen", soweit damit das unbemerkt gebliebene Betreten der Wohnung und des Schlafzimmers gemeint ist. Denn die Angeklagte hat die Wohnung zwar nachts unbefugt und mit Schlüsseln betreten, die F. für verloren hielt, die also zum Aufschließen nicht mehr bestimmt gewesen sein mögen. Im Schlafzimmer hat sie aber zunächst nach Frau F. gerufen, um sie zu wecken. Bis dahin hat sie also nach den Tatfeststellungen nicht vorgehabt, diese im Schlaf zu töten. Sie suchte vielmehr die Aussprache, der die überraschende Tötung im wachen Zustande unter Umständen folgen sollte. Dieser Vorgang ist an sich kein „Heranschleichen" an die Schlafende. Die Angeklagte erwartete gar nicht, Frau F. schlafend zu finden. Erst als diese auf Anruf weiterschlief, erkannte die Angeklagte nach den Urteilsfeststellungen, wie leicht es sei, nur sie zu töten. Sie faßte das Weiterschlafen geradezu als „Wink des Schicksals" auf, sich, entgegen dem Plane, auf die heimliche Tötung der verhaßten Nebenbuhlerin zu beschränken. Diese Feststellungen des Urteils sind so eindeutig, daß sie sich nur dahin verstehen lassen: trotz ihrer Erregung hat die Angeklagte im Schlafzimmer erkannt, daß die schlafende Frau F. gegen eine Tötung mit Blausäure wehrlos sei und daß die Tatumstände, an sich ungewollt, hierfür besonders günstig seien. Denn nur diese Erkenntnis der Sachlage kann der Angeklagten als „Wink" erschienen sein. Wenn sie es nun noch fertig brachte, in dem nur vom Mond beleuchteten Zimmer die Ampulle aufzubrechen, der Schlafenden unter die Nase zu halten und dann unter Andrücken der Kinnlade in den Mund zu stecken, so kann ihre Erregung nicht so groß gewesen sein, ihr die Erkenntnis der Ausnutzung der Hilflosigkeit der Frau F. zu verwehren. Sie kann eine natürliche Taterregung nicht überschritten haben. Die ärztlichen Sachverständigen haben die volle Verantwortlichkeit der Angeklagten zur Tatzeit trotz ihrer hysterischen Züge, der zerrüttenden Wirkung des Verhältnisses zum Ehemann F., des erst kurz vorher genommenen Luminals und der vorangegangenen Auseinandersetzungen mit F. denn auch übereinstimmend bejaht. Hat die Angeklagte die Tatumstände zur Tatzeit aber sämtlich, wenn auch in raschem Überblick, erkannt und zur Tat ausgenutzt, so ist dem Tatrichter jedenfalls im Ergebnis beizutreten, wenn er den Tötungsversuch wegen bewußter Ausnutzung der Wehrlosigkeit der Schlafenden heimtückisch findet, zumal die ursprüngliche Absicht der Angeklagten, auch selbst den Tod zu suchen, jetzt dem Plane gewichen war, lediglich die Ehefrau zu beseitigen. Daß die gesamten Tatumstände im übrigen derart waren, daß sich der Verdacht ohnedies sehr rasch auf Dr. F. oder die Angeklagte oder auf beide gemeinsam lenken mußte — die Verdachtsmomente, die später vorübergehend gegen Frau F. zu sprechen schienen, waren der Angeklagten damals unbekannt —, so daß die Tat dem erstrebten Ziele nicht genügte, steht der heimtückischen Tötung nicht entgegen; die Ansicht der Revision, die Tat sei denkbar ungeschickt begangen, vermag hieran nichts zu ändern, ganz abgesehen davon, daß ihr darin schwerlich beizupflichten ist. Dieses dem Heimtückebegriff entsprechende Ergebnis wird auch durch die Schwere der Tat bestätigt. Mag die Angeklagte auch ursprünglich, neben der Tötung der Ehefrau, den Selbstmord gewollt haben, so hat sie sich doch schließlich in Erkenntnis der ungewöhnlich günstigen Lage einfach zur Beseitigung der Nebenbuhlerin durch Gift entschlossen, um den Geliebten für sich zu erringen. Daher läßt sich nicht sagen, daß die Tat so, wie sie schließlich ausgeführt worden ist, von dem üblichen Bilde des Giftmords nennenswert abwiche und sich nach Schwere und Verwerflichkeit etwa mehr dem Totschlage nähere. Dem angefochtenen Urteil ist vielmehr insoweit beizutreten. Die Persönlichkeit der Angeklagten, deren Würdigung die Revision vermißt, ist dabei bereits beachtet . . .

Auch die Revision des Ehemannes F. kann keinen Erfolg haben. Zur persönlichen Begünstigung (§ 257 StGB.) ist festgestellt: F. hat nach der Tat alsbald Verdacht gegen die D. geschöpft und ihn seiner Frau gegenüber auch geäußert. Von dem untersuchenden Kriminalbeamten hatte er die Erlaubnis zu privaten Ermittlungen erlangt. Er suchte nun die D. zunächst in seiner Garage und anderwärts, fand sie schließlich morgens in ihrem Bett wachend, bedrohte sie mit einem Totschläger und warf ihr vor, seine Frau „umgebracht" zu haben. Auf ihre Beteuerungen, unschuldig zu sein, wenn auch „alles gegen sie sei", weswegen sie sich der Polizei stellen wolle, setzte er ihr auseinander, nur sie könne die Täterin sein, riet aber von Selbstgestellung ab. Er warf ihr alles Geld, das er bei sich trug, etwa 600 RM, auf den Tisch und verlangte von ihr, bis Mittag N. zu verlassen, andernfalls er sie anzeigen werde. Beide haben dann insgesamt etwa eine Stunde Unbekanntes besprochen. Nach der Rückkehr in seine Wohnung erklärte er der Vermieterin N., seine Ermittlungen seien erfolglos, seine Frau habe einen Selbstmord versucht. Dieser gegenüber bezweifelte er jetzt die Schuld der D. Dem Kriminalbeamten K., der die D. bereits für verdächtig hielt, „bestätigte" er dies. Der Tatrichter sieht die Begünstigung in dem Rat zur Flucht unter Hingabe des Geldes, weiter in den Äußerungen gegenüber Frau N., endlich in dem „Versuch, den Tatverdacht seiner Frau gegen die D. zu zerstreuen".

Damit ist ausreichend festgestellt, daß der Angeklagte die D., als er sie aufsuchte, mit hoher Wahrscheinlichkeit für die Täterin hielt und daß er ihr deshalb Geld hingeworfen hat, um ihr die Flucht, zu der er sie drängte, zu erleichtern. Er hat ihr dadurch nach Begehung des Verbrechens wissentlich und vorsätzlich durch Rat und Geldhingabe Beistand zur Flucht geleistet, um sie, wie das Urteil feststellt, so der Bestrafung zu entziehen. Daß die D. dennoch nicht geflohen *ist*, ist für die persönliche Begünstigung unerheblich, ebenso, ob der Angeklagte *nebenher* etwa noch von anderen Erwägungen geleitet gewesen ist, etwa der, eigene Unannehmlichkeiten zu vermeiden.

Die späteren Äußerungen des Angeklagten gegenüber seiner Frau und der Frau N. begründen schon deshalb keine Begünstigung, weil insoweit nicht feststeht, daß er mit ihnen *bezweckte*, die polizeilichen Aussagen seiner Frau und der Frau N. zu Gunsten der Täterin zu beeinflussen. Allein durch seine Äußerung, *er* halte die D. nicht für die Täterin und seine Bemühungen seien erfolglos geblieben, seine Frau habe vielmehr einen Selbstmord versucht, hat der Angeklagte die Lage der D. gegenüber der Strafverfolgung nicht vorsätzlich verbessert. Das konnte erst durch *Verwirrung* der Zeuginnen geschehen, mußte dann vom Angeklagten aber auch erkannt und erstrebt sein. Es kommt weiter hinzu, daß die Polizei, als der Angeklagte diese Äußerungen tat, bereits Verdacht gegen die D. hatte und daß der Angeklagte, wie festgestellt ist, diesen Verdacht bei polizeilicher Befragung alsbald „bestätigt", also, wenn nicht geteilt, so doch jedenfalls nicht bestritten hat. Spätestens dadurch sind etwaige Erschwerungen der Strafverfolgung, die von seiner Seite zu diesem Zeitpunkt wegen seines vorherigen Verhaltens zu den Zeuginnen hätten kommen können, wieder ausgeräumt worden . . .

---

44. 1. Der Umstand, daß sich der Genötigte in vorwerfbarer Weise einer Zwangslage im Sinne des § 52 StGB. ausgesetzt hat, kann für die Entscheidung der Frage von Bedeutung sein, welche sonstigen Auswege ihm zur Vermeidung der ihm drohenden Leibes- oder Lebensgefahr zuzumuten sind.

2. Handeln auf Befehl eines Vorgesetzten im Sinne des § 4 der VO. vom 23. Mai 1947 liegt nur vor, wenn der Vorgesetzte seine Befehlsgewalt vom Staate ableitet.

StGB. § 52, Verordnung zur Beseitigung nationalsozialistischer Eingriffe in die Strafrechtspflege vom 23. Mai 1947 § 4.

Strafsenat. Urt. v. 24. Oktober 1949 g. K. StS 244/49.

I. Schwurgericht Braunschweig.

Aus den Gründen:

Der Angeklagte, der im Jahre 1929 Mitglied der NSDAP. und einige Zeit darauf Angehöriger der SS. geworden war, gehörte im Jahre 1932 der ständigen Stabswache an, die im Dienstgebäude des SS-Abschnitts IV in Br. untergebracht war, dort das Gebäude zu sichern und den Fernsprechdienst wahrzunehmen hatte, daneben auch im Gebrauch von Handfeuerwaffen ausgebildet, am Sandkasten über taktische Fragen unterrichtet und für den Bürgerkrieg geschult wurde. Der SS-Abschnitt IV und die im Dienstgebäude untergebrachte Stabswache standen unter dem Befehl des SS-Oberführers J., der als rücksichtsloser Gewaltmensch bekannt war, blinden Gehorsam forderte und sich auch vor der Anwendung ungesetzlicher Mittel nicht scheute, wenn es galt, die Befolgung seiner Befehle zu erzwingen.

Am 12. Oktober 1932 erhielt der Angeklagte von J. unter Aushändigung einer mit acht Schuß geladenen Pistole den Befehl, den ebenfalls der Stabswache angehörenden SS-Mann Walter K. zu erschießen, da er ein Verräter sei. Als er J. bat, einen anderen zu beauftragen, da er sich der Aufgabe nicht gewachsen fühle, verwies ihn J. auf seinen „Diensteid" und erklärte ihm dem Sinne nach, wenn er den Befehl nicht ausführe, „müsse er selbst dran glauben". Nach einigem Schwanken entschloß sich der Angeklagte, den Befehl zu befolgen. Er täuschte seinem Kameraden K. vor, er wolle sich noch in derselben Nacht von der Stabswache heimlich entfernen und in das Lager der politischen Gegner überwechseln und forderte K. auf, dabei mitzumachen. K. sagte auch nach einigem Zögern zu. Beide fuhren in der Nacht mit einem Mietwagen, dessen Fahrer in das Vorhaben nicht eingeweiht war, aus Br. aufs Land. Kurz nach Einfahrt in den S. Forst ließen sie den Wagen halten, um ihre Notdurft zu verrichten. Als sie zu diesem Zweck ausgestiegen waren und nebeneinander am Straßenrande standen, zog der Angeklagte die Pistole und streckte den ahnungslosen K. durch mindestens sieben Schüsse nieder. Der Tod K.s trat infolge der Schußverletzungen ein.

Auf Grund dieses Sachverhalts ist der Angeklagte durch das angefochtene Urteil wegen Mordes unter Anwendung des § 4 der VO. zur Beseitigung nationalsozialistischer Eingriffe in die Strafrechtspflege vom 23. Mai 1947 zu einer zeitigen Zuchthausstrafe verurteilt worden. Die gegen dieses Urteil gerichtete Revision des Angeklagten ist unbegründet, diejenige der Staatsanwaltschaft dagegen begründet.

1. Ohne Rechtsirrtum hat das Schwurgericht angenommen, daß die Tötung K.s durch den Angeklagten den zur Zeit der Tat geltenden § 211 StGB. a.F. verwirklicht. Die Erwägungen, mit denen das Schwurgericht das Handeln mit Überlegung bejaht, sind rechtlich bedenkenfrei. Es ist nicht ersichtlich, daß ihm dabei denkgesetzliche Fehler unterlaufen wären, daß es bei der Prüfung der Frage Tat-

sachen der allgemeinen Lebenserfahrung nicht oder nur unzureichend berücksichtigt oder daß es sonst rechtlich geirrt hätte. Die Beanstandungen der Revision des Angeklagten enthalten nur unzulässige Angriffe gegen die bedenkenfrei getroffenen und darum das Revisionsgericht bindenden tatsächlichen Feststellungen des Tatrichters. Mit Rücksicht auf den zur Zeit der Tat geltenden § 2 Abs. 2 StGB. a.F. hat er zutreffend auch die Prüfung für geboten erhalten, ob das zur Zeit seiner Entscheidung geltende Recht milder ist. Er ist dabei zunächst zu dem Ergebnis gelangt, daß auch der Tatbestand des § 211 StGB. n.F. verwirklicht ist. Das Merkmal der Heimtücke im Sinne des § 211 StGB. n.F. hat er mit Recht darin gefunden, daß der Angeklagte in Ausführung eines sorgfältig vorbereiteten Mordplanes sein Opfer durch die Täuschung, er wolle mit ihm von der SS. zu den politischen Gegnern hinüberwechseln, an den einsamen Tatort lockte und es dort unter bewußter Ausnutzung seiner Arglosigkeit und Vertrauensseligkeit niederschoß. Auch der § 211 StGB. n.F. drohte in der zur Zeit der Entscheidung geltenden Fassung zwar grundsätzlich die Todesstrafe an, sah aber in Abs. 3 für besondere Ausnahmefälle lebenslanges Zuchthaus vor. Er war also für den Fall, daß die Voraussetzungen des Abs. 3 bejaht wurden, gegenüber dem § 211 StGB. a.F. das mildere Gesetz. Dieser Rechtszustand ist inzwischen durch Art. 102 des Grundgesetzes für die Bundesrepublik Deutschland geändert. Dieser hat die Todesstrafe mit unmittelbar eingreifender, rückwirkender Kraft abgeschafft. Das führt zu dem Ergebnis, daß nunmehr nicht nur in § 211 StGB. n.F., sondern auch in § 211 StGB. a.F. lebenslanges Zuchthaus als einzige Strafe angedroht ist. Die Anwendung der alten und der neuen Fassung des § 211 StGB. führt also nach dem Inkrafttreten des Art. 102 des Grundgesetzes im vorliegenden Fall zu demselben Ergebnis. Die neue Fassung des § 211 StGB. hat auch für den Fall, daß die Voraussetzungen des Abs. 3 bejaht werden, aufgehört, gegenüber der alten Fassung das mildere Gesetz zu sein. Deshalb ist jetzt § 211 StGB. a.F. in Verbindung mit Art. 102 des Grundgesetzes auf den vorliegenden Fall anzuwenden.

2. Zutreffend wird vom Schwurgericht Notstand in jeder Gestalt verneint. Die Annahme des Nötigungsstan-

des (§ 52 StGB.) scheitert, wie das angefochtene Urteil ohne Rechtsirrtum näher darlegt, schon daran, daß dem Angeklagten, um den ihm bei Nichtbefolgung des erteilten Befehls drohenden Gefahren zu entgehen, zahlreiche andere Wege offenstanden, die Ausführung des Befehls also keinesfalls das einzige Mittel war, der Gefahr auszuweichen. Dabei ist zu beachten, daß dem Angeklagten einmal die Begehung eines der schwersten Verbrechen überhaupt zugemutet wurde und daß er sich im übrigen selbst freiwillig in die Zwangslage gebracht hatte. Wenn auch die Anwendung des § 52 StGB. — anders als bei § 54 StGB. — nicht davon abhängig ist, daß sich der Genötigte unverschuldet dem Zwange aussetzt, so ist sein Verschulden doch nicht ohne Bedeutung. Wer sich in vorwerfbarer Weise der Gefahr aussetzt, durch Drohungen für Leib und Leben zu Verbrechen bestimmt zu werden, dem sind unter Umständen ganz andere Auswege zuzumuten, als wenn er unverschuldet in diese Lage geraten wäre. Deshalb ist die Feststellung des Schwurgerichts von Bedeutung, daß der Angeklagte mindestens während der Dauer seiner Zugehörigkeit zur SS. erfuhr, einer Vereinigung anzugehören, die verbrecherischen Zielen diente und deren Mitglieder Verbrechen begingen. Trotzdem blieb er weiter Mitglied. Unter diesen Umständen waren ihm, als er selbst durch Drohungen zur Begehung eines Mordes bestimmt werden sollte, auch Auswege zuzumuten, die mit einer gewissen Gefahr für ihn verbunden blieben, wenn er dabei nur der ihm sonst drohenden gegenwärtigen Gefahr für Leib und Leben entging. Zutreffend legt deshalb das Schwurgericht dar, daß der Angeklagte nicht nur die Ausführung des Befehls vortäuschen konnte, sondern nach den im Oktober 1932 herrschenden Verhältnissen die Möglichkeit hatte, sich aus dem Bereich, in dem er für J. erreichbar war, zu entfernen, daß er irgendwo im Verborgenen untertauchen konnte, und daß dieser Weg nicht nur im damaligen Zeitpunkt für ihn gangbar war, sondern auch für spätere Zeiten — sogar nach der Machtergreifung — alle Aussicht barg, ihn gegenwärtiger Lebensgefahr zu entziehen. Was die Revision des Angeklagten hiergegen anführt, bedeutet ebenfalls nur einen unzulässigen Angriff gegen die rechtlich bedenkenfrei getroffenen tatsächlichen Feststellungen des angefochtenen Urteils. Dasselbe gilt von den Darlegungen, mit denen das Schwurgericht bejaht, daß sich der Angeklagte dieser Möglichkeiten auch damals bewußt gewesen sei. Damit ist auch ein Irrtum des Angeklagten über das Vorliegen der Voraussetzungen des § 52 StGB. mit zureichenden Gründen verneint. Die VO. des Reichspräsidenten über die Gewährung von Straffreiheit vom 21. März 1933, die dazu geführt hat, daß der Angeklagte nach 1933 zunächst nicht zur Verantwortung gezogen wurde, steht der Verurteilung nicht entgegen. Denn sie ist durch Art. I Ziff. 6 KRG. 55 aufgehoben worden. Es bedarf deshalb nicht einmal der Heranziehung der §§ 1 und 2 der VO. zur Beseitigung nationalsozialistischer Eingriffe in die Strafrechtspflege vom 23. Mai 1947, auf die sich das Schwurgericht beruft und die sonst zu demselben Ergebnis führen würden. Die Tat ist gemäß § 67 Abs. 1 StGB. auch noch nicht verjährt. Die Revision des Angeklagten erweist sich damit als unbegründet und muß verworfen werden . . .

4. Dagegen wendet sich die Revision der Staatsanwaltschaft mit Recht gegen die Auslegung, die das Schwurgericht dem § 4 der Verordnung zur Beseitigung nationalsozialistischer Eingriffe in die Strafrechtspflege vom 23. Mai 1947 gegeben hat. Rechtsirrig ist schon der Ausgangsgedanke, daß § 4 a.a.O. angewendet werden könne, weil durch die §§ 1 und 2 der VO. vom 23. Mai 1947 die Straffreiheitsverordnung des Reichspräsidenten vom 21. 3. 1933 unbeachtlich werde und der Angeklagte deshalb erst zur Verantwortung gezogen werden könne; denn die VO. vom 21. März 1933 ist durch Art. I Ziff. 6 KRG. 55 aufgehoben worden. Die Anwendung des § 4 der VO. vom 23. Mai 1947 entfällt jedoch auch deshalb, weil ein Befehl im Sinne dieser Vorschrift nach den Feststellungen des Schwurgerichts nicht vorliegt. Die Bestimmung des § 4 a.a.O. ist ersichtlich dem Art. II 4 b KRG. 10 nachgebildet. Aus dem Umstande, daß beide Vorschriften den Befehl des Vorgesetzten neben den Befehl der Regierung stellen, ergibt sich schon, daß nur derjenige als Vorgesetzter im Sinne dieser Bestimmungen angesehen werden darf, der seine Befehlsgewalt vom Staate ableitet. Wer sich ohne Billigung des Staates diese Befehlsgewalt anmaßt oder wem sie freiwillig von anderen übertragen ist, ist nicht Vor-

gesetzter im Sinne der angeführten Bestimmungen. Nur beim „höheren" Befehl, der sich auf staatlich abgeleitete Befehlsgewalt stützt, kann für den Befehlsempfänger der Konflikt zwischen der grundsätzlichen Verpflichtung zum Gehorsam und der Pflicht, kein Verbrechen zu begehen, entstehen, dem § 4 der VO. vom 23. Mai 1947 und Art. II 4 b KRG. 10 Rechnung tragen wollen. Ob und von welchem Zeitpunkt an Führer der NSDAP oder ihrer Gliederungen sich darauf berufen konnten, im Namen des Staates selbst zu sprechen, braucht hier nicht entschieden zu werden. Bei dem „Befehl", den J. im Oktober 1932 dem Angeklagten gab, traf das jedenfalls nicht zu. Der SS. war zur Tatzeit vom Staate noch keine besondere Stellung eingeräumt. Sie stand, wie das angefochtene Urteil selbst darlegt, im schärfsten Gegensatz zur damaligen Staatsgewalt, die sie mit allen verfügbaren Mitteln bekämpfte. Der Sinn des § 4 der VO. vom 23. Mai 1937 würde ins Gegenteil verkehrt, wenn man mit dem Schwurgericht den „Befehl" eines SS-Führers im Oktober 1932 dem Befehl der Regierung gleichsetzen wollte. Die Ansicht des Schwurgerichts ist daher rechtlich unhaltbar. Es ist darum auch gleichgültig, daß die SS. schon zur Tatzeit, wie das Schwurgericht hervorhebt, eine „militärisch disziplinierte Organisation" war. Denn diese beruhte nicht auf staatlicher Anerkennung oder Billigung, sondern auf freiwilliger Unterwerfung durch die Mitglieder. Die Stellung ihrer „Führer" unterschied sich rechtlich durch nichts von der Stellung der Leiter oder Vorsitzenden irgendeiner anderen privaten Vereinigung. Ohne Bedeutung ist auch, daß die SS-Leute, wie das Urteil darlegt, „bedingungslose Treue und ebensolchen Gehorsam gegenüber Hitler und den von ihm eingesetzten Führern gelobten". Auch dadurch erlangten die „Führer" rechtlich keine irgendwie bevorzugte Stellung. Die Angehörigen der SS. machten sich vielmehr im Gegenteil nach § 128 StGB. strafbar, wenn sie bedingungslosen Gehorsam gelobten. Zur Tatzeit war also der SS-Oberführer J., der dem Angeklagten den Befehl zur Tötung K.s gab, kein Vorgesetzter im Sinne des § 4 der VO. vom 23. Mai 1947.

Da schon aus den angeführten Gründen § 4 der VO. vom 23. Mai 1947 nicht angewendet werden kann, braucht nicht entschieden zu werden, ob er für den Fall, daß er angewendet werden dürfte, eine Milderung der in § 211 StGB. jetzt allein angedrohten lebenslangen Zuchthausstrafe rechtfertigen könnte. Die Verhängung einer zeitigen Zuchthausstrafe durch das Schwurgericht war nach alledem fehlerhaft. Rechtlich zulässig war nach § 211 StGB. a.F. in Verbindung mit Art. 102 des Grundgesetzes allein die lebenslange Zuchthausstrafe. Auf sie kann der Senat nach § 354 Abs. 1 StPO. selbst erkennen. Damit mußte auch die vom Schwurgericht ausgesprochene Anrechnung der Untersuchungshaft wegfallen, da sie nur bei zeitiger Freiheitsstrafe sinnvoll und damit rechtlich möglich ist.

Die Entscheidung entspricht dem Antrage des Generalstaatsanwalts.

---

45. 1. Art. 103 Abs. 2 des Bundesgrundgesetzes steht der Anwendung des KRG. 10 nicht entgegen.

2. Das Verbrechen gegen die Menschlichkeit hat, soweit es von Deutschen gegen Deutsche begangen wurde, keinen völkerrechtlichen Charakter.

3. Bei der Anwendung des KRG. 10 gelten nur die Grundsätze, die dem Gesetz selbst zu entnehmen sind. Naturrechtliche Grundsätze geben dem KRG. 10 aber seine sittliche und rechtliche Rechtfertigung.

4. Eine Schädigung von entsprechender Tatschwere im Sinne des Art. II 1 c KRG. 10 hat überpersönliche, die Menschheit berührende Wirkung, wenn sie auf dem Zusammenhang mit dem nationalsozialistischen System von Willkür und Gewalt, also auf der Verletzung wesentlicher Grundsätze des menschlichen Zusammenlebens beruht. Eine „humanitäre Intervention" ist dafür nicht erforderlich.

5. Zum äußeren und inneren Tatbestande eines durch richterliche Urteilstätigkeit begangenen Verbrechens gegen die Menschlichkeit.

Bundesgrundgesetz Art. 103 Abs. 2; KRG. 10 Art. II 1 c.

Strafsenat Urt. v. 18. Oktober 1949 g. H. StS 309/49.

I. Schwurgericht Kiel.

Aus den Gründen:

Der Angeklagte ist von der Anklage eines Verbrechens gegen die Menschlichkeit freigesprochen. Die Revision der Staatsanwaltschaft ist begründet.

Ein Bordkriegsgericht der U-Bootwaffe verurteilte am 26. Januar 1944 den Oberleutnant zur See K. wegen fortgesetzter Wehrkraftzersetzung zum Tode und wegen Abhörens von Auslandssendern zu einem Jahr Zuchthaus. Das Urteil wurde am 12. Mai 1944 vollstreckt. Ein anderes Kriegsgericht erkannte am 28. März 1944 gegen den Kapitänleutnant d. R. Dr. G. wegen Wehrkraftzersetzung, Ungehorsams im Felde und Devisenvergehens auf Todesstrafe, Gefängnis und Geldstrafe. Die Todes- und Freiheitsstrafe wurde von Hitler im Gnadenwege in 10 Jahre Zuchthaus umgewandelt und G. unter Aussetzung der Vollstreckung einem Bewährungsbataillon zugeteilt, bei dem er den Krieg überlebte. An beiden Urteilen hat der Angeklagte als Verhandlungsleiter mitgewirkt und für die Todesstrafe gestimmt.

Bei der rechtlichen Würdigung dieses Sachverhalts prüft das Schwurgericht, ob Art. II 1 c des KRG. 10 Anwendung finde und geht zutreffend davon aus, daß ihr das im früheren § 2 des StGB. und Art. 116 der Weimarer Verfassung enthaltene, nach Durchbrechung in der nationalsozialistischen Zeit von den Besatzungsmächten wiederhergestellte und in Art. 103 Abs. 2 des Bundesgrundgesetzes bestätigte Rückwirkungsverbot nicht entgegenstehe. Die Rechtfertigung dieses Standpunktes erblickt das Schwurgericht darin, daß Unmenschlichkeitsverbrechen eine Verletzung des Natur- und Völkerrechts darstellen, die stets „verboten und strafwürdig" gewesen und im KRG. 10 „nur mit einer Strafandrohung ausgestattet worden" sei. Diese von der Rechtsprechung des OGH. abweichende Charakterisierung des Verbrechens gegen die Menschlichkeit als eines *völkerrechtlichen* Delikts kann zu der später noch zu erörternden unrichtigen Auslegung des KRG. 10 geführt haben. Deshalb ist in diesem Zusammenhang auf die Entscheidung OGHSt. Bd. 1 S. 1, 4 zu verweisen. Das, was das KRG. 10 als Verbrechen gegen die Menschlichkeit unter Strafe stellt, war bereits zur Tatzeit nach der Auffassung aller sittlich empfindenden Menschen strafwürdig, blieb jedoch straflos, weil der nationalsozialistische Staat selbst solche Untaten durch seine Organe und Anhänger begehen ließ. Schon damals war die Bestrafung dieses Unrechts rechtsstaatliche Pflicht. Die nachträgliche Heilung einer derartigen Pflichtversäumnis durch rückwirkende Bestrafung entspricht deshalb einem Gebot der Gerechtigkeit und Rechtssicherheit. Ihnen dient der deutsche Richter, wenn er das staatsrechtlich für ihn verbindliche KRG. 10 anwendet.

Insofern ist der Ausgangspunkt des Schwurgerichts zu billigen, als naturrechtliche Grundsätze dem KRG. 10 erst seine rechtliche und sittliche Rechtfertigung geben. Im übrigen haben jedoch bei der Anwendung des Gesetztes selbst nur d i e Grundsätze zu gelten, die, wie der OGH. in ständiger Rechtsprechung erkannt hat, aus dem Gesetze selbst zu entnehmen sind. Deshalb begegnet es Bedenken, mit dem Schwurgericht, soweit es sich um Straftaten von Deutschen gegen Deutsche handelt, einer naturrechtlichen oder völkerrechtlichen Auffassung des KRG. 10 eine sogenannte positivistische gegenüberzustellen.

Der Tatbestand des Verbrechens gegen die Menschlichkeit ist dann erfüllt, wenn der Täter einen Menschen in seinen Menschenrechten in einer die Grundlagen des menschlichen Zusammenlebens berührenden Weise durch ein mit der nationalsozialistischen Gewalt- und Willkürherrschaft zusammenhängendes, bewußtes und gewolltes Angriffsverhalten verletzt hat. Das Schwurgericht weicht von diesem Tatbestand insoweit ab, als es statt des Zusammenhangs des Angriffsverhaltens mit der nationalsozialistischen Gewalt- und Willkürherrschaft eine Verfolgung aus p o l i t i s c h e n Gründen verlangt. Dabei verkennt es, daß eine solche Verfolgung nur e i n e n Unterfall des in der Rechtsprechung des OGH. herausgebildeten, eben erwähnten Tatbestandes darstellt und daß es auf das M o t i v, aus dem der Täter handelt, nicht ankommt (vgl. OGHSt. Bd. 1 S. 17, 189, 225, 262).

Weiterhin sieht das Schwurgericht die vom OGH. geforderte ü b e r p e r s ö n l i c h e W i r k u n g der Schädigung nur dann als gegeben an, wenn das Menschheitsgewissen im Sinne einer im Schrifttum erörterten „humanitären Intervention" empört ist. Damit wird einerseits zu viel, andererseits zu wenig verlangt. Ob eine Tat das

Weltgewissen erregt und eine Intervention auslöst, hängt zunächst von der Unterrichtung der Völker über solche Vorgänge ab und besagt allein nichts über die Schwere des Unrechtsgehalts selbst. Eine weitere Voraussetzung solcher Intervention wäre der Wille hierzu, der gleichfalls nicht für sein Wirksamwerden durch die Schwere der Tat beeinflußt zu sein braucht. An diesen Voraussetzungen wird es in den meisten Fällen fehlen. Außerdem ist es denkbar, daß schon einzelne Taten gegen die Grundregeln des menschlichen Zusammenlebens wegen ihrer besonderen Verwerflichkeit diese Voraussetzungen erfüllen können, obwohl die Regierungen der Länder, in denen sie vorkommen, die Verfolgung Andersdenkender nicht zum Programm erhoben haben. Solche Fälle will das KRG. 10 ersichtlich nicht treffen. Seinem Sinn und Zweck nach richtet es sich vielmehr gegen die von dem nationalsozialistischen Staat willkürlich und gewaltsam begangene planmäßige Unterdrückung und Verfolgung aller Menschen, die diesem Regime aus irgendwelchen Gründen mißliebig erschienen, besonders um deswillen, weil sie sich seinen Zielsetzungen nicht als gefügige Werkzeuge blindlings einordneten. Werden nun dergestalt verwerfliche Ziele und Methoden zum staatspolitischen System erhoben, wie dies im „Dritten Reich" geschehen ist, so fordert dies allein schon die Weltmeinung heraus und berührt damit die Menschheit, ohne daß es auf die *einzelnen* Fälle innerhalb der Gesamtverfolgung noch wesentlich ankäme. Ihr *Zusammenhang* mit dem dargelegten nationalsozialistischen System der Willkür und Gewalt vielmehr hat schon bei entsprechender Tatschwere diese überpersönliche Wirkung, *die auf der Verletzung wesentlicher Grundsätze des menschlichen Zusammenlebens beruht.* Sie hängt also nicht von einer „humanitären Intervention" ab, für deren Einleitung oder Unterlassen nicht die Tat und deren Folgen, sondern zufällige Umstände maßgebend sein können.

Infolge dieser rechtsirrigen Erwägungen hat das Schwurgericht teils den festgestellten Sachverhalt unrichtig beurteilt, teils möglicherweise eine erschöpfende Aufklärung und Behandlung unterlassen. Deshalb muß das angefochtene Urteil aufgehoben werden.

Zum Falle K.: Nach den Feststellungen des Schwurgerichts hatte K., ein hervorragend beurteilter und erfolgreicher U-Bootkommandant, im März 1943 bei der Übernahme eines U-Bootes das in der Messe hängende „Führerbild" mit den Worten: „Nehmt das mal weg dort, wir treiben keinen Götzendienst!" entfernen lassen; danach auf zwei Feindfahrten häufig abfällige Bemerkungen über die Regierungsform und die NSDAP. gemacht; erklärt, daß nur der Sturz Hitlers und seiner Partei dem deutschen Volke Frieden und kulturellen Aufstieg bringen könne; die Ablösung des Führerstaates unter Hitler durch eine Militärdiktatur als notwendig und nahe bevorstehend bezeichnet; zum Ausdruck gebracht, daß er an einen Endsieg wegen der materiellen Überlegenheit der Feindmächte nicht mehr glaube; Hitler einen wahnsinnigen Utopisten genannt, der den Krieg vom Zaune gebrochen habe; die nationalsozialistische Propaganda abfällig kritisiert und ähnliches ausgeführt. Wegen dieser nach Ansicht des Schwurgerichts im wesentlichen zutreffenden Äußerungen ist K. von dem Bordkriegsgericht wegen Wehrkraftzersetzung gemäß § 5 Abs. 1 KSSVO. zum Tode verurteilt.

Diese Todesstrafe war eine tatbestandsmäßige Schädigung des K. im Sinne des Art. II 1 c des KRG. 10, weil sie unter Berücksichtigung aller Strafzwecke unerträglich hart und unter rechtsstaatlichen Verhältnissen als Regelfall undenkbar ist. Die militärische Lage Deutschlands war nach dem Fall von Stalingrad aussichtslos. Jeder von der Kriegspropaganda nicht Verblendete erkannte dies. Auch der Angeklagte zweifelte, wie das Schwurgericht festgestellt hat, von diesem Zeitpunkt ab am Siege. Die vernichtenden Schläge, die die deutsche Wehrmacht vom Jahre 1943 ab auf allen Kriegsschauplätzen hinnehmen mußte, das durch technische Feindüberlegenheit bedingte Versagen der U-Bootwaffe, die sich ständig steigernden materiellen Kräfte der Alliierten ließen den bevorstehenden militärischen Zusammenbruch des „Dritten Reiches" nur immer deutlicher sich ankündigen. Deshalb erscheint es an sich schon zweifelhaft, ob zur Zeit der Urteilsfällung Ende Januar 1944 sogenannte defaitistische Äußerungen bei der ausweglosen Kriegslage für den Ausgang des Krieges noch von Bedeutung sein konnten. Dennoch geht der Senat davon aus, daß das Verhalten des Kommandanten K. den Tatbestand des § 5 KSSVO. nach der Vorstellung des Angeklagten erfüllte. Trotzdem durfte das Kriegsgericht ihn nicht in den Tod schicken. Hierzu reichten die Schuld des K. und die Gefährlichkeit seiner Handlungsweise, wenn hiervon überhaupt noch die Rede sein konnte, nicht im entferntesten aus. K. war festgestelltermaßen ein untadeliger Offizier und der Verantwortung für das Leben der Besatzung seines Bootes sich in besonderem Maße bewußt. Seine Tat war nicht unehrenhaft oder verwerflich. Er erörterte Fragen, die das Schicksal jedes einzelnen tief berührten, und über die jeder geistig regsame Mensch sich damals Gedanken machte, im engen Kameradenkreise. Er äußerte politische Ansichten, die seiner Überzeugung entsprachen und sachlich teilweise richtig waren. Damit machte er nur von dem jedermann zustehenden Recht der freien Meinungsäußerung Gebrauch. U-Bootbesatzungen waren damals, wie das Schwurgericht hervorhebt, Belastungen ausgesetzt, die gerade noch am Rande des Erträglichen lagen. Wenn er in dieser Situation richtige Einsichten über Staatsführung und Kriegsausgang aussprach, so ist dies menschlich verständlich. Auch das Kriegsgericht hat nach den Feststellungen des Schwurgerichts nicht angenommen, daß K. in Zersetzungsabsicht gehandelt habe, sondern hielt nur bedingten Vorsatz für gegeben. Deshalb beantragte der Anklagevertreter auf Grund des Ergebnisses der Hauptverhandlung nur eine Freiheitsstrafe. Schon das hätte es dem Kriegsgericht ohne weiteres sogar unter Berücksichtigung nationalsozialistischer Verhältnisse ermöglicht, von der Todesstrafe abzusehen. Dies war aber außerdem noch aus einem anderen Grunde geboten. Zur Zeit der Urteilsfällung hatte, wie das Schwurgericht auf Grund einer umfangreichen Beweisaufnahme feststellt, das nationalsozialistische Terrorsystem trotz verschiedener Versuche der „Führung" die Marinejustiz noch nicht allgemein erfaßt. Die Marinekriegsgerichte erkannten bei Wehrkraftzersetzung unter Annahme minder schwerer Fälle in der Regel auf Freiheitsstrafen. Der Regelfall verlangte direkten Zersetzungsvorsatz. Nur in besonders schwerwiegenden Fällen wurde auf Todesstrafe erkannt. Nach dieser allgemeinen Praxis lag der Fall K.s, der nur mit bedingtem Vorsatz gehandelt hatte, noch milder als der Regelfall. Führte nun der schwerer wiegende Regelfall nur zu Freiheitsstrafen, so mußte deshalb gegen K. auf eine besonders niedrige Freiheitsstrafe erkannt werden, möglicherweise nur auf eine nach § 5 KSSVO. auch zulässige Gefängnisstrafe. Wenn das Gericht ihn unter diesen Umständen dennoch zum Tode verurteilte, so bedeutete dies offensichtlich schweres Unrecht im Sinne einer tatbestandsmäßigen Schädigung des Opfers.

Das hat auch das Schwurgericht an sich richtig erkannt; denn es bemerkt in diesem Zusammenhang: „Es wäre gewiß eine unerträgliche Mißachtung der Menschenwürde und des Menschenrechts, wenn K. nur wegen politischer Äußerungen, insbesondere seiner Angriffe gegen Hitler, schlechthin zum Tode verurteilt wäre." Es meint jedoch, man dürfe den Fall nicht „nur unter diesem Blickwinkel sehen". K. habe durch seinen politischen Meinungsstreit seine eigene Autorität als Kommandant völlig untergraben und damit die Einsatzbereitschaft des Bootes während der Fahrt und auch das Leben der ganzen Besatzung gefährdet. Unter diesen Umständen könne es nicht feststellen daß die Verhängung der Todesstrafe unmenschlich im Sinne des KRG. 10 gewesen sei.

Mit dieser Beurteilung wird das Schwurgericht dem Sachverhalt nicht gerecht. Der Senat muß allerdings davon ausgehen, daß nach den Feststellungen des Schwurgerichts die Äußerungen K.s gewisse Auswirkungen gehabt haben, die auf eine bedenkliche Lockerung der Disziplin hindeuteten. Durch das Verhalten K.s sei die Einsatzbereitschaft des Bootes und dadurch auch das Leben der ganzen Besatzung gefährdet gewesen. Rechtsirrig ist es aber, wenn der Vorderrichter K. die Schuld an dieser Auswirkung seiner Äußerungen beimißt, zumal die Beweisaufnahme es nahe legt, daß die Mannschaft zum Kommandanten gehalten hat, dagegen Offiziere seine Befehle nicht ausgeführt haben. K. mag unklug und unzweckmäßig gehandelt haben, wenn er während einer U-Bootfahrt von dem Recht der freien Meinungsäußerung Gebrauch machte. Es lag jedoch näher, seine Offiziere für die Störung der Ordnung verantwortlich zu machen, falls sie es wegen ihrer nationalsozialistischen Gesinnung an der notwendigen Unterordnung gegenüber ihrem Kommandanten fehlen ließen. Das kann jedoch dahingestellt bleiben. Wirkliche Schäden sind jedenfalls trotz der allgemeinen Gefährdung des Bootes und der Mannschaft, die das Verhalten K.s nach der Annahme des Schwurgerichts bedeutete, nicht eingetreten. Infolgedessen bleibt die Verhängung der Todesstrafe auch unter dem Blickwinkel, unter dem das Schwurgericht sie ansieht, unerträglich hart im Verhältnis zu dem, was K. getan hatte. Sie stellt deshalb eine tatbestandsmäßige Schädigung im Sinne des KRG. 10 dar.

Sie ist K. auch objektiv im Zusammenhang mit der nationalsozialistischen Gewalt- und Willkürherrschaft zugefügt worden. Das Schwurgericht prüft in dieser Hinsicht nur, ob der Angeklagte sich bei der Strafzumessung von politischen Erwägungen hat leiten lassen und verneint dies. Dieser Ausgangspunkt ist rechtsirrig; denn es kommt, wie eingangs ausgeführt, nicht notwendig auf den Beweggrund an, der den Angeklagten zu seinem Handeln bestimmte, sondern nur darauf, ob das in der Mitwirkung bei dem Urteilsspruch liegende Angriffsverhalten sich in das nationalsozialistische Willkürsystem einreihte. Daran lassen die Feststellungen des Schwurgerichts in objektiver Hinsicht keinen Zweifel.

Nach ihnen versuchte der Zeuge Dr. N., der als Heeresangehöriger zu wissenschaftlichen Zwecken an der zweiten Feindfahrt des K. teilnahm, in dem kriegsgerichtlichen Verfahren unter Umgehung der politischen Auseinandersetzungen das militärische Durcheinander auf dem U-Boot zu schildern. Der Angeklagte ging jedoch als Verhandlungsleiter nicht darauf ein, sondern fragte nur nach den politischen Äußerungen K.s. Das Schwurgericht hält es für selbstverständlich, daß der Angeklagte den Zeugen Dr. N. nicht über militärische Verhältnisse habe hören wollen, weil er als Stabsarzt und Heeresangehöriger in Marinesachen ein Laie gewesen sei. Diese Ansicht ist bedenklich. Die Frage, ob bei einer Einheit Disziplin herrscht oder nicht, ob Befehle ausgeführt werden oder unbeachtet bleiben, vermag jeder Laie mit durchschnittlicher Begabung zu beantworten. Umsomehr gilt dies von einem Stabsarzt des Heeres, auch für Marineverhältnisse. Denn die militärische Disziplin, die im wesentlichen im befehlsgemäßen Handeln besteht, war bei allen Gattungen der Wehrmacht die gleiche. Jedenfalls hätte der Angeklagte, wenn er Dr. N. nicht für sachverständig hielt, die ebenfalls von ihm vernommenen Fachoffiziere hiernach fragen können, wenn er dem Gewicht beilegen wollte. Daß die Offiziere von sich aus allen Anlaß hatten, hierüber zu schweigen, wie das Schwurgericht meint, mag zutreffen. Dennoch enthob dies den Angeklagten nicht seiner Pflicht, sich insoweit weitere Aufklärung zu verschaffen, wenn er dem Bedeutung beimaß. Daß der Angeklagte von der Erörterung der militärischen Seite der Sache bewußt absah, zwingt bereits zu der Annahme, daß der politische Gehalt der Kritik des K., also die Ablehnung des Nationalsozialismus, für das Kriegsgericht im Vordergrunde gestanden hat. Dem entsprechen die schriftlichen Urteilsgründe, in denen der Angeklagte zur Verneinung eines minderschweren Falles und damit zur Rechtfertigung der Todesstrafe hervorhob, daß bei K. infolge der Rückschläge des Jahres 1943 seine in der bündischen Jugend gepflegten liberalen Tendenzen wieder zum Durchbruch gekommen seien und daß seine Äußerungen „selbst vor der Person des Führers nicht haltgemacht" und „zum Teil hochverräterischen Charakter getragen hätten". Den Ausschlag für die Verhängung der Todesstrafe kann hiernach also nur der Zusammenhang mit dem Willkürsystem gegeben haben. (Wird näher ausgeführt).

Zum Fall G.: Das Schwurgericht geht davon aus, daß G. trotz geringer persönlicher Schuld nur aus Abschreckungsgründen zum Tode verurteilt worden sei, erblickt hierin eine ungerechtfertigte Entpersönlichung und Entwürdigung des Opfers und bezeichnet deshalb das Urteil als unmenschlich hart. Damit meint der Vorderrichter das richtige, wie der Zusammenhang der Urteilsgründe ergibt. Nur die Formulierung ist mißverständlich. Die tatbestandsmäßige Schädigung des Opfers braucht noch nicht unmenschlich zu sein; denn Art. II 1 c KRG. 10 spricht nur von unmenschlichen Handlungen, nicht von einer solchen Auswirkung auf das Opfer, mag beides auch meist zusammentreffen. Die Unmenschlichkeit, die die genannte Vorschrift treffen will, wird nicht allein durch die Schwere der Folgen eines bestimmten Verhaltens begründet, sondern vor allem dadurch, daß dieses in einem dem Täter bewußten Zusammenhang mit der nationalsozialistischen Terrorherrschaft steht. Eine tatbestandsmäßige Schädigung liegt schon dann vor, wenn die verhängte Strafe unter Berücksichtigung aller Strafzwecke unerträglich hoch und in einem Rechtsstaate unter gleichen Umständen als Regelfall undenkbar ist.

Daß diese Voraussetzungen in dem vorliegenden Falle gegeben sind, unterliegt schon nach den bisherigen Feststellungen keinem Zweifel, was das Schwurgericht richtig erkannt hat. G., der seit 1942 zu einem höheren Marinestab in Paris gehörte, beschaffte sich im Jahre 1943 gegen Zahlung von 1000 RM durch einen befreundeten Belgier W., der für den SD. arbeitete und sich als Rexist sowie als Vertreter einer flämisch-nationalsozialistischen Zeitung ausgab, von einer französischen Dienststelle in Vichy zwei Identitätskarten für sich und seine in Paris bei der DAF. beschäftigte Ehefrau. Die vom Schwurgericht dem Urteil des Kriegsgerichts entnommene Einlassung G.s ging dahin, daß er daran gedacht habe, die Karten entweder zur Flucht aus einer etwaigen Gefangenschaft oder zur Wiedervereinigung mit seiner Familie zu benutzen, wenn keine Möglichkeit zum kämpferischen Einsatz mehr bestehen sollte; er habe in der Masse untergehen wollen, falls durch einen kommunistischen Aufstand in Frankreich die deutsche Sache verloren sein würde. Ob das Kriegsgericht diese Einlassung geglaubt hat, läßt der Angeklagte in den von ihm verfaßten Urteilsgründen nicht erkennen. Jedenfalls hat es nicht die Feststellung getroffen, daß G. sich die Karten zur Vorbereitung einer Fahnenflucht besorgt habe.

Wegen dieser Beschaffung der Identitätskarten ist G. am 28. März 1944 unter dem Vorsitz des Angeklagten in Anwendung des § 5 Abs. 1 KSSVO. zum Tode verurteilt worden. Die Wehrkraftzersetzung begründete der Angeklagte wie folgt: „G. mußte . . . damit rechnen und hat auch damit gerechnet, daß W. nicht schweigen, sondern seinen Bekannten und Gesinnungsgenossen von den Identitätskarten Mitteilung machen werde. Es sei ferner zu besorgen gewesen, daß auf diesem Umwege deutsche Soldaten und Zivilpersonen Kenntnis von der Angelegenheit erlangen würden. Auch diese Gefahr habe G. erkannt, ohne sich dadurch von seinem Vorhaben abbringen zu lassen."

Das Schwurgericht hebt im Anschluß an die Feststellungen des Kriegsgerichts mit Recht hervor, daß „die Tat" G.s gerade noch an der äußersten Grenze des Tatbestandes lag. Die Möglichkeit, daß andere Deutsche von der Beschaffung der Identitätskarten erfahren konnten, war sehr gering; denn sowohl G. als auch W. hatten alle Veranlassung, die Sache geheim zu halten, um sich nicht zu gefährden. Es ist noch weniger wahrscheinlich, daß G. die Möglichkeit in seinen Vorsatz aufgenommen haben sollte, auch Deutsche könnten über W. von der Angelegenheit erfahren. Tatsächlich ist die Beschaffung der Identitätskarten auch erst durch das gegen G. eingeleitete Verfahren Deutschen bekannt geworden."

Das Schwurgericht betont ferner, daß das Kriegsgericht die Todesstrafe nach den Urteilsgründen und der Einlassung des Angeklagten in der jetzigen Hauptverhandlung aus Abschreckungsgründen verhängt habe und stellt hierzu fest, daß die Gefahr, andere Offiziere oder Mannschaften könnten sich französische Ausweiskarten beschaffen, aus tatsächlichen Gründen kaum bestanden habe.

Wenn das Schwurgericht unter den dargelegten Umständen in der Verhängung der Todesstrafe eine tatbestandsmäßige Schädigung des Opfers im Sinne des Art. II 1 c KRG. 10 erblickt, so ist dem unbedenklich beizutreten.

Damit fällt jedoch dem Angeklagten noch kein Verbrechen gegen die Menschlichkeit zur Last. Dessen Tatbestand ist vielmehr nur dann erfüllt, wenn das in der Jastimme zum Todesurteil liegende Angriffsverhalten des Angeklagten, ihm bewußt, im Zusammenhang mit der nationalsozialistischen Gewalt- und Willkürherrschaft gestanden hat. Seine übrige Tätigkeit, seine Gesinnung, seine Gesamtpersönlichkeit sind hierfür nur Anhaltspunkte. Das Gleiche gilt von der damaligen allgemeinen Haltung der Marinejustiz, die das Schwurgericht eingehend erörtert hat. Es ist durchaus möglich, daß ein Richter im Einzelfalle nach Gesichtspunkten der nationalsozialistischen Ideologie entscheidet, obwohl ihn sonst in dieser Hinsicht kein Vorwurf trifft. Umgekehrt kann der Angeklagte bei seiner Entscheidung gegen G. von solchen Gedankengängen frei geblieben sein. Deshalb bedarf jeder Fall einer besonderen Prüfung. Sie muß das Schwurgericht erneut vornehmen; denn die bisherige Untersuchung ist, da das Schwurgericht, wie eingangs ausgeführt, von einem unrichtig aufgefaßten gesetzlichen Tatbestand ausgeht, unvollständig geblieben. Das Schwurgericht wird deshalb folgendes zu erörtern haben:

Bevor der Angeklagte mit der Sache G.s befaßt wurde, hatte ein anderes Kriegsgericht über dieselbe Anklage zu entscheiden. Es hielt Wehrkraftzersetzung nicht für gegeben, sondern nahm nur Ungehorsam im Felde an, nämlich die Übertretung eines „Führerbefehls", der den Verkehr von Offizieren mit Ausländern als unerwünscht bezeichnete. Dieses Kriegsgericht verhängte gegen G., wenn auch unter einem anderen Gesichtspunkt, so doch wegen desselben Sachverhalts, einschließlich des Devisenvergehens, eine Freiheitsstrafe von 4 Monaten und 2 Wochen Gefängnis, obwohl auch wegen Ungehorsams im Felde die Verhängung der Todesstrafe formell zulässig gewesen wäre. Da der Gerichtsherr dieses Urteil nicht bestätigte, kam die Sache zur erneuten Verhandlung vor den Angeklagten. Schon die Anwendung der KSSVO., die nur bei einer sehr weiten, schon damals vielfach mißbilligten Auslegung des Merkmals „öffentlich" im Sinne einer „Ersatzöffentlichkeit" möglich war, einer Auslegung, die der vom Nationalsozialismus erstrebten „Vorverlegung" der Strafbarkeit im Sinne eines verfehlten Gesinnungsstrafrechts Rechnung trug, kann auf einen Zusammenhang der Urteilsfindung mit dem damaligen Terrorsystem hindeuten. Erst recht gilt dies von dem ungewöhnlichen Unterschied zwischen den erkannten Strafen. Mit der Bemerkung des Schwurgerichts, das erste Kriegsgericht habe G. wohlwollend gegenübergestanden, ist der auffällige Gegensatz in der Beurteilung derselben Tat durch zwei Kriegsgerichte, wenn sie beide nur deren militärischen Gehalt treffen wollten, nicht erklärt. Das Schwurgericht wird eingehend prüfen müssen, welche militärischen Gesichtspunkte es denn gewesen sein sollen, die den Angeklagten zu einer so weit strengeren

Auffassung veranlaßt haben und dies im einzelnen darzulegen haben. Es verweist allerdings in diesem Zusammenhang auf die Bemerkung des Angeklagten in seiner Urteilsbegründung, G.s Verhalten habe eine „nicht zu überbietende disziplin- und stimmungsschädigende Wirkung auf jeden unbefangenen Deutschen gehabt." Damit will es offenbar den militärischen Gesichtspunkt anführen, der den Angeklagten bei der Verhängung der Todesstrafe geleitet hat. Das ist jedoch unzureichend.

Einmal liegt die Unrichtigkeit der Bemerkung des Angeklagten auf der Hand; denn die Möglichkeit, daß andere Deutsche von der Beschaffung der Identitätskarten Kenntnis erhalten würden, bestand kaum, wie das Schwurgericht feststellt. Aus Gründen der militärischen Disziplin war deshalb keine empfindliche Strafe erforderlich, geschweige denn die Todesstrafe. Sprachen aber keine militärischen Gründe für die Todesstrafe, so liegt es sehr nahe, daß nationalsozialistische Gedankengänge für sie maßgebend waren.

In diesem Zusammenhange ist auf folgendes hinzuweisen: ein Urteil, das eine unerträglich hohe Strafe ausspricht, kann seine Erklärung in einer bloßen Überspannung der Manneszucht finden und muß nicht ein nationalsozialistischer Willkürakt sein. Disziplinarexzesse kommen in allen Heeren der Welt vor; sie sind letzten Endes unvermeidbar. Auch in der deutschen Wehrmacht der Hitlerzeit sind sie denkbar gewesen, ohne daß sie stets auch auf nationalsozialistischen Gedankengängen beruhen mußten. Es ist daher unzutreffend, wenn die Revision der StA. den Zusammenhang mit dem nationalsozialistischen System schon daraus herleiten will, daß die Wehrmacht dazu gedient habe, zumal im Kriege, dieses Regime an der Macht zu erhalten. Militär und Polizei sind die Machtmittel jedes Staates. In jedem militärischen Verbande ist ein Mindestmaß an Disziplin notwendig. Das gilt für alle Staaten, auch für den nationalsozialistischen. Die Aufrechterhaltung der Disziplin, auch mit harten Mitteln im Einzelfalle, ist deshalb noch nicht unbedingt ein Ausfluß nationalsozialistischen Terrors. Erst die planmäßige und systematische Steigerung der Anforderungen an die Manneszucht ins Maßlose und damit die Verwendung des Soldaten als bloßes Wehrmaterial, seine Herabwürdigung zu einer kriegswichtigen Sache ist einer der Wesenszüge des Nationalsozialismus. Der vom Angeklagten bewußt in den Vordergrund gestellte Gesichtspunkt der Abschreckung vermag auch nach Ansicht des Schwurgerichts die Verhängung der Todesstrafe nicht zu rechtfertigen. Hier hätte es nahegelegen zu prüfen, ob nicht schon insoweit der Zusammenhang mit der Willkürherrschaft festzustellen war, zumal auch der Vorderrichter das augenfällige Mißverhältnis zwischen Schuld und Strafe empfunden hat. Ob die Abschreckung einem Zwecke dienen soll, der an sich billigenswert ist oder nicht, ist für den Tatbestand selbst nicht notwendig von Belang. Hier jedoch mußte das Opfer eine Strafe entgegennehmen, nicht weil sie durch Schuld verdient war, sondern weil durch das Beispiel einer unerbittlichen Behandlung andere von der entfernt möglichen Begehung gleicher Handlungen abgeschreckt werden sollten. Die völlige Entpersönlichung des Opfers legt den erforderlichen Zusammenhang besonders nahe. Das Schwurgericht wird deshalb, wenn es auf Grund der neuen Hauptverhandlung militärische Gesichtspunkte für die Verhängung der Todesstrafe durch den Angeklagten ermittelt, immer noch prüfen müssen, ob nicht auch dann der Exzeß in dem dargelegten Sinne noch immer nationalsozialistisch beeinflußt war.

Auch für den Fall G. gilt, daß nach der allgemeinen Praxis der Marinekriegsgerichte nur eine Freiheitsstrafe in Betracht kam. Das Schwurgericht wird daher aufklären müssen, warum der Angeklagte hiervon abgewichen ist.

Nach den Feststellungen des Schwurgerichts hat der Angeklagte zur Verneinung eines minderschweren Falles in den Urteilsgründen neben der Bemerkung über die „nicht zu überbietende disziplin- und stimmungsschädigende Wirkung" ausgeführt: „Mit der Beschaffung der Identitätskarten habe G. innerlich seinen Führer und Volk geleisteten Treueid gebrochen. So lange er an den Endsieg geglaubt habe, sei er bereit gewesen, sich einzusetzen. Als er aber im Glauben wankend geworden sei, habe er nach einem guten Absprung gesucht." Diese Würdigung der Tat G.s berücksichtigt in keiner Weise das geringfügige Maß an Schuld und Tatschwere und deutet in ihrem eifernden und übersteigerten Ausdruck auf ein

Gesinnungsstrafen hin und damit auf die Anwendung von Grundsätzen, die dem Nationalsozialismus eigen waren. Gerade dies legt die Annahme eines Zusammenhangs zwischen der Todesstrafe und dem nationalsozialistischen System besonders nahe. Demgegenüber wird der Angeklagte überzeugend darzulegen haben, wie er zu der Ansicht gelangen konnte, ein Offizier, gegen dessen Dienstleistung nichts einzuwenden war, könne auf Grund der damaligen Tatfeststellungen auch deshalb zum Tode verurteilt werden, weil er „innerlich seinem Führer den Treueid gebrochen" habe. Gerade der Versuch, die innere Haltung des Menschen zum Gegenstand des Strafverfahrens zu machen, kennzeichnet den Nationalsozialismus, dem sogar Gedankenfreiheit fremd war.

Bei der Prüfung der damaligen Verhältnisse in der Marinejustiz ist das Schwurgericht zu dem Ergebnis gelangt, daß die meisten Marinerichter sich in ihrer Rechtsprechung von militärischen Beweggründen leiten ließen, führt jedoch dann an, daß der Kriegsrichter M. in den Verhandlungen offen erklärte, er sehe sich die Leute daraufhin an, ob sie „Revolutionstypen" abgeben könnten und merze solche Typen aus. „Auch den Angeklagten", heißt es im Urteil weiter, „müssen bei Fällung des Todesurteils gegen G. ähnliche Gedankengänge geleitet haben." Die Fassung dieses Satzes läßt nicht völlig zweifelsfrei erkennen, ob das Schwurgericht der Überzeugung gewesen ist, den Angeklagten hätten solche Gedankengänge geleitet, oder ob es nur eine solche Vermutung aussprechen will. Im ersten Falle würde der Zusammenhang des Todesurteils mit der nationalsozialistischen Willkürherrschaft bereits feststehen. Das wäre keine Überspannung der militärischen Disziplin mehr, wie sie das Schwurgericht für möglich hält; denn G., gegen den diese Erwägungen sich richteten, hatte keine Verletzung der Manneszucht vor. Der Angeklagte hätte ihm dann nur — allerdings nach den bisherigen Feststellungen ohne tatsächliche Grundlage — eine Beteiligung an einem politischen Umsturz zugetraut. Die Vernichtung von Menschen, nur weil sie verdächtig erschienen, sich vielleicht einmal gegen die nationalsozialistische Herrschaft zu wenden, ohne daß sie bisher irgendetwas in dieser Richtung begangen hatten, die „Ausmerzung" also um der abweichenden politischen Gesinnung willen, ist ein besonders charakteristisches Zeichen nationalsozialistischer Haltung. Wenn der Angeklagte aus dieser Erwägung für die Todesstrafe gestimmt hat, dann besteht an dem Zusammenhang des Urteils mit dem nationalsozialistischen System kein Zweifel. Hierüber muß deshalb das Schwurgericht klare Feststellungen treffen.

Für den inneren Tatbestand ist, da der Angeklagte durch die Abgabe seiner Stimme für das Todesurteil das schwere Ungemach für G. bewußt und gewollt mitverursacht hat, noch erforderlich, daß er sich des Zusammenhangs des Todesurteils mit dem System von Willkür und Gewalt bewußt gewesen ist. Das ist dann der Fall, wenn er erkannte oder doch für möglich hielt und billigte, daß hier die Todesstrafe zugemessen wurde, obwohl sie nach dem geringfügigen Maß an persönlicher Schuld nicht im geringsten verdient war, und daß dies geschah um der Abschreckung willen aus Grundsatz und System entsprechend dem Ungeist der damaligen Zeit (vgl. OGHSt. Bd. 1 S. 217, 224).

Kommt das Schwurgericht in der neuen Verhandlung auf Grund der Prüfung dieser Umstände zu dem Ergebnis, daß das Todesurteil mit der nationalsozialistischen Willkürherrschaft im Zusammenhang stand, so kann an dem Bewußtsein des Angeklagten hiervon kaum ein Zweifel bestehen. Denn ihm als dem juristisch gebildeten Verhandlungsleiter müssen dann die Tatsachen bekannt gewesen sein, die diesen Zusammenhang ergeben, weil sie gerade die Einstellung des Kriegsgerichts und damit des Angeklagten selbst zum Falle G. betreffen. Das gilt insbesondere von der von ihm verfaßten Urteilsbegründung. Auch diese Feststellungen zu treffen, muß dem Tatrichter überlassen bleiben.

Die Entscheidung entspricht dem Antrage des Generalstaatsanwalts.

46. Unklare Strafzumessungserwägung, die es als zweifelhaft erscheinen läßt, ob der Tatrichter sich des ihm zur Verfügung stehenden Strafrahmens bewußt war.

KRG. 10 Art. II 1 c, 3, 4 b; KRProkl. Nr. 3 II 4; MRG. 1 IV 8; AAR. Nr. 1 Z. 8; StGB. §§ 211, 212; StPO. §§ 337, 267 Abs. 3.

Strafsenat. Urt. v. 25. Oktober 1949 g. G. StS 104/49.

I. Schwurgericht Flensburg.

Die Strafkammer hatte den Angeklagten wegen Mordes in zwei Fällen in Tateinheit mit Verbrechen gegen die Menschlichkeit zu lebenslangem Zuchthaus verurteilt (KRG. 10 II 1 c, § 211 BGB.). Nach erfolgreicher Revision hat das Schwurgericht statt der Morde auf Totschlag (§ 212 StGB.) erkannt, aber dieselbe Strafe verhängt. Auf erneute Revision des Angeklagten ist zur neuen Straffestsetzung zurückverwiesen.

Aus den Gründen:

Die Auswahl des der Gesamtheit mildernder und erschwerender Umstände entsprechenden Strafmaßes ist Sache tatrichterlichen, allerdings rechtlich gebundenen Ermessens. Das Revisionsgericht ist nicht befugt, der Tatsacheninstanz gegenüber eine abweichende Auffassung über die Angemessenheit der verhängten Strafe an die Stelle des tatrichterlichen Ermessens zu setzen. Es muß sich vielmehr gemäß § 337 StPO. darauf beschränken, die Einhaltung der rechtlichen Grenzen zu überprüfen, die dem Ermessen des Tatrichters gezogen sind.

Die verhängte lebenslange Zuchthausstrafe kann nicht als eine grausame und übermäßig hohe Strafe im Sinne des Besatzungsrechts angesprochen werden (MRG. 1 IV 8; AAR. Nr. 1 Z. 8; KRProkl. Nr. 3 II 4). Sie entspricht dem von den Besatzungsmächten selbst gegebenen Strafrahmen des KRG. 10 II 3 und steht nicht in einem unerträglichen Mißverhältnis zur vorsätzlichen Vernichtung mehrerer Menschenleben.

Dagegen hat das Schwurgericht möglicherweise die seinem Ermessen gezogenen rechtlichen Schranken dadurch verletzt, daß es zum Nachteil des Angeklagten einer unzulässigen Erwägung Raum gegeben hat, die für das Strafmaß ursächlich sein kann. Das Schwurgericht sagt nämlich in den Strafzumessungsgründen, daß alle von ihm angeführten Milderungsgründe bereits darin ihren Niederschlag gefunden hätten und dadurch bereits weitgehend berücksichtigt worden seien, daß die Strafkammer von der sonst angebrachten Todesstrafe abgesehen habe.

Sinn und Tragweite dieser Erwägung sind dem Revisionsgericht nicht hinreichend klar. Soll gemeint sein, daß das Schwurgericht (ebenso wie vorher die Strafkammer) die von ihm festgestellte Tat an sich für todeswürdig halte und nur wegen der vorhandenen Milderungsgründe auf lebenslange Zuchthausstrafe erkenne, so wäre das nach der Gesetzeslage zur Zeit der Urteilsverkündung inhaltlich bedenkenfrei gewesen. Die angeführte Erwägung kann aber auch den Sinn haben, daß das Schwurgericht keinen Anlaß sehe, unter der von der Strafkammer für angemessen erachteten lebenslänglichen Zuchthausstrafe zu bleiben, weil es sich die von der Strafkammer vorgenommene Strafzumessung zu eigen mache. Hierbei wäre jedoch verkannt, daß der Strafzumessung der Strafkammer eine schwerer zu wertende Straftat, nämlich ein Verbrechen gegen die Menschlichkeit in Tateinheit mit zweifachem Mord zu Grunde lag, als sie das Schwurgericht nach seinen Feststellungen seiner Strafzumessung zu Grunde legen durfte. Das Schwurgericht geht anscheinend davon aus, daß in jedem Fall ein Verbrechen gegen die Menschlichkeit vorliege, das derselben Wertung dort wie hier zugänglich sei. Es würde dabei übersehen, daß das „Verbrechen" (= Straftat) gegen die Menschlichkeit im Sinne des KRG. 10 Delikte verschiedener Schwere umfaßt. Einem durch einfache vorsätzliche Tötung verwirklichten Verbrechen gegen die Menschlichkeit kann nicht derselbe Schuldgehalt beigemessen werden, wie einem durch besonders verwerfliche Tötung verwirklichten. Dementsprechend stand dem Schwurgericht ein zu Gunsten des Angeklagten wesentlich weiter gespannter, nämlich von der Todesstrafe bis zu fünfjährigem Zuchthaus (§ 212) reichender Strafrahmen zu Gebote, als der Strafkammer, die nur die Wahl zwischen lebenslangem Zuchthause oder der Todesstrafe hatte. Die angeführte Erwägung in den Urteilsgründen muß es als zweifelhaft erscheinen lassen, ob sich das Schwurgericht ausreichend bewußt geworden ist, daß es innerhalb des ihm zur Verfügung stehenden Strafrahmens von fünf Jahren Zuchthaus für den mildesten bis zur Todesstrafe für den denkbar schwersten Fall unter Berücksichtigung der strafschärfenden wie auch der strafmildernden Umstände das dem gegebenen Unrechtsgehalt entsprechende Strafmaß zu wählen hatte. Dieser Zweifel wird noch dadurch bestärkt, daß das Schwurgericht die vom deutschen Gesetzgeber für die abzuurteilende Tat ausgeworfene Höchststrafe als die mildeste Strafe bezeichnet, die dem Unrechtsgehalt der Tat gerecht werden könne . . .

Die Entscheidung entspricht dem Antrage des Generalstaatsanwalts.

---

47. Zum äußeren und inneren Tatbestand des Landfriedensbruchs, wenn zunächst eine geschlossene Personenmehrheit Gewalttätigkeiten gegen Personen oder Sachen begeht und sich erst daraufhin eine Menschenmenge öffentlich zusammenrottet.

StGB. § 125.

Strafsenat. Urt. v. 25. Oktober 1949 g. K. u. a. StS 94/49.

I. Schwurgericht Hildesheim.

Aus den Gründen:

Die Angeklagten sind wegen gemeinschaftlichen Landfriedensbruches in Tateinheit mit Freiheitsberaubung und Verbrechen gegen die Menschlichkeit (KRG. 10 II 1 c, §§ 125, 239, 73 StGB.) verurteilt. Die Revisionen des Angeklagten K. und der StA. haben Erfolg.

. . . Dagegen vermögen die Feststellungen des Schwurgerichts die tateinheitlich ausgesprochene Verurteilung wegen Landfriedensbruchs nicht zu tragen. Seine Ausführungen zu diesem Punkte sind nicht frei von Rechtsirrtum. Denn es stellt nicht fest, daß sich den zehn Angeklagten zu irgendeinem Zeitpunkt ihres Unternehmens noch andere angeschlossen haben, sondern erörtert nur, daß von einem bestimmten Zeitpunkt an die Möglichkeit zu solchem Anschluß bestanden habe und die

Angeklagten das auch erkannt hätten. Geht man aber davon aus, dann haben sich die Angeklagten des Landfriedensbruchs nach § 125 StGB. nur schuldig gemacht, wenn sie **selbst** bereits als eine „zusammengerottete Menschenmenge" im Sinne des § 125 StGB. angesehen werden müssen. Nur dann wäre schon von dem Zeitpunkt an, von dem an die den Beteiligten bewußte Möglichkeit des Anschlusses anderer bestand, eine **öffentlich** zusammengerottete Menschenmenge gegeben. Ob aber die zehn Angeklagten bereits als Menschenmenge anzusehen sind, dazu äußert sich das angefochtene Urteil nicht. Es enthält auch keine so eingehenden tatsächlichen Feststellungen, daß auf ihrer Grundlage diese Frage vom Revisionsgericht beantwortet werden könnte. Wann eine **Menschenmenge** vorhanden ist, hängt nicht davon ab, daß eine bestimmte Anzahl Personen an einem Ort anwesend ist. Maßgebend ist vielmehr, ob eine Personenmehrheit in solchen Beziehungen zueinander steht, daß es auf das Hinzukommen oder Weggehen eines einzelnen nicht ankommt (OGHSt. Bd. 1 S. 244). Das kann auch bei einer Ansammlung von nur zehn Personen der Fall sein, braucht aber selbst dann nicht notwendig vorzuliegen, wenn weit mehr Personen an einem Ort anwesend sind. Es kommt dabei ganz auf die Umstände des einzelnen Falles an. Es handelt sich dabei im wesentlichen um eine vom Tatrichter zu beantwortende Tatfrage. Das hat das Schwurgericht im vorliegenden Fall nicht erkannt; es hat deshalb die Frage überhaupt nicht näher erörtert und die für ihre Beantwortung erheblichen Umstände nicht hinreichend geklärt. Von den bisher getroffenen Feststellungen kann in diesem Zusammenhang von Bedeutung sein, daß der Angeklagte K. die übrigen Angeklagten besonders und namentlich hinzuzog, daß sie sämtlich bei der Durchführung des Unternehmens unter seinem einheitlichen Befehl standen und ihre Rollen zum Teil bewußt unter sich verteilten. Solange eine Mehrheit von Personen in solchen Beziehungen zueinander steht, ist aber für die Annahme kaum Raum, daß es trotzdem auf das Weggehen oder Hinzukommen eines einzelnen nicht ankomme und jeder einzelne auch dieses Bewußtsein habe. Der Sachverhalt bedarf deshalb in diesem Punkte weiterer Aufklärung.

Sollte sich dabei ergeben, daß die Angeklagten noch

keine Menschenmenge in dem erörterten Sinne bildeten, dann wird das Schwurgericht zu prüfen haben, ob nicht dadurch, daß sich während der Durchführung des Unternehmens zahlreiche Dorfbewohner am Hause der Familie B. versammelten, eine aus den Beschwerdeführern und hinzukommenden Dorfbewohnern bestehende Menschenmenge entstand. Das Schwurgericht beschränkt sich in dieser Beziehung auf die Bemerkung, daß sich „eine tatsächliche Beteiligung Dritter nicht habe feststellen lassen". Dabei scheint es davon ausgegangen zu sein, daß die tatsächliche Beteiligung eine Mitwirkung bei den Gewalttätigkeiten voraussetze. Das wäre jedoch rechtlich verfehlt. Es genügt vielmehr der räumliche Anschluß, während Gewalttätigkeiten begangen werden. Ob diejenigen Dorfbewohner, die sich während der Durchführung des Unternehmens am Hause der Familie B. ansammelten, in solche räumliche Beziehung zu den Angeklagten traten, erörtert das Urteil nicht, wird aber nach den sonstigen Feststellungen auch nicht ausgeschlossen. Sie lassen vielmehr die Möglichkeit offen, daß die Angeklagten zusammen mit nach und nach eingetroffenen Dorfbewohnern eine öffentlich zusammengerottete Menschenmenge bildeten, auch wenn die dabei verübten Gewalttätigkeiten allein von den Angeklagten oder einigen von ihnen begangen wurden. Der Sachverhalt bedarf also gegebenenfalls auch nach dieser Richtung noch näherer Aufklärung. Der Tatbestand des Landfriedensbruchs geht zwar ersichtlich davon aus, daß sich zunächst eine Menschenmenge öffentlich zusammenrottet, die dann mit vereinten Kräften gegen Personen oder Sachen Gewalttätigkeiten verübt. Diese dem üblichen Bilde des Landfriedensbruchs entsprechende Entwicklung ist aber nicht notwendig; § 125 StGB. findet auch Anwendung, wenn zunächst eine in sich geschlossene Personenmehrheit mit Gewalttätigkeiten beginnt, infolge dieses Vorgehens sich eine Menschenmenge ansammelt und diese die Gewalttätigkeiten fortsetzt. Der innere Tatbestand erfordert auch hier, daß jeder Täter das Bewußtsein hat, sich in einer zusammengerotteten Menschenmenge zu befinden, verbunden mit dem Willen, in dieser Menge und als Teil von ihr zu verbleiben. Auch diejenigen, die — wie im vorliegenden Falle möglicherweise die Angeklagten — zunächst in dem Bewußtsein handelten, ein geschlossener Personenkreis zu sein, müssen das Bewußtsein der Zugehörigkeit zu einer öffentlich zusammengerotteten Menschenmenge erlangen, wenn sie nach § 125 StGB. bestraft werden sollen. Es ist Tatfrage und daher allein vom Tatrichter zu entscheiden, ob eine solche Feststellung schon möglich ist, weil sich tatsächlich noch andere am Tatort eingefunden haben, oder ob erst ein bestimmtes Verhalten der anderen einen solchen Schluß gestattet. Im vorliegenden Falle ist es zum Beispiel durchaus möglich, daß die übrigen am Tatort versammelten Dorfbewohner oder einige von ihnen mindestens bei der Abführung der Festgenommenen durch die Angeklagten ein Verhalten an den Tag legten, das auch den Angeklagten, selbst wenn sie sich zunächst als geschlossenen Personenkreis angesehen haben sollten, das Bewußtsein verschaffen mußte, Teil einer Menschenmenge zu sein . . .

Führt die neue Hauptverhandlung zu dem Ergebnis, daß sich die Angeklagten in der Tat des Landfriedensbruchs schuldig gemacht haben, wird das Schwurgericht bei sämtlichen Angeklagten auch zu prüfen haben, ob die Voraussetzungen des § 125 Abs. 2 StGB. vorliegen. Der Angeklagte K. hat nicht nur eine Schaufensterscheibe eingeschlagen und dadurch Gewalttätigkeiten gegen Sachen begangen, sondern kommt, wie das Schwurgericht schon bisher angenommen hat, auch als Rädelsführer in Betracht. Für den Fall, daß sich die Menschenmenge erst im Verlaufe des Unternehmens zusammengerottet hat, ist unter dem Gesichtspunkt des § 125 Abs. 2 allerdings nur dasjenige Verhalten zu berücksichtigen, das in die Zeit fällt, in der sich K. und die Mitangeklagten als Teil der Menschenmenge ansahen. Die übrigen Angeklagten außer K. scheiden nach den bisherigen Feststellungen zwar als Rädelsführer aus. Aber auch bei ihnen kommt in Betracht, daß sie Gewalttätigkeiten gegen Personen oder Sachen begangen haben. Die Revision der Staatsanwaltschaft bemängelt mit Recht, daß das Schwurgericht diese Prüfung bisher unterlassen hat. (Wird näher ausgeführt.)

48. Der Amnestie-Befehl Nr. 43 der SMA. in Deutschland vom 18. März 1948 gilt nur für die Behörden der östlichen Besatzungszone und steht deshalb der Aburteilung eines Angeklagten wegen einer in dieser Zone begangenen Straftat durch ein nach den Vorschriften der Strafprozeßordnung zuständiges anderes deutsches Gericht nicht entgegen.

StPO. § 12.

Strafsenat. Urt. v. 7. November 1949 g. S. StS 240/49.

I. Landgericht Bonn.
II. Oberlandesgericht Köln.

Aus den Gründen:

Der Angeklagte ist wegen eines in Brandenburg a. H. begangenen Einbruchdiebstahls zu sechs Monaten Gefängnis verurteilt. Mit der Revision macht er geltend, daß seine Tat unter die durch Befehl Nr. 43 der Sowjetischen Militäradministration in Deutschland vom 18. März 1948 angeordnete Amnestie falle. Das an sich zur Entscheidung berufene Oberlandesgericht Köln möchte dies verneinen. Dem ist beizutreten.

Das Strafgesetzbuch findet auf alle in Deutschland von Deutschen begangenen strafbaren Handlungen Anwendung. Dies folgt aus § 3 StGB. alter und neuer Fassung, so daß es dahingestellt bleiben kann, ob die durch die Verordnung über den Geltungsbereich des Strafrechts vom 6. Mai 1940 eingeführte Neufassung gilt.

Überall dort, wo nach den Vorschriften der Strafprozeßordnung ein Gerichtsstand begründet ist, darf der staatliche Strafanspruch geltend gemacht werden, mit der Maßgabe, daß das Gericht, welches die Untersuchung zuerst eröffnet hat, die ausschließliche Zuständigkeit erlangt und dadurch die Zuständigkeit anderer Gerichte beseitigt (§ 12 StPO.). Da der Angeklagte seinen Wohnsitz in Bonn hat, ist gemäß § 8 StPO. das Landgericht in Bonn zur Aburteilung auch der in Brandenburg a. H. verübten Straftat zuständig.

Der Befehl Nr. 43 der SMA., nach dem noch nicht abgeschlossene Verfahren einzustellen sind, wenn eine Freiheitsstrafe von nicht mehr als einem Jahr erforderlich erscheint, steht dem hiesigen Verfahren nicht entgegen. Die Niederschlagung gerichtlicher Untersuchungen ist Ausfluß der staatlichen Herrschaftsgewalt. Sie kann deshalb nur innerhalb d e s Gebietes Wirksamkeit haben, auf das sich die Staatsgewalt erstreckt und nur d i e Behörden binden, die der Hoheit des die Niederschlagung anordnenden Staates unterworfen sind (RGSt. Bd. 28 S. 421). Eine landesrechtliche Niederschlagung — um eine solche handelt es sich bei dem erwähnten Befehl, der nur für die östliche Besatzungszone gilt — bezieht sich deshalb nur auf die vor den Gerichten des betreffenden Landes anzustrengenden oder anhängigen Verfahren. Sofern außerhalb dieses Landes ein z u s t ä n d i g e s Gericht vorhanden ist, kann dort Klage erhoben werden (R. von Hippel, Deutsches Strafrecht Bd. II S. 574 Anm. 1; Hatscheck, Deutsches und Preußisches Staatsrecht, 2. Aufl. S. 655; Löwe-Rosenberg, StPO. 19. Aufl. Vorbem. 11 D c vor § 12 GVG.). Demnach ist der sowjetische Befehl Nr. 43 auf das hiesige Verfahren ohne Einfluß.

Wie zu entscheiden wäre, wenn die in dem Befehl vorgesehene Kommission ein Verfahren gegen den Angeklagten eingestellt oder wenn das Amtsgericht in Brandenburg ein Verfahren gegen ihn früher als das Landgericht in Bonn eröffnet hätte, braucht nicht geprüft zu werden. Denn eine solche Entscheidung dieser Kommission ist nicht ergangen und das Amtsgericht in Brandenburg hat keine Untersuchung eröffnet. Es hat nur einen Haftbefehl erlassen. Unter der Eröffnung der Untersuchung im Sinne des § 12 StPO. ist jedoch nur die Eröffnung der Voruntersuchung oder die Anordnung der Hauptverhandlung zu verstehen (Löwe-Rosenberg, Anm. 3 zu § 12 StPO.; R. von Hippel, Strafprozeß S. 219 Anm. 6; RGSt. Bd. 45 S. 174).

---

49. Bedingter Vorsatz erfordert die innere Billigung des Erfolges; ein bloßes Inkaufnehmen genügt nicht.

StGB. §§ 211, 212.

Strafsenat. Urt. v. 25. Oktober 1949 g. St. StS 236/49.

I. Schwurgericht Arnsberg.

Die Revision des wegen Totschlags (§ 212 StGB.) an seiner Ehefrau verurteilten Angeklagten führte zur Zurückverweisung.

Aus den Gründen:

Die angeführten Urteilsfeststellungen legen die Möglichkeit nahe, daß das Schwurgericht den Begriff des Vorsatzes verkannt hat. Daß es die von ihm angenommene Schuldform in der weiteren Darlegung als indirekten Vorsatz bezeichnet, mag zwar nur ein unscharfes Zurückgreifen auf die gemeinrechtliche Ausdrucksweise sein (v. Hippel Strafrecht II S. 300 ff.). Denn der heutige Sprachgebrauch sieht als Inhalt des indirekten (mittelbaren) Vorsatzes das an, was der Täter als notwendige Folge oder unvermeidliche Nebenwirkung in seine Absicht mit aufnimmt (Mezger Allg. Teil 1948 S. 133), und nicht das, was er nur als mögliche Wirkung mit in Kauf nimmt. Das Schwurgericht geht auch zutreffend davon aus, daß (entgegen der Ansicht der Verteidigung) eine lebenbedrohende Absicht, ein Trachten nach dem Leben für den inneren Tatbestand des Totschlags nicht erfordert wird, daß vielmehr auch hier bedingter Vorsatz genügt. Bedenklich aber ist es, daß das Schwurgericht das bedingte (eventuelle) Wollen des Todes und die Billigung dieses Erfolges aus dem Inkaufnehmen der möglichen Wirkung folgert. Das Reichsgericht hat wiederholt darauf hingewiesen, daß ein bloßes Inkaufnehmen die Annahme vorsätzlichen Handelns nicht rechtfertigen kann, dazu vielmehr weitergehend erforderlich ist, daß der Täter den Erfolg innerlich gebilligt und damit für den Fall, daß er eintrete, gewollt habe (RGSt. Bd. 33 S. 5; Bd. 72 S. 43; Bd. 76 S. 116). Das eventuelle, bedingte Wollen, die Billigung des Erfolges wird damit zutreffend als eine erforderliche besondere Kennzeichnung des Inkaufnehmens und nicht etwa als notwendiger Bestandteil dieses Begriffs gewertet. Ein Inkaufnehmen ist auch unter der Voraussetzung denkbar, daß der Täter mit der von ihm als möglich erkannten Folge seiner Handlung nicht einverstanden gewesen ist und sie innerlich nicht gebilligt, sondern abgelehnt hat. Er hätte dann mit bewußter Fahrlässigkeit, nicht aber mit bedingtem Vorsatz gehandelt. Infolgedessen hat das Schwurgericht sich augenscheinlich zu Ungunsten des Angeklagten über den Rechtsbegriff des Inkaufnehmens beim eventuellen Vorsatz und damit über den Begriff des Vorsatzes selbst geirrt, wenn es, wie die Verwendung der Kausalkonjunktion „also" nahelegt, angenommen hat, daß sich aus dem Inkaufnehmen eines möglichen Erfolges seine Billigung ohne weiteres ergebe und es aus diesem Grunde zum möglichen Nachteil des Angeklagten unterlassen hat, das Vorliegen einer inneren Billigung, eines bedingten Wollens selbständig zu untersuchen . . .

---

50. 1. § 292 StGB. (Jagdwilderei) ist in der durch Gesetz vom 28. Juni 1935 eingeführten Fassung gültiges Recht; die Sperrvorschrift AAR. Nr. 1 Ziffer 8 b ist aber zu beachten.

2. Die Ziffern 8 a und b der AAR. Nr. 1 gestatten nicht, die gesetzliche Mindeststrafe zu unterschreiten.

StGB. § 292; AAR. Nr. 1 Ziff. 8 a, b.

Strafsenat. Urt. v. 8. November 1949 g. H. u. a. StS 99/49.

I. Landgericht Lüneburg.
II. Oberlandesgericht Celle.

Aus den Gründen:

Die Strafkammer hat die drei Angeklagten wegen schwerer Jagdwilderei (§ 292 Abs. 2 StGB.) zu Strafen zwischen einem und drei Monaten Gefängnis verurteilt. Dabei ist das Gericht gemäß der AAR. Nr. 1 Ziffer 8 b und § 293 a.F. StGB. davon ausgegangen, daß auf eine höhere Strafe als 6 Monate Gefängnis nicht erkannt werden könne und hält grundsätzlich die Mindeststrafandrohung von Gefängnis nicht unter 3 Monaten gemäß § 292 Abs. 2 n. F. StGB. für maßgebend. Der dadurch entstehende Strafrahmen von 3 bis 6 Monaten Gefängnis erscheint der Strafkammer aber als zu eng. Das Verbot unangemessen hoher Strafen (AAR. Nr. 1 Ziffer 8 a) erlaube und gebiete es, unter die Mindeststrafe von 3 Monaten herunterzugehen und dann auch § 27 b StGB. anzuwenden, wenn eine unter 3 Monaten liegende Gefängnisstrafe angemessen erscheine.

Gegen diese Rechtsansicht wendet sich die auf den Strafausspruch wegen schwerer Jagdwilderei beschränkte Revision der Staatsanwaltschaft. Das Oberlandesgericht hat die Revision vorgelegt wegen der grundsätzlichen Frage, ob die Unterschreitung der gesetzlichen Mindeststrafe rechtlich zulässig sei. Diese Frage ist zu verneinen.

Das Strafgesetzbuch alter Fassung bedrohte einfache Jagdwilderei (§ 292) mit Geldstrafe oder Gefängnis bis zu 3 Monaten, schwere Jagdwilderei (§ 293) mit Geldstrafe oder Gefängnis bis zu 6 Monaten, gewerbsmäßige Jagdwilderei mit Gefängnis nicht unter 3 Monaten. Der Entwurf 1927 § 361 Abs. 1 faßte einfache und schwere Jagdwilderei zu einem Tatbestand zusammen und drohte dafür schlechthin Gefängnis an; nach § 361 Abs. 2 sollte es bezüglich der gewerbsmäßigen Begehung bei Gefängnis nicht unter 3 Monaten verbleiben. Zu berücksichtigen ist aber, daß nach § 63 letzter Satz dieses Entwurfs bei Vergehen allgemein an Stelle einer verwirkten Freiheitsstrafe von höchstens 3 Monaten auf Geldstrafe sollte erkannt werden können, wenn durch eine solche der Strafzweck erreicht würde.

Durch Gesetz vom 28. 6. 1935 (RGBl. I S. 843) sind die bisherigen Bestimmungen über Jagdwilderei umgestaltet worden, sowohl im Sinne einer Ausweitung der drei Tatbestände, als auch durch allgemeine Erschwerung der Strafdrohungen. Als nationalsozialistisch kann diese Umgestaltung nicht angesehen werden. Die Bestrafung der einfachen Jagdwilderei hält sich im Rahmen des Entwurfs 1927. Für die schwere Jagdwilderei ist die Mindeststrafe eingeführt, die immer schon für die gewerbsmäßige Begehung galt. Bei gewerbs- oder gewohnheitsmäßiger Jagdwilderei ist in besonders schweren Fällen Zuchthaus bis zu 5 Jahren angedroht; aber schon früher war Gefängnis bis zu 5 Jahren mit Ehrverlust und Polizeiaufsicht zulässig; auch sah bereits der Entwurf 1927 im § 365 Zuchthaus gegen Wilderer vor, die Gewalt anwandten oder androhten. Die Aufteilung in einfache, schwere und gewerbsmäßige Jagdwilderei gemäß den alten §§ 292, 293 und 294 ist in den Absätzen 1, 2 und 3 des neuen § 292 erhalten geblieben. Es handelt sich mithin um drei vergleichbare Tatbestände, auf die hinsichtlich der in nationalsozialistischer Zeit verschärften Höchststrafen die AAR. Nr. 1 Ziffer 8 b anzuwenden ist.

Diese Bestimmung läßt an sich die Strafrahmen der deutschen Strafgesetze unberührt; sie untersagt nur dem Richter für den Regelfall die Zumessung einer Strafe, welche die für den vergleichbaren Straftatbestand am 30. Januar 1933 zulässige Höchststrafe überschreiten würde (OGHSt. Bd. 1 S. 126). Unberührt bleiben dabei die in den geltenden Gesetzen enthaltenen Mindeststrafen, mögen diese auch nach dem 30. 1. 1933 erhöht worden sein. Das kann eine beträchtliche Verengung des in der Regel anzuwendenden Strafrahmens bedeuten.

Es ist der Strafkammer zuzugeben, daß es zu den sonstigen Strafdrohungen des deutschen Strafrechts schlecht paßt, alle Fälle der schweren Jagdwilderei regelmäßig mit einer Strafe zwischen 3 und 6 Monaten zu bestrafen. Aber in einem Strafrecht, das sogar vereinzelt absolute Strafdrohungen kennt, die dem richterlichen Ermessen überhaupt keinen Spielraum lassen, ist dadurch die Gerechtigkeit keineswegs ernstlich berührt, wenn auch eine Abstufung der Strafen in der sonst gewohnten Ermessensweite den Forderungen der Gerechtigkeit und der Kriminalpolitik besser entsprechen würde. Die AAR. Nr. 1 ist eine gesetzgeberische Notmaßnahme der Besatzungsmächte für eine Übergangszeit; sie sollte die Anwendung des deutschen Strafrechts durch deutsche Gerichte ermöglichen und begrenzen bis zu dem Zeitpunkte, da der ordentliche Gesetzgeber die Strafrahmen nachprüfen und notfalls ändern könnte. Um einer derartigen Notmaßnahme willen aber kann und muß die ungewohnte Einengung des Strafrahmens in Kauf genommen werden. Der Richter hat durchaus die Möglichkeit, die Strafen so zuzumessen, daß durch die Verengung kein Angeklagter benachteiligt ist.

Es geht nicht an, die gesetzliche Mindeststrafe in einem solchen Falle mit Hilfe der AAR. Nr. 1 Ziffer 8 a für die verhältnismäßig leichteren Straftaten auszuschalten. Diese Bestimmung will der teilweise brutalen Strafpraxis des Nationalsozialismus durch Mißbrauch des richterlichen Ermessens ein Ende bereiten. Grausam oder übermäßig hoch kann eine Strafe im Sinne dieser Bestimmung dann sein, wenn der Richter innerhalb des gesetzlichen Strafrahmens sich nach oben vergriffen hat. Eine Anweisung, unter eine bestehende gesetzliche Mindeststrafe herunterzugehen, kann der Bestimmung nicht entnommen werden. Das gleiche gilt von Ziffer 8 b, solange die heute geltende Strafgrenze die vor dem 30. 1. 1933 zulässige Höchststrafe nicht übersteigt.

---

51. 1. Betrug begeht auch, wer sich auf dem Schwarzen Markt eine Ware gegen Zusicherung der Zahlung eines Schwarzmarktpreises verschafft, aber von vornherein entschlossen ist, nur einen geringeren Preis zu zahlen, wenn dieser auch den gesetzlich zulässigen erreicht oder übersteigt.

2. § 22 KWVO. blieb auch nach der Kapitulation geltendes Recht, trat aber mit der Währungsreform und der damit zusammenhängenden Neugestaltung des Preisrechts außer Kraft.

3. § 2 a StGB. ist geltendes Recht. Die Anwendung des § 2 a Abs. 2 StGB. wird nicht durch die Ziffer 8 b AAR. Nr. 1 eingeschränkt, wenn es sich um die Anwendung einer gesetzlichen Bestimmung handelt, für die es an einem vergleichbaren Tatbestand für die Zeit vor dem 30. 1. 1933 fehlt.

4. Zum Begriff des Zeitgesetzes im Sinne des § 2 a Abs. 3 StGB.

StGB. §§ 2 a Abs. 2 und 3, 263; KWVO. § 22; AAR. Nr. 1 Ziff. 8 b.

Strafsenat Urt. v. 8. November 1949 g. H. u. a. StS 168/49.

I. Landgericht Köln.
II. Oberlandesgericht Köln.

Aus den Gründen:

Die Verurteilung der Angeklagten Frau H. wegen Betruges (§ 263 StGB.) läßt keinen Rechtsirrtum erkennen. Die Strafkammer legt dar, Frau H. habe Ende 1947/Anfang 1948 im Zeitraum einiger Wochen vom Mitangeklagten W. nach und nach mindestens 50 000, höchstens 100 000 englische und amerikanische Zigaretten erhalten und ihm versprochen, für die englischen 4 RM, für die amerikanischen 5 RM je Zigarette an ihn zu zahlen. Sie habe die Zigaretten jedoch nur zum Preise von 2,90 RM und 3,50 RM weiterveräußern können und deshalb spätestens nach der ersten Teillieferung erkannt, daß sie den vereinbarten Preis an W. nicht werde zahlen können. Trotzdem habe sie bei Entgegennahme der weiteren Teillieferungen W. zu verstehen gegeben, daß sie den vereinbarten Preis zahlen werde und ihn dadurch zu diesen Teillieferungen veranlaßt. Im Ergebnis habe sie an W. auch nur einen Betrag abgeliefert, der zwar den angemessenen und zulässigen Preis der Zigaretten, den das Gericht auf höchstens 1 RM je Stück schätzt, übersteige, den vereinbarten Preis jedoch bei weitem nicht erreiche.

In diesem Sachverhalt hat die Strafkammer zutreffend alle Merkmale des Betruges gefunden. Die Täuschungshandlung der Beschwerdeführerin bestand darin, daß sie dem W. gegenüber ausdrücklich oder durch schlüssiges Handeln zu verstehen gab, sie wolle die Ware nicht ohne Zahlung des vereinbarten Schwarzmarktpreises behalten, obwohl sie spätestens nach der ersten Teillieferung entschlossen war, nur einen niedrigen Preis zu zahlen und wußte, daß sie zur Zahlung des vereinbarten Preises auch gar nicht in der Lage sein würde. Darin liegt ein täuschendes Handeln, kein Unterlassen. Damit erledigt sich der Einwand der Revision, für die Beschwerdeführerin habe keine Verpflichtung zur Offenbarung ihrer Geschäftsverluste und ihrer wahren Absichten bestanden, weil sich eine solche Verpflichtung nur aus einem wirksamen und gültigen Vertrage ergeben könne, ein solcher aber nicht vorliege. Denn sie hat in W. durch Worte und Handlungen die Vorstellung erweckt, daß sie den vereinbarten Preis zahlen könne und wolle, obwohl sie spätestens von der zweiten Teillieferung an nicht gesonnen war, dieses Versprechen zu halten. Sie hat ihn also über ihren Willen zur Zahlung des vereinbarten Preises getäuscht. Das Verbot solchen Verhaltens ergab sich nicht aus einem — in Wahrheit nichtigen — Vertrag, sondern aus § 263 StGB. Deshalb ist es in diesem Zusammenhange auch gleichgültig, wie die Vereinbarungen der Beschwerdeführerin mit W., ihre Wirksamkeit unterstellt, rechtlich beurteilt werden müßten. Entgegen der Ansicht der Revision ist es mithin ohne Bedeutung, ob man in ihnen einen Kaufvertrag oder einen Kommissionsvertrag sehen müßte, und es ist darum kein Mangel des Urteils, daß dazu keine Feststellungen getroffen wurden . . .

Die Vermögensverfügung W.s lag in der Hingabe der Zigaretten. Zu Unrecht macht die Revision geltend, W. sei in seinem Vermögen nicht geschädigt, weil er von der Beschwerdeführerin zwar nicht den vereinbarten Preis, aber immerhin noch mehr als den nach damals geltendem Preisrecht zulässigen und angemessenen Preis erhalten habe. Der Vermögensschaden liegt darin, daß das Versprechen der Angeklagten H. auf Zahlung des vereinbarten Kaufpreises, das die in der Hingabe der Zigaretten liegende Vermögensminderung ausgleichen sollte, wegen ihrer mangelnden Zahlungsfähigkeit und ihres mangelnden Zahlungswillens in seinem wirtschaftlichen Wert stark verringert war. Dieser Vermögensschaden wird nicht dadurch beseitigt, daß die H. entschlossen und in der Lage war, den nach den geltenden Preisvorschriften zulässigen Preis und sogar noch mehr zu zahlen und diesen Preis auch entrichtete. Denn in Zeiten allgemeiner Warenverknappung ist der wirtschaftliche Wert der Sachgüter dem den Preisvorschriften entsprechenden Geldwert und der begründeten Aussicht auf Zahlung dieses Betrages nicht gleichzusetzen. Da der Schaden also wiederum durch die Vorspiegelung der Beschwerdeführerin und den Irrtum des Getäuschten veranlaßt ist, sind die äußeren Merkmale des Betrugstatbestandes sämtlich verwirklicht. Zum inneren Tatbestande legt das angefochtene Urteil dar, daß die H., ohne einen Rechtsanspruch darauf zu haben, die Herrschaft über die Ware erhalten wollte und erblickt zutreffend darin die zum Betruge erforderliche Absicht, sich einen rechtswidrigen Vermögensvorteil zu verschaffen.

Daß der Begriff des Vermögens beim Betrug wirtschaftlicher Art ist, wird seit der Entscheidung der Vereinigten Strafsenate vom 14. Dezember 1910 (RGSt. Bd. 44 S. 230) in der Rechtsprechung allgemein anerkannt. Auch in der Zeit nach dem Kriege hat die Rechtsprechung die listige Sachverschaffung auf dem schwarzen Markt überwiegend nach diesen Grundsätzen beurteilt (OLG. Oldenburg Nds.

Rpfl. 1947 S. 42; OLG. Düsseldorf MDR. 1947 S. 268; KG. HESt. Bd. 2 S. 44). Der Senat sieht keine Veranlassung, von ihnen abzugehen (vgl. OGHSt. Bd. 2 S. 193). Ihnen kann vor allem nicht der gelegentlich im Schrifttum erhobene Einwand entgegengehalten werden (vgl. Fischer, Der Betrug auf dem schwarzen Markt S. 16), daß der Staat damit verbotene Geschäfte unter seinen Strafrechtsschutz nehme, das Unrecht anerkenne und insoweit seine eigene Rechtsordnung aufhebe. Der Kern dieses Einwands besteht darin, daß zum Wesen des Betruges neben dem Angriff auf fremdes Vermögen die Täuschung fremden Vertrauens unter Verletzung der Forderungen des redlichen Geschäftsverkehrs gehöre. Von diesen Gedanken ausgehend wird behauptet, daß es den Zielen der Rechtsordnung widerspreche, das Vertrauen auf eine unsittliche oder verbotene Handlung zu schützen. Diese Ansicht erklärt also den tatbestandsmäßigen Betrug auf dem schwarzen Markt nicht für strafbar, weil die vorliegende Vertrauensschädigung schutzunwürdig sei. Es wäre jedoch fehlerhaft, die Strafbarkeit einer sonst tatbestandsmäßigen Handlung noch weiter davon abhängig zu machen, ob das im Einzelfall angegriffene Opfer nach seinem Eigenverhalten schutzwürdig ist. Der Betrug wird gestraft, weil der Betrüger fremdes Vermögen aus eigennützigen Beweggründen angreift und als Mittel die Lüge einsetzt. Dieser die Strafwürdigkeit begründende Unwert der Tat liegt auch dann vor, wenn der Betrogene selbst sittlich Unrechtes oder gar Strafbares beabsichtigt. Die Verurteilung der H. wegen Betruges läßt nach alledem keinen Rechtsfehler erkennen.

Nach der Rechtslage zur Tatzeit ist auch die Verurteilung wegen Vergehens gegen § 1 Abs. 2 PrStRVO. in Verbindung mit § 22 KWVO. nicht zu beanstanden . . . Für amerikanische und englische Zigaretten gab es zur Tatzeit keinen amtlich festgesetzten Verkaufspreis oder Höchstpreis. Erst durch die Anordnung PR Nr. 42/48 über Preise für Tabakwaren aus amerikanischen Heeresbeständen vom 26. 4. 1948 wurden zum erstenmal Verbraucherhöchstpreise festgesetzt. Trotzdem waren, wie die Strafkammer zutreffend angenommen hat, auch englische und amerikanische Zigaretten im Zeitpunkt der Tat im Preis nicht frei. Die Preisbildung unterlag vielmehr dem Grundsatz des § 22 KWVO., und, soweit Preise gefordert, gewährt oder erzielt wurden, die dem nicht entsprachen, lag eine Zuwiderhandlung gegen § 1 Abs. 2 PrStRVO. vor, weil auch § 22 KWVO. als eine Vorschrift über die Preisbildung im Sinne dieser Bestimmung anzusehen ist.

Unzutreffend ist die Ansicht der Revision, § 22 KWVO. sei mit dem Zusammenbruch Deutschlands gegenstandslos geworden und habe seine Geltung verloren. Die Vorschrift, nach der Preise und Entgelte für Güter und Leistungen jeder Art nach den Grundsätzen der kriegsverpflichteten Volkswirtschaft gebildet werden müssen, ist zwar ihrem Wortlaut wie ihrem erkennbaren Zweck nach aufs engste mit der Kriegswirtschaft verknüpft. Trotzdem ist daraus nicht zu folgern, daß § 22 KWVO. mit der Kapitulation Deutschlands aufgehört habe, geltendes Recht zu sein. Denn trotz des Zusammenbruchs blieben zahlreiche Zustände und Verhältnisse bestehen, für deren Beurteilung die KWVO. allein auch weiterhin den rechtlichen Maßstab lieferte. Die wirtschaftliche Notlage wurde im Gegenteil noch drückender und die Notwendigkeit, für eine gerechte Verteilung der geringen vorhandenen Bestände zu sorgen, noch dringender. Der Grund für das Eingreifen des Gesetzgebers war also trotz der Kapitulation geblieben, nur war an die Stelle der Förderung der Kriegführung der Schutz der notleidenden Nachkriegswirtschaft getreten, deren Schwierigkeiten und Nöte gerade eine Folge des Krieges waren. Mit der behördlichen Regelung der Erzeugung und Verteilung lebenswichtiger Güter, die hiernach bestehen bleiben mußte, muß auch die Weitergeltung derjenigen Strafvorschriften bejaht werden, die dem Schutze dieser Ordnung dienten. Mit dem Unterschiede, daß Auslegung und Anwendung der KWVO. nicht mehr der Kriegführung, sondern dem Schutze der notleidenden Nachkriegswirtschaft zu dienen hatten, haben deshalb Rechtsprechung und Schrifttum mit Recht die Weitergeltung der §§ 1, 1a und 1b KWVO. bejaht.

Die für die Weitergeltung der §§ 1 ff. KWVO. geltenden Gründe treffen auch auf § 22 KWVO. zu. Sollten die lebenswichtigen Belange der Allgemeinheit bei der Erzeugung und Verteilung mit Erfolg geschützt werden, so durfte bei dem engen Zusammenhange zwischen Waren und Preisen die behördliche Regelung nicht nur die Warenseite betreffen; sie mußte auch die Preise ergreifen. Aus § 22 KWVO. ergab sich mithin auch für die Zeit nach der Kapitulation für jeden Angehörigen der deutschen Volkswirtschaft die Verpflichtung, bei der Preisbildung in eigener Verantwortung für die Wahrung der Belange der Allgemeinheit Sorge zu tragen. Die „kriegsverpflichtete Volkswirtschaft" bildete zwar keinen Maßstab mehr, nach dem sich der einzelne bei der Preisbildung hätte richten können. Die Preise waren vielmehr, wie die Strafkammer richtig erkannt hat, nach den Grundsätzen der notleidenden Nachkriegswirtschaft zu bilden. Darin liegt keine unzulässige Analogie, wie die Revision geltend macht, sondern nur die zulässige und gebotene Angleichung der Auslegung an veränderte Verhältnisse. So hat der Senat bei der Auslegung des Begriffs der Böswilligkeit in § 1 KWVO. anerkannt, daß auch dieser Begriff nicht für alle Zeit und alle Fälle festzulegen ist, sondern daß eine Änderung der allgemeinen Zustände und Verhältnisse zu einem Wandel der Maßstäbe führen kann, die für die Beantwortung der Frage nach der Böswilligkeit eines Verhaltens entscheidend sind (OGHSt. Bd. 2 S. 50, 53). Wie bei der Auslegung des Begriffs der Böswilligkeit an Stelle der Erfordernisse der Kriegführung die wirtschaftlichen Belange der Allgemeinheit in der Nachkriegswirtschaft getreten sind, so müssen auch bei der Auslegung und Anwendung des § 22 KWVO. die Grundsätze der kriegsverpflichteten Volkswirtschaft durch die Berücksichtigung der Interessen der notleidenden Nachkriegswirtschaft ersetzt werden. (Weiter wird ausgeführt, daß diese Preisgrundsätze auch für ausländische Zigaretten gegolten haben.)

Wenn die Strafkammer danach auch zutreffend angenommen hat, daß sich die Beschwerdeführer sämtlich des Preisvergehens schuldig gemacht haben, so ist doch ihre deswegen ausgesprochene Bestrafung nicht frei von Rechtsirrtum. Denn mit der Geldumstellung verlor der § 22 KWVO. seine Geltung. Es fehlte damit von diesem Zeitpunkt an für englische und amerikanische Zigaretten im Inlandshandel an einer Preisbindung und damit an einer die Blankettvorschrift des § 1 Abs. 2 PrStRVO. ausfüllenden Norm. Diese bereits vor der tatgerichtlichen Hauptverhandlung eingetretene Änderung der Rechtslage ist vom Landgericht nicht beachtet worden. Es hat deshalb auch nicht geprüft, ob nach § 2a StGB. die Änderung der Rechtslage auf die Bestrafung der Beschwerdeführer von Einfluß ist.

Daß § 22 KWVO. vom Zeitpunkt der Geldumstellung an nicht mehr als geltendes Recht anzusehen ist, ergibt sich aus folgendem: Die durch die Umstellung herbeigeführte Änderung der wirtschaftlichen Verhältnisse war mit einem grundsätzlichen Wandel der Wirtschafts- und Preispolitik verbunden. Eine gesetzliche Preisregelung wurde nur noch für einige wenige, besonders wichtige Ausnahmefälle für geboten erachtet. Diese Auffassung fand schon im Gesetz über Leitsätze für die Bewirtschaftungs- und Preispolitik nach der Geldreform vom 24. Juni 1948 (GVBl. 1948 S. 59) ihren gesetzlichen Ausdruck. Zur Begründung dieses Gesetzes wird ausgeführt, daß nach der Geldreform das aus der Vergangenheit stammende, kaum noch wirksame Zwangssystem der staatlichen Warenverteilung und Preisfestsetzung gelockert, der freien Wirtschaft damit also ein größerer Spielraum gegeben werden könne. In den Leitsätzen wird schließlich unter II Ziffer 1 erklärt: „Der Freigabe der Preise ist vor der behördlichen Festsetzung der Vorzug zu geben", und unter Ziffer 5 ausgesprochen: „Alle Preise — auch die freigegebenen — sind behördlich zu überwachen. Wer Höchstpreise überschreitet oder wirtschaftliche Überlegenheit oder ein im Verhältnis zur Nachfrage geringes Angebot mißbraucht, oder wer Waren zurückhält in der Absicht, die Preise zu steigern, ist streng zu bestrafen. Insoweit gesetzliche Grundlagen hierfür nicht vorhanden sind, sind dem Wirtschaftsrat unverzüglich die erforderlichen Gesetze vorzulegen."

Die Anordnung Nr. 71/48 über Preisbildung und Preisüberwachung nach der Währungsreform vom 25. Juni 1948 (GVBl. des WiRats Nr. 12 vom 7. Juli 1948 S. 61) — Preisfreigabe-Anordnung — gab sodann für weite Gebiete der Wirtschaft die Preisstoppverordnung und die darauf aufbauende Preisgesetzgebung auf. Nur für wenige wichtige Grundstoffe wurden als Ausnahme Höchstpreise, für wenige Waren Fest- und Höchstpreise festgesetzt. Im § 4 dieser Anordnung wurde eine Reihe von Preisvorschriften ausdrücklich aufgehoben, in § 7 wurden andere Preisbestimmungen aufgezählt, die in Geltung bleiben sollen. Der § 22 KWVO. ist in diesem Zusammenhang nicht erwähnt, jedoch § 25 KWVO. für weiterhin in Geltung befindlich erklärt.

Daraus ist zu folgern, daß § 22 KWVO. weiterhin nicht mehr gelten soll. Nur so ist zu erklären, weshalb die Preisfreigabe-Anordnung aus allen die Preisbildung betreffenden Vorschriften der KWVO. nur den § 25 herausgreift und ausdrücklich anordnet, daß er weitergelten solle. Das ist nur sinnvoll, wenn der Gesetzgeber von der Auffassung ausgegangen ist, daß die übrigen Preisvorschriften der KWVO. nicht mehr gelten. Dafür sprechen entscheidend innere Gründe. In die mit der Geldumstellung eingeleitete veränderte Wirtschafts- und Preispolitik paßt § 22 KWVO. nicht mehr hinein. Mit der Auflockerung des Zwangssystems der staatlichen Warenverteilung und Preisfestsetzung, wie sie in den erwähnten Bestimmungen schon ihren gesetzlichen Niederschlag gefunden hat, wäre die Weitergeltung des § 22 KWVO. nicht verträglich. Man käme sonst zu dem widersinnigen Ergebnis, daß sein Anwendungsbereich in dem Augenblick erweitert wäre, in dem sich der Gesetzgeber entschloß, bisherige Preisbindungen weitgehend aufzugeben. Denn da § 22 KWVO. die Richtlinien für die Preisbildung bei Gütern und Leistungen j e d e r A r t enthält, müßte er auch überall dort eingreifen, wo bisher eine jetzt nicht mehr geltende, besondere Preisfestsetzung bestand. Diese Rechtsauffassung wird durch den Umstand bestätigt, daß der Wirtschaftsrat, wie in Abschnitt II Ziffer 5 der Leitsätze vorgesehen war, am 7. Oktober 1948 das Preistreibereigesetz erließ. Es hätte dazu keine Veranlassung bestanden, wenn § 22 KWVO. in Verbindung mit § 1 Abs. 2 PrStRVO. weiterhin den Strafrechtsschutz gegeben hätte. Nach dem vom 25. Juni 1948 an geltenden Rechtszustand war das Verhalten der Beschwerdeführer unter dem Gesichtspunkt des Preisvergehens daher nicht mehr mit Strafe bedroht.

Das Gegenteil ist auch nicht daraus zu entnehmen, daß das Wirtschaftsstrafgesetz vom 26. Juli 1949 in § 102 u. a. den § 22 KWVO. ausdrücklich aufhebt. Denn daß

§ 22 KWVO. für die Zeit nach dem 25. Juni 1948 nicht mehr gilt, ergibt sich nur als Schlußfolgerung aus der damaligen Änderung des Preisrechts. Ob die Rechtsprechung diesen Schluß ziehen würde, konnte dem Gesetzgeber zweifelhaft sein. Es bestand ausreichender Anlaß, jedenfalls für den Zeitpunkt vom Inkrafttreten des WStG. an klare Verhältnisse zu schaffen. Die ausdrückliche Aufhebung des § 22 KWVO. durch § 102 WStG. wird dadurch hinlänglich erklärt. Es fehlt an jedem Anhalt dafür, daß damit auch der gesetzgeberische Wille ausgedrückt werden sollte, daß § 22 KWVO. bis zum 30. September 1949 uneingeschränkt weitergelten sollte, obwohl eine solche Weitergeltung mit den vorangegangenen Änderungen des Preisrechts und den damit verfolgten Zielen nicht zu vereinbaren gewesen wäre . . .

Die Strafkammer hätte mithin prüfen müssen, wie sich der Umstand auswirkt, daß das Verhalten der Beschwerdeführer zur Zeit der Tat, aber nicht mehr zur Zeit der Entscheidung als Preisvergehen mit Strafe bedroht war. Die Rechtsgrundlage bietet § 2a StGB. Der Senat hat schon in dem Urteil OGHSt. Bd. 2 S. 179, 182 dahin entschieden, daß der durch das Gesetz vom 28. Juni 1935 eingeführte § 2a geltendes Recht ist und seine Geltung insbesondere auch nicht dadurch in Frage gestellt werde, daß er etwa Ausdruck nationalsozialistischen Rechtsdenkens sei. Das gilt auch von seinem Absatz 2, der die vorher zwingend vorgeschriebene Anwendung eines späteren milderen Gesetzes in eine Kannvorschrift umwandelte. Seine Anwendung wird allenfalls durch Ziffer 8 b der AAR. Nr. 1 eingeschränkt. Diese Bestimmung könnte im vorliegenden Falle jedoch die Anwendung des § 2a Abs. 2 StGB. nicht einengen. Denn das Preisstrafrecht ist erst nach dem 30. Januar 1933 geschaffen worden. Für die Zeit vorher fehlt es also an einem vergleichbaren Tatbestande überhaupt und damit an einer wesentlichen Voraussetzung der Anwendbarkeit der Ziffer 8 b der AAR. Nr. 1. Nach alledem ist § 2a StGB. im vorliegenden Falle in vollem Umfange und uneingeschränkt anwendbar.

Für die Frage, ob der nach der Begehung der strafbaren Handlung eingetretene, zur Zeit der angefochtenen Entscheidung geltende mildere Rechtszustand — hier die Straflosigkeit — unbeachtlich war oder vom Tatrichter nach pflichtgemäßem Ermessen berücksichtigt werden konnte, kommt es darauf an, ob es sich bei § 22 KWVO. um ein Gesetz handelt, das im Sinne des § 2a Abs. 3 StGB. „nur für eine bestimmte Zeit erlassen" war. Der Grund für die Regelung des § 2a Abs. 3 liegt darin, daß ohne diese Bestimmung die mit ihr gemeinten Gesetze gegen Ende ihrer Geltungsdauer mehr und mehr die erforderliche Achtung verlieren würden. Je näher der Zeitpunkt des Außerkrafttretens käme, um so begründeter müßte die Erwartung werden, daß die Strafe für eine Übertretung des Gesetzes nicht mehr während seiner Geltungsdauer ausgesprochen werden könnte. Dieser gesetzgeberische Grund spricht dafür, die Anwendung des § 2a Abs. 3 StGB. im Einklang mit dem Wortlaut („nur für eine bestimmte Zeit erlassene Gesetze") auf die Fälle zu beschränken, in denen schon während der Geltungsdauer eines Gesetzes erkennbar ist, daß es zu einem bestimmten Zeitpunkt außer Kraft tritt, mag dieser Zeitpunkt von vornherein oder nachträglich nach dem Kalender festgesetzt sein oder sich aus sonstigen Umständen ergeben. Die frühere Rechtsprechung zu § 2 Abs. 2 StGB. a.F., die die zwingende Anwendung des späteren milderen Gesetzes auf den Fall beschränkte, daß die Änderung auf einen Wandel der Rechtsanschauung zurückzuführen war, ist für die Abgrenzung des § 2a Abs. 3 gegenüber Absatz 2 mithin nicht verwendbar, weil der Richter solchen Gedankengängen jetzt im Rahmen der Ermessensentscheidung nach § 2a Abs. 2 StGB. Rechnung tragen kann. Für die Frage, ob das Außerkrafttreten des § 22 KWVO. nach § 2a Abs. 2 oder Abs. 3 zu beurteilen ist, kommt es also, entgegen der gelegentlich vertretenen Auffassung, nicht darauf an, ob diese Änderung des Rechtszustandes mehr auf einen Wandel der Anschauungen oder auf eine Änderung der tatsächlichen Verhältnisse zurückzuführen ist. Entscheidend ist allein, ob es sich bei § 22 KWVO. um ein für einen bestimmten Zeitraum erlassenes Gesetz in dem erörterten Sinne handelt. Das ist zu verneinen. Denn während seiner Geltung war der Zeitpunkt seines Außerkrafttretens nicht kalendermäßig festgesetzt oder sonst erkennbar. Die Strafkammer hätte deshalb nach § 2a Abs. 2 StGB. entscheiden müssen . . .

Dafür kann es von Bedeutung sein, daß bei der Änderung des Preisrechts ein Wandel der Anschauungen und die Änderung der tatsächlichen Verhältnisse offensichtlich ineinandergreifen. Die Änderung des Rechts erfolgte erst, nachdem sich die tatsächlichen Verhältnisse durch die Währungsumstellung gewandelt hatten. Sie bedeutet also nicht ohne weiteres, daß der Gesetzgeber die während des früheren Zustandes begangenen Verfehlungen nicht mehr als strafwürdig ansah. Es erscheint darum mit den Grundsätzen der Gerechtigkeit vereinbar, daß grobe Verstöße gegen die damalige Ordnung auch heute noch als strafwürdig angesehen werden, daß aber Verfehlungen geringerer Art im Lichte der heutigen Anschauung nicht als ernsthafte Gefährdung der damaligen öffentlichen Ordnung betrachtet und darum straflos gelassen werden . . .

---

52. 1. Die Urteilsgründe sollen die zusammenhängende, zeitlich und gedanklich geordnete Darstellung des Sachverhalts zur äußeren und inneren Tatseite enthalten, von dem der Tatrichter bei der rechtlichen Würdigung ausgeht. Mängel im Aufbau führen zur Aufhebung des Urteils aber nur dann, wenn sie dem Revisionsgericht die Nachprüfung der Rechtsanwendung unmöglich machen, vor allem wenn unsicher bleibt, welchen Sachverhalt der Tatrichter seiner Beurteilung zugrunde gelegt hat.

2. Auch ohne daß der Tatbestand der Rechtsbeugung gegeben ist, kann sich ein Richter des Verbrechens gegen die Menschlichkeit schuldig machen.

3. Bei Handeln auf Befehl eines militärischen Vorgesetzten entfällt die strafrechtliche Verantwortlichkeit des Untergebenen auch unter dem Gesichtspunkt des Verbrechens gegen die Menschlichkeit, wenn der verbrecherische Charakter des Befehls nicht offensichtlich ist und deshalb der Untergebene nicht imstande ist, das Unrechtmäßige seiner Handlungsweise einzusehen.

StGB. § 336; MStGB. § 47; KRG. 10 Art. II 1 c, II 4 b.

Strafsenat. Urt. v. 15. November 1949 g. B. u. a. StS 227/49.

I. Schwurgericht Düsseldorf.

Aus den Gründen:

Die Nachprüfung des Urteils ist dadurch erschwert, daß es den Sachverhalt, den das Schwurgericht der rechtlichen Beurteilung zugrunde legt, nicht im Zusammenhang zeitlich und gedanklich geordnet darstellt. Nach der Schilderung des Werdeganges der Angeklagten und der Erörterung des Gegenstandes der Anklage und der Auffassung der Staatsanwaltschaft dazu folgt nicht etwa die Darstellung des vom Gericht für erwiesen gehaltenen Sachverhalts; das angefochtene Urteil gibt vielmehr erst die Einlassung der Angeklagten in abhängiger Rede wieder, ohne daß dabei erkennbar wird, inwieweit das Gericht dieser Einlassung folgt und was es davon für widerlegt oder für nicht widerlegt ansieht. Erst daran schließt sich die Darstellung des Sachverhalts. Dabei setzt das Gericht aber zum Teil die Kenntnis von Tatsachen voraus, die erst später mitgeteilt werden; zum Teil vermischt es diese Darstellung mit der Würdigung des Beweisergebnisses, so daß bisweilen erst nach längeren Darlegungen erkennbar wird, von welchem Sachverhalt das Schwurgericht eigentlich ausgeht. Vielfach wird dabei zunächst auch nur das äußere Verhalten der Angeklagten erörtert, während Feststellungen zum inneren Tatbestand getrennt davon an anderer Stelle des Urteils, zum Teil sogar erst im Zusammenhang mit der rechtlichen Würdigung getroffen werden. Ein lückenloses Bild vom Gang der Ereignisse und dem Verhalten der Angeklagten ergibt sich so erst dadurch, daß ständig verschiedene Teile des Urteils nebeneinander gehalten werden . . . Diese Mängel im Aufbau des Urteils und in der Wiedergabe des Sachverhalts bringen aber keine solche Unklarheit und Unsicherheit in die Grundlagen des Urteils, daß etwa dem Revisionsgericht die ihm obliegende Aufgabe, die Rechtsanwendung auf den vom Tatrichter festgestellten Sachverhalt nachzuprüfen, unmöglich gemacht wäre und das Urteil schon aus diesem Grunde aufgehoben werden müßte. . . .

Der Freispruch des Angeklagten Br. beruht zum Teil auf rechtsirrigen Erwägungen und kann daher keinen Bestand haben. Bei ihm unterscheidet das Schwurgericht zwischen seiner Tätigkeit als Vorsitzender beim Standgericht gegen J., seiner Mitwirkung als Gerichtsherr im Standgerichtsverfahren gegen die vier D.er Bürger und bei der Vollstreckung beider Urteile. Es ist der Auffassung, daß seine Tätigkeit als Spruchrichter auch unter dem Gesichtspunkt des Verbrechens gegen die Menschlichkeit eine strafrechtliche Verantwortung grundsätzlich n u r dann begründen könne, wenn nach deutschem Strafrecht der Tatbestand der Rechtsbeugung (§ 336 StGB.) vorliege. Allenfalls könne sich der Spruchrichter bei seiner richterlichen Tätigkeit, ohne daß der Tatbestand der vorsätzlichen Rechtsbeugung vorliege, eines Verbrechens gegen die Menschlichkeit dann schuldig machen, wenn er durch eigene Schuld sein Gewissen so abgestumpft habe, daß er deshalb das Unmenschliche seiner Handlungsweise nicht mehr zu erkennen vermöge. Der OGH. hat schon im Urteil OGHSt. Bd. 1 S. 217 entschieden, daß diese Ansicht unzutreffend ist. Auch die vom Schwurgericht für seine Rechtsauffassung vorgebrachten Gründe geben dem Senat keine Veranlassung, von seiner Rechtsauffassung abzugehen. Die meisten von ihnen sind schon in der angeführten Entscheidung behandelt. Es kann deshalb auf sie verwiesen werden. Mit Rücksicht auf die vom Schwurgericht geäußerten Bedenken ist nur auf folgendes hinzuweisen:

Das Kontrollratsgesetz Nr. 10 geht davon aus, daß es im Bereich aller Kulturvölker bestimmte, mit dem Wert und der Würde der menschlichen Persönlichkeit zusammenhängende Grundsätze menschlichen Verhaltens gibt, die für das Zusammenleben der Menschen und für das Dasein jedes Einzelnen so wesentlich sind, daß auch kein diesem Bereich angehörender Staat berechtigt ist, sich davon loszusagen. Der Verstoß gegen diese Grundsätze der Menschlichkeit bleibt also strafbares Unrecht, auch wenn er von einem Staat geduldet, gefördert oder veranlaßt wird. Auch das Kontrollratsgesetz Nr. 10 erkennt an, daß grundsätzlich jeder Staat die Beziehungen der einzelnen Menschen zueinander, zu den im Staat bestehenden Gemeinschaften und zum Staate selbst in der Weise rechtlich regeln kann, wie er sie für richtig und gerecht hält. Bei aller Anerkennung der sich daraus ergebenden Unterschiede zwischen den innerstaatlichen Rechtsordnungen gibt es aber bei allen der Kulturgemeinschaft angehörenden Staaten einen Bereich, der auf den Wert und die Würde der menschlichen Persönlichkeit Bezug hat, und in diesem Bereich haben sich auf der Grundlage gleicher Rechtsüberzeugung auch überall im wesentlichen die gleichen Rechtsgrundsätze herausgebildet. Was danach allgemein als Unrecht angesehen wird, kann auch dann nicht als Recht angesehen werden, wenn es durch staatlichen Willen zugelassen oder gar gefördert wird. Das Kontrollratsgesetz Nr. 10 geht vielmehr davon aus, daß dieser, gewisse Grundsätze der Menschlichkeit umfassende Kernbereich des Rechts durch innerstaatliche Gesetze und ihre Handhabung nicht abgewandelt werden kann.

Daraus ergibt sich, daß immer dann, wenn eine innerstaatliche Rechtsordnung die Möglichkeit bietet, sie unter Verletzung jener allgemein anerkannten Grundsätze der Menschlichkeit zu handhaben, ein menschliches Verhalten möglich ist, das jene Grundsätze verletzt und als Verbrechen gegen die Menschlichkeit im Sinne des Art. II 1 c KRG. 10 angesehen werden muß, ohne daß es zugleich von der innerstaatlichen Rechtsordnung als Unrecht behandelt wird. Es gehört nicht zu den Voraussetzungen des Verbrechens gegen die Menschlichkeit, daß die Handlung auch von der innerstaatlichen Rechtsordnung eindeutig als strafbares Unrecht gewürdigt wird, es ist vielmehr gerade der Sinn und der Zweck des KRG. 10, daß Verletzungen jener Grundsätze der Menschlichkeit als Verbrechen im Sinne des Art. II 1 c KRG. 10 auch dann bestraft werden, wenn die Handhabung der staatlichen Rechtsordnung sie straflos ließ oder sie gar begünstigte. Das Kontrollratsgesetz Nr. 10 fordert dabei von jedem, daß er sich für die Grundsätze der Menschlichkeit entschied, wenn ihm ein staatliches Gesetz oder seine Handhabung die Möglichkeit bot, sie zu verletzen. Es ist kein Grund ersichtlich, weshalb allein der Spruchrichter davon ausgenommen sein soll. Die ihm vom Staat übertragene Pflicht zum Dienst am Recht entbindet ihn nicht von der nach KRG. 10 alle treffenden Verpflichtung, auch dabei jedenfalls jene Grundsätze der Menschlichkeit zu wahren. Da der nationalsozialistische Staat es zuließ, daß das von ihm gesetzte oder übernommene Recht unter Verletzung dieser allgemein anerkannten Grundsätze der Menschlichkeit angewendet wurde, besteht auch die Möglichkeit, daß die Entscheidung eines Spruchrichters zwar dem Recht entsprach, wie es im nationalsozialistischen

Staat gehandhabt wurde, trotzdem aber die Grundsätze der Menschlichkeit verletzte. Es muß deshalb grundsätzlich die Möglichkeit bejaht werden, daß sich ein Spruchrichter des Verbrechens gegen die Menschlichkeit schuldig machte, ohne daß er zugleich den Tatbestand der vorsätzlichen Rechtsbeugung nach deutschem Strafrecht verwirklichte.

Es liegt in der Natur der Sache, daß nur ein deutlicher, offenkundiger Zwiespalt zwischen innerstaatlichem Recht oder seiner Anwendung und den Grundsätzen der Menschlichkeit in Betracht kommt. In einem Staat, der ersichtlich bestrebt ist, in seinem Bereich der Würde und dem Wert der menschlichen Persönlichkeit Rechnung zu tragen, wird kein Richter damit zu rechnen haben, daß sein Spruch zwar der staatlichen Rechtsordnung entsprechen, aber die Grundsätze der Menschlichkeit verletzen könne. Es besteht aber kein Grund, dem Richter die — nach KRG. 10 ja jedem auferlegte — Prüfungspflicht, ob sein Verhalten auch mit den Grundsätzen der Menschlichkeit im Einklang steht, dann abzunehmen, wenn er einem Staate dient, der, wie der nationalsozialistische Staat, auch sonst durch Anwendung von Gewalt- und Willkürmethoden zu erkennen gibt, daß er die Grundsätze der Menschlichkeit nicht als verbindlich ansieht. Wenn für einen solchen Fall die Möglichkeit bejaht wird, daß ein Richter wegen seines Spruches strafrechtlich zur Verantwortung gezogen wird, obwohl er dabei das staatliche Gesetz zu verwirklichen glaubte, so liegt darin auch kein Angriff gegen die richterliche Unabhängigkeit, wie das Schwurgericht annimmt. Diese Auffassung nimmt dem Richterspruch auch nicht den „Charakter einer freien, unabhängigen, gewissensmäßigen richterlichen Entscheidung". Sie ist im Gegenteil nur geeignet, das richterliche Gewissen gegenüber Bestrebungen zu schärfen, die unter Mißbrauch von Formen des Rechts die wahre richterliche Unabhängigkeit gefährden oder gar beseitigen und jedem Richter vor Augen zu führen, daß auch die Anwendung einzelner Gesetzesbestimmungen stets eine Besinnung auf die Grundsätze der Gerechtigkeit erfordert. Nach alledem kann nicht anerkannt werden, daß dem Spruchrichter gegenüber der durch das KRG. 10 begründeten Verantwortlichkeit eine Sonderstellung eingeräumt ist. Die gegenteilige Auffassung des Schwurgerichts ist rechtlich unhaltbar . . .

Zum Unterschiede von der Beurteilung des Verhaltens des Angeklagten Br. läßt die Würdigung im Falle G. keinen Rechtsfehler erkennen. Dessen Freisprechung wird durch die festgestellten Tatsachen ausreichend getragen. Diese werden auch dann nicht berührt, wenn die neue Verhandlung zu dem Ergebnis führen sollte, daß sich Br. des Verbrechens gegen die Menschlichkeit schuldig gemacht hat. Nach den Feststellungen des angefochtenen Urteils erhielt G., damals Adjutant in einem zur Verteidigung D.s eingesetzten Polizeibataillon, von Br. als seinem militärischen Vorgesetzten den Befehl, die Standgerichtsurteile gegen J. und die vier D.er Bürger zu vollstrecken. Was die Verurteilten getan hatten, wie es zu den Standgerichtsverfahren gekommen war, was die Standgerichte im einzelnen für erwiesen gehalten und wie sie den Sachverhalt rechtlich beurteilt hatten, war ihm nicht näher bekannt. Das Schwurgericht erörtert ferner ausführlich den Werdegang des Angeklagten und kommt auf dieser Grundlage zu dem Ergebnis, daß er nach den ihm auch unter rechtsstaatlichen Verhältnissen vermittelten Anschauungen an der Rechtmäßigkeit der Urteile keinen Zweifel hatte und auch keinen Zweifel haben konnte. Er führte den ihm erteilten Befehl aus und ließ die Urteile als Führer des mit der Vollstreckung beauftragten Kommandos vollstrecken. Daß er dabei den Verurteilten ein mit der Vollstreckung nicht notwendig verbundenes weiteres Leid zufügte, ist nicht erwiesen. Unter diesen Umständen lag sowohl nach deutschem Strafrecht wie unter dem Gesichtspunkt des Art. II 1 c KRG. 10 eine strafbare Handlung G.s selbst dann nicht vor, wenn sich ergeben sollte, daß ein anderer durch seine Mitwirkung beim Zustandekommen und der Vollstreckung der Standgerichtsurteile sich des Verbrechens gegen die Menschlichkeit schuldig gemacht oder eine nach deutschem Recht strafbare Handlung begangen haben sollte.

Es gibt kaum eine staatliche Tätigkeit, bei der nicht anordnende oder entscheidende Organe mit ausführenden in irgendeiner Weise zusammenwirken. Wollte man auch die auf Befehl der anordnenden Organe tätig werdenden, ausführenden Personen ohne jede Einschränkung für die

Rechtmäßigkeit der Anordnung oder der Entscheidung verantwortlich machen, würde die für die staatliche Ordnung notwendige Aufteilung der Funktionen aufgehoben. Wem in seinem dienstlichen Aufgabenbereich befohlen wird, ein Todesurteil zu vollstrecken, braucht mithin grundsätzlich nur zu prüfen, ob ein vollstreckbares Todesurteil vorliegt und ob dessen Vollstreckung von der zuständigen Stelle angeordnet ist. Wollte man ihm auch eine Prüfungspflicht nach der Richtung auferlegen, ob das Urteil richtig ist, das staatliche Recht zutreffend anwendet und auch nicht gegen die Grundsätze der Menschlichkeit verstößt, so würde letzten Endes er über Schuld oder Unschuld des Angeklagten, über die Vollstreckung oder die Nichtvollstreckung des Urteils entscheiden und nicht das Gericht oder die Gnadeninstanz, denen nach der Aufteilung der staatlichen Tätigkeit allein diese Aufgabe zugewiesen ist und denen deshalb auch allein die Mittel in die Hand gegeben sind, sie richtig zu lösen. Die uneingeschränkte Prüfungspflicht des Befehlsempfängers würde jede geordnete staatliche Tätigkeit unmöglich machen. Das gilt in ganz besonderem Maße für den militärischen Bereich, dem auch das hier zu beurteilende Verhalten des Angeklagten G. angehört. Ohne weitgehende Beschränkung der Prüfungspflicht würde die militärische Schlagkraft beseitigt.

Deshalb bestimmte auch § 47 MStGB., daß der befehlende Vorgesetzte strafrechtlich grundsätzlich allein verantwortlich sei, wenn durch die Ausführung eines Befehls in Dienstsachen ein Strafgesetz verletzt wurde. Den gehorchenden Untergebenen traf nur dann die Strafe des Teilnehmers, wenn er den Befehl überschritt oder wenn ihm bekannt war, daß der Befehl des Vorgesetzten eine Handlung betraf, die ein bürgerliches oder militärisches Verbrechen oder Vergehen bezweckte. Die insoweit einwandfrei getroffenen Feststellungen des angefochtenen Urteils ergeben, daß beim Angeklagten G., der auf Befehl seines militärischen Vorgesetzten Br. die standgerichtlichen Todesurteile vollstrecken ließ, keiner dieser beiden Ausnahmefälle vorlag. Daß er den Verurteilten ein weiteres, mit der Vollstreckung des Urteils nicht notwendig verbundenes Leid zufügte, wird vom Schwurgericht verneint. Die bisherigen Darlegungen des Urteils lassen zwar, wie bei Br. ausgeführt ist, die Möglichkeit offen, daß die Verhängung der Todesurteile als Verbrechen gegen die Menschlichkeit anzusehen ist, sie enthalten aber zugleich die Feststellung, daß dem Angeklagten G. keine Umstände bekannt waren, aus denen sich für ihn der etwaige verbrecherische Charakter des ihm erteilten Befehls hätte ergeben können. Entgegen der Auffassung der Revision ist vor allem auch nicht die Auffassung des Schwurgerichts zu beanstanden, ein solcher Anhaltspunkt habe sich für ihn auch nicht daraus ergeben, daß die sofortige Vollstreckung der Todesurteile alsbald nach ihrer Verkündung und Bestätigung befohlen wurde. Denn nach § 103 KStVO. hatte die Vollstreckung der Standgerichtsurteile unverzüglich zu erfolgen. Soweit eine Verantwortlichkeit G.s nach deutschem Strafrecht in Betracht kommt, entfällt sie also nach § 47 MStGB., weil er auf Befehl seines militärischen Vorgesetzten handelte und er weder den ihm erteilten Befehl überschritt noch den — möglicherweise zu bejahenden — verbrecherischen Charakter des Befehls kannte.

Auch die Prüfung seines Verhaltens unter dem Gesichtspunkt des Verbrechens gegen die Menschlichkeit führt zu keinem anderen Ergebnis. Zwar bestimmt Art. II 4 b KRG. 10, daß niemand dadurch von der Verantwortlichkeit für ein Verbrechen gegen die Menschlichkeit befreit werde, daß er unter dem Befehl seines Vorgesetzten gehandelt habe. Dieser Satz bedeutet aber — wie der Senat schon mehrfach ausgesprochen hat — nicht, daß der Befehl in allen Fällen für die strafrechtliche Verantwortlichkeit des Befehlsempfängers bedeutungslos ist. Er will vielmehr, wie auch der Internationale Militärgerichtshof im Nürnberger Urteil gegen Göring und andere zu dem inhaltlich gleichlautenden Artikel 8 seines Statuts ausgeführt hat, nur einer Rechtsauffassung Ausdruck geben, die nach Meinung des Gesetzgebers im Einklang mit dem Recht aller Nationen steht (Nürnberger Urteil, Amtl. Ausgabe I S. 250); er will aber keine neue Lehre aufstellen und keiner neuen Rechtsauffassung zum Siege verhelfen. Die Rechtsordnungen der dem abendländischen Kulturbereich angehörenden Nationen sind aber darin einig, daß dem Befehl unter bestimmten Voraussetzungen doch eine Bedeutung für die Verantwortlichkeit des Untergebenen zukommt. Die vom Gesetzgeber angenommene Einheitlichkeit der Rechtsauffassung bei allen Nationen besteht allerdings nur im Grundsätzlichen, nicht in den Einzelheiten. Während das deutsche Recht in § 47 MStGB. die Verantwortlichkeit des militärischen Untergebenen erst bejaht, wenn ihm der verbrecherische Charakter des Befehls bekannt ist, bestimmen andere Rechtsordnungen — vor allem des angelsächsischen Rechtskreises —, daß sie schon dann gegeben ist, wenn der verbrecherische Charakter des Befehls offensichtlich ist und der Untergebene ihn also hätte erkennen müssen. Es kann deshalb zweifelhaft sein, ob Art. II 4 b KRG. 10 im Sinne der angelsächsischen oder der deutschen Rechtsauffassung auszulegen ist. Diese Frage braucht jedoch im vorliegenden Falle nicht entschieden zu werden. Denn aus dem Umstand, daß Art. II 4 b KRG. 10 die gemeinsame Rechtsüberzeugung aller Nationen ausdrücken sollte, ergibt sich, daß er mindestens im Sinne der ihn weniger einschränkenden angelsächsischen Rechtsauffassung auszulegen ist. Die Verantwortlichkeit des Befehlsempfängers würde danach also nicht nur gegeben sein, wenn er den verbrecherischen Charakter des Befehls kannte und also auch sein Unrechtsbewußtsein zu bejahen wäre, sondern wenn dieser Charkter offensichtlich war und er ihn also hätte kennen müssen, er also imstande war, das Unrechte seines Handelns einzusehen. Auch wenn man dieser Auffassung folgt, die mit der sonst vom Senat in ständiger Rechtsprechung vertretenen Rechtsansicht zur Frage des Unrechtsbewußtseins beim Verbrechen gegen die Menschlichkeit in Einklang steht, erweist sich die Freisprechung des Angeklagten G. nach den getroffenen Feststellungen als rechtlich bedenkenfrei . . .

---

53. 1. Die vor der Tat zugesagte Beistandleistung (§ 257 Abs. 3 StGB.) kann mit § 258 StGB. in Tateinheit stehen.

2. Zur Anwendung des Wirtschaftsstrafgesetzes vom 26. Juli 1949 auf vor dem 1. Oktober 1949 begangene Wirtschaftsstraftaten.

StGB. §§ 243, 257 Abs. 3, 258, 260, 261, 262, 2a Abs. 2, 49, 73, 74; KWVO. § 1 Abs. 1, 3; WStrG. §§ 1, 25, 26.

Strafsenat. Urt. v. 21. November 1949 g. K. StS 369/49.

I. Strafkammer Itzehoe.
II. Schleswig-Holst. Oberlandesgericht.

Aus den Gründen:

Der Angeklagte hat im Einbruchsfalle St. (24. November 1948) einem der Diebe in Kenntnis der Diebstahlsabsicht vor der Tat Hilfe beim Abtransport des Diebesgutes zugesagt. Am Tage nach der Tat hat er gemäß dieser Zusage gemeinsam mit einem früheren Mitangeklagten für etwa 5000 DM Bekleidung aller Art aus einem Versteck für den Täter weggeschafft.

In der Annahme, daß die Verurteilung des Angeklagten nach § 1 Abs. 1 und 3 KWVO. rechtlich zutrifft, was noch zu erörtern ist, hält das OLG. beide Revisionen mit Recht für begründet, soweit sie übereinstimmend die Verurteilung nach den §§ 257 Abs. 3, 243, 49 StGB., § 1 KWVO. in Tatmehrheit bemängeln. Die als Tatbeihilfe zu wertende Begünstigung nach § 257 Abs. 3 besteht aus zwei Tatakten, nämlich der Begünstigungszusage vor der Tat und der tatbestandsmäßigen Beistandleistung nach der Tat. Beide sind festgestellt. Die vorher zugesagte Beistandleistung hat darin bestanden, daß der Angeklagte die Beute für die Einbrecher fortschaffte. Durch dieses Fortschaffen hätte er aber zugleich, wie die Revisionen und das OLG. zutreffend ausführen, Erzeugnisse, die zum lebenswichtigen Bedarf der Bevölkerung gehören, in im übrigen nach § 1 KWVO. tatbestandsmäßiger Weise vorsätzlich weiter beiseitegeschafft. Beide Strafgesetze wären somit durch dieselbe Handlung, also tateinheitlich verletzt (§ 73 StGB.). Die Strafe hätte daher nicht nach § 74 StGB. gebildet werden dürfen. Vielmehr war sie gemäß § 73 StGB. zu bestimmen . . .

Die von beiden Revisionen erhobene Sachrüge gibt aber Veranlassung zur rechtlichen Nachprüfung des Urteils im ganzen. Dabei ergeben sich auf der Grundlage der bisherigen spärlichen Feststellungen erhebliche Rechtsbedenken gegen die Verurteilung nach § 1 KWVO. Solange Bekleidungsgegenstände und Textilwaren überhaupt knapp waren und streng bewirtschaftet wurden, weil die Fertigung zur Deckung des dringenden Bedarfs nicht entfernt ausreichte, konnte freilich im Beiseiteschaffen von Bekleidungsstücken im Werte von 5000 Mark eine böswillige Bedarfsdeckungsgefährdung nach § 1 KWVO. liegen. Immerhin wäre es auch dann schon zweckmäßig gewesen, die beiseitegeschafften Waren näher zu kennzeichnen und anzugeben, ob die 5000 DM ihren Einkaufs- oder den wesentlich höheren Verkaufswert darstellen. Besonders sorgfältiger Prüfung bedurfte es aber, ob die beiseitegeschafften Waren am Tattage — dem 24. November 1948 — am Tatort und in dessen Umgebung allgemein noch so knapp gewesen sein können, daß ihr Fehlen die Deckung des lebenswichtigen Bedarfs der Bevölkerung noch immer gefährdete. Die wirtschaftliche Erfahrung spricht dagegen, wenn eine solche Gefährdung unter ganz besonderen örtlichen oder sachlichen Verhältnissen auch noch nicht völlig ausgeschlossen gewesen sein mag. Dieselben Erwägungen zwingen auch zu der Prüfung, inwieweit sich der Angeklagte unter so veränderten Umständen überhaupt vorgestellt haben kann, durch sein Tun die öffentliche Bedarfsdeckung zu gefährden, und sogar bezüglich dieser Gefährdung böswillig gewesen sein kann. Mit Recht hat die Rechtsprechung aus dem bewußten Beiseiteschaffen nennenswerter Mengen bewirtschafteter Güter in äußerst warenknapper Zeit neben der Bedarfsdeckungsgefährdung in der Regel zugleich auch auf Böswilligkeit des Täters geschlossen, zumal bei Bereicherungsabsicht, wie sie hier an sich festgestellt ist. Das gilt aber nicht ohne weiteres auch bei außerordentlicher Besserung der Versorgung mit den betreffenden Gütern, die sich so günstig entwickelt, daß zur Tatzeit vielerorts der Bedarf frei gedeckt werden kann und außerdem erhebliche Vorräte in Textilwaren vorhanden sind. Unter so veränderten Umständen bedarf nicht nur die Gefährdung der Bedarfsdeckung, sondern auch das Merkmal der Böswilligkeit besonders sorgfältiger Prüfung und Darlegung. Daran fehlt es hier, so daß das Urteil insoweit vom Revisionsgericht rechtlich nicht geprüft werden kann. Das nötigt zur Aufhebung und Zurückverweisung im ganzen . . .

Die Staatsanwaltschaft rügt außerdem, der Angeklagte habe in weiterer Tateinheit auch als Hehler nach § 258

Abs. 1 Ziff. 2 StGB. verurteilt werden müssen. Dem ist mit dem OLG. beizutreten.

Die Frage, ob die §§ 257 Abs. 3 und 258 in Tateinheit stehen können, ist im Schrifttum strittig und scheint neuerdings auch von der Rechtsprechung nicht ganz einheitlich entschieden zu werden. Einigkeit besteht, soweit ersichtlich, darüber, daß die vor der Tat zugesagte Begünstigung (§ 257 Abs. 3) nicht nur wie Beihilfe zu bestrafen ist, sondern der Beihilfe zur Vortat „gleichzuachten" (RGSt. Bd. 57 S. 348), daß sie „wirkliche Beihilfe" (RGSt. Bd. 76 S. 192) zur Vortat ist. Dagegen bestehen auch keine Bedenken. § 257 Abs. 3 stellt also einen aus dem Tatbestande der Begünstigung ausgeschiedenen Sondertatbestand der Beihilfe dar. Dieser ermöglicht deshalb schwerere Strafe, weil die Begünstigungszusage vor der Tat meistens auf einen erheblich stärkeren verbrecherischen Willen schließen läßt. Mitunter wird die vorherige Beistandszusage außerdem auch echte Tatförderung und damit Tatbeihilfe im unmittelbaren Sinne des § 49 StGB. sein (RGSt. Bd. 49 S. 386). Die gegenteilige Ansicht, der Fall des § 257 Abs. 3 sei seinem Wesen nach nicht Beihilfe, sondern nur in jeder Beziehung rechtlich als solche zu behandeln, ist in RGSt. Bd. 57 S. 348 aufgegeben (RGSt. Bd. 76 S. 192).

Umstritten ist dagegen, ob § 258 gegenüber dem § 257 ebenso einen selbständigen Tatbestand bildet, wie der Absatz 3 des § 257 gegenüber dessen Absatz 1, oder vielmehr nur einen durch seine Beziehung auf bestimmte Vortaten (§ 258 Abs. 1 Ziff. 1 und 2) erschwerten Fall der eigensüchtigen Begünstigung (so Mezger NJW. 1948 S. 490, Welzel 4. Aufl. S. 153, Frank Anm. 1 zu § 258, Schönke Anm. I und III, dort weitere Angaben). Angeführt wird für die letztere Ansicht, daß die Gesetzesworte im § 258 „wird als Hehler bestraft" das Wesen der Vorschrift als Begünstigung nicht änderten, sondern nur die Strafe beträfen (Mezger). Die Gegenmeinung wiederum sieht im § 258 — analog dem Verhältnis der Absätze 3 und 1 im § 257 — eine aus der Begünstigung insgesamt ausgeschiedene Sonderstraftat, und zwar einen echten Fall der Hehlerei (Kohlrausch Anm. 1, Olshausen Anm. 2, 5, Schwarz Anm. 1, Lange DR. 1943 S. 569; OLG. Düsseldorf NJW. 1948 S. 490). Diese Ansicht teilt auch das Reichsgericht, und zwar sowohl in RGSt. Bd. 49 S. 381, wie in RGSt. Bd. 57 S. 347, gestützt auf Inhalt und Wortlaut des § 258. Einerseits habe der § 258, so führt das Reichsgericht aus, den Begriff der Begünstigung in den eigenen Tatbestand aufgenommen und dadurch auf § 257 verwiesen. Zum anderen zeige die in den §§ 258 und 259 insoweit völlig gleiche Wortfassung „wird als Hehler bestraft", daß der Gesetzgeber neben § 259 StGB. auch den § 258 als Hehlereivorschrift ansehe und bezweckt habe, diese beiden Tatbestände der Hehlerei dem der Begünstigung selbständig gegenüberzustellen. Dem ist beizutreten. Damit steht zunächst fest, daß § 258 jedenfalls den Absatz 1 des § 257 in sich aufnimmt, insoweit also die speziellere Vorschrift ist.

Im Verhältnis des § 258 zum Absatz 3 des § 257 ist dagegen Tateinheit möglich. § 257 Abs. 3 ist, wie dargelegt, nach einhelliger Ansicht ein aus der Begünstigung ausgeschiedener Sondertatbestand. Wer gegen den Absatz 3 verstößt, begeht Beihilfe zur Vortat und ist, ohne daß immer eigentliche Beihilfe vorzuliegen braucht, dennoch nach dem Willen des Gesetzes als Gehilfe strafbar. Der § 258 hat aber — seinerseits als Sondertatbestand gegenüber § 257 — nur die Merkmale der allgemeinen Begünstigung des § 257 Abs. 1 durch Verweisung in sich aufgenommen, nicht zugleich auch den Fall der vorherigen Begünstigungsaussage des Absatzes 3. Nur dieser allgemeinen Begünstigung gegenüber ist § 258 daher lex specialis, nicht auch im Verhältnis zu dem schwereren Sondertatbestand der Beihilfe zur Vortat in der Form der vor der Tat zugesagten Begünstigung. Das folgt zunächst, worauf auch das Reichsgericht hingewiesen hat (RGSt. Bd. 57 S. 347, 348), aus der Fassung beider Vorschriften. Im Falle des § 257 Abs. 3 ist die Tat „als Beihilfe" zu ahnden; nach § 258 wird der Täter „als Hehler" bestraft. Beide Vorschriften stehen hintereinander im 21. Abschnitt des StGB. und hängen auch sachlich unmittelbar zusammen. Daher ist nicht anzunehmen, daß der Gesetzgeber die Worte „als Beihilfe" in § 257 Abs. 3 zwar als Heraushebung eines selbständigen Sondertatbestandes verstanden wissen will, die sprachlich ganz übereinstimmende Fassung „als Hehler" im § 258 dagegen nur als Kennzeichnung eines durch die

Art der Vortat erschwerten Falles der eigensüchtigen Begünstigung. Schon dies spricht dafür, daß beide Bestimmungen selbständig nebeneinander stehen und daher in Tateinheit verletzt werden können.

Hinzu kommt aber weiter, daß sowohl der Absatz 3 des § 257 wie der § 258 Fälle betreffen, die sich regelmäßig kriminalpolitisch durch besondere Schwere von der allgemeinen Begünstigung abheben, im ersteren Falle durch vorherige Beistandszusage, im letzteren durch die Beziehung zur Art der Vortat. Dabei hat der § 258 seinen eigenen Strafrahmen, der auch Rückfall und Gewerbs- oder Gewohnheitsmäßigkeit (§§ 260 bis 262 StGB.) einbezieht, während der Strafrahmen des § 257 Abs. 3 durch denjenigen der jeweiligen Vortat in Verbindung mit § 49 StGB. bestimmt wird. Daraus ergibt sich, daß in vielen Fällen der vor der Tat zugesagten eigensüchtigen Begünstigung, so bei schwerem Diebstahl, Raub und schwerem Raube nach § 257 Abs. 3 in Verbindung mit den angegebenen Vorschriften auf weit höhere Strafen erkannt werden kann, als nach § 258 Abs. 1 Ziff. 2 (RGSt. Bd. 57 S. 348). Es kann aber nicht in der Absicht des Gesetzes liegen, den an sich schon besonders strafwürdigen Fall des § 257 Abs. 3 dann, wenn er sich außerdem noch auf eine der im § 258 als weiter erschwerend aufgezählten Vortaten bezieht, bei dem also beide Erschwerungsgründe zusammentreffen, trotz des Hinzutritts des § 258 geringer zu bestrafen als bei bloßer vorheriger Zusage. Andererseits kann eine Tat, die beide Vorschriften verletzt, wiederum wegen Hehlerei im Rückfall oder wegen Gewerbs- oder Gewohnheitsmäßigkeit (§§ 258, 260, 261, 262) schwerer als nach § 257 Abs. 3 zu bestrafen sein. Nur die Anwendung beider Bestimmungen nebeneinander gemäß § 73 StGB. ermöglicht es daher, den Unrechtsgehalt solcher Taten nach allen Richtungen auszuschöpfen. Die Gegenmeinung führt dagegen nichts Durchgreifendes an . . .

In der neuen Hauptverhandlung wird zu beachten sein: Läßt sich nicht feststellen, daß der Angeklagte sämtliche Merkmale des § 1 Abs. 1 KWVO. verwirklicht hat, so entfällt eine Bestrafung wegen Wirtschaftsverbrechens überhaupt, weil seine Tat zur Begehungszeit unter diesem Gesichtspunkt dann nicht strafbar war. Die rückwirkende Anwendung des § 1 WStG. auf einen zur Tatzeit als Wirtschaftsverbrechen nicht strafbaren Sachverhalt ist unzulässig. Sind die Voraussetzungen des § 1 KWVO. dagegen auch bei Berücksichtigung der oben erörterten Gesichtspunkte erfüllt, so hat die Strafkammer nach § 2a Abs. 2 StGB. zu entscheiden, ob die Vorschriften des Wirtschaftsstrafgesetzes — in Betracht kommen dessen §§ 1 und gegebenenfalls 25, 26 — eine mildere Bestrafung im Falle St. erlauben als § 1 Abs. 1 und unter Umständen auch Abs. 3 KWVO., wenn ja, ob sie die milderen Vorschriften anwenden will (vgl. OGHSt. Bd. 2 S. 182 — StS 180/49 vom 3. Oktober 1949)...

---

54. Ein bewußtes und gewolltes Angriffsverhalten (KRG. 10 II 1 c) liegt nicht vor, wenn der Täter Gehörtes unbedacht weitersagt, erst dann die Möglichkeit willkürlicher Verfolgung des Betroffenen erkennt, aber meint, dem Verlangen, seine Angaben zu ergänzen, nachkommen zu müssen, nachdem ihm zuvor versprochen ist, die Angaben nicht gegen den Betroffenen zu verwenden.

KRG. 10 Art. II 1 c.

Strafsenat. Urt. v. 6. Dezember 1949 g. D. StS 127/49.

I. Schwurgericht Kiel.

Aus den Gründen:

... Wenn das Schwurgericht diesen Feststellungen entnimmt, daß der Angeklagten kein bewußtes Angriffsverhalten im Sinne des KRG. 10 II 1 c zur Last falle, so ist das rechtlich nicht zu beanstanden. Wer durch sein — wenn auch grob fahrlässiges — Verhalten die Verfolgung eines Menschen wegen politischer Äußerungen durch eine Parteistelle verursacht, ohne das zu erkennen und zu wollen, greift niemanden in tatbestandsmäßiger Weise an und erstattet keine Anzeige. Fahrlässig kann ein Verbrechen gegen die Menschlichkeit nicht begangen werden ...

Die Revision meint freilich hilfsweise, möge der Angeklagten auch nicht die erste, unbedachte Weitergabe der Äußerungen der Frau N. an den Kreisleiter-

Bürgermeister zur Last fallen, so liege ihr bewußtes Angriffsverhalten doch darin, daß sie, durch das Drängen M.s aufmerksam und argwöhnisch gemacht, dann doch die Einzelheiten und den Namen der Frau N. in Kenntnis der Weiterungsmöglichkeiten offenbart habe. Dazu sei sie nicht befugt gewesen. Dieser weiten Auslegung des Begriffs des gewollten Angriffsverhaltens vermag der Senat aber nicht zuzustimmen. Er ist aus der bisherigen Rechtsprechung des Obersten Gerichtshofs zum KRG. 10 Art. II 1 c auch nicht zu entnehmen. Tatbestandsmäßig in diesem Sinne handelt ohne Zweifel derjenige, der eine Anzeige anbringen will und deren Willkürfolgen geradezu erstrebt oder doch als möglich erkennt und für den Fall ihres Eintritts billigt. Ein tatbestandsmäßiges Angriffsverhalten mag auch gegeben sein, wenn der Täter bei der die Verfolgung auslösenden Mitteilung zwar an eine Anzeige nicht denkt, aber an der Wirkung seiner Mitteilungen alsbald erkennt, daß er durch sie eine willkürliche Verfolgung auslöst und dies nunmehr will oder billigt. In diesen Fällen wendet sich der Täter bewußt und gewollt gegen den Angezeigten, und zwar in der Voraussicht möglicher Willkürfolgen. Darin liegt das besondere Unrecht seines Tuns. Einem solchen Täter ist derjenige nicht ohne weiteres gleichzustellen, der solche Äußerungen unbedacht weitergibt, dann zwar die Gefahr etwaiger Weiterungen erkennt, dennoch aber von sich aus noch immer keine Verfolgung des Opfers erstrebt, sondern nur meint, dem Drängen einer Amtsperson auf Ergänzung des unbedacht Gesagten nachkommen zu müssen. Damit setzt er zwar begrifflich bewußt die Ursache der etwaigen willkürlichen Verfolgung. Aber er erstrebt diese nicht, sondern meint nur — irrig oder zutreffend —, sie nun nicht mehr hindern zu können. Diese Tätergesinnung ist aber von der oben bezeichneten, selbst abgesehen von der Frage des Nötigungsstandes, nach Schuldschwere und Strafwürdigkeit so verschieden, daß sie nicht als schweres Unrecht erscheint, wie es dem Bilde des Unmenschlichkeitsverbrechens entspricht. Auch gedanklich ist es nicht überzeugend, ergänzende Äußerungen, die sich jemand in Kenntnis möglicher Unrechtsfolgen und als Folge unbedachter Mitteilungen mehr oder weniger abnötigen läßt, als bewußtes und gewolltes Angriffsverhalten gegen das Opfer zu bezeichnen, für dessen Folgen der Täter ebenso einzustehen hätte, wie der vorsätzliche Angeber. Das muß besonders dann gelten, wenn der Täter die ergänzenden Angaben erst macht, nachdem ihm versprochen worden ist, daß sie keine Weiterungen nach sich ziehen würden, wie es hier festgestellt ist. Die Gegenmeinung würde in Anbetracht der damaligen Machtverhältnisse gerade dann, wenn der unbedachte Täter der möglichen Willkürfolgen seiner Äußerungen inne wird, Mut, Selbstbewußtsein und Widerstandskraft in einem Maße voraussetzen, wie recht wenige Menschen sie besitzen. Die rechtliche Beurteilung menschlichen Verhaltens in nicht einfacher Lebenslage hat aber durchschnittliche menschliche Eigenschaften und Fähigkeiten zugrunde zu legen und darf nur dann hiervon abweichen, wenn der Täter oder die Tatlage oder beide so geartet sind, daß sich besondere Maßstäbe rechtfertigen. In dieser Beziehung tritt hier nichts hervor . . .

---

55. Setzt der Täter sein Opfer mit Tötungsvorsatz der Einwirkung von Leuchtgas aus, so liegt vollendeter Mord auch dann vor, wenn der Tod nicht darauf allein, sondern außerdem noch auf eine zweite, nicht mit Tötungsvorsatz bewirkte Leuchtgasvergiftung zurückzuführen ist. Die Ursächlichkeit der ersten Einwirkung entfällt nur dann, wenn ein auf denselben Erfolg gerichtetes späteres Ereignis unabhängig von ihr eine neue Ursachenreihe eröffnet und dadurch der Erfolg herbeigeführt wird.

StGB. § 211.

Strafsenat. Urt. v. 6. Dezember 1949 g. M. StS 284/49.

I. Schwurgericht Bielefeld.

Aus den Gründen:

Nach den Urteilsfeststellungen faßte der Angeklagte den Plan, seine Frau durch Leuchtgas zu töten, um sich dadurch den Weg zu seiner Geliebten freizumachen, den ihm seine Frau versperrte. Er stand, als die Frau schlief, aus dem Bett auf, löste in Ausführung des Mordplanes die

Verschraubung zwischen der Zuleitung und dem Rohr des Gaskochers, verließ die Wohnung und setzte seine Frau eine Stunde der Einwirkung des Leuchtgases aus. Er kehrte dann in der Meinung, daß genügend Gas ausgeströmt sei, zurück, schloß die Verschraubung, ließ das Gas abziehen und legte sich dann wieder zu Bett. Als er um 6 Uhr wieder aufstand, hielt er seine Frau für tot, öffnete, ehe er die Wohnung erneut verließ, nochmals die Verschraubung, um einen Unfall vorzutäuschen und ließ wiederum Gas ausströmen. Nach der Feststellung des Schwurgerichts, die nicht mit Rechtsgründen bekämpft werden kann, ist damit zu rechnen, daß die Ehefrau, als er sie zum zweitenmal, und diesmal ohne Tötungsvorsatz — weil er sie bereits für tot hielt —, der Einwirkung des Gases aussetzte, noch gelebt hat und ihr Tod erst infolge der zweiten Gaseinwirkung eingetreten ist.

Zu Unrecht folgert jedoch das Schwurgericht daraus, daß sich der Angeklagte deshalb nur des Mordversuchs und der fahrlässigen Tötung in Tatmehrheit schuldig gemacht habe. Es will anscheinend ein Verhalten nur dann als ursächlich für den Erfolg ansehen, wenn es ihn allein oder überwiegend herbeigeführt hat. Das ist jedoch rechtsirrig. Ursache für einen strafrechtlich bedeutsamen Erfolg ist vielmehr jede Bedingung, die nicht hinweggedacht werden kann, ohne daß der Erfolg mit Gewißheit entfiele, gleichgültig, ob noch weitere Bedingungen hinzugetreten sind. Voraussetzung ist nur, daß das Verhalten auch wirklich bis zum Eintritt des Erfolges fortgewirkt hat. Das ist dann nicht der Fall, wenn ein auf denselben Erfolg gerichtetes, späteres Ereignis diese Fortwirkung beseitigt, unabhängig von dem zu beurteilenden Verhalten eine neue Ursachenreihe eröffnet und dadurch der Erfolg herbeigeführt wird. Ein solcher Fall der abgebrochenen Kausalität liegt hier nach den Feststellungen des Schwurgerichts jedoch nicht vor. Die zweite Gaseinwirkung führte nicht allein und unabhängig von der ersten, vom Angeklagten mit Tötungsvorsatz herbeigeführten Einwirkung zum Tode seiner Ehefrau. Diese war vielmehr schon dem Tode nahe, befand sich sogar in einem Zustande, daß der Angeklagte sie mit Sicherheit für tot hielt. Nur weil durch die erste Einwirkung schon eine schwere Leuchtgasvergiftung mit ihren lebensgefährlichen Wirkungen eingetreten war, konnte die zweite Einwirkung — zusammen mit der ersten — so schnell den Tod herbeiführen. Das ergibt sich unmittelbar aus der Feststellung des Urteils, daß die Frau noch lebte, obwohl sie eine Stunde hindurch Leuchtgas eingeatmet hatte und weitere drei Stunden das Gas in ihrem Körper gewirkt hatte, daß der Tod aber schon $^1/_2$ bis 1 Stunde nach dem Beginn der zweiten Einwirkung eintrat. Damit steht aber fest, daß schon das erste, vom Angeklagten mit Tötungsvorsatz bewirkte Ausströmen des Gases ursächlich für den Tod der Frau war. Nicht darauf kommt es an, ob seine Frau ohne die zweite Einwirkung auch mit Sicherheit gestorben oder vielleicht mit dem Leben davongekommen wäre; entscheidend ist vielmehr allein, daß sie ohne die erste, von ihm mit Tötungsvorsatz gesetzte Bedingung nicht in diesem Zeitpunkt gestorben wäre . . .

Das würde im übrigen, worauf die Revision der Staatsanwaltschaft mit Recht hinweist, selbst dann der Fall sein, wenn — was durch die Feststellungen des angefochtenen Urteils ausgeschlossen wird — der Tod der Frau allein infolge der zweiten, nicht vorsätzlichen Vergiftungshandlung eingetreten wäre, die erste also hätte unterbleiben können, ohne daß sich an dem Tod und seinem Zeitpunkt etwas geändert hätte. Denn die Ursache dafür, daß der Angeklagte das Gas zum zweitenmal ausströmen ließ, bildete der Zustand, in den er seine Frau durch die erste mit Tötungsabsicht vorgenommene Handlung versetzt hatte. Er ließ das Gas zum zweitenmal ausströmen, weil er seine Frau schon für tot hielt und, um seine Tat zu verdecken, ihren Freitod oder einen Unfall vortäuschen wollte. Auch in diesem Falle ist also die mit Tötungsabsicht gesetzte Bedingung aus der Ursachenreihe nicht fortzudenken (vgl. RGSt. Bd. 67 S. 258) . . .

---

56. 1. Befohlene Wegnahme von Wertsachen in jüdischen Wohnungen anläßlich der Ausschreitungen am 9./10. November 1938 als Raub oder räuberische Erpressung.

2. Ist ein Zeuge nach § 223 StPO. auf Beschluß des erkennenden Gerichts durch den ersuchten Richter vernommen und liegt die Aussageniederschrift in der Haupt-

verhandlung vor, so ist sie ein „herbeigeschafftes" Beweismittel (§ 245 Abs. 2 StPO.) und mangels allseitigen Verzichts auf das Beweismittel von Amts wegen zu verlesen.

StGB. §§ 249, 250, 255, 2a; StPO. §§ 245 Abs. 2, 251 Abs. 2.

Strafsenat. Urt. v. 6. Dezember 1949 g. S. StS 78/49.

I. Schwurgericht Hannover.

Aus den Gründen:

Das Schwurgericht wird die Sache nochmals unter den Gesichtspunkten der §§ 249, 250, 253 a.F., 255 StGB. zu prüfen haben. Die bisherige Würdigung in dieser Beziehung erschöpft die Sachlage nicht.

Daß das Eindringen mehrerer SS.-Leute in die Wohnungen von Juden an sich geeignet ist und bezwecken kann, deren Willensbetätigung zu beeinträchtigen (Gewalt gegen Personen) oder sie mit gegenwärtiger Gefahr für Leib und Leben zu bedrohen, ist nicht zu bezweifeln, zumal alles das im Rahmen organisierter Ausschreitungen der NSDAP. geschah, gegen die körperlicher Widerstand aussichtslos war. Zur hier unzweifelhaft und festgestelltermaßen rechtswidrigen Zueignungsabsicht würde es nun ausreichen, wenn der Angeklagte darauf ausgegangen wäre, bei der Tat weggenommene Sachen wirtschaftlich auch nur vorübergehend derart für sich auszunutzen, daß dem Eigentümer daraus ein wirtschaftlicher Nachteil erwuchs. Das ist nach den Tatfeststellungen noch nicht abschließend zu beurteilen. Gegebenenfalls kann ein Fall des § 250 Abs. 1 Ziffer 1 oder 4 StGB. vorliegen. Sollte eine eigene Zueignungsabsicht des Angeklagten nicht erweisbar sein, so kann er dennoch Beihilfe zum Raube (§§ 249, 250, 49 StGB.) geleistet haben, wenn er den überfallenen Juden die Wertsachen in der Kenntnis vorsätzlich weggenommen hat, daß die SS. oder sonst eine Parteistelle sie sich rechtswidrig zueignen wolle.

Die Anwendbarkeit der §§ 253, 255 StGB. ließ sich nicht damit verneinen, der Angeklagte habe nicht nachweisbar bezweckt, sich oder der SS. oder Partei oder sonst jemandem durch die Wegnahme von Gold oder Schmucksachen einen rechtswidrigen Vermögensvorteil zu verschaffen; es fehle auch an einer Vermögens v e r f ü g u n g der Betroffenen. Denn im Falle A. ist festgestellt, daß die weggenommenen Wertsachen später n i c h t zurückgegeben, sondern unter Leitung des Angeklagten verkauft worden sind. Dadurch hat derjenige, der den Verkauf veranlaßte, wie ein Eigentümer über diese Sachen verfügt und sich sehr wahrscheinlich so einen Vermögensvorteil verschafft, und zwar unter Beteiligung des Angeklagten, der die Sachen dem Berechtigten mit Gewalt weggenommen hatte. Das spricht außerordentlich gegen die etwaige Vorstellung des Angeklagten bei der Tat, es handele sich nur um eine v o r ü b e r g e h e n d e Beschlagnahme, zumal das Schwurgericht nicht feststellt, woraus der Angeklagte dies b e i d e r T a t entnommen haben will. S p ä t e r e Vorgänge können seine Vorstellung bei der Tat nicht bestimmt haben. Aber selbst dann, wenn die zuständigen SS.-Führer oder sonst einer der maßgebenden Terroristen von vornherein erwogen haben sollten, weggenommene Sachen unter Umständen später den Betroffenen zurückzugeben und wenn der Angeklagte dies gewußt haben sollte — eine nach der Sachlage sehr unwahrscheinliche Annahme —, so schlösse dies nach den Tatfeststellungen einen rechtswidrigen Vermögensvorteil der SS. oder NSDAP. noch keineswegs aus. Denn der Sachverhalt läßt keinen Zweifel daran, daß es im B e l i e b e n der obersten Leitung der Terroristen gestanden hat, was mit den weggenommenen Sachen geschah. K a n n der bloße Besitz der weggenommenen Sache aber schon unter normalen Verhältnissen einen Vermögensvorteil des Täters oder desjenigen darstellen, dem der Täter die Sache hat zueignen wollen und zugeeignet hat, weil er die Möglichkeit wirtschaftlicher Nutzung unter Ausschluß anderer eröffnet, so erst recht hier, wo die rechtswidrigen Besitzer auf Grund ihrer Macht praktisch ungehindert zu bestimmen vermochten, was mit dem weggenommenen Gut geschah.

Einer V e r m ö g e n s v e r f ü g u n g der Betroffenen bedurfte es nach § 253 StGB. nicht. Nach der zur Tatzeit geltenden und nach § 2a Abs. 2 StGB. noch jetzt anzuwendenden alten Fassung dieser Vorschrift genügt insoweit zum Tatbestande die Nötigung zu einer D u l d u n g.

In den Fällen A., P. und L. ist aber festgestellt, daß der Angeklagte die Betroffenen genötigt hat, die Wegnahme ihrer Wertsachen zu dulden. Dazu genügte ein bloßes Geschehenlassen der Wegnahme infolge der geübten Gewalt. Eine positive Vermögensverfügung der Opfer durch ein Handeln war für § 255 StGB. nicht erforderlich. Ob sich die Betroffenen infolge der gegen sie geübten Gewalt zur Duldung der Wegnahme besonders entschlossen haben, weil sie das Nutzlose eines etwaigen Widerstandes erwogen hatten, oder ob sie durch die vom Angeklagten geübte Gewalt von vornherein in eine solche seelische Verfassung versetzt waren, daß ihnen der Gedanke an Widerstand überhaupt nicht gekommen ist, so daß ein bewußt gewordener Willensentschluß bei ihnen nicht in Betracht kam, ist lediglich dafür wesentlich, ob räuberische Erpressung oder Raub vorliegt . . .

Dagegen ist § 245 Abs. 2 StPO. verletzt. Danach ist die Beweisaufnahme auf sämtliche vorgeladenen Zeugen und die anderen herbeigeschafften Beweismittel zu erstrecken. Die auf Beschluß des zuständigen Prozeßgerichts wegen weiter Entfernung richterlich vernommene Zeugin M. war zur Hauptverhandlung nicht geladen und nicht erschienen. Die Niederschrift über ihre Aussage lag zwar vor, ist aber nicht verlesen worden. Die Verlesung ist auch von keiner Seite beantragt worden, wie die Sitzungsniederschrift ergibt. Zur Vernehmung der Frau M. war es in der Weise gekommen, daß die Staatsanwaltschaft sie schon in der Anklageschrift als Zeugin anführte und ihre Vernehmung durch den ersuchten Richter beantragte. Die Niederschrift über ihre richterliche Vernehmung ist also auf Antrag der Staatsanwaltschaft und auf Veranlassung des erkennenden Gerichts zur Verwertung in der Hauptverhandlung entstanden. Sie zählt deshalb zu den „herbeigeschafften" und daher in der Hauptverhandlung von Amts wegen zu verwertenden Beweismitteln (§ 245 Abs. 2 StPO.). Eines Antrages auf Verlesung bedurfte es daher nicht. Die Möglichkeit, daß das Urteil auf diesem Verstoß beruhen könnte, liegt zwar fern, ist aber nicht sicher auszuschließen . . .

57. 1. Wer 1940 einen Hetzfilm gegen die Juden hergestellt hat, kann nicht deshalb mangelnde Ursächlichkeit seines Tuns für die Filmfolgen einwenden, weil die Juden ohnedies ebenso verfolgt worden wären. Nehmen mehrere an einer Straftat teil, so bezieht sich die Ursächlichkeit für den Taterfolg auf ihr gemeinsames Verhalten.

2. Zur Mitschädigung der jüdischen Volksgruppe im Sinne des KRG. 10 Art. II 1c durch öffentliche Filmvorführungen.

3. Die unzureichende Berücksichtigung geschichtlicher Tatsachen und der Erfahrung bei der rechtlichen Würdigung der Tatfeststellungen ist ein Rechtsverstoß.

4. Zur Anwendbarkeit der §§ 185, 187 StGB. bei Beleidigung durch öffentliche Filmvorführung. Bestimmbarkeit des Beleidigten bei Beleidigung durch eine Gesamtbezeichnung.

5. Ist eine Straftat nur noch nach Maßgabe des § 1 der VO. zur Beseitigung nationalsozialistischer Eingriffe in die Strafrechtspflege vom 23. Mai 1947 verfolgbar, so ist die Nebenklage unzulässig.

KRG. 10 II 1 c; StGB. §§ 185, 187, 194, 61, 67; VO. vom 23. Mai 1947 §§ 1; 10; StPO. §§ 337, 395.

Strafsenat. Urt. v. 12. Dezember 1949 g. H. StS 365/49.

I. Schwurgericht Hamburg.

Aus den Gründen:

I.

Dem Angeklagten, einem bekannten und vom Propagandaminister Goebbels mehrfach zu Sonderaufgaben herangezogenen Filmregisseur, wird vorgeworfen, als Mitverfasser des Drehbuchs und Regisseur des Films „Jud Süß" ein Verbrechen gegen die Menschlichkeit begangen und vier jüdische Mitbürger verleumdet zu haben (Art. II 1 c KRG. 10, § 187 StGB.). Er ist freigesprochen. Die Revision der Staatsanwaltschaft hat Erfolg.

Das Schwurgericht stellt zur Tat fest: Der Angeklagte hat seit 1936 durch erfolgreiche und zum Teil bedeutende Filme einen Namen und künstlerischen Ruf erlangt. Im Kriege haben seine Gagen mit Billigung des zuständigen Propagandaministeriums an der Spitze seiner

Berufsgruppe gelegen. Der NSDAP. oder einer ihrer Organisationen hat er nicht angehört. Er ist auch kein überzeugter Nationalsozialist und kein Antisemit gewesen, hat aus beruflichen Gründen aber Wert darauf gelegt, mit der Partei gut zu stehen. 1938 forderte das Propagandaministerium von allen deutschen Filmunternehmen die Herstellung judenfeindlicher Filme. Bereits vorher hatte die T.-Filmgesellschaft den Stoff „Jud Süß-Oppenheimer" erwogen, ein Drehbuch dafür besorgt und mit Wissen des Propagandaministeriums Probeaufnahmen mit bekannten Schauspielern veranstaltet, die aber mißfielen, weil alle diese Darsteller bewußt schlecht oder doch in verfehlter Rollenauffassung spielten, um sich der Mitwirkung bei diesem Film zu entziehen. Nunmehr übertrug Goebbels Anfang 1940 die Regie dem Angeklagten. Dieser suchte den ihm unangenehmen Auftrag unter Hinweis auf andere Verpflichtungen zunächst abzulehnen. Er bezeichnete das Drehbuch Goebbels gegenüber auch als unspielbar, als „dramatisierten Stürmer"; „es ergäbe nicht das Bild eines widerlichen Juden, sondern einen widerlichen Film". Goebbels pflichtete dem bei, gab dem Angeklagten auf, das Drehbuch nach eigener Auffassung umzugestalten und stattete ihn für seine Aufgabe mit Mitteln und Vollmachten aus. Daß sich der Angeklagte um die Aufgabe selbst bemüht hätte, ist nicht festgestellt.

Besondere geschichtliche Studien hat der Angeklagte für sein Drehbuch nicht betrieben. Sein Entwurf wurde vom Propagandaministerium gebilligt und später von Goebbels noch mehrfach nach eigenen Ideen geändert. Auch bei der Besetzung der Hauptrollen, über die der Propagandaminister entschied, ist der Angeklagte nicht hervorgetreten. Drehbuchänderung und Filmarbeit hat er dagegen mit Nachdruck betrieben, seine Aufgabe energisch durchgeführt und den Film bis zum Sommer 1940 fertiggestellt. Zusammenfassend stellt das Schwurgericht fest, der Angeklagte habe zwar einzelne Teile des ursprünglichen Drehbuchs übernommen; der endgültige Text, auf dem der Film in der vorgeführten Form beruht, stamme dagegen im wesentlichen, mit Ausnahme einiger Goebbels'scher Änderungen, besonders der Schlußszene, vom Angeklagten. Dieser sei „mindestens als mit dem Inhalt einverstanden anzusehen".

Der Film „Jud Süß", der hiernach neben Goebbels vor allem den Angeklagten zum geistigen und technischen Miturheber hat, ist nach der Feststellung des Schwurgerichts ein judenfeindlicher Hetzfilm. Er kleidet diese Tendenz, unter Vermeidung plumper Plattheiten, in beachtliche künstlerische Form. Den Hetzzweck des Films findet das Schwurgericht darin, daß er sich, abgesehen von offensichtlich erfundenen Szenen und der historischen Ungewißheit, die teilweise überhaupt über der Erscheinung des Süß-Oppenheimer liegt, nicht darauf beschränke, „einen schlechten Juden als Einzelpersönlichkeit zu zeigen", sondern „auch" darin, daß Süß-Oppenheimer als kennzeichnender Vertreter des Judentums a l l g e m e i n erscheine und „daneben allgemeine, vom Antisemitismus immer behauptete und kritisierte Judeneigenschaften zum Ausdruck kommen". Der Angeklagte habe es nicht vermieden, „die Einzelpersönlichkeit zum Typus einer Gruppe oder Rasse zu stempeln, oder gar durch Nebenfiguren angebliche Gruppen- oder Rasseeigenschaften b e t o n t n e g a t i v hervorzukehren". Dies führt das Urteil anhand der Filmhandlung im einzelnen aus. Zusammenfassend stellt es fest, der Film bringe alte Schlagworte der Judengegner anschaulich zur Geltung: Der Jude habe keine Heimat, er sei international, wolle im Verborgenen herrschen, um die Gastvölker auszuplündern; in seinen Mitteln sei er hemmungslos; er scheue keine Zwecklüge. Nicht nur einzelne Juden, „sondern jeder Jude gebe sich so"; der einzelne handele auch nicht für sich, sondern immer für seine Stammesgenossen. Alle diese Anwürfe münden in den nicht ausgesprochenen — nach dem Urteilszusammenhang dem Film aber zu entnehmenden — Grundsatz, jeder Jude sei schlecht; man müsse sich diese Schädlinge vom Leibe halten.

In alledem ist kein Rechtsirrtum des Schwurgerichts erkennbar. Auch die Revisionserwiderung der Verteidigung leugnet den Hetzcharakter des Films an sich nicht. Sie behauptet nur, der Angeklagte habe sich mit Erfolg bemüht, das „Stürmerniveau" des früheren Drehbuchs zu verlassen und in künstlerisch sauberer Arbeit eine menschlich anständige Lösung zustande zu bringen, vor allem durch die möglichst tendenzfreie Zeichnung des Süß-Oppenheimer. Erst Goebbels habe das Werk des Angeklagten durch geschickte propagandistische Zusätze im Hetzsinne wesentlich verändert. Allein damit kann der Angeklagte im Revisionsverfahren nicht gehört werden. Ganz abgesehen davon, daß dem Generalstaatsanwalt darin beizutreten wäre, daß der Film, wie das Schwurgericht ihn inhaltlich feststellt, auch ohne die von Goebbels stammenden Zusätze noch immer ein judenfeindlicher Hetzfilm von freilich künstlerischer Form bliebe, bieten die Urteilsfeststellungen diesem Gedankengange der Verteidigung keine Stütze ... (wird ausgeführt).

Das Schwurgericht geht im übrigen von dem Tatbestande des Unmenschlichkeitsverbrechens aus, den der Oberste Gerichtshof in ständiger Rechtsprechung auf Grund des KRG. 10 Art. II 1 c entwickelt hat. Es stellt fest, im Mittelpunkt des nach diesem Tatbestande erforderlichen, mit dem nationalsozialistischen System zusammenhängenden Angriffsverhaltens gegen die Juden habe hier als eigentlicher Filmurheber Goebbels gestanden, im Vordergrunde seiner Helfer dagegen der Angeklagte als Mitautor des Drehbuchs und Spielleiter. Er habe „Inhalt und Form des Hetzfilms entscheidend mitbestimmt" — der Film hat höchste Prädikate erhalten — „und ihm durch seine Kunst zum erfolgreichen An- und Ablauf" im Sinne der Judenverfolgung verholfen. Seine Tätigkeit sei daher ein tatbestandsmäßiges Angriffsverhalten gegen die Juden im Sinne des KGR. 10 Art. II 1 c. Zur inneren Tatseite ist ausgeführt, der Angeklagte habe nach der Art seiner Einlassung im Verfahren und nach seiner Persönlichkeit den judenfeindlichen Charakter des Films zur Tatzeit klar erkannt und „nicht aus den Augen verloren". Er habe „in dem ihm zunächst peinlichen Auftrag eine Chance gewittert, unter dem nationalsozialistischen Regime zu weiterem Ansehen und Erfolg zu kommen" und habe diese Möglichkeiten „keinesfalls mit der Gefahr eines beruflichen Rückschlags vertauschen" wollen.

Demgemäß hat das Schwurgericht — was hier vorwegzunehmen ist — einen Fall der §§ 52, 54 StGB. verneint (wird ausgeführt).

Nicht beizutreten ist dem Urteil dagegen darin, daß das in dem Hetzfilm verkörperte, gewollte tatbestandsmäßige Angriffsverhalten des Angeklagten gegen die

Juden keine erweisbaren F o l g e n im Sinne des KRG. 10 Art. II 1 c v e r u r s a c h t habe. Darin besteht im Gegenteil schon nach den bisher getroffenen Feststellungen kein Zweifel. Zu Unrecht beruft sich der Angeklagte hinsichtlich der Nichtursächlichkeit auf das Urteil StS 111/48 des Obersten Gerichtshofs (OGHSt. Bd. 1 S. 217), wo ausgeführt ist, Täter eines Verbrechens gegen die Menschlichkeit sei nur, wer den tatbestandsmäßigen Erfolg, nämlich die Schädigung des oder der Opfer im Sinne des KRG. 10 durch sein bewußtes Angriffsverhalten v e r u r s a c h t oder mitverursacht habe. Hieraus leitet das Schwurgericht und auch der Angeklagte den Schluß her, die Tat, hier die Filmherstellung, müsse eine nicht wegzudenkende Bedingung des Erfolges, hier also der Judenverfolgung sein. Nun stehe aber fest, daß die Juden in Deutschland von Hitler und dessen Anhängern ohne den Film „Jud Süß" ebenso und mit den gleichen Ergebnissen verfolgt worden wären. Diese seien von vornherein zu ihrem Vorgehen entschlossen und auch mächtig genug gewesen. Deshalb bilde das Angriffsverhalten des Angeklagten keine Ursache oder Mitursache der Judenverfolgung im Rechtssinne. Ein erfolglos gebliebenes Angriffsverhalten sei aber nicht tatbestandsmäßig. Damit ist der Tatbestand des Verbrechens gegen die Menschlichkeit an sich richtig erkannt. Auf den vorliegenden Sachverhalt, sowohl den festgestellten wie den geschichtlich erwiesenen, sind diese Rechtsgrundsätze aber unzutreffend angewandt. Verkannt ist der Begriff der U r s ä c h l i c h k e i t der Tat für den schädigenden Erfolg, aber auch die geschichtliche Erfahrung, nach der solche tatbestandsmäßigen Folgen der Filmwirkung bereits jetzt feststehen.

Zur Ursächlichkeit des Angriffsverhaltens für den Taterfolg ist zu sagen: Die vom OGH. bisher entschiedenen Fälle des Verbrechens gegen die Menschlichkeit, Anzeigetaten wie unmittelbare Verfolgungsfälle, unter ihnen auch die in OGHSt. Bd. 1 S. 217 entschiedene Sache StS 111/48, sind sämtlich dadurch gekennzeichnet, daß der oder die Täter in das Geschick bestimmter E i n z e l personen vorsätzlich unmittelbar eingegriffen und dadurch deren tatbestandsmäßige Schädigung bewirkt hatten. In allen diesen Fällen stand fest, daß es ohne das Täterverhalten gerade zu d i e s e r Schädigung des Opfers in dieser Weise und zu *dieser* Zeit nicht gekommen wäre. Dennoch ließe sich auch hier überall, zumindest soweit politische Gegner und Juden betroffen waren, bereits sagen, daß alle diese Opfer wegen des grundsätzlichen Verfolgungs*willens* und der geübten Verfolgungs*praxis* der damaligen Machthaber gegenüber ihrer Gruppe auch ohne das Eingreifen gerade *dieses* Täters an sich in demselben Umfange verfolgt worden wären. Für die Ausschreitungen gegen die Juden besonders in der „Kristallnacht" steht das mit hoher Gewißheit fest. Dennoch vermöchte kein Täter die Ursächlichkeit seines eigenen Angriffsverhaltens in diesen Fällen durch den Hinweis auf die unbezweifelbare Gesamtverfolgung auszuschließen. Denn der Täter eines Unmenschlichkeitsverbrechens ist nicht deshalb für die eigene Tat minder verantwortlich, weil sie sich in eine *allgemeine* Verfolgung eingliedert. Gerade dieser Umstand kennzeichnet das Verbrechen gegen die Menschlichkeit in besonderer Weise. Dem Generalstaatsanwalt ist vielmehr darin beizutreten, daß dann, wenn *mehrere* an einer Straftat teilnehmen, wie hier, die Ursächlichkeit ihres Verhaltens für den Taterfolg sich auf das gemeinsame *Tun* aller Beteiligten bezieht. Ein einzelner Beteiligter vermag sich daher nicht darauf zu berufen, daß andere denselben Taterfolg auch ohne seine Mitwirkung herbeigeführt haben würden.

Die Besonderheit des hier vorliegenden Falles ist nun die, daß sich die Tat des Angeklagten nicht gegen bestimmte Juden, sondern gegen eine ganze Gruppe, die Juden allgemein richtet, und daß der Angeklagte durch sein Tun, die Film*herstellung*, für sich allein einen Juden schwerlich *unmittelbar* zu schädigen vermochte. Eine Schädigung konnte vielmehr nur dadurch eintreten, daß der öffentlich gezeigte Film die bereits verfolgten Juden in ihrer Gesamtheit, vor allem die deutschen Juden, in der öffentlichen Meinung *weiter* herabwürdigte und dadurch in ihren Menschenrechten nachhaltig verletzte und auch dadurch, daß er andere zu Angriffen gegen die Juden veranlaßte oder sie jedenfalls geneigt machte, solche Angriffe Dritter zu dulden und unwidersprochen hinzunehmen. In beiden Fällen ist die rechtliche Ursächlichkeit des Films für den Taterfolg gegeben. In letzterer Beziehung besteht hier kein grundsätzlicher Unterschied zur Anzeigetat. Auch die tatbestandsmäßige Anzeige vermag den Angezeigten nicht unmittelbar zu schädigen, sondern nur durch das Eingreifen Dritter, das sie bewirkt, mitbewirkt oder sonst fördert. Unterbleibt dieses Eingreifen trotz der Anzeige, oder führt es nicht zur tatbestandsmäßigen Schädigung des Opfers, so liegt kein Verbrechen gegen die Menschlichkeit vor. Der Umstand, daß die Tat hier nicht bestimmte Juden, sondern alle bedroht und die meisten der Bedrohten auch schädigt oder mitschädigt, ändert daran nichts. Es kommt für die Ursächlichkeit der Verfolgungstat nicht darauf an, ob sich feststellen läßt, welcher Jude gerade infolge dieses Hetzfilms verfolgt oder schlimmer als sonst verfolgt worden ist. Denn es steht fest, daß die Gesamtheit der deutschen und auch anderer Juden vor und nach dem Erscheinen des Films schlimmer nationalsozialistischer Verfolgung ausgesetzt gewesen ist. Und nicht minder steht fest, daß die Tat des Angeklagten eines der vom Nationalsozialismus planmäßig eingesetzten Verfolgungsmittel bewußt geschaffen hat. Fraglich könnte daher hinsichtlich der Ursächlichkeit des Films für den tatbestandsmäßigen Erfolg nur noch sein, ob sich angesichts aller festgestellten und geschichtlichen Umstände etwa sagen ließe, gerade dieses Hetzmittel sei, entgegen allem Anschein, für den gedachten Zweck an sich völlig ungeeignet, oder aber ohne jeden Einfluß auf die Verfolgung geblieben. Daß ein entsprechend gestalteter Film der Judenhetze zu dienen vermag, bedarf nach den Feststellungen des Tatrichters über den Filminhalt, die auch die Verteidigung an sich nicht angreift, weiter keiner Darlegung. Aber auch die zweite Frage ist mit der Revision zu verneinen, und zwar zunächst in grundsätzlicher Beziehung; aber auch, soweit das Schwurgericht gewisse einzelne Auswirkungen meint verneinen zu sollen. Denn der Film hat tatbestandsmäßige Folgen mit Gewißheit ausgelöst, wie die folgenden Erwägungen auf Grund der Tatfeststellungen und der geschichtlichen Erfahrung ergeben. (Es folgen Ausführungen zur deutschen Judenverfolgung in den Jahren 1933 bis 1945. Das Urteil fährt dann fort:)

Schon hinsichtlich des Ursachenzusammenhangs ist oben ausgeführt, daß der Film die Juden bereits dadurch in tatbestandsmäßiger Weise als Gruppe geschädigt hat, daß er diese in Deutschland jahrelang rechtswidrig verfolgten Menschen durch seine weite Verbreitung in Deutschland und in den besetzten Ländern vom September 1940 ab in der öffentlichen Meinung weiter verunglimpft und herabgesetzt hat. Enthält ein geschickt gemachter Film die hier festgestellte Tendenz: „Alle Juden sind schlecht", und hämmert er dies im Rahmen einer erregenden Filmhandlung, die von ausgezeichneten Schauspielern gestaltet wird, etwa 19 Millionen Menschen in jahrelangen, zahllosen Vorführungen ein, so ist es klar, daß viele der Zuhörer der Hetzwirkung mehr oder weniger erliegen und in ihrem gesunden Urteil und ihrer ursprünglichen Menschlichkeit vergiftet werden. Es kommt hinzu, daß der Film offensichtlich nicht das einzige hierzu eingesetzte Hetzmittel der Nationalsozialisten gewesen ist. Wird die öffentliche Meinung aber in derartiger Weise gegen eine immerhin damals noch nach Millionen zählende Menschengruppe in Deutschland in inhumaner Weise beeinflußt, so ist bereits diese Massenwirkung mit ihren unvermeidlichen seelischen und körperlichen Folgen für die Betroffenen tatbestandsmäßig. Der von der Verteidigung betonte Umstand, darin könne nach den Vorgängen in den Jahren 1933 bis 1938 keine Steigerung der Judenverfolgung mehr gefunden werden, scheitert bereits an der Erwägung, daß auch ein bereits schwer verfolgter und gedemütigter Mensch immer weiter und mit immer härteren Mitteln verfolgt werden kann. Die Diffamierung kann sogar sein Leben überdauern.

Tatbestandsmäßige Folgen des Hetzfilms ergeben sich aber noch aus anderen Erwägungen. In vielen unverhetzten, in ihrer Gesamtheit menschlich, freiheitlich und rechtsstaatlich gesinnten Völkern gibt es einzelne und auch Gruppen von Judengegnern, die ihre Ansicht durch ihre Lebensführung kundgeben und wohl auch für sie werben. Dennoch vermag diese Haltung einzelner die menschliche und rechtliche Stellung der Juden als gleichberechtigter Staatsbürger dort nicht wesentlich zu beeinträchtigen. Die Gleichberechtigung und der Schutz der Gesetze sind ihnen sicher. So war es bis zum Aufkommen des Nationalsozialismus auch in Deutschland. Die vorher bereits vorhandenen Judengegner und ihre Schriften blieben verhältnismäßig einflußlos. Erst die unablässige, planvoll von Staat und Partei mit allen Mitteln moderner Massenbeeinflussung jahrelang folgerichtig durchgeführte, judenfeindliche Propaganda, der Andersgesinnte und auch die Juden selbst infolge der staatlichen Unterdrückung nichts entgegenzusetzen vermochten, hat bei zahlreichen Deutschen einen Meinungsumschwung zu Ungunsten der Juden bewirkt, zumindest aber die weitere abwehrende Anteilnahme an deren Schicksal erschwert und teilweise überdeckt („. . . . ., wie wir im inneren Deutschland selbst durch die zwingende Gewalt unserer Propaganda den jüdischen Weltfeind zu Boden geworfen haben." Hitler, Reichstagsrede am 30. Januar 1939.) Die Nationalsozialisten haben es also vermocht, das Rechtsgewissen des deutschen Volkes abzulenken und abzustumpfen. Nur auf dem so vorbereiteten Boden aber war die Judenverfolgung mit „gesetzlichen" und offen ungesetzlichen Mitteln und deren spätere Fortsetzung bis zur sogenannten „Endlösung" überhaupt erst möglich. Kleinere Kreise mögen diese Maßnahmen von vornherein gebilligt haben. Das Volk aber in seiner Gesamtheit mußte erst dazu veranlaßt werden, sie hinzunehmen und an ihrer Durchführung teilweise mitzuwirken. Hätten sich weite Kreise immer wieder offen oder versteckt gegen die Judenverfolgung gewandt — wie im Falle der Tötung von Geisteskranken dies besonders durch die Kirchen beider christlichen Bekenntnisse geschah — so wäre diese Steigerung des Terrors auf die Dauer undurchführbar gewesen, mindestens aber sehr erschwert und gehemmt worden. Auch die Nationalsozialisten bedurften, wie die Erfahrung lehrt, ihre eigene Propaganda zeigt und auch hinsichtlich des Films „Jud Süß" festgestellt ist, des Widerhalls ihrer Maßnahmen im Volke. Neben der Abschreckung von Gegnern brauchten sie im weitesten Maße auch die allgemeine Mitarbeit, zumal im Kriege. Diese setzte, wie auch das Schwurgericht erwägt, das innere Einverständnis des Volkes, zumindest aber den allgemeinen Glauben an die Richtigkeit der Regierungsmaßnahmen und also auch der Maßnahmen gegen die Juden zwingend voraus.

Auf dem Gebiet der Judenverfolgung war nun aber

eine derart breit wirkende Massenpropaganda mit den früher üblichen Gründen und Gedankengängen des Antisemitismus kaum möglich. Dazu bedurfte es des geschickt angebrachten Appells an menschliche Grundgefühle und moralische Wertmaßstäbe. Zu diesem Zweck wurde dem deutschen Volk ein vermeintlich allgemeines Bild des „Juden" entworfen und immer wieder eingeprägt, das ihn seinem Wesen nach, der Wahrheit zuwider, als Nichtkönner, unlauteren Wettbewerber, Lügner, Betrüger, Sittlichkeitsverbrecher und herrschsüchtigen Schädling schlechthin darstellte, mit dem es keine Gemeinschaft gebe. Das Schwurgericht stellt nun zutreffend fest, daß die Tendenz des vom Angeklagten hergestellten Films gerade darin hervortrete, daß der Film die nach heutigen Begriffen unerfreuliche und verwerfliche, nach Maßstäben des 18. Jahrhunderts aber nicht eigentlich außergewöhnliche und geschichtlich auch keineswegs in allen Einzelheiten feststehende Erscheinung des Süß-Oppenheimer als Urbild „des" Juden und damit angeblich des Schlechten darstellt und darstellen will. Gerade die stete, bildhaft eindringliche Wiederholung dieser unsachlichen Verzerrung einzelpersönlicher Eigenschaften aber versprach die erwartete, volkstümliche Breitenwirkung, zumal jede sachliche Gegenwirkung ausgeschlossen blieb. Auf dieser durch den Angeklagten mit geschaffenen Gefühlsgrundlage hat die weitere staatliche Verfolgung der Juden dann bekanntermaßen stattgefunden, mögen auch, wie das Urteil ausführt, nach wie vor „weite Kreise mit der Judenverfolgung unzufrieden" gewesen sein. Angesichts dieser Entwicklung der Dinge steht die Mitursächlichkeit des Films für die Judenverfolgung durch hetzerische Beeinflussung der öffentlichen Meinung im judenfeindlichen Sinne als einer wichtigen Grundlage der Verfolgung und Schädigung der Juden aber ebenfalls fest. Daneben kommt es auf die unmittelbare Einzelwirkung des einzelnen Propagandamittels nicht an, sofern es nur — woran hier nicht zu zweifeln ist — überhaupt für den Verfolgungszweck tauglich ist und dazu auch benutzt worden ist, was ebenfalls feststeht. Alle Maßnahmen der nationalsozialistischen Judenverfolgung, parteiamtliche, staatliche und von diesen veranlaßte und geförderte, haben gemeinsam den feststehenden Erfolg herbeigeführt. Ihre Urheber, Planende und bewußt mit freiem Willen Ausführende, sind daher gleichermaßen für sie verantwortlich. Der OGH. hat, wie die Revision mit Recht betont, die Judenverfolgung in Deutschland bereits früher als ein einziges, allerdings in zahllose Einzeltaten zerfallendes Massenverbrechen im Sinne des KRG. 10 Art. II 1 c gekennzeichnet (OGHSt. Bd. 2 S. 11, 12). Wer an ihm tätig, fördernd oder sonst im Sinne des Art. II 2 des KRG. 10 mitgewirkt hat, ist, wenn das gewollte Angriffsverhalten tatbestandsmäßige Wirkung gehabt hat, des Verbrechens gegen die Menschlichkeit als Täter schuldig. Die Frage, in welchem Maße der einzelne mitgewirkt hat, betrifft nicht die Schuldfrage, sondern die Straffrage.

Zu Unrecht meint das Schwurgericht angesichts dieses Zusammenhangs, jede Hetzpropaganda habe ihren „toten Punkt". Der Film habe bei seinem Erscheinen im August 1940 keine Steigerung der Judenfeindschaft mehr bewirken können. Dazu ist bereits oben Stellung genommen. Nicht die Möglichkeit einer solchen Steigerung ist entscheidend, sondern allein die unleugbare Möglichkeit der Verursachung weiterer tatbestandsmäßiger Folgen. Außerdem spricht, wie das Schwurgericht selbst nicht übersieht, der Umstand dagegen, daß Goebbels, zweifellos nicht ohne politischen Anlaß, auf die Herstellung des Films „Jud Süß" entscheidenden Wert gelegt, daß er ihm höchste Prädikate beigelegt hat und daß er ihn in zahllosen Veranstaltungen jahrelang Millionen Menschen hat vorführen lassen. Darunter haben sich trotz der vergiftenden Tendenz des Werks und seines teilweise dafür überhaupt ungeeigneten Inhalts (Eingangs- und Vergewaltigungsszene) auch zahllose Jugendliche über 14 Jahre befunden. Die damaligen Machthaber haben also ein Bedürfnis nach einem solchen Hetzfilm empfunden und ihm auf diese Weise genügt. Dieses Bedürfnis liegt im übrigen auch zutage; es ergibt sich, wie die geschichtliche Entwicklung lehrt, bereits aus ihrer politischen Planung.

In der Reichstagsrede am 30. Januar 1939 hat Hitler erklärt: „Ich will heute wieder ein Prophet sein: Wenn es dem internationalen Finanzjudentum in- und außerhalb

Europas gelingen sollte, die Völker noch einmal in einen Weltkrieg zu stürzen, dann wird das Ergebnis nicht... der Sieg des Judentums sein, sondern die Vernichtung der jüdischen Rasse in Europa". Als er dies erklärte, kann ihm der Ausbruch des längst vorbereiteten Krieges, wie das Verfahren vor dem Internationalen Militär-Tribunal gegen Göring und andere ergeben hat, nicht mehr ungewiß gewesen sein. Er hat den Zeitpunkt, der nach seinen Worten über die „Vernichtung des Judentums in Europa" entscheiden würde, bei dieser Rede also bereits vorausgesehen, wenn nicht sogar gekannt. Seine Drohung hat er, wie heute gleichfalls feststeht, in grauenvollem Umfange verwirklicht. Unter diesen geschichtlichen Umständen stellt das Schwurgericht an das Maß der erreichbaren richterlichen Überzeugung zu hohe und daher rechtsirrige Anforderungen, wenn es meint, nicht feststellen zu können, ob der Ausrottungsentschluß zur Zeit der Filmherstellung (Februar bis Mai 1940) bereits gefaßt war. Er war, wie die Rede zeigt, lange vorher erwogen und im Januar 1939 von Hitler öffentlich angekündigt. Im Zeitpunkt der Filmherstellung war die von Hitler angekündigte Voraussetzung der Judenvernichtung, nämlich der Krieg mit Deutschland, sogar bereits eingetreten. Da die Ausrottung der Juden von Hitler zum großen Teile auch durchgeführt worden ist, ist die Ernsthaftigkeit des Entschlusses dazu nicht, wie die Revisionsbeantwortung meint, zu bezweifeln. Daher kommt es auch nicht darauf an, welche Entschließungen opportunistischer Art etwa dazwischen liegen könnten. Stand die außerordentliche Verschärfung der Judenverfolgung im Jahre 1940 nun aber noch bevor, so war es unausbleiblich, daß die deutsche Öffentlichkeit trotz aller Geheimhaltung, die das Urteil hervorhebt, stückweise Einzelheiten darüber erfahren konnte. Diese Wahrnehmungen hätten dann Ausrottungsakte betroffen, also Umstände, die die in Deutschland vorher getroffenen und bekannten Judenmaßnahmen an Grausamkeit, Härte und Unmenschlichkeit bei weitem überstiegen. Diese Kenntnis mußte normalerweise Empörung hervorrufen; sie wäre, wie das Schwurgericht mit Recht betont, zumindest geeignet gewesen, die allgemeine Arbeitsbereitschaft und Willigkeit im Kriege, die den Nationalsozialisten so wesentlich war und sein mußte, stimmungsmäßig zu untergraben. Es lag daher nahe, solchen Folgen vorbeugend durch eine nachdrückliche, zielgerichtete Judenhetze zu begegnen. Daß diese im Ergebnis dann auch den deutschen Kriegsanstrengungen diente, ändert nichts daran, daß sie zugleich auch der Stützung und Deckung der verschärften Judenverfolgung gegen Kritik aus dem Volke dienen sollte und gedient hat. Während man die Juden im Osten und in den Konzentrationslagern massenweise tötete oder unausbleiblichen Seuchen hilflos aussetzte, verhetzte und „beruhigte" man das deutsche Volk in dieser Beziehung durch eine wohlberechnete Massenpropaganda, deren Kern die Behauptung war, daß man sich der „jüdischen Schädlinge" nur auf diese Weise wirksam entledigen könne und daß sie dieses Schicksal im Interesse der Erhaltung des deutschen Volkes auch verdienten. Ein nicht unwesentliches Werkzeug dieser zur Vernichtung der Juden gehörigen Hetze war der Film „Jud Süß". Die tatbestandsmäßige Schädigung der Juden durch den Film steht hiernach fest. Damit ist der äußere Tatbestand des KRG. 10 II 1 c erfüllt.

Unerheblich ist es hiernach, ob der Film „Jud Süß" geradezu zur Tötung von Juden auffordert, wie es das Internationale Militär-Tribunal im Urteil gegen Streicher für dessen Veröffentlichungen im „Stürmer" feststellt (Bd. 1 S. 341 der Amtlichen Ausgabe). Das Schwurgericht verneint das, obwohl sich in dem Film der Obrist von Roeder, ein rechtlicher Mann, auf die vielen Deutschen auch heute noch gewichtige Autorität eines Lutherworts beruft, das den „rechten Juden" dem Teufel gleichstellt und den „treuen Rat" gibt, „daß man ihre Synagogen und Schulen mit Feuer anzünde" — was $1^1/_2$ Jahre vorher in ganz Deutschland geschehen war —, „zum anderen, daß man ihnen nehme alle ihre Betbücher und Talmudisten, darin solche Abgötterei und Trug gelehret wird...". Kritische, leidenschaftslose Sachlichkeit ist nicht allen Menschen eigen und nicht jeder, der im 20. Jahrhundert lebt, nimmt in jeder Beziehung auch an der geistigen Erkenntnis der Gegenwart teil. Wer nun bereit ist, zu glauben, eine Synagogenbrandstiftung im Jahre 1938 lasse sich durch ein Lutherwort (1483—1546) nachträglich rechtfertigen oder doch entschuldigen, mag auch dazu neigen, die Beraubung, Mißhandlung und Tötung von Juden — nach der erwähnten Propaganda also von „Schädlingen" — für wenig strafwürdig zu halten. Die jüngste Vergangenheit lehrt unwiderleglich, daß nicht wenige Deutsche durch ihre Taten Anhaltspunkte für eine solche Denkweise gegeben haben. Hinzu treten noch die Schlußszene des Films, in der Süß-Oppenheimer, um Gnade winselnd, in einem Käfig g e h e n k t wird, die dann folgende Neuverkündung des Judenbanns — entsprechend den deutschen Nürnberger Gesetzen —, die Schlußproklamation „Mögen unsere Nachfahren an diesem Gesetz ehern festhalten, auf daß ihnen viel Leid erspart bleibe an ihrem Gut und Leben und an dem Blut ihrer Kinder und Kindeskinder" und — teilweise wider die geschichtliche Wahrheit — der Hinweis auf das „alte Reichskriminalgesetz; da steht f ü r a l l e E w i g k e i t : So aber ein Jude mit einer Christin sich fleischlich vermenget, soll er mit dem Strange vom Leben zum Tode gebracht werden!" Bei dieser mißleitenden Vermengung geschichtlicher Elemente mit Erfundenem in einem Film, der im Vorspann behauptet, Geschichtliches darzustellen, liegt die Annahme keineswegs fern, der Film vertrete j e d e s geeignete Verfolgungsmittel. Dabei wäre es für den äußeren Tatbestand unerheblich, daß die Schlußszene wesentlich von Goebbels selbst beeinflußt ist, was wiederum keine Zweifel an der Stärke ihrer Tendenz und an der des Gesamtfilms läßt. Indessen kann alles das dahinstehen, denn ein Verbrechen gegen die Menschlichkeit ist schon bei Mitursächlichkeit der Tat des Angeklagten für die Judenverfolgung ü b e r h a u p t gegeben . . .

Daraus ergibt sich zugleich, daß sich der Angeklagte im Film nicht auf a l l g e m e i n e antisemitische Ä u ß e r u n g e n beschränkt hat, so daß der Hinweis des Tatrichters auf das Urteil des Internationalen Militär-Tribunals zum Falle Fritsche (Bd. 1 S. 382), das einen weitaus weniger gewichtigen Sachverhalt feststellt, versagt.

II.

Rechtsbedenken bestehen auch gegen die Würdigung der Bekundungen des Zeugen P. und die hierauf und auf die Aussagen der Zeugen Oe., D., A. und Wo. gestützte

Feststellung, der Film habe auch keine feststellbaren tatbestandsmäßigen Folgen für einzelne Juden oder für bestimmte kleinere Gruppen von solchen gehabt. Die Aussage des damaligen KZ-Häftlings Pe. ist vom Schwurgericht in rechtlich nicht haltbarer Weise verwertet. Der Zeuge hat nach dem Urteil glaubwürdig und unmißverständlich bekundet, Ende 1940 oder Anfang 1941 hätten die im Konzentrationslager Sachsenhausen befindlichen etwa 25 Juden, darunter er selbst, innerhalb der Arbeitszeit antreten müssen. Unter Hinweis auf den dem Lagerpersonal soeben vorgeführten Film „Jud Süß" sei „fast jeder" dieser Juden zehnmal mit einem Ochsenziemer geschlagen worden. Wenn das Schwurgericht gegenüber einer so völlig eindeutigen Bekundung, an deren Wahrheit es selbst nicht zweifelt, auf die auch sonst üblichen häufigen Mißhandlungen der Häftlinge hinweist, die es zweifelhaft machten, ob der Film in diesen Fällen nicht nur der Anlaß für eine ohnedies gewollte Mißhandlung gewesen sei, so verkennt es auch hier den Begriff der Ursache im Rechtssinne. Ist festgestellt, daß die Häftlinge im Lager, nicht nur die Juden, häufig und grundlos mißhandelt worden sind und außerdem, daß hier aus den Häftlingen nur die Juden zusammengeholt und unter Hinweis auf den Film mißhandelt worden sind, so ist es gleichgültig, ob der Film der einzige oder nur ein weiterer „Anlaß" zur Mißhandlung gewesen ist. Denn dieser „Anlaß" war nach dem festgestellten Hergang in Wahrheit eine Ursache, nämlich die den Bewachern durch den Film vor Augen geführte „Schlechtigkeit" der Juden, die den Wunsch in ihnen wachgerufen hatte, die erreichbaren Juden alsbald zu mißhandeln. Wollte der Tatrichter in dieser Beziehung bei so klarem Sachverhalt noch weitere Anhaltspunkte für seine Überzeugungsbildung fordern, so würde er außerdem die der menschlichen Erkenntnis überhaupt gezogenen Grenzen verkennen (vgl. RGSt. Bd. 61 S. 206). Und endlich hätte eine solche rechtlich unzulässige Beweisüberspannung das überaus befremdliche Ergebnis, daß derjenige, der ohnedies bereits unter fortgesetzten willkürlichen Mißhandlungen zu leiden gehabt hat, dann Beweiserschwerungen gegenüberstünde, wenn es sich später darum handelt, die Ursachen einzelner Mißhandlungen festzustellen und deren Urheber zur Verantwortung zu ziehen. Es liegt auf der Hand, daß ein solches Ereignis rechtlich nicht zutreffend sein kann.

Unzutreffend ist es auch, wenn das Schwurgericht in einigen dieser Einzelfälle ausführt, es handele sich um weniger schwerwiegende Vorfälle „ohne unmenschliche Breiten- und Tiefenwirkung". Es braucht nicht erörtert zu werden, was es beispielsweise für einen Menschen seelisch bedeuten kann, sich nur aus Gründen des Rassenhasses und der Verhetzung unversehens der Zuneigung eines anderen beraubt und dessen Verachtung ausgesetzt zu sehen, und zwar als Folge einer in ihrer Wirkung nicht abzusehenden Gruppenverfolgung (Zeuge A.). Denn das Urteil krankt insoweit an einer rechtlich verfehlten, vereinzelnden Betrachtung. Es verkennt, daß die in der Beweisaufnahme jetzt nach Jahren und nach der Zerstreuung der deutschen Juden über viele Länder nur noch hervorgetretenen wenigen Fälle sämtlich nicht zufällige Einzelfälle sind. Sie entspringen vielmehr allesamt der einheitlichen, in diesen Jahren betriebenen Judenverfolgung und sind nur einzelne, besondere Anzeichen einer gegenüber allen Juden gewollten und auch erreichten unmenschlichen Schädigung. Der OGH. hat häufig Anlaß genommen, darauf hinzuweisen, daß sich die Folgen zahlreicher Unmenschlichkeitsverbrechen gerade dadurch als besonders schwer kennzeichnen, daß diese allesamt Teilstücke einer einheitlichen Gruppenverfolgung sind. Dies ist ein rechtlich wesentlicher Umstand, der, wie auch hier, nicht immer die nötige Beachtung der Instanzgerichte findet, für das Verständnis der Schwere der Verbrechen gegen die Menschlichkeit aber offensichlich maßgebende Bedeutung hat. Der Verteidigung ist zuzustimmen, wenn sie ausführt, daß als Täter dieses Massenverbrechens zuerst dessen eigentliche Urheber in Betracht kommen. Daran besteht rechtlich kein Zweifel. Dagegen ist nicht einzusehen und nach der Fassung des Art. II 2 des KRG. 10 auch nicht zutreffend, warum derjenige nicht als Täter eines Unmenschlichkeitsverbrechens — eines Teilstücks des Gesamtverbrechens — verantwortlich sein soll, der in tatbestandsmäßiger Weise und mit ebensolchen Folgen daran mitgewirkt hat.

Unzutreffend ist endlich die Ansicht der Verteidigung, im Verhältnis zu der Millionenzahl von Menschen, die den Film gesehen haben, falle die Mißhandlung der etwa 25 Juden im Lager Sachsenhausen aus „Anlaß" der Filmvorführung selbst dann nicht ins Gewicht, wenn sie als vom Film verursacht feststehe. Damit soll offenbar gesagt sein, ein Film, der entgegen einer bei jedem Film vorauszusetzenden Breitenwirkung „nur" so verhältnismäßig geringe festgestellte Einzelwirkungen gehabt habe, könne kein Hetzfilm sein. Dieser Schluß ist bereits vom Schwurgericht und oben widerlegt. Hat der Film aber die dargelegte Hetzwirkung gehabt, so ist nicht ersichtlich, warum die durch ihn bewirkte Mißhandlung von 25 hilf- und schuldlosen Menschen mit Ochsenziemern im Konzentrationslager kein Verbrechen gegen die Menschlichkeit sein soll. Die Gesamtverfolgung der Juden durch den Nationalsozialismus ist kein unteilbares Ganzes. Sie bestand vielmehr aus unzähligen einzelnen Handlungen, die gegenüber der Furchtbarkeit des Gesamterfolgs zwar an Schwere zurücktreten mögen, aber strafrechtlich dadurch keineswegs bedeutungslos werden. Wesentliche unmittelbare Tatfolgen im Sinne des KRG. 10 Art. II 1 c stehen somit schon auf Grund der Urteilsfeststellungen ebenfalls fest.

Anders liegt es beim inneren Tatbestande des KRG. 10 Art. II 1 c. Von seinem Rechtsstandpunkte aus hatte das Schwurgericht keinen Anlaß, ihn zu prüfen; es hat ihn vielmehr dahingestellt gelassen. Diese Prüfung wird nachzuholen sein. Dem Generalstaatsanwalt ist darin beizutreten, daß dem Angeklagten Gelegenheit gegeben werden muß, sich zur inneren Tatseite nach den zum äußeren Tatbestande nunmehr feststehenden rechtlichen Gesichtspunkten und gegenüber den neu zu treffenden Feststellungen zu verteidigen, nachdem der abweichende Rechtsstandpunkt des Schwurgerichts diese Verteidigung bisher möglicherweise in den Hintergrund hat treten lassen. Dabei wird zu erwägen sein: Mit der Behauptung, die Hitlerrede vom 30. Januar 1939 nicht gekannt oder in diesem Teile nicht ernst genommen zu haben, kann sich der Angeklagte schon deshalb nicht entlasten, weil es, wie dargelegt, für die Tatbestandsmäßigkeit der Filmfolgen nicht auf die Ausrottung der Juden ankommt, die in dieser Rede angekündigt wurde. Für die innere Tatseite ist es auch nicht entscheidend, ob der Angeklagte, als er den Film schuf, die weitere grauenvolle Entwicklung der Judenverfolgung im einzelnen vor Augen gehabt, erwogen, oder sogar gewollt hat. Zur Schuld genügt es vielmehr, wenn sich feststellen läßt, daß der Angeklagte, der angesichts der bisherigen, ihm bekannten, umfassenden Judenverfolgung auf den Wunsch der von Goebbels vertretenen Drahtzieher dieser Verfolgung bewußt und im Rechtssinne ohne Zwang einen judenfeindlichen Hetzfilm geschaffen hat, ihm erkennbar dazu beigetragen hat, die bisherige Judenverfolgung in der dargelegten Weise in der öffentlichen Meinung zu decken und die künftige irgendwie unmittelbar oder mittelbar zu unterstützen. Daß der Angeklagte etwa geglaubt haben könnte, sein Film stelle den Abschluß des nationalsozialistischen Vorgehens gegen die Juden dar, erscheint nach den bisherigen Urteilsfeststellungen ausgeschlossen. Für eine solche Annahme des Angeklagten spricht nichts, gegen sie alles. Mit alledem wird dem Angeklagten nicht, wie die Verteidigung meint, fremde Schuld aufgebürdet. Diese rechtliche Würdigung richtet sich vielmehr allein nach seinem eigenen Verhalten. Es mag sein und trifft in politisch erregten Zeiten für viele Menschen zu, daß er zu seinem Tun aus sich selbst heraus niemals gekommen wäre. Deshalb kann seine Schuld von derjenigen der Hauptschuldigen an der nationalsozialistischen Verhetzung der Deutschen auch durchaus verschieden sein, und zwar sowohl dem Wesen wie dem Grade nach. Das würde aber dennoch nichts daran ändern, daß er das von anderen entzündete Feuer des Judenhasses aus den verschiedensten persönlichen Gründen in der naheliegenden Erkenntnis verderblicher Folgen bewußt geschürt haben kann. Es liegt auf der Hand, daß dem politischen Fanatiker Goebbels auch aus der Gleichgültigkeit, der Schwäche, der Angst, dem Ehrgeiz, dem Erwerbssinn und vielen anderen ineinandergreifenden Triebkräften seiner Umwelt Verbrechenshelfer erwachsen sein können, deren Schuld im einzelnen verschieden schwer sein mag, aber mit Rücksicht auf ihre verderblichen Folgen keineswegs belanglos ist. Gerade rechtsstaatliche Gesichtspunkte fordern diesen vom OGH. zum KRG. 10

immer wiederholten Hinweis auf die Verschiedenartigkeit der möglichen Beweggründe für die Beteiligung einzelner an der nationalsozialistischen Gruppenverfolgung und ihrer unmenschlichen Folgen...

III.

Das angefochtene Urteil enthält endlich noch unter der Überschrift „Der Film als Ehrenkränkung der Juden" Ausführungen darüber, die Behauptung der Anklage, die im Film enthaltene Ehrenkränkung der Juden sei auch eine „Unmenschlichkeitsfolge" — gemeint ist offensichtlich eine im Sinne des KRG. 10 tatbestandsmäßige Schädigung der Juden —, führe zugleich zu der Frage, ob auch ein Vergehen gegen die §§ 185, 187 StGB. vorliege. Das Schwurgericht will damit anscheinend beide Fragen zugleich prüfen und verneint beide. Soweit die Verletzung des § 187 StGB. in Betracht kommt, ist ihm beizutreten.

Unerörtert bleibt im Urteil zunächst, ob dem Antragserfordernis (§§ 194, 61 StGB.) genügt ist. Das Urteil stellt lediglich fest, die vier Strafanträge seien „formgültig und rechtzeitig" gestellt, ohne erkennen zu lassen, was es unter rechtzeitig versteht. Zwar ergibt die Sitzungsniederschrift, daß die vier Nebenkläger am 7. Juli 1948 Strafantrag wegen verleumderischer Beleidigung gestellt haben, nicht aber, wann jeder dieser Antragsteller von der strafbaren Handlung und der Person des Täters hinreichend sichere Kenntnis erlangt hat, um vernünftigerweise die Frage einer Beleidigung oder Verleumdung (§§ 185, 187 StGB.) durch die früheren öffentlichen Vorführungen des Films beurteilen zu können. Darüber spricht sich nur die Anklageschrift aus. Das Urteil trifft dazu keine Feststellungen, so daß nicht erkennbar wird, ob das Schwurgericht die Anklagebehauptungen insoweit für erwiesen erachtet hat. Diese für die Strafverfolgung wegen Beleidigung und auch für die Zulässigkeit der Nebenklage — wie noch zu erörtern ist — wesentliche Prozeßvoraussetzung wird das Schwurgericht näher behandeln müssen. Sind die Strafanträge nicht rechtzeitig gestellt (§ 61 StGB.), so entfällt die Strafverfolgung nach dem 14. Abschnitt des StGB. und zugleich mit dem Verlust des Privatklagerechts auch die Zulässigkeit der Nebenklagen (§§ 395, 374 StPO.), ohne daß es auf Verjährung und auf die Tragweite des § 10 der VO. vom 23. Mai 1947 weiter ankäme.

Ist dem Antragserfordernis dagegen genügt, so ist zwar § 185, nicht dagegen § 187 StGB. anwendbar. Dem Schwurgericht ist — mit dem Generalstaatsanwalt — darin beizutreten, daß § 187 nicht bloße Werturteile, sondern nur wider besseres Wissen behauptete T a t - s a c h e n trifft. Die Vorschrift ist also dann nicht verletzt, wenn ein etwaiges tatsächliches Vorbringen gegenüber dem g e w o l l t e n W e r t u r t e i l so sehr zurücktritt, daß es n u r dazu dient, dieses näher zu erläutern und zu begründen. Denn in einem solchen Falle liegt eben nichts als ein in tatsächlicher Beziehung erläutertes Werturteil vor. Die Grenzen zwischen diesem und der Tatsachenbehauptung sind flüssig und vom Revisionsgericht so hinzunehmen, wie der Tatrichter sie ohne Rechtsirrtum gezogen hat (RGSt. Bd. 64 S. 12). Ohne Zweifel ist nun die festgestellte Gesamttendenz des Films „Jeder Jude ist schlecht" keine beweisbare Tatsachenbehauptung, sondern ein bloßes, offensichtlich unsinniges Werturteil. Dasselbe gilt auch, soweit der Film durch seine Handlung allgemein andeutet, „der Jude", verkörpert durch Süß-Oppenheimer, bedrücke das Volk, sauge es aus, strebe nach der Herrschaft und stelle den Mädchen nach. Alles das gehört mehr oder weniger zu denjenigen von den Judengegnern immer wieder erhobenen Anwürfen, die ihrem Wesen nach bloße, dem Beweise unzugängliche Behauptungen und Prognosen darstellen, nicht aber Geschehenes oder Bestehendes behaupten wollen, das in die Wirklichkeit getreten und dem Beweise zugänglich ist (RGSt. Bd. 41 S. 194). Insoweit ist also kein Rechtsirrtum ersichtlich.

Nicht beizutreten ist dem Urteil dagegen, soweit es den § 185 StGB. für unanwendbar hält. Auch insoweit ist die Strafverfolgung, entgegen der Ansicht des Schwurgerichts, nicht verjährt. Die hier allein in Betracht kommende erste Begehungsform der Beleidigung ist im Höchstbetrage mit einem Jahre Gefängnis bedroht und verjährt daher nach fünf Jahren (§ 67 Abs. 2, 1. Halbsatz). Das Schwurgericht entnimmt nun dem § 67 Abs. 4 StGB., die Verjährung beginne mit „dem Abschluß der rechtsverletzenden Tätigkeit des Angeklagten", also im

August/September 1940, „ohne Rücksicht darauf, daß sich der strafrechtliche Erfolg, das heißt die beleidigende Wirkung, wegen der jahrelangen Aufführung des Films noch oft und langdauernd wiederholt" habe. Damit ist aber der Absatz 4 des § 67 StGB. verkannt und das Wesen der durch das fortgesetzte Vorführen eines Films verübten Beleidigung außer Acht gelassen. Als Erfolg im Sinne des § 67 Abs. 4 StGB. gelten an sich nur solche Umstände, die zum erfüllten gesetzlichen Tatbestande hinzutreten und ihn besonders kennzeichnen, wie etwa in den Fällen der §§ 224, 226 StGB. (RGSt. Bd. 42 S. 172). Ein Erfolg in diesem Sinne soll nach § 67 Abs. 4 für den Verjährungsbeginn außer Betracht bleiben. Diese Erwägung trifft den vorliegenden Sachverhalt aber überhaupt nicht. Denn die Beleidigung ist kein Erfolgsdelikt. Die Verjährung läuft daher bei § 185, wie auch sonst, von der begangenen Tat, also von deren Vollendung ab. Vollendet ist eine Beleidigung, sobald die vorsätzliche Mißachtungs- oder Nichtachtungskundgebung mit Willen des Täters zur Kenntnis eines anderen kommt, der sie so auffaßt. Mit Recht hebt nun die Revision hervor, daß dies bei einem Film mit unzweifelhaft beleidigendem Inhalt im Sinne des § 185 StGB. solange der Fall sei, als der Film öffentlich gezeigt werde, hier also sehr wahrscheinlich bis Ende 1944 oder Anfang 1945. Zwar hat der Angeklagte auf die Vorführung des Films weiter keinen Einfluß gehabt; er hat ihn aber zwecks Vorführung geschaffen. Daraus wiederum ergibt sich, daß der Angeklagte, je nach der letzten öffentlichen Vorführung des Films, wahrscheinlich wegen tateinheitlich mit dem Verbrechen gegen die Menschlichkeit zusammentreffender Beleidigung ohne Rücksicht auf die Verjährungsunterbrechung durch die VO. vom 23. Mai 1947 schon nach § 67 StGB. noch verfolgt werden kann, sofern zumindest einer der Strafanträge rechtzeitig gestellt ist. Die Nebenklagen, die sonst nach § 10 der VO. vom 23. Mai 1947 unzulässig wären (vgl. OLG. Köln HESt. 1, 219; Hamm MDR. 1949 S. 121; Kiel SchlHA. 1948 S. 145) — was das Oberlandesgericht in seiner Beschwerdeentscheidung außer Acht gelassen hat — würden dann, wie § 395 StPO. ergibt, keinen Verfahrensbedenken begegnen.

An ausreichender Bestimmtheit der Beleidigten würde

es nicht fehlen. Inwieweit Personeneinheiten insgesamt beleidigungsfähig sind, kann dahinstehen. Jedenfalls ist dem Reichsgericht mit dem Generalstaatsanwalt darin beizutreten, daß bestimmte Einzelpersonen — hier die Antragsteller — dann unter einer Gesamtbezeichnung beleidigt werden können, wenn sich die bekundete Mißachtung erkennbar auch auf sie zu beziehen vermag und der Täter dies erkannt hat (RGSt. Bd. 52 S. 160). Zumindest seit der Sondergesetzgebung des nationalsozialistischen Staates waren nun die deutschen Juden eine unter Sonderrecht stehende und deshalb in jeder Beziehung scharf abgegrenzte Volksgruppe. Eine den Grundgedanken „Alle Juden sind schlecht; haltet euch diese Schädlinge vom Leibe" verkörpernde Filmhandlung beleidigte daher ohne weiteres alle Angehörigen dieser Volksgruppe, weil sie ausreichend bestimmt waren, und zwar auch dann, wenn der Angeklagte nicht einzeln auf sie abgezielt hat.

Zum Beleidigungsvorsatz ist Näheres noch festzustellen. Die bisherigen Feststellungen lassen in dieser Hinsicht keine Schlüsse zu. Wenn sich der Angeklagte über die hetzerische Wirkung des Films auch im klaren gewesen ist, so kann ihm ein Beleidigungsvorsatz, also ein Handeln in dem Bewußtsein, daß der Film eine Mißachtung der Juden in Deutschland bekunde, doch ferngelegen haben. Dies etwa dann, wenn er den Wünschen Goebbels' nachgegeben haben sollte, weil ihm das aus persönlichen Gründen zweckmäßig schien, ohne an den beleidigenden Charakter zahlreicher Filmszenen auch nur zu denken. Eine Beleidigungsabsicht braucht dagegen nicht vorgelegen zu haben.

Die Entscheidung entspricht dem Antrage des Generalstaatsanwalts.

---

58. 1. Verletzt dieselbe Handlung Art. II 1 c des KRG. 10 und deutsches Strafrecht, so ist § 73 StGB. auch dann anzuwenden, wenn das Verhalten der Urheber oder verantwortlichen Leiter von Massenverbrechen zu beurteilen ist.

2. Die Zugehörigkeit zu einer verbrecherischen Organisation im Sinne des Art. II 2 e KRG. 10 als Beteiligungsform am Verbrechen gegen die Menschlichkeit setzt

voraus, daß sie die konkrete Tat mitverursacht und der Handelnde sich auch dessen bewußt ist.

3. Erfährt der Posten vor einem SA-Heim erst während seines Dienstes, daß in dem von ihm bewachten Heim Verbrechen gegen die Menschlichkeit begangen werden, so ist ihm eine angemessene Zeit der Überlegung zuzubilligen, um zur Erkenntnis der Pflicht zu kommen, daß er die Dienstverrichtung nicht fortsetzen darf. Erst nach Ablauf dieser Zeit kann in der Fortsetzung der Tätigkeit ein bewußter Beitrag zum Unmenschlichkeitsverbrechen liegen.

4. Zur Frage der Verbrechenseinheit und Verbrechensmehrheit beim Unmenschlichkeitsverbrechen.

KRG. 10 Art. II 1 c, II 2 e; StGB. § 73.

Strafsenat. Urt. v. 18. Dezember 1949 g. L. u. a. StS. 189/49.

I. Landgericht Braunschweig.

II. Oberlandesgericht Braunschweig.

Aus den Gründen:

Mit Recht bemängelt die Revision der StA., daß die Strafkammer das Verhalten L.s nur als Verbrechen gegen die Menschlichkeit und nicht auch nach deutschem Strafrecht beurteilt hat. Der OGH. hat ständig dahin entschieden, daß dieselbe Handlung sowohl den Art. II 1 c des KRG. 10 wie deutsche Strafgesetze verletzen kann und daß dann grundsätzlich § 73 StGB. anzuwenden ist (vgl. OGHSt. Bd. 1 S. 105, 108 und S. 198, 201). Die — zeitlich vor diesen Entscheidungen ausgesprochene — Auffassung des angefochtenen Urteils, daß Art. II 1 c des KRG. 10 gegenüber dem deutschen Strafrecht stets als Sondergesetz (lex specialis) anzusehen sei, kann auch bei erneuter Prüfung nicht als richtig anerkannt werden. Der OGH. hat es bisher nur in Anzeigefällen unter bestimmten Voraussetzungen für zutreffend erklärt, daß das Verhalten des Anzeigenden allein unter dem Gesichtspunkt des Verbrechens gegen die Menschlichkeit beurteilt werde. Der Vorlegungsbeschluß ist der Ansicht, daß die Gründe, die den OGH. hierzu bestimmt haben, auch bei Massenverbrechen zutreffen, soweit dabei das Verhalten der Urheber, der Leiter der Ausschreitungen oder der sonst verantwortlichen F ü h r e r in Frage steht. Dem kann jedoch nicht zugestimmt werden. Für seine Auffassung führt der Vorlegungsbeschluß an: Das KRG. 10 wolle hier gerade die Häufung der Verbrechen also solche, als kriminelle Gesamterscheinung strafrechtlich erfassen, da die Betrachtung der Einzelheiten die menschliche, politische und damit auch strafrechtliche Bedeutung des Gesamtvorganges, zum Beispiel bei der Ausübung politischen Terrors zu einem bestimmten Zweck oder bei der Ausrottung eines ganzen Bevölkerungsteils, nicht erschöpfen würde. Hinzu komme, daß auch bei zentral befohlenen, gesteuerten oder begünstigten Massenverbrechen die Durchführung i m e i n - z e l n e n durch die ausführenden Organe sich sehr häufig ebenso wenig wie in den Fällen der politischen Anzeige aufklären lasse. Es sei in diesen Fällen kaum möglich, nach deutschem Strafrecht mit hinreichender Sicherheit noch festzustellen, wieweit auf seiten der verantwortlichen Führer oder Leiter Anstiftung vorliege oder die Ausführenden zur Tat ohnehin bereits fest entschlossen seien, ob mittelbare Täterschaft, Beihilfe oder Begünstigung in Betracht komme. Wollte man auch in diesen Fällen nach § 73 StGB. verfahren, so würde wie im Falle der politischen Anzeige die Verurteilung nach deutschem Strafrecht mehr oder weniger von dem zufälligen Umstande der Aufklärbarkeit der oft unübersehbaren Einzelvorkommnisse abhängen. Der praktischen Durchführung würden sich auch solche Schwierigkeiten entgegenstellen, daß eine hinreichend genaue und zeitgerechte Erledigung solcher Verfahren in Frage gestellt werde, ganz abgesehen davon, daß es nahezu unmöglich sei, dann den erkennenden Teil des Urteils in verständlicher Form abzufassen.

Demgegenüber ist jedoch zu bemerken:

Daß bei Vorgängen, die Verbrechen gegen die Menschlichkeit sind, die deutschrechtliche Betrachtung den strafrechtlichen Gehalt nicht ausschöpft, trifft nicht nur bei d e n Ereignissen zu, die der Vorlegungsbeschluß aus dem Gesamtbereich der Verbrechen gegen die Menschlichkeit unter der Bezeichnung Massenverbrechen herausgreifen will. Auch ein als Verbrechen gegen die Menschlichkeit zu beurteilendes Einzelvorkommnis ist stets irgendwie

Teil einer Massenerscheinung. Es gehört zu den wesentlichen Merkmalen des Tatbestandes, daß das Angriffsverhalten wie die Schädigung des Opfers mit der nationalsozialistischen Gewalt- und Willkürherrschaft eng zusammenhängt. Bei den „Massenverbrechen", die der Vorlegungsbeschluß im Auge hat, ist dieser Zusammenhang nur besonders sinnfällig. Daß der strafrechtliche Gehalt eines Vorgangs nicht in ihm allein liegt, sondern gerade darin besteht, daß er mit Vorgängen ähnlicher Art im engsten Zusammenhang steht und darin seine besondere rechtliche Eigenart liegt, ist also kein Gesichtspunkt, der die Massenverbrechen, die der Vorlegungsbeschluß meint, von anderen Verbrechen gegen die Menschlichkeit zu unterscheiden vermöchte. Wollte man der Rechtsauffassung des Vorlegungsbeschlusses folgen, würde es also an jedem einigermaßen sicheren Maßstab dafür fehlen, wann nach § 73 StGB. verfahren werden sollte und wann nicht.

Daß sich ohne die Anwendung deutschen Strafrechts und bei ausschließlicher Beurteilung des Sachverhalts nach Art. II 1 c des KRG. 10 die Verhandlung und Entscheidung bisweilen vereinfachen würde, mag zutreffen. Das ist aber kein Grund, den § 73 StGB. nicht anzuwenden. Der Senat hat auch die für bestimmte Fälle der Anzeigeverbrechen zugelassene Ausnahme nicht mit den Schwierigkeiten der Aufklärung, sondern damit begründet, daß sie dem Willen des Gesetzgebers entspricht, der mit Rücksicht auf diese Schwierigkeiten das deutsche Strafrecht in diesen Fällen als unzulänglich ansah und darum das KRG. 10 allein angewendet wissen wollte. Es fehlt jedoch an jedem sicheren Anzeichen dafür, daß er bei der Beurteilung des Verhaltens der Urheber von Massenverbrechen Ähnliches gewollt hat. Im übrigen sind die vom Vorlegungsbeschluß angeführten Schwierigkeiten keinesfalls so groß, daß in ihnen ein beachtlicher Grund gegen die Anwendung deutschen Strafrechts auf die Urheber und Leiter von Massenverbrechen erblickt werden müßte. Sie bestehen überhaupt nicht, soweit es sich um die Feststellungen zur äußeren Tatseite handelt, weil nach deutschem Strafrecht wie nach dem KRG. 10 in jedem Falle Ursächlichkeit des Verhaltens für den Erfolg gegeben sein muß. Zur inneren Tatseite erfordert die Anwendung deutschen Strafrechts allerdings unter Umständen eingehendere Feststellungen. Zum Unterschiede von den Anzeigefällen, in denen der Täter sein Opfer von vornherein einem ungewissen Schicksal überantwortet, auf dessen Gestaltung er regelmäßig keinen Einfluß behält, so daß ausreichende Feststellungen zur inneren Tatseite und die zutreffende Beurteilung nach deutschem Strafrecht allerdings gelegentlich ernstlichen Schwierigkeiten begegnen, behalten bei den Massenverbrechen, die der Vorlegungsbeschluß im Auge hat, die Urheber und verantwortlichen Führer die Tatherrschaft jedoch weitgehend in der Hand, indem sie ihren Willen durch Anordnungen, Weisungen und Befehle auf die Ausführenden übertragen. Sie werden daher, auch wenn sie bei den eigentlichen Ausführungsbehandlungen nicht eigenhändig mitwirken, auch bei deutschrechtlicher Betrachtung regelmäßig nur als Täter, allenfalls als Anstifter in Betracht kommen. Ergibt sich, daß ihre Weisungen und Befehle zu zahlreichen Einzelverbrechen geführt haben, so bedeutet das auch nicht n o t w e n d i g , daß sich die Urheber und verantwortlichen Führer bei deutschrechtlicher Betrachtung aller dieser Verbrechen in T a t - m e h r h e i t schuldig gemacht haben müßten. Vor allem dann, wenn sich die Zahl der Opfer nicht genau ermitteln läßt, kann unter dem Gesichtspunkt der Handlungseinheit das Verhalten der Urheber und Leiter auch bei deutschrechtlicher Betrachtungsweise unter Umständen nur e i n e Straftat sein, selbst wenn durch die einzelnen Ausführungshandlungen zahlreiche Opfer in höchstpersönlichen Rechtsgütern verletzt sein sollten. So hat der OGH. in OGHSt. Bd. 1 S. 321, 342 und Bd. 2 S. 117, 134 im Falle der während des Krieges durchgeführten Massentötung von Geisteskranken anerkannt, daß trotz der Vielzahl der Opfer, der einzelnen Ausführungshandlungen und einer gewissen Dauer der Gesamtaktion für die Urheber und verantwortlichen Leiter dieses verbrecherischen Unternehmens auch bei deutschrechtlicher Betrachtung unter bestimmten Voraussetzungen im Rechtssinne nur e i n e Straftat vorliegen könne. Schließlich bietet auch eine verständnisvolle Handhabung des Verfahrensrechts Möglichkeiten zur Überwindung solcher Schwierigkeiten. Nach § 154 StPO. kann unter bestimmten Voraussetzungen, auch wenn es sich um rechtlich selbständig zu beurteilende Verbrechen handelt, von der Erhebung der öffentlichen Klage abgesehen werden oder es kann, wenn die öffentliche Klage schon erhoben ist, das Verfahren vorläufig eingestellt werden, wenn die zu erwartende Strafe neben einer anderen rechtskräftig verhängten oder zu erwartenden Strafe nicht ins Gewicht fällt. Zu erwägen wäre, diese Bestimmung sinngemäß auch dann anzuwenden, wenn es sich um rechtlich unselbständige Teilstücke eines Verbrechens gegen die Menschlichkeit handelt, die nur bei deutschrechtlicher Betrachtung selbständige Verbrechen bilden. Es braucht hier noch nicht entschieden zu werden, welche Voraussetzungen dann im einzelnen erfüllt sein müssen...

Die Anwendung deutschen Strafrechts auch auf die Urheber und verantwortlichen Führer verbrecherischer Unternehmungen, die die Begehung zahlreicher Einzelverbrechen in sich schlossen, ist umso mehr erforderlich, als es nicht zu rechtfertigen wäre, auf diejenigen, die sich im Rahmen solcher Unternehmungen eigenhändig an einzelnen Verbrechen beteiligten, deutsches Strafrecht mit allen Folgen, die sich aus § 73 StGB. ergeben, anzuwenden, bei den Urhebern und verantwortlichen Führern, die regelmäßig die größere strafrechtliche Schuld auf sich geladen haben, aber davon abzusehen, so daß die Verletzung des zur Zeit der Tat geltenden deutschen Strafrechts durch sie nach außen gar nicht in Erscheinung träte, der Unrechtsgehalt ihrer Tat innerhalb des Rahmens des Verbrechens gegen die Menschlichkeit durch die Anwendung deutschen Strafrechts also nicht zusätzlich bestimmt würde und die aus der Anwendung deutschen Strafrechts sich möglicherweise ergebende Notwendigkeit der Einhaltung einer bestimmten Strafuntergrenze nicht bestände...

Die Revision macht weiter geltend, das Landgericht habe zu Unrecht das Verhalten der Angeklagten D., Sch., H., K., Kr. und Z. nicht als Verbrechen gegen die Menschlichkeit beurteilt. Auch diese Rüge ist im Ergebnis begründet. Die Revision macht in diesem Zusammenhang geltend, das Landgericht habe zu Unrecht den Artikel II Ziff. 2e des KRG. 10 nicht angewendet. Dazu führt sie aus: Dem Angeklagten L. sei eine Bereitschaft der Hilfspolizei zur besonderen Verfügung gestellt worden, erweitert durch einige dazu bereite Angeklagte. Die Angehörigen dieser erweiterten Hilfspolizei-Bereitschaft hätten die Mißhandlungen und sonstigen Übergriffe ausgeführt. Sie sei deshalb als eine Organisation oder Vereinigung anzusehen, die mit der Ausführung der abzuurteilenden Verbrechen im Zusammenhang gestanden habe. Da die Angeklagten dieser Vereinigung angehört hätten, seien sie auch gemäß Artikel II 2e des KRG. 10 der durch diese begangenen Verbrechen gegen die Menschlichkeit für schuldig zu erachten.

Diese Rechtsauffassung kann nur mit Einschränkung gebilligt werden. Der Senat hat bereits in der Strafsache gegen B. vom 22. November 1949 — StS 253/49 —*) entschieden, daß die Zugehörigkeit zu einer verbrecherischen Organisation im Sinne des Art. II Ziff. 2e KRG. 10 nicht als besondere Beteiligungsform in Betracht komme, da für die Bestrafung wegen Verbrechens gegen die Menschlichkeit immer Mitverursachung der konkreten Tat erforderlich sei. Hieran ist festzuhalten. Die Aufzählung der Teilnahmeformen in Art. II Ziff. 2e ist ersichtlich nicht systematisch. Sie ist deutlich auf die besondere Erscheinungsform der unter nationalsozialistischer Herrschaft begangenen Unmenschlichkeitsverbrechen zugeschnitten, bei denen in verschiedenen Abschnitten und Stufen, von der Planung und dem Entwurf über die Vorbereitung und das Versuchsstadium bis zur Ausführung, oft viele Köpfe und Hände mitwirkten. Die in Art. II 2 a—e aufgezählten, gegeneinander nicht genau abgegrenzten, sondern einander überschneidenden Beteiligungsformen bringen also nur zum Ausdruck, daß die geschilderte Eigenart der Verbrechen gegen die Menschlichkeit besonders mannigfaltige Beteiligungsformen möglich machte, daß sie aber alle im Rechtssinne einander gleichwertig sind und die Mitwirkenden, gleichviel in welcher Art sie sich im einzelnen beteiligten, sämtlich des Verbrechens gegen die Menschlichkeit schuldig sind. Voraussetzung ist jedoch immer dabei, daß die eine der Beteiligungsformen des Art. II 2 a—e verwirklichende mitwirkende Tätigkeit jene Merkmale aufweist, die nach allgemeinen strafrechtlichen

---

*) Nicht veröffentlicht.

Grundsätzen jede strafbare Teilnahme aufweisen muß. Der Mitwirkende muß daher durch sein Verhalten eine Bedingung für den Erfolg setzen, wobei als solche Bedingung auch ein Verhalten anzusehen ist, durch das die den Tatbestand des Unmenschlichkeitsverbrechens verwirklichende Handlung eines anderen gefördert oder erleichtert wird.

Durch die in Art. II 2e angeführte Teilnahmeform der Zugehörigkeit zu einer mit der Ausführung von Unmenschlichkeitsverbrechen zusammenhängenden Vereinigung wird nur zum Ausdruck gebracht, daß Verbrechen gegen die Menschlichkeit vielfach durch geschlossene, nach einheitlichem Befehl handelnde Gruppen begangen wurden und in s o l c h e n Fällen schon in der Zugehörigkeit zu einer solchen Gruppe eine das Verbrechen mitverursachende Tätigkeit liegen k o n n t e. Durch die Bindung der Angehörigen der Gruppe zueinander und zum Führer und das dadurch in allen Angehörigen hervorgerufene Bewußtsein, daß sich jeder von ihnen jederzeit auf alle anderen verlassen könne, konnte unter Umständen ein sonst strafrechtlich bedeutungsloses Verhalten die Bedeutung eines ausreichenden Beitrages zum Unmenschlichkeitsverbrechen gewinnen. Voraussetzung ist aber immer, daß es ein bewußtes und gewolltes Angriffsverhalten war, das mindestens insofern ursächlich für den Erfolg sein mußte, als es die Handlungsweise derjenigen tatsächlich förderte, die dem Opfer ein Unrecht im Sinne des Art. II 1 c KRG. 10 zufügten . . .

Auch beim Angeklagten Kr. sind die Erwägungen, mit denen das Landgericht das Vorliegen eines Verbrechens gegen die Menschlichkeit verneint, nicht frei von Rechtsirrtum. Kr. trat am 27. März 1933 in die SA. ein und wurde, ohne Hilfspolizist zu sein, am Nachmittag des 28. März 1933 zum ersten Mal zum Dienst herangezogen und als Posten am SA.-Heim verwendet, während dort festgenommene Angehörige der Linksparteien mißhandelt wurden. Die Strafkammer hält es nicht für ausgeschlossen, daß Kr. zu Beginn seiner Tätigkeit als Posten die Bedeutung der Vorgänge im Heim nicht sogleich erfaßte, daß er aber noch während seines Dienstes dort Klarheit gewann, trotzdem weiter den Postendienst versah und noch einmal einen Häftling weisungsgemäß in die „Folterkammer" führte, obwohl er erkannt hatte, daß die Häftlinge dort mißhandelt wurden. Sie erblickt darin eine Beihilfe zur gefährlichen Körperverletzung und verneint ein Verbrechen gegen die Menschlichkeit, weil ihm möglicherweise die systematische und entwürdigende Form der Mißhandlungen nicht bekannt gewesen sei. Diese Beurteilung beruht auf der rechtsirrigen Erwägung, daß zum inneren und äußeren Tatbestand eine „systematische Form" der Begehung gehöre, womit anscheinend gemeint ist, daß es sich um den Bestandteil eines Massenverbrechens handeln müsse, wie die Strafkammer diesen Begriff versteht. Es ist schon ausgeführt worden, daß ein solcher Zusammenhang mit Massenverbrechen nicht zu bestehen braucht und daß sich demzufolge auch das Bewußtsein des Mitwirkenden nicht darauf zu erstrecken braucht. Es genügt zur äußeren Tatseite der Zusammenhang mit der nationalsozialistischen Gewalt- und Willkürherrschaft und zur inneren Tatseite das Bewußtsein des Handelnden davon. Daß dem Verhalten des Angeklagten äußerlich die Bedeutung eines mitverursachenden Angriffsverhaltens zukommt, ergibt sich schon auf Grund der bisherigen Feststellungen des Urteils. Welche Bedeutung schon das bloße Postenstehen am SA.-Heim für die Durchführung der dort verübten Verbrechen hatte, ergibt sich aus der an anderer Stelle des Urteils getroffenen Feststellung, daß einem Polizeiwachtmeister trotz dienstlichen Auftrages das Betreten des SA.-Heims von dem vor dem Heim stehenden Posten mit vorgehaltenem Karabiner gewaltsam verwehrt wurde. Daß der Angeklagte äußerlich einen ausreichenden Beitrag zum Unmenschlichkeitsverbrechen geleistet hat, steht also schon jetzt fest. Zur inneren Tatseite fehlen aber ausreichende Feststellungen. Zwar hebt das Urteil hervor, daß der Angeklagte weiter seinen Postendienst versah, nachdem er erkannt hatte, was im SA.-Heim in Wahrheit vor sich ging. Das spricht dafür, daß er — was zur inneren Tatseite ausreichen würde — von diesem Zeitpunkt an seinen Dienst mit dem Bewußtsein versah, damit einen mitursächlichen Beitrag zur entwürdigenden Behandlung wehrloser politischer Gegner zu leisten. Zweifelsfrei ist das aber auf Grund der bisherigen Feststellungen noch nicht. Denn es ist zu bedenken, daß der Angeklagte nach der bisherigen Annahme des Landgerichts **zunächst** gutgläubig war. Wie lange er noch Posten stand, nachdem er über die wahren Vorgänge Klarheit gewonnen hatte, wird nicht festgestellt. Da nach den bisherigen Feststellungen davon auszugehen ist, daß der Angeklagte erst während seines Dienstes die Verwendung der SA.-Hilfspolizei zu verbrecherischen Handlungen erkannte, und da die Art seiner Dienstverrichtung, für sich allein betrachtet, noch keine eindeutigen Beziehungen zu verbrecherischen Handlungen aufwies, sondern erst durch den Zusammenhang mit anderen Vorgängen die Bedeutung eines strafrechtlich erheblichen Beitrages zum Verbrechen gegen die Menschlichkeit gewann, muß ihm eine gewisse Bedenkzeit zugebilligt werden, um darüber zur Klarheit zu kommen, welches Verhalten die Pflicht nunmehr von ihm erforderte. Der Fall liegt ähnlich wie beim Organisationsverbrechen (Art. II 1 d KRG. 10), wenn das Mitglied einer verbrecherischen Organisation erst während der Dauer seiner Zugehörigkeit davon Kenntnis erlangt, daß sie zu verbrecherischen Handlungen verwendet wird und damit für das Mitglied die Pflicht entsteht, seine Beziehungen zur Organisation zu lösen. Die Spruchgerichte haben in ständiger Rechtsprechung in diesem Falle dem Mitglied eine gewisse Bedenkzeit zugebilligt (vgl. Urteil des Obersten Spruchgerichtshofes vom 19. März 1948 — 3 Sp Ss 602/48 — Spruchgerichte 1948 S. 174). Nach denselben Grundsätzen ist zu verfahren, wenn ein Angehöriger einer Personengruppe **unerwartet** feststellen muß, daß schon in der Tatsache der Zugehörigkeit zu dieser Gruppe in Verbindung mit der Verrichtung einer Tätigkeit, die, für sich allein betrachtet, keine deutlichen Beziehungen zu Verbrechen aufweist, bereits die Mitwirkung bei einem Verbrechen liegen kann. Erst wenn nach erlangter Kenntnis eine gewisse Zeit der Besinnung und der Überlegung ungenutzt verstrichen ist, geht es an, in der Fortsetzung der Tätigkeit ein bewußtes und gewolltes Angriffsverhalten zu erblicken. Auch dann, wenn eine kurzfristige Fortsetzung der Tätigkeit, wie der Angeklagte behauptet hat und die Strafkammer es für möglich hält, **nur** den Zweck verfolgte, einen Häftling vor weiteren Mißhandlungen zu bewahren, könnte ihr die Bedeutung eines **bewußten und gewollten Angriffs**verhaltens abgehen . . .

59. Die besondere Erwähnung eines rechtlichen Gesichtspunktes (Mittäterschaft) im Ermittlungsergebnis der Anklageschrift macht einen Hinweis gemäß § 265 StPO. in der Hauptverhandlung unnötig.

StGB. §§ 211, 47; StPO. § 265.

Strafsenat. Urt. v. 27. Dezember 1949 g. N. u. a. StS 297/49.

I. Schwurgericht Bonn.

Aus den Gründen:

Die Angeklagte P. macht geltend, daß die Anklage ihr einen durch Unterlassung als selbständige Handlung begangenen Mord vorwerfe und daß es daher, wenn das Schwurgericht sie wegen gemeinschaftlichen Mordes verurteilte, eines entsprechenden Hinweises gemäß § 265 StPO. bedurft hätte.

§ 265 StPO. soll den Angeklagten gegen eine überraschende Verurteilung auf Grund gesetzlicher Bestimmungen schützen, deren Verletzung ihm die Anklage nicht zur Last gelegt hat. Sie setzt also eine Veränderung des rechtlichen Gesichtspunktes in der Hauptverhandlung gegenüber der Anklageschrift voraus, auf die der Angeklagte nicht vorbereitet zu sein braucht. An einer solchen Veränderung des Gesichtspunktes fehlt es hier aber. Denn wenn auch die Anklageformel auf eine Mittäterschaft der Angeklagten P. nicht hinweist, so wird doch in dem mit zugestellten Ermittlungsergebnis der Anklageschrift ausdrücklich bemerkt, daß die Beweisaufnahme ergeben müsse, ob die Angeklagte P. als Mittäterin des Angeklagten N. oder als sogenannte Nebentäterin anzusehen sei. Damit war der Angeklagten P. unmißverständlich gesagt, daß ihr Mord an ihrem Ehemann entweder in der Form der Mittäterschaft, oder als Nebentäterin des Angeklagten N. vorgeworfen werde. Die Verurteilung als Mittäterin konnte somit für die Angeklagte keine Überraschung darstellen; sie hatte vielmehr schon nach der Anklageschrift Anlaß und Gelegenheit, sich nach beiden Richtungen zu verteidigen. Es bestand daher für das Schwurgericht keine Rechtspflicht und kein Anlaß, den Hinweis auf diese Beurteilungsmöglichkeit zu wiederholen . . .

60. 1. Räuberischer Diebstahl und Raub können tateinheitlich zusammentreffen.

2. Der räuberische Diebstahl (§ 252 StGB.) kann mit Todesfolge begangen sein. Der Täter ist dann nach den §§ 252, 251 StGB. zu bestrafen.

StGB. §§ 249, 251, 252, 47, 73.

I. Strafsenat. Urt. v. 3. Januar 1950 g. N. u. GtS 417/49.

I. Schwurgericht Hamburg.

Aus den Gründen:

Die Angeklagten sind wegen gemeinsamen räuberischen Diebstahls in Tateinheit mit Raub mit Todesfolge zu Zuchthausstrafen und Ehrenrechtsverlust verurteilt (§§ 249, 251, 252, 47, 73 StGB.). Ihre Revisionen sind erfolglos.

Das angefochtene Urteil läßt keinen Rechtsverstoß erkennen. Es stellt fest, daß E. N. und Ko. gemeinschaftlich darauf ausgegangen sind, dem Uhrmacher K. die beiden Aktentaschen mit Inhalt überraschend wegzunehmen und sie sich rechtswidrig zuzueignen. K. sollte dann durch Fesseln und Knebeln an der Verfolgung und am Lärmschlagen gehindert und dem Wehrlosen dann auch noch die Brieftasche entwendet werden. So ist die mit verteilten Rollen geplante Tat im wesentlichen auch ausgeführt worden. Mit Recht hält das Schwurgericht die festgestellten Tatabweichungen für unerheblich. Es ist E. N. gelungen, die von K. an der Ladentür abgestellten Taschen überraschend zu ergreifen und seinem wartenden Bruder H. hinauszureichen. Den überraschten K. hat er dann durch Schläge ins Gesicht und auf den Kopf abgewehrt und gehindert, Lärm zu schlagen oder seine Sachen wieder zu erlangen. Alles das ist festgestelltermaßen im planmäßigen Einverständnis mit Ko. geschehen, der die besprochene Tat angeregt hatte und als eigene wollte. Der Tatbestand des räuberischen Diebstahls in Mittäterschaft (§§ 252, 47 StGB.) ist daher hinreichend festgestellt. Auf das Besitzverhältnis zwischen H., E. N. und Ko. hinsichtlich der Taschen kommt es nicht an, weil feststeht, daß die Taschen durch die Wegnahme jedenfalls in die Gewalt der drei Täter gelangt waren und weil E. N. durch die Gewaltanwendung gegen K. den Zweck verfolgte, den durch den Diebstahl geschaffenen Zustand aufrecht zu erhalten. § 252 StGB. setzt allerdings voraus, daß der Diebstahl im Zeitpunkt der Gewaltanwendung bereits vollendet ist. Dagegen bestehen aber hier deshalb keine Rechtsbedenken, weil H. N. im Zeitpunkt der Gewaltanwendung mit den Taschen bereits flüchtig, der Gewahrsam des K. nach den Tatfeststellungen also bereits gebrochen und durch Alleingewahrsam der Täter ersetzt war. Gegen die Berücksichtigung der Todesfolge bestehen keine Bedenken. Der Täter des räuberischen Diebstahls ist „gleich einem Räuber" zu bestrafen. Daraus ergibt sich die auch rechtspolitisch richtige Folgerung, daß die §§ 249 ff., also auch § 251 StGB., anwendbar sind.

Auch gegen die tateinheitliche Verurteilung wegen gemeinschaftlichen, besonders schweren Raubes (§§ 251, 47, 73 StGB.) ist rechtlich nichts einzuwenden. Nach dem verabredeten Plane sollte K. nach dem Diebstahl der Taschen gefesselt und geknebelt werden, um die Flucht nicht zu stören. In diesem Zustande wollte man ihm noch die Brieftasche entwenden. Eine unerhebliche Tatabweichung ist es, daß Ko. statt dessen dem besinnungslosen und deswegen noch nicht gefesselten K. die Brieftasche und die Markentasche wegnahm. Denn die Schläge auf den Kopf des K., die dessen Ohnmacht herbeigeführt haben, hatte E. N. deshalb geführt, wie der Urteilszusammenhang deutlich zeigt, um K. daran zu hindern, den Tatverlauf, der zu dieser Zeit ja noch auf Wegnahme der Brieftasche und Wehrlosmachung abzielte, irgendwie zu stören. Sie haben also auch der geplanten Wegnahme der Brieftasche und der Fesselung gedient. Beide Angeklagte haben K. insoweit also gemeinsam mit Gewalt diesem gehörende Sachen in Zueignungsabsicht weggenommen und damit auch den Tatbestand des § 251 StGB. erfüllt, da K. infolge des Knebelns gestorben ist . . .

---

61. 1. Zur Verlesung der Niederschrift über die polizeiliche Vernehmung eines Zeugen, der in absehbarer Zeit nicht gerichtlich vernommen werden kann.

2. Zum Irrtum über das Vorhandensein der Notwehrvoraussetzungen (Putativnotwehr).

3. Liegen die Voraussetzungen des § 51 Abs. 2 StGB. nur deshalb vor, weil Trunkenheit das Hemmungsvermögen des Täters im Zeitpunkt der Tat erheblich gemindert hat, so kann das Gericht von der Möglichkeit der Strafmilderung mit der Begründung absehen, daß der Täter seinen Hang zur Trunkenheit und seine Neigung zu Streitigkeiten in trunkenem Zustande gekannt habe und von ihm zu verlangen sei, seine gefährliche Veranlagung durch besondere Anstrengungen auszugleichen, und daß deshalb eine Strafmilderung ihn in Zukunft nicht ausreichend von der Begehung ähnlicher Straftaten abhalten würde.

4. Bei Verurteilung aus § 226 StGB. kann strafschärfend berücksichtigt werden, daß der Erfolg durch ein gefährliches Werkzeug verursacht wurde.

StGB. §§ 223a, 226, 44, 51 Abs. 2, 53; StPO. § 251 Abs. 2.

I. Strafsenat. Urt. v. 10. Januar 1950 g. K. StS 427/49.

I. Schwurgericht Dortmund.

Aus den Gründen:

Der Angeklagte versetzte dem Wiegemeister P., ohne von diesem angegriffen zu sein, einen Messerstich in den Leib. In dem daraufhin zwischen beiden entstandenen Handgemenge brachte ihm der Angeklagte einen weiteren Stich in die Gegend des Schlüsselbeines bei, der den Tod des Verletzten zur Folge hatte. Der Angeklagte ist wegen Körperverletzung mit Todesfolge verurteilt. Seiner Revision ist der Erfolg zu versagen.

Zu Unrecht bemängelt die Revision, daß die Niederschrift über die polizeiliche Vernehmung der Zeugin W. in der Hauptverhandlung verlesen worden ist. Die Zeugin war zur Hauptverhandlung geladen worden, jedoch nicht erschienen. Auch der Versuch, sie vorführen zu lassen, blieb ohne Erfolg, weil sie sich nach den polizeilichen Ermittlungen mit einer Schauspielertruppe umhertrieb und unbekannten Aufenthalts war. Auf Antrag der Staatsanwaltschaft beschloß deshalb das Schwurgericht, die Niederschrift über ihre polizeiliche Vernehmung zu verlesen. Das durfte nach § 251 Abs. 2 ZPO. geschehen, wenn die Zeugin verstorben war oder aus einem anderen Grunde in absehbarer Zeit gerichtlich nicht vernommen werden konnte. Daß sich die Zeugin mit einer Schaustellertruppe umhertrieb und unbekannten Aufenthalts war, durfte das Schwurgericht als einen solchen Grund ansehen. Zwar wäre es fehlerhaft, wenn es schon die Unmöglichkeit, die Zeugin während der gerade stattfindenden Hauptverhandlung zu vernehmen, hätte genügen lassen. Es fehlt jedoch an jedem Anhalt dafür, daß das Gericht dieser Auffassung gewesen wäre. Die „absehbare Zeit" bedeutet einen ungewissen, nicht zu kurzen Zeitraum. Wann ein solcher vorliegt, ist im wesentlichen eine Frage des tatrichterlichen Ermessens. Im vorliegenden Falle ist nicht ersichtlich, daß das Schwurgericht bei der Beantwortung der Frage von rechtlich fehlerhaften Erwägungen ausgegangen wäre . . .

Zutreffend hat das Gericht auch das Verhalten des Angeklagten nach den §§ 223a, 226 StGB. beurteilt und verneint, daß er sich zur Rechtfertigung seiner Handlungsweise auf § 53 StGB. berufen könne. Nachdem der Angeklagte den ersten Stich geführt hatte, war, solange er das Messer stichbereit in der Hand hielt, nach der ganzen Sachlage die Annahme begründet, daß er seinem Opfer noch weitere Stichverletzungen beibringen wolle und werde. Zutreffend ist dieser Zustand vom Schwurgericht als „gegenwärtiger Angriff" im Sinne des § 53 StGB. angesehen worden, der dem Angegriffenen das Recht gab, sich dagegen in der erforderlichen Weise zu verteidigen . . . Auch als P. gegen den Hals des unter ihm liegenden Angeklagten mit seinem Unterarm drückte, um ihm dadurch die Luft abzuschneiden, hielt er sich noch im Rahmen der erforderlichen Abwehr. Denn das angefochtene Urteil legt dar, daß sich der Angeklagte in diesem Zeitpunkt weiter „wehrte", also — da ihm kein Notwehrrecht zur Seite stand — den P. angriff und ihm weitere gefährliche Stichverletzungen beizubringen drohte, und daß P. mit dem Abdrücken der Luft auch den Zweck verfolgte, dem Angeklagten das Messer zu entwinden oder ihn sonst kampfunfähig zu machen. Da der Angeklagte in diesem Abschnitt des Handgemenges nach den Feststellungen des Urteils dem P. den Stich in die Schlüsselbeingegend beibrachte, der später dessen Tod herbeiführte, war auch dieser Stich nicht durch Notwehr gerechtfertigt. Da überhaupt keine Notwehrlage für den Angeklagten bestand, kommt auch Überschreitung der Notwehr gemäß § 53 Abs. 3 StGB. nicht in Betracht . . . Sogenannte Putativnotwehr läge nur vor, wenn der Angeklagte irrigerweise eine Sachlage als gegeben angesehen hätte, die ihm das Recht zur Notwehr gegeben hätte. Über die Sachlage befand sich der Angeklagte nach den Feststellungen des Urteils jedoch nicht im Irrtum. Sollte er darüber geirrt haben, ob ihm die richtig gesehene und gewürdigte Sachlage ein Recht zu seinem Vorgehen gab, so würde ihn ein Irrtum darüber allenfalls dann entlasten können, wenn er ohne Verschulden nicht imstande gewesen wäre, das Fehlen eines Rechtes zur Notwehr und damit das Rechtswidrige seines Verhaltens zu erkennen. Der vom Schwurgericht festgestellte Sachverhalt läßt jedoch keine solche Annahme zu . . .

Unbegründet sind schließlich auch die Angriffe gegen die Strafzumessung. Mit der Rüge, daß das Schwurgericht den § 51 Abs. 2 StGB. zu Unrecht nicht angewandt habe, will die Revision anscheinend bemängeln, daß das Gericht trotz Bejahung der Voraussetzungen des § 51 Abs. 2 StGB. von der damit gegebenen Möglichkeit der Strafmilderung keinen Gebrauch gemacht habe. Denn im angefochtenen Urteil ist näher dargelegt, daß das Hemmungsvermögen des Angeklagten infolge seiner Trunkenheit zur Zeit der Tat erheblich vermindert war und deshalb die Voraussetzungen des § 51 Abs. 2 StGB. an sich vorlagen; das Schwurgericht hat es nur abgelehnt, von der aus diesem Grunde gegebenen Möglichkeit der Strafmilderung Gebrauch zu machen. Daß es sich bei dieser Ermessensentscheidung von rechtlich fehlerhaften Erwägungen hätte leiten lassen, ist nicht ersichtlich. Das Gericht verkennt nicht, daß die Verminderung der Zurechnungsfähigkeit an sich den Schuldgehalt der Tat gemindert habe, führt aber aus, daß der Angeklagte seinen Hang zur Trunkenheit und seine Neigung, in diesem Zustande Streitigkeiten zu beginnen und für andere gefährlich zu werden, kannte und von ihm deshalb zu verlangen war, seine gefährliche Neigung durch besondere Anstrengungen auszugleichen. Die Versagung der Strafmilderung mit dieser Begründung ist kein Rechtsfehler. Wenn für die Höhe der Strafe auch in erster Linie der Schuld-

und Unrechtsgehalt der Tat maßgebend sein muß, so darf bei ihrer Bemessung doch auch der Gedanke berücksichtigt werden, daß sie den Täter in Zukunft vor der Begehung ähnlicher Straftaten abhalten soll. Wenn das Schwurgericht die Überzeugung gewann, daß eine unter Ausnutzung der Milderungsmöglichkeiten bemessene Strafe diesen Strafzweck nicht erfüllen würde und aus diesem Grunde von der Möglichkeit der Milderung absah, so ist das rechtlich nicht zu beanstanden.

Dasselbe gilt von der Versagung mildernder Umstände im Sinne des § 228 StGB. Das angefochtene Urteil legt nicht nur bei der Schilderung des Werdeganges des Angeklagten, sondern auch in den Strafzumessungsgründen dar, daß das Schicksal des Angeklagten im Kriege und in den Nachkriegsjahren zu seiner Entwurzelung beigetragen hat. Bei der Entscheidung über die Zubilligung mildernder Umstände hat das Schwurgericht also — entgegen der Behauptung der Revision — alle wesentlichen Umstände berücksichtigt. Daß es sie anders, als es die Revision will, b e w e r t e t hat, ist eine Angelegenheit des tatrichterlichen Ermessens, die sich der Nachprüfung durch das Revisionsgericht entzieht.

Wenn auch der gleichfalls vorliegende Tatbestand der gefährlichen Körperverletzung (§ 223a StGB.) von § 226 StGB. aufgezehrt wird, so stand doch nichts im Wege, den Umstand, daß der Erfolg durch ein gefährliches Werkzeug verursacht wurde, strafschärfend in Betracht zu ziehen. In der Rechtsprechung ist anerkannt, daß darin nicht die unzulässige Verwertung eines Tatbestandsmerkmals als Strafschärfungsgrund liegt (RGSt. Bd. 26 S. 312, 314, Bd. 63 S. 423).

---

62. Zu § 275 Abs. 1 StPO. (verspätete Urteilsabfassung).

StGB. §§ 226, 228, 53; StPO. § 275 Abs. 1, 261.

I. Strafsenat. Urt. v. 10. Januar 1950 g. H. StS 409/49.

I. Schwurgericht Hamburg.

A u s d e n G r ü n d e n :

Auf die §§ 250, 275 StPO. und Art. 103 Satz 1 des Bundesgrundgesetzes über das richterliche Gehör kann sich die Revision nicht stützen, wobei es dahinstehen kann, inwieweit das Grundgesetz unmittelbar anwendbare Strafverfahrensgrundsätze enthält, deren Verletzung die Revision rügen könnte. Der Angeklagte bezeichnet alle diese Bestimmungen nur deswegen als verletzt, weil das am 20. April 1949 verkündete Urteil erst am 18. Juli 1949 zu den Akten gebracht und erst „innerhalb eines weiteren Monats vervielfältigt" worden ist. Daraus ergibt sich zwar, daß die Ordnungsvorschrift des § 275 Abs. 1 StPO. nicht beachtet ist, nach der das Urteil mit den Gründen binnen einer Woche nach der Urteilsverkündung zu den Akten zu bringen ist. Der Revision ist auch zuzugeben, daß § 275 StPO. hier aus Gründen verletzt ist, die nur zum Teil mit der Überlastung der mitwirkenden Richter und mit Krankheit des Vorsitzenden, sondern auch mit einer wenig zweckmäßigen Handhabung der mit der Urteilsanfertigung und dessen Ausfertigung verbundenen Schreibarbeit zusammenhängen mögen. Dadurch ist der Inhalt der Entscheidung, gegen den die Revision ankämpft, aber nicht berührt. Er beruht allein auf dem Ergebnis der Hauptverhandlung. Das Urteil ist, wie die Sitzungsniederschrift ergibt, ordnungsgemäß beraten und am 20. April 1949 seinem ganzen Inhalt nach verkündet. Das schriftlich begründete und von allen mitwirkenden Richtern unterschriebene Urteil hat an sich, wie die Auskunft des Landgerichtspräsidenten in H. ergibt, bereits am 25. Mai 1949 handschriftlich vorgelegen. Es ist nur wegen Umschreibens mit weiterer Verzögerung zur Geschäftsstelle gekommen. Daß das Urteil teilweise überhaupt nicht mit Gründen versehen wäre, behauptet die Revision selbst nicht. Der Angeklagte kann somit aus der ordnungswidrigen Verzögerung nichts für sich herleiten, da das Urteil, das schon vor der Absetzung in der Hauptverhandlung verkündet ist, auf einer Verletzung des § 275 StPO. nicht beruhen kann. Zu einer Erörterung darüber, ob und wann eine Verletzung des § 275 StPO. in der Revisionsinstanz etwa mit Erfolg gerügt werden könnte — was an sich nicht völlig ausgeschlossen erscheint —, gibt dieser Fall keinen Anlaß (vergl. RGSt. Bd. 59 S. 262) . . .

Der Begriff der Notwehr ist nicht verkannt. Allerdings hatte Kl. unmittelbar vorher beleidigende Worte gegen den Angeklagten und gegen Sch. gerichtet. Richtig ist weiter, daß auch der Beleidigte ein Notwehrrecht hat. Dieses Recht beschränkt sich aber auf das zur Abwehr des rechtswidrigen Angriffs Erforderliche (§ 53 Abs. 2 StGB.). Ein solcher Angriff Kl.s gegen den Angeklagten hat hier allenfalls in den beleidigenden Äußerungen bestanden, nicht etwa in einem tätlichen Angriff mit dem Schemel. Diesen hat er vielmehr, als der Angeklagte drohend auf ihn zukam, nur schützend vor sich gehalten. Offensichtlich erlaubte und gebot die etwaige Notwehr gegen die Beleidigung bei dieser Sachlage nun nicht, dem Kl. den Schemel zu entreißen und ihn damit auf den Kopf zu schlagen. Damit ist der Angeklagte selbst dann, wenn er zur Notwehr berechtigt gewesen sein sollte, über das Erforderliche und daher Zulässige weit hinausgegangen. Diese etwaige Notwehrüberschreitung blieb auf jeden Fall strafbar, weil nach dem Sachverhalt keine Rede davon sein kann, daß der Angeklagte etwa in Bestürzung, Furcht oder Schrecken über das Maß der zulässigen Verteidigung hinausgegangen sein könnte (§ 53 Abs. 3 StGB.). Dafür bot die Sachlage keinerlei Anhalt. Die Äußerungen Kl.s konnten den Angeklagten nicht in einen der im Absatz 3 des § 53 angeführten Schreckzustände versetzt haben . . .

Das Urteil brauchte ein etwaiges Mitverschulden anderer am Tode Kl.s nicht zu erörtern, auf das die Revision so erhebliches Gewicht legt. Auch bei der Straffrage mußte dieser Umstand außer Betracht bleiben. Zwar ist der Revision nach den überzeugenden Gutachten der ärztlichen Sachverständigen zuzugeben, daß der Tod Kl.s als besonders schwere Tatfolge (§ 226 StGB.) bei besserer und schnellerer ärztlicher Versorgung des Verletzten vielleicht abzuwenden gewesen wäre. § 226 StGB. ist aber eine Erfolgsstraftat; das Verschulden des Täters braucht also die erschwerende Tatfolge nicht zu umfassen. Aber selbst ohne diese rechtspolitisch nicht unumstrittene gesetzliche Wertung der Erfolgsstraftaten stünde doch fest, daß der Angeklagte, wie bereits dargelegt ist, durch den Schemelschlag eine wesentliche und erfahrungsgemäß naheliegende Bedingung für den Tod Kl.s schuldhaft gesetzt hat. Auch läßt sich nach dem tödlichen Ausgang nicht mehr mit hinreichender Gewißheit ermitteln, ob wirklich ein Mitverschulden anderer am Tode Kl.s vorliegt, während andererseits feststeht, daß der Angeklagte eine wesentliche Bedingung hierfür vorsätzlich verwirklicht hat.

---

63. 1. Die Besetzung der Strafkammern mit Hilfsrichtern widerspricht nicht dem Bonner Grundgesetz.

2. Der einem zwölfjährigen Kinde gegebene „Zungenkuß" ist eine unzüchtige Handlung im Sinne des § 176 Abs. 1 Ziff. 3 StGB.

3. Nichtanrechnung der Untersuchungshaft wegen „raffinierten" Leugnens.

BG. Art. 97; Weim.Verf. Art. 102; GVG. §§ 1, 10, 70; VO. des Zentral-Justizamts zur Änderung von Vorschriften auf dem Gebiete der Gerichtsverfassung vom 28. Januar 1948 Art. 1 Ziff. 1 Abs. 2 und Ziff. 6; StGB. §§ 60, 176 Abs. 1 Ziff. 3.

II. Strafsenat. Urt. v. 11. Januar 1950 g. G. StS 444/49.

I. Landgericht Flensburg.
II. Oberlandesgericht Schleswig.

Aus den Gründen:

Die Strafkammer hat den Angeklagten wegen fortgesetzter Vornahme von unzüchtigen Handlungen an einem Mädchen unter 14 Jahren verurteilt. Das Oberlandesgericht hat seine Revision wegen der Frage vorgelegt, ob die Besetzung der Strafkammer mit zwei Hilfsrichtern als Beisitzern dem Bonner Grundgesetz widerspreche. Die Revision des Angeklagten ist unbegründet.

Die Beisitzer der erkennenden Strafkammer sind als Beamte auf Widerruf angestellt. Die Revision hält dies für verfassungswidrig, weil das Bonner Grundgesetz keine Widerrufsrichter kenne. Das ist rechtsirrig. Keine Vorschrift des Bonner Grundgesetzes steht der Beschäftigung von Widerrufsrichtern entgegen. Art. 97 Abs. 2 setzt vielmehr die Beschäftigung nicht endgültig und planmäßig angestellter Richter voraus. Das OLG. zieht die Zulässigkeit der Beschäftigung von Hilfsrichtern an sich auch nicht in Zweifel, meint jedoch, einem Hilfsrichter müsse ein Mindestmaß von Sicherheitsgarantien zugebilligt werden, wenn seine Unabhängigkeit im Sinne des Art. 97 Abs. 1 des Bonner Grundgesetzes gewährleistet sein solle und rechnet hierzu, daß der Beschäftigungsauftrag entweder befristet oder bedingt erteilt ist.

Bereits das Gerichtsverfassungsgesetz vom 27. Januar 1877 hat im § 1 den Grundsatz aufgestellt, daß die richterliche Gewalt durch unabhängige, nur dem Gesetz unterworfene Gerichte ausgeübt werde. Inhaltlich ist diese Vorschrift in Art. 102 Weim.Verf. übernommen. Diese Bestimmungen haben den Zweck, Eingriffe der Justizverwaltung in die rechtsprechende Tätigkeit der Richter auszuschließen. Die Beschäftigung von Richtern, die nicht planmäßig angestellt sind, enthält jedoch keinen solchen Eingriff in den Gang der Rechtspflege und ist deshalb von jeher für zulässig erklärt worden (RGSt. Bd. 18 S. 307; Bd. 54 S. 252; RGZ. Bd. 161 S. 144, 148). Das Bonner Grundgesetz hat an dieser Rechtslage nichts geändert. Art. 97 Abs. 1 lautet mit Art. 102 Weim.Verf. wörtlich übereinstimmend: „Die Richter sind unabhängig und nur dem Gesetz unterworfen." Abs. 2 gewährt sodann *nur den hauptamtlich und planmäßig endgültig angestellten* Richtern Schutz gegen Entlassung und Versetzung. Der Zusammenhang beider Absätze ergibt sowohl, daß das Bonner Grundgesetz die Beschäftigung von nichtplanmäßigen Richtern anerkennt, als auch, daß es ihnen die für planmäßig angestellte Richter geschaffenen Sicherheitsgarantien nicht gewährt und auch nicht gewähren kann, weil sie mit der Rechtsstellung der nichtplanmäßigen Richter nicht zu vereinbaren sind. Diese Regelung läßt nur den Schluß zu, daß der Verfassungsgesetzgeber eine Beeinträchtigung der richterlichen Unabhängigkeit nicht darin erblickt, daß ein Richter auf Widerruf angestellt wird.

Wenn das OLG. für den Hilfsrichter als Mindestmaß an Garantien fordert, daß die Beschäftigungsaufträge befristet oder bedingt erteilt werden, so ist demgegenüber darauf hinzuweisen, daß § 70 GVG. in der Fassung des Art. 1 Ziff. 6 Abs. 2 der VO. des Zentraljustizamtes zur Änderung von Vorschriften auf dem Gebiete der Gerichtsverfassung vom 28. Januar 1948 (VOBl. BZ. 1948 S. 13) die vermißten Sicherungen enthält. Gegen die Beschäftigung von Hilfsrichtern bei den Kammern der Landgerichte gemäß § 10 GVG. in der Fassung des Art. 1 Ziff. 1 der genannten VO. bestehen daher keine Bedenken.

Die Entscheidung des I. Zivilsenats des OGH. vom 14. Juli 1949 (OHG. Bd. 2 S. 209) steht dem nicht entgegen; denn sie betrifft den Fall, daß ein Hilfsrichter den Vorsitz in einem oberlandesgerichtlichen Senat geführt hat.

Auch die Sachbeschwerde des Angeklagten ist, wie das OLG. zutreffend annimmt, unbegründet. Nach den Feststellungen der Strafkammer hat der Angeklagte Mitte März 1949 der zwölfjährigen Marie S. mit der Hand unterhalb der Unterhose an das nackte Gesäß und dann an den Geschlechtsteil gefaßt, darüber gestreichelt, ihr dann einen Kuß auf den Mund gegeben, bei dem er seine Zunge in den Mund des Kindes steckte, Ende März 1949 das Kind in gleicher Weise geküßt und in beiden Fällen aus wollüstiger Absicht gehandelt. Damit ist der Tatbestand des § 176 Abs. 1 Ziff. 3 StGB. erfüllt.

Daß der auf Sinnenlust beruhende Griff des Angeklagten an das nackte Gesäß und den Geschlechtsteil des Kindes eine unzüchtige Handlung darstellt, bedarf keiner weiteren Ausführung. Das gleiche gilt aber auch für die „Zungenküsse", die der Angeklagte dem Kinde gegeben hat. Zwar ist ein Kuß, auch auf den Mund, für sich allein noch nicht unzüchtig. Hier hat jedoch der Angeklagte dem Kinde seine Zunge in den Mund gesteckt. Das verletzt nach gesunder Anschauung das Scham- und Sittlichkeitsgefühl in geschlechtlicher Hinsicht. Die Strafkammer stellt zwar nicht ausdrücklich fest, daß der Angeklagte das Alter des Kindes kannte. Dies ergibt sich jedoch aus dem Zusammenhang der Urteilsgründe . . .

Auch die Strafzumessung läßt keinen Rechtsfehler erkennen. Es ist vielmehr entgegen der Auffassung der Revision unbedenklich, daß die Strafkammer den Versuch des Angeklagten, auf die Aussagen des als Zeugen vernommenen Kindes Einfluß zu nehmen, als strafschärfend in Betracht gezogen hat.

Wenn die Strafkammer bei dieser Sachlage sowie wegen des nicht nur hartnäckigen, sondern auch, bedingt durch die vorausgegangenen Einwirkungsversuche, als „raffiniert" bezeichneten Leugnens dem Angeklagten die erlittene Untersuchungshaft nicht angerechnet hat, so kann auch dieser gemäß § 60 StGB. nach pflichtgemäßem

Ermessen zu treffenden Entscheidung aus Rechtsgründen nicht entgegengetreten werden.

---

64. 1. Eine Verletzung des § 261 StPO. liegt vor, wenn in der Hauptverhandlung nur der Inhalt, nicht der Wortlaut einer Urkunde Gegenstand der Verhandlung war, in die Urteilsgründe aber gleichwohl die Urkunde in ihrem Wortlaut aufgenommen ist.

2. Art. 103 Abs. 2 des Grundgesetzes für die Bundesrepublik Deutschland steht der Anwendung des Art. II 1c KRG. 10 nicht entgegen.

Grundgesetz Art. 103 Abs. 2, KRG. 10 Art. II 1c, MilRegVO. Nr. 47, StPO. §§ 261, 337.

Strafsenat. Urt. vom 12. Juli 1949 gegen N. StS 34/49.

I. Schwurgericht Bielefeld.

Aus den Gründen:

... Schließlich greift auch die weitere Verfahrensrüge nicht durch, daß das Schwurgericht unter Verletzung des § 261 StPO. seine Überzeugung nicht nur aus dem Inbegriff der Verhandlung gewonnen habe. Eine Verletzung des § 261 StPO. liegt allerdings vor. Da das Schwurgericht die Darstellung des Sachhergangs in der schriftlichen Eingabe (des Zeugen) nur in der Weise festgestellt hatte, daß dieser auf den Vorhalt ihres Inhalts Erklärungen abgegeben hatte, stand diese Darstellung nur ihrem Inhalt nach fest. Nur er war Gegenstand der Verhandlung gewesen. Er allein konnte deshalb in den Urteilsgründen verwertet werden. Die Urteilsgründe enthalten jedoch die Eingabe in ihrem Wortlaut, der nicht Gegenstand der Verhandlung gewesen war, weil die Urkunde nicht verlesen war und der deshalb nach § 261 StPO. in den Urteilsgründen nicht verwertet werden durfte. Die in der wörtlichen Ausführung der Eingabe zutage tretende Verletzung des § 261 vermag jedoch der Revision nicht zum Erfolge zu verhelfen. Denn das Urteil beruht nicht auf dieser Verletzung (§ 337 StPO.). Auf den Wortlaut der Eingabe, ihre sprachliche Form, kommt es nirgends an, sondern nur auf den gedanklichen Inhalt. Der Wortlaut vermittelt keinen anderen gedanklichen Inhalt, als ihn das Schwurgericht festgestellt hatte und verwerten durfte. Die unzulässige Verwertung des Wortlauts kann mithin auf das sachliche Ergebnis keinen Einfluß haben.

Auch sachlich läßt das Urteil keinen Rechtsfehler erkennen. Daß das KRG. 10 in gewissem Umfange Handlungen unter Strafe stellt, die zur Zeit ihrer Begehung nicht für strafbar erklärt waren, steht, wie der Senat schon in der Entscheidung OGHSt. Bd. 1 S. 1, 4 näher ausgeführt hat, seiner Anwendung nicht entgegen. Durch Art. 103 Abs. 2 des Grundgesetzes für die Bundesrepublik Deutschland vom 23. Mai 1949 (Bundesgesetzblatt Nr. 1 S. 1), der bestimmt, daß eine Tat nur bestraft werden darf, wenn die Strafbarkeit bestimmt war, bevor die Tat begangen wurde, ist keine neue Rechtslage geschaffen worden. Derselbe Grundsatz war schon in Art. 116 der Weimarer Verfassung und in § 2 StGB. a. F. ausgesprochen. Er ist auch durch das Besatzungsrecht anerkannt (KRProkl. 3 Ziff. II 2, MilRegG. Nr. 1 Art. IV 7). Art. 103 Abs. 2 des Grundgesetzes hat den Rechtszustand also nicht geändert. Die MilRegVO. Nr. 47 sprach auch — entgegen der Annahme der Revision — keine „Ermächtigung" in dem Sinne aus, daß es in das Belieben der deutschen Gerichte gestellt wurde, ob sie das KRG. 10 anwenden wollten. Sie begründet vielmehr die Zuständigkeit der Aburteilung der Verbrechen gegen die Menschlichkeit (Art. II 1 c KRG. 10) in bestimmten Fällen und in diesem Rahmen die Pflicht zur Anwendung . . .

---

65. Bei der Körperverletzung mit tödlichem Ausgang muß der Tod die Folge gerade der gewollten Verletzung, nicht die Folge eines begleitenden Verhaltens sein.

StGB. §§ 211, 212, 226.

II. Strafsenat. Urt. vom 16. Januar 1950 g. L. StS. 381/49.

I. Schwurgericht Wuppertal.

Aus den Gründen:

Auch die Revision des Angeklagten führt zur Aufhebung, weil die Feststellungen zur äußeren Tatseite eine

Verurteilung wegen Körperverletzung mit tödlichem Ausgang nicht tragen.

Das Schwurgericht stellt zunächst fest, daß der Angeklagte auf seine Frau mehrere Male mit einem harten Gegenstand (wahrscheinlich einer Holzlatte) eingeschlagen habe und daß hierdurch der Tod eingetreten sei. In unmittelbarem Anschluß daran fährt das Urteil fort, es sei nach dem Gutachten des Sachverständigen aber auch nicht ausgeschlossen, daß der Tod der Frau durch einen Fall oder durch einen von dem Angeklagten ausgegangenen Stoß mit ihrem Kopf auf den Fußboden oder gegen die Wand herbeigeführt worden sei; jedenfalls sei dieser Tod auf die Mißhandlungen und das Gesamtverhalten des Angeklagten zurückzuführen. Zwar kann der Widerspruch zwischen der Feststellung, der Tod sei durch Schläge mit einem harten Gegenstande herbeigeführt und der Einräumung der Möglichkeit, daß er auch durch Fall oder Stoß des Kopfes auf den Fußboden oder gegen die Wand verursacht worden sein könne, das Urteil nicht gefährden. Denn aus dem Zusammenhang der Urteilsgründe ergibt sich, daß das Schwurgericht eben nicht für erwiesen erachtet, der Tod der Frau sei durch Schläge mit einem Gegenstande verursacht worden, sondern daß nach seiner Überzeugung der Tod der Frau entweder durch derartige Schläge oder aber durch Fall oder Stoß des Kopfes auf den Fußboden oder gegen die Wand herbeigeführt worden ist. Wenn das Urteil aber weiter fortfährt, daß der Tod der Frau in jedem Falle auf die Mißhandlungen und das Gesamtverhalten des Angeklagten zurückzuführen sei und diesen deshalb der vorsätzlichen Körperverletzung mit Todesfolge für überführt erachtet, so verkennt es die Erfordernisse des ursächlichen Zusammenhanges, wie sie § 226 StGB. verlangt.

Die Feststellungen des Schwurgerichts lassen die Möglichkeiten offen, daß der Tod der Frau nicht dadurch herbeigeführt worden ist, daß der Angeklagte sie mit einem harten Gegenstande gegen den Kopf schlug oder sie mit dem Kopf auf den Fußboden oder gegen die Wand stieß, sondern dadurch, daß die Frau infolge der Mißhandlungen und des Gesamtverhaltens des Angeklagten mit dem Kopf auf den Fußboden oder gegen die Wand gefallen ist. Solchenfalls würde die Todesursache, der Fall, von dem Verletzungsvorsatz des Angeklagten nicht mit umfaßt worden sein. Es läge dann zwar ein ursächlicher Zusammenhang zwischen dem Verhalten des Angeklagten und dem Tode der Frau, nicht aber ein ursächlicher Zusammenhang zwischen der vorsätzlichen Körperverletzung und dem Tode vor. Ein solcher Zusammenhang aber wird in § 226 StGB. erfordert. Es genügt nicht, daß eine der bei Herbeiführung der Körperverletzung vorgenommenen Handlungen, unabhängig von dem gewollten Verletzungserfolge, eine selbständige Ursachenreihe auslöst, die für sich den Tod herbeiführt, sondern die vorsätzliche Körperverletzung als solche, die sie unmittelbar hervorrufende Einzelhandlung, muß den Tod verursacht haben (RGSt. Bd. 44 S. 139). Wenn somit die Frau, wie das nach den Tatfeststellungen möglich ist und mit der Einlassung des Angeklagten übereinstimmen würde, sei es auf der Flucht vor dem Angeklagten, sei es im Handgemenge mit ihm, gefallen und infolge dieses Falles gestorben ist, dann ist der Tod der Frau nicht infolge einer Verletzung eingetreten, die der Angeklagte ihr vorsätzlich beigebracht hätte. Er hätte sich dann möglicherweise einer fahrlässigen Tötung schuldig gemacht, wenn er nämlich hätte voraussehen können und müssen, daß die Frau infolge seines Angriffsverhaltens aus dem Bett fallen und an den dabei eintretenden Verletzungen sterben könne; aber er hätte keine Körperverletzung mit tödlichem Ausgang verübt...

---

66. 1. § 338 Z. 6 StPO. ist nur verletzt, wenn die Öffentlichkeit ungesetzlich beschränkt worden ist.

2. Zur Befriedigung des Geschlechtstriebes handelt auch derjenige, der sein Opfer tötet, um an der Leiche den Geschlechtsverkehr auszuüben.

3. Auch auf einem in der Ostzone begangenen Mord haben die Gerichte der Bundesrepublik § 211 StBG. n. F. anzuwenden.

GVG. § 169; StPO. § 338 Z. 6; StGB. §§ 3 n. F., 4a a. F., 211.

II. Strafsenat. Urt. vom 23. Januar 1950 g. R. u. a. StS 353/49.

I. Schwurgericht Lüneburg.

Aus den Gründen:

Die Verfahrensrügen der Angeklagten können keinen Erfolg haben. Sch. macht zunächst geltend, daß das Schwurgericht die Öffentlichkeit ausgeschlossen, diesen Beschluß jedoch nicht ordnungsmäßig durchgeführt habe, weil eine nicht am Verfahren beteiligte Person bei der Verhandlung ohne Genehmigung des Gerichts zugegen gewesen sei. Darin erblickt er offenbar eine Verletzung des § 358 Z. 6 StPO., jedoch zu Unrecht. Diese Vorschrift will die Befolgung des durch § 169 GVG. aufgestellten Grundsatzes der Öffentlichkeit sichern. Deshalb schreibt sie vor, daß ein Urteil stets als auf einer Verletzung des Gesetzes beruhend anzusehen sei, wenn es auf Grund einer mündlichen Verhandlung ergangen ist, bei der die Vorschriften über die Öffentlichkeit des Verfahrens verletzt worden sind. Die ungesetzliche Beschränkung der Öffentlichkeit ist demnach zum Revisionsgrund erhoben. Wenn eine am Verfahren nicht beteiligte Person ungeachtet des Ausschlusses der Verhandlung beigewohnt hat, so liegt darin aber keine Beschränkung der Öffentlichkeit. Deshalb wird gegen § 338 Z. 6 StPO. hierdurch nicht verstoßen...

Die Sachbeschwerden der Angeklagten sind ebenfalls unbegründet... Nach den Feststellungen des Schwurgerichts betätigten sich die Angeklagten als Grenzführer. Sie setzten Personen, die von der britischen in die russische Zone wollten, in einem Schlauchboot gegen Entgelt über die Elbe. Zu diesem Zweck wandten sich auch die Studentinnen an sie. In den Angeklagten entstand der Wunsch, mit den beiden geschlechtlich zu verkehren. Da sie aber fürchteten, auf normalem Wege nicht zum Ziele zu gelangen und eine Vergewaltigung wegen der Gefahr der Entdeckung scheuten, entschlossen sie sich zur Tötung der Mädchen, um danach an den Leichen den Geschlechtsverkehr auszuüben. Nachdem sie die Mädchen übergesetzt hatten, schlugen die Angeklagten gleichzeitig auf Grund des gemeinsamen Tötungsplanes auf sie ein, Ro. auf die D., Sch. auf die M. Beide trafen ihr Opfer mit der Schmalseite ihres Paddels an der Halsschlagader. Die Mädchen sanken lautlos zusammen. Die Angeklagten hielten sie für tot. Danach holte Ro. seinen Geschlechtsteil heraus und legte sich auf den Körper der D., deren Unterleib er entblößt hatte. Sch. spielte mit seinem Geschlechtsteil und faßte an die Scheide der M. Als die Angeklagten merkten, daß ihr Boot abzutreiben begann, ließen sie von den Frauen ab, versetzten ihnen, um wegen des Todes ganz sicher zu gehen, nochmals einen heftigen Schlag in die Halsgegend und legten sie quer über das Schlauchboot, mit dem sie auf die Elbe hinaus ruderten, wo Ro. sie im Einverständnis mit Sch. über Bord warf. Nach der Überzeugung des Schwurgerichts kann der Tod der Mädchen durch jeden der Schläge, aber auch erst durch Ertrinken eingetreten sein ...

Die Angeklagten haben die tödlichen Schläge zur Befriedigung des Geschlechtstriebs geführt. Aus diesem Beweggrunde handelt nicht nur, wer durch die Tötungshandlung selbst seine sexuelle Befriedigung erstrebt, sondern ebenso derjenige, der tötet, um dieses Ziel durch eine Betätigung an der Leiche zu erreichen; denn auch in diesem Falle tötet er zu dem Zwecke geschlechtlicher Befriedigung. Daß der Zweck auch erreicht wird, ist nicht erforderlich. Er muß nur in der Vorstellung des Täters vorhanden gewesen sein und ihn zu seiner Handlung bestimmt haben. Das ist nach den Feststellungen des Schwurgerichts bei beiden Angeklagten der Fall gewesen.

Das Schwurgericht stellt weiterhin fest, daß die Angeklagten auch mit Überlegung gehandelt haben. Dessen bedarf es jedoch nicht; denn zur Anwendung gelangt § 211 StGB. n. F., wie der OGH. wiederholt entschieden hat (OGHSt. Bd. 1 S. 74, 81, 89, 98, 137). Die Feststellung der Überlegung ist auch nicht etwa deshalb erforderlich, weil die Tat in der Ostzone begangen worden ist und die Gerichte dort möglicherweise § 211 a. F. anwenden. Das deutsche Strafgesetzbuch findet auf alle in Deutschland begangenen Straftaten Anwendung. Überall, wo nach den Vorschriften des Verfahrensrechts ein Gerichtsstand gegeben ist, kann der staatliche Strafanspruch verfolgt werden. Das geschieht nach dem am Gerichtsstande geltenden Recht. Nach § 3 StGB. n. F. und § 4 Abs. 2 Z. 3 StGB. a. F. gilt dieser Grundsatz sogar für Handlungen, die ein Deutscher im Ausland begangen hat. Um so mehr muß dies für Straftaten gelten, deren Begehungsort nicht im Auslande, sondern in Deutschland selbst liegt. Aus dem gleichen Grunde wäre es auch unerheblich, wenn in der

Ostzone der Tatbestand des Mordes, wie die Revision für möglich hält, eine abweichende Fassung erhalten hätte. Ob dieser Grundsatz unbeschränkte Durchführung verlangt, auch in Fällen, in denen die veränderten öffentlichen und wirtschaftlichen Verhältnisse zu anderen gesetzlichen Regelungen geführt haben, wie etwa im Wirtschaftsrecht, braucht hier nicht entschieden zu werden...

---

67. 1. Zur Auslegung von Urteilen.
2. Zum Begriff der Reizung zum Zorn in § 213 StGB.
3. Zweifel darüber, ob die Voraussetzungen der Reizung zum Zorn vorliegen, wirken zugunsten des Angeklagten.

StGB. §§ 212, 213.

I. Strafsenat. Urt. v. 24. Januar 1950 g. L. StS 226/49.

I. Schwurgericht Hamburg.

Aus den Gründen:

...Zwar enthalten die Urteilsgründe die Wendung, aus der Besudelung des Kindes mit dem Blute der Mutter könne „logischerweise nur gefolgert werden, daß der Angeklagte das Kind getötet haben müsse". Der Revision kann auch zugegeben werden, daß diese Bemerkung, wenn man ihren Wortlaut für sich betrachtet, den Ausdruck der Überzeugung bedeuten kann, daß der Angeklagte auch das Kind getötet habe. Ihr kann jedoch darin nicht gefolgt werden, daß dieser erste Wortsinn bei der Prüfung der Frage, was das Gericht mit dieser Wendung in Wahrheit habe zum Ausdruck bringen wollen, allein und ausschließlich in Betracht komme. Wie jede sprachliche Äußerung sind auch die Urteilsgründe der Auslegung fähig und unter Umständen auch bedürftig. Es gehört aber zu den anerkannten Auslegungsgrundsätzen, daß der Wortsinn einer in einem größeren Zusammenhang stehenden Erklärung, wenn sie zunächst für sich allein betrachtet wird, nur ein vorläufiges Bild der Vorstellungen vermittelt, die der Urheber der Erklärung mit ihr verbunden wissen will, und daß sich vor allem aus dem Zusammenhange einer Wendung mit vorangehenden oder nachfolgenden Erklärungen eine Berichtigung jenes vorläufigen Bildes vom gewollten Inhalt der Erklärung ergeben kann. So liegt der Fall hier. Die angeführte Wendung findet sich in einem Abschnitt des Urteils, der damit eingeleitet wird, daß das Gericht, was die Tötung des Kindes betreffe, aus folgenden Gründen zur Freisprechung gelangt sei. Sie ist in einem mit „obwohl" eingeleiteten Nebensatz enthalten, dessen Hauptsatz den Gedanken enthält, bei Betrachtung der Gesamtlage des Falles und der Persönlichkeit des Angeklagten seien aber doch so viele Zweifel an seiner Täterschaft geblieben, daß sich das Gericht über sie nicht habe hinwegsetzen können. Die weiteren Darlegungen gehen dahin, daß die Besudelung des Kindes mit dem Blute der Mutter unter Berücksichtigung der sonstigen Umstände zwar einen sehr starken Verdacht gegen den Angeklagten begründet, daß aber andere vom Gericht im einzelnen näher erörterte Umstände die Tötung des Kindes durch die Mutter doch nicht ganz ausgeschlossen erscheinen lassen und daß das Gericht deshalb die Überzeugung von der Täterschaft des Angeklagten, soweit die Tötung des Kindes in Betracht kommt, nicht gewonnen hat. Es wäre deshalb rechtlich fehlerhaft, die eingangs erwähnte Wendung aus dem Zusammenhange herauszulösen, allein den Wortsinn als verbindlich anzusehen, der sich bei ihrer isolierten Betrachtung ergibt, und einen den Bestand des Urteils gefährdenden Widerspruch darin zu finden, daß dieser ohne jede Berücksichtigung des Zusammenhangs gewonnene, dem Willen des Gerichts offenbar nicht entsprechende Sinn mit der abschließend geäußerten Überzeugung nicht übereinstimme. Die Wendung, die die Revision zur Grundlage ihrer Angriffe gegen das Urteil macht, ist nur das erste Glied einer längeren Kette von Erwägungen. Sie sollte, wie der Zusammenhang mit diesen ergibt, nur zum Ausdruck bringen, daß die Besudelung des Kindes mit dem Blute der Mutter einen sehr starken Verdacht gegen den Angeklagten begründet. Es geht deshalb nicht an, ihr einen anderen Sinn beizulegen ... (Weiter wird ausgeführt, daß die Verurteilung wegen Totschlags zutreffe.)

Die Begründung, mit der das Schwurgericht die Anwendung des § 213 StGB. abgelehnt hat, ist jedoch nicht frei von Rechtsirrtum, so daß das Urteil im Strafausspruch nicht aufrecht erhalten werden kann. Das Schwurgericht untersucht zunächst, ob der in § 213 StGB. ausdrücklich hervorgehobene Umstand vorgelegen hat, daß der Angeklagte ohne eigene Schuld durch eine ihm zugefügte Mißhandlung oder schwere Beleidigung von der Getöteten zum Zorne gereizt worden ist. Es verneint diesen Fall schon deshalb, weil den Angeklagten eine eigene Schuld treffe. Diese erblickt es in dem vorangegangenen Gesamtverhalten des Angeklagten der Frau N. gegenüber und der dadurch geschaffenen Lage, wie sie kurz vor der Tat bestand, vor allem darin, daß der Angeklagte Frau N. geschwängert und dann auf sie einen Druck nach der Richtung ausgeübt hatte, die Tatsache der Schwangerschaft und seiner Vaterschaft geheimzuhalten, und daß er weiter Frau N. zur Abtreibung drängte und durch alles das bei ihr starke Niedergedrücktheit hervorrief. Diese Auffassung ist jedoch rechtsirrig. Der in § 213 StGB. ausdrücklich hervorgehobene Milderungsgrund der „Provokation" hat ersichtlich nur solche Umstände im Auge, die mit dem Vorgang der Tötung in unmittelbarem Zusammenhange stehen. Das ergibt sich daraus, daß auch der Täter durch das Verhalten des Opfers zum Zorne gereizt und auf der Stelle zur Tat hingerissen werden muß. Die dadurch genügend deutlich ausgedrückte enge Beziehung des veranlassenden Vorgangs zur eigentlichen Tat fordert, daß sich auch der Totschläger auf § 213 StGB. nur dann nicht berufen darf, wenn er in dem gegebenen Augenblick durch sein eigenes Verhalten dem anderen Teil schuldhaft genügende Veranlassung zur Mißhandlung oder zur schweren Beleidigung gegeben hat. Das hat nicht zu bedeuten, daß sein Verhalten in der Vergangenheit stets ganz belanglos sein müßte. Vorfälle in der Vergangenheit können einem an sich nicht sehr schwerwiegenden Verhalten kurz vor der Tat ein solches Gewicht geben, daß dieses doch als ausreichender, die Mißhandlung oder schwere Beleidigung weitgehend entschuldigender Anlaß gelten muß. Immer muß aber, wenn dem Täter die Berufung auf § 213 StGB. wegen eigenen Verschuldens versagt werden soll, im gegebenen Augenblick ein dem Täter als Schuld vorwerfbares Verhalten gegeben sein, das — allein oder zusammen mit seinem früheren Verhalten — das Opfer zu seinem Vorgehen gegen den Täter bestimmt. Nach dieser Richtung ist aber vom Schwurgericht nichts festgestellt...

Unzutreffend ist auch die Auffassung des Schwurgerichts, daß eine Mißhandlung im Sinne des § 213 StGB. deshalb nicht vorgelegen habe, weil Frau N. nicht mit dem Vorsatz der Mißhandlung gehandelt habe. Daß der äußere Tatbestand einer Mißhandlung gegeben war, will auch das Schwurgericht offenbar nicht in Abrede stellen. Den Vorsatz verneint es mit der Begründung, Frau N. habe nur erreichen wollen, daß sie der Angeklagte an der Ausführung des geplanten Selbstmordes nicht hinderte. Es verwechselt dabei offenbar den Begriff des Vorsatzes mit dem des Zweckes. Wenn der Frau N. bei ihrem Bestreben, den Angeklagten hinauszudrängen, Mißhandlungen unterliefen, dann ist nicht einzusehen, weshalb sie nicht auch diese in ihr Bewußtsein und ihren Willen aufgenommen haben sollte. Im übrigen würde es nicht entscheidend darauf ankommen, daß Frau N. alle Merkmale des strafbaren Tatbestandes der körperlichen Mißhandlung oder der Beleidigung verwirklicht hat. Ausschlaggebend würde vielmehr sein, wie sich ihr Verhalten dem Angeklagten dargestellt hat. Denn die gesetzgeberische Absicht für die Vorschrift des § 213 StGB. kann nur darin gesehen werden, daß der Totschlag im Falle der Reizung zum Zorn einen geringeren Schuldgehalt aufweist. Dieser hängt aber nur davon ab, wie sich das Verhalten des Opfers dem Täter darstellen mußte und dargestellt hat. Die vom Schwurgericht gegebene Begründung vermag demnach die Nichtanwendung des § 213 StGB. nicht zu rechtfertigen...

Das nötigt zur Aufhebung des Urteils im Strafausspruch. Denn es ist möglich, daß das Gericht bei richtiger Auslegung des § 213 StGB. die Voraussetzungen der Reizung zum Zorn bejaht. Die Strafmilderung muß im übrigen auch dann eintreten, wenn sich nur die Möglichkeit ergeben sollte, daß der Fall der Provokation vorlag. Es braucht dabei nicht entschieden zu werden, ob das auch für diejenigen Fälle gilt, in denen das Gesetz ganz allgemein die Berücksichtigung mildernder Umstände zuläßt. Für den Fall der Reizung zum Zorn, dessen Voraussetzungen im einzelnen vom Gesetz genau umschrieben werden und in dem die Strafmilderung vorgeschrieben ist, muß jedenfalls nach allgemeinen Grundsätzen jeder Zweifel zugunsten des Angeklagten ausschlagen.

Die Entscheidung stimmt insoweit mit dem Antrage des Generalstaatsanwalts überein. Zur Revision der Staatsanwaltschaft hatte er beantragt, das angefochtene Urteil im freisprechenden Teil aufzuheben....

---

68. Zum Begriff der niedrigen Beweggründe in § 211 StGB. Die Beweggründe brauchen nicht Gegenstand der Überlegung zu sein.

StGB. § 211.

I. Strafsenat. Urt. v. 31. Januar 1950 g. Z. StS 478/49.

I. Schwurgericht Dortmund.

Aus den Gründen:

Ob das Schwurgericht die Merkmale der Heimtücke und der Grausamkeit mit zutreffenden Gründen verneint hat, kann unentschieden bleiben, da der Angeklagte dadurch nicht beschwert ist und ein Handeln aus niedrigen Beweggründen mit Recht bejaht worden ist. Nach den Urteilsfeststellungen handelte der Angeklagte aus Haß gegen seine Ehefrau, der nicht etwa in irgendwelchen Verfehlungen der Frau, sondern darin seinen Grund hatte, daß es ihr gelungen war, ihn zum Geschlechtsverkehr mit ihr zu bewegen und ihm so die Durchführung seines Planes, sie in die Ostzone abzuschieben und sein ehebrecherisches Verhältnis mit der K. fortzusetzen, zu erschweren oder sogar zu vereiteln. Ferner war für ihn der Gedanke bestimmend, durch Tötung seiner Frau das Hindernis zu beseitigen, das der ungestörten Fortsetzung seines ehebrecherischen Verhältnisses entgegenstand. Daß der Angeklagte nicht durch eine Gefühlsregung oder eine gedankliche Überlegung, sondern durch Gefühlsregung und gedankliche Überlegung zusammen zu seinem Handeln bestimmt wurde, ist kein Widerspruch, steht vielmehr mit der allgemeinen Erfahrung im Einklang, daß das menschliche Handeln in vielen Fällen nicht auf einen einzigen Beweggrund, sondern auf ein ganzes Motivbündel zurückzuführen ist. Die Gefühlsregung und die Erwägung, die den Angeklagten zur Tat bestimmten, hat das Schwurgericht mit Recht als niedrigen Beweggrund angesehen. Als solche haben alle Beweggründe zu gelten, die nach den in der Rechtsgemeinschaft allgemein herrschenden Anschauungen als sittlich verachtenswert gelten. Die in § 211 Abs. 2 StGB. ausdrücklich angeführten niedrigen Beweggründe, die Mordlust, Befriedigung des Geschlechtstriebes, die Habgier, lassen erkennen, daß der Gesetzgeber nicht nur gedankliche Überlegungen, die zur Triebfeder des Handelns werden, sondern auch gefühlsmäßige und triebhafte Regungen unter die niedrigen Beweggründe einschließt. Es ist deshalb kein Rechtsfehler, daß das Schwurgericht neben dem „Gedanken an den Frieden der Familie K.", also neben der gedanklichen Erwägung, daß der Angeklagte in der Person seiner Ehefrau ein Hindernis beseitigte, das seinem ehebrecherischen Verhältnis entgegenstand, den sittlich nicht gerechtfertigten Haß als Triebfeder des Handelns mitberücksichtigte und in ihm zusammen mit der Zweckvorstellung, die ihn bestimmte, in Übereinstimmung mit den herrschenden sittlichen Anschauungen der Rechtsgemeinschaft einen niedrigen Beweggrund erblickte. Auch darin ist dem Schwurgericht beizustimmen, daß die Beweggründe nicht Gegenstand längerer Überlegung zu sein brauchen. Es genügt, wenn sich der Täter ihrer bewußt ist. Es bedarf also nicht des Abwägens der zur Tat drängenden und der von ihr abhaltenden Gründe. Beweggrund ist vielmehr jeder dem Täter bewußte Umstand, der ihn zur Tat „bewegt", auch wenn es sich dabei um eine Regung des Augenblicks handelt. Als niedriger Beweggrund würde ein erst kurz vor der Tat auftauchender „blitzartiger" Antrieb nur dann auszuscheiden haben, wenn sich der Täter seiner — als einer Regung des Augenblicks — nicht bewußt war und er ihm daher nicht zum besonderen Vorwurf gereichte...

69. 1. Zu § 51 StGB.

2. Abgrenzung der Vorbereitungshandlung vom Versuch bei Brandstiftung.

3. Zur Straffestsetzung nach den §§ 43, 44, 51 Abs. 2 StGB.

StGB. §§ 306 Ziffer 2, 43, 44, 51 Abs. 2.

I. Strafsenat. Urt. v. 31. Januar 1950 g. R. StS. 479/49.

I. Schwurgericht Oldenburg.

Aus den Gründen:

Der Angeklagte ist wegen versuchter schwerer Brandstiftung (§§ 306 Ziffer 2, 43 StGB.) unter Strafmilderung nach § 51 Abs. 2 StGB. zu Gefängnis verurteilt. Seine Revision hat im Ergebnis Erfolg.

Inwieweit dem angefochtenen Urteil in der Anwendung des § 306 Ziffer 2 StGB. und zur Frage des Versuchs beizutreten ist, ist später zu erörtern. Denn es kann bereits deshalb nicht bestehen bleiben, weil es nicht mit der erforderlichen Gewißheit ergibt, ob der § 51 StGB. richtig angewandt ist.

Der Angeklagte, jetzt 45 Jahre alt, war im Kriege zweimal verschüttet und in Lazarettbehandlung, im ersten Falle ein Jahr lang. Er ist leicht erregbar. Das Schwurgericht nimmt mit den ärztlichen Sachverständigen an, daß er *außerdem* an „einfachem Schwachsinn" leidet und daß seine „Urteils- und Kritikfähigkeit stark eingeschränkt" ist. Einer der beiden Sachverständigen hat sich auch für die Unterbringung des Angeklagten in einer Pflegeanstalt (§ 42 b StGB.) ausgesprochen, der andere hat sie auf Grund in anderer Sache durchgeführter, längerer Anstaltsbeobachtung verneint. Aus alledem hat das Schwurgericht gefolgert, der Angeklagte „sei zwar in der Lage, das Strafwürdige seines Tuns einzusehen"; seine Willensfähigkeit sei aber erheblich vermindert. Diese recht knappe Begründung läßt nicht ausreichend erkennen, ob *alle* Tatumstände *und* die vermutliche seelische Lage des Angeklagten bei der Tat gebührend berücksichtigt sind. Nach der angegebenen Begründung ist der Angeklagte ein Mensch, der — bedingt durch den Schwachsinn und möglicherweise durch spätere Schädigungen — der Grenze der strafrechtlichen Verantwortlichkeit schon in ruhigem Seelenzustande recht nahe stehen könnte. Ob und inwieweit das etwa zutrifft, läßt das Urteil nicht ersehen. Es ergibt nur eine allgemein geminderte Verantwortlichkeit. Hier kommt nun hinzu, daß sich der Angeklagte durch eine überraschende polizeiliche Haussuchung wegen Diebstahls und Einbruchs plötzlich in die Enge getrieben sah, deshalb in hohe Erregung geriet und auf der Stelle eine zwar gefährliche Tat beging, die der Generalstaatsanwalt nach ihrem Hergange aber mit Recht als überaus töricht anmutend bezeichnet hat. Dies deshalb, weil sie so, wie der Angeklagte sich ihre Ausführung etwa hätte vorstellen müssen, wegen der Anwesenheit der Polizeibeamten, der Familie des Angeklagten und der Hausangestellten in der kleinen Wohnung ohne Störung kaum durchführbar erschien, zumal der Angeklagte mit den Worten: „Dem wollen wir ein Ende machen" mit dem Benzinkanister an den Polizeibeamten vorbei ins Wohnzimmer geeilt war und dadurch auf sein Vorhaben deutlich aufmerksam gemacht hatte. Wäre die Tat aber dennoch gelungen, so hätte sie, wie auch das Schwurgericht annimmt, mit hoher Wahrscheinlichkeit den Angeklagten mit gefährden müssen. Alle diese bisher festgestellten Umstände deuten auf eine recht sinnlos erscheinende Erregungstat hin. Zu prüfen war daher, ob das Hinzutreten dieses etwaigen Affekts zu der allgemeinen geistigen und seelischen Verfassung des Angeklagten dessen Verantwortlichkeit zur Tatzeit ausgeschlossen oder doch in einem höheren Maße vermindert haben kann, als bisher angenommen ist (§ 51 Abs. 1 und 2 StGB.). Es mag sein, daß das Gericht alles das bereits erwogen hat, zumal zwei ärztliche Sachverständige an der Hauptverhandlung teilgenommen haben. Aus dem Urteil geht es aber nicht hervor. Die Anwendung des § 51 StGB. kann daher vom Revisionsgericht nicht abschließend geprüft werden. Deshalb ist Zurückverweisung erforderlich... (Es folgen Ausführungen zum Brandstiftungsvorsatz.)

Beizutreten ist dem Urteil auch darin, daß das Verhalten des Angeklagten bereits zum Versuch der schweren Brandstiftung gediehen war (§ 43 StGB.). Das hing davon ab, ob der Angeklagte bei der Festnahme bereits mit der Ausführung der Brandstiftung begonnen hatte. Das Gericht sieht „den ersten Schritt der Ausführungshandlung" bereits im Ausgießen des Benzins. Es führt dann weiter aus, in größeren Mengen ausgegossenes Benzin bilde im geschlossenen Raum leicht entflammbare Dämpfe, die das Gebäude „durch bloßen Hinzutritt eines anderen Umstandes, wie Feuer in einem im Raum befindlichen Ofen" hätten in Brand setzen können. Feststellungen über das Vorhandensein solcher anderen Umstände und eine entsprechende Kenntnis des Angeklagten sind nicht getroffen.

Rechtlich zutreffend an alledem ist jedenfalls, daß das Ausgießen des Benzins in Anbetracht der übrigen Tatfeststellungen bereits eine Ausführungshandlung der Brandstiftung war. Nach dem Urteil kann der Angeklagte nur eine plötzliche, die anwesenden Personen überraschende Brandstiftung durch Benzin erstrebt haben. Damit entfällt hier aber die Möglichkeit, das Ausgießen nur als eine erleichternde Vorbereitungshandlung für eine etwa für später geplante Tat anzusehen. Die Tatumstände zwingen vielmehr zu der Annahme, daß der Angeklagte das sofortige Entzünden des ausgegossenen Benzins vorgehabt haben muß, bevor die Anwesenden ihn daran hindern konnten. Dann aber war das Ausgießen bereits eine Handlung, die nach der Vorstellung des Angeklagten unmittelbar auf das Inbrandsetzen gerichtet war und die Sicherheit von Menschen dadurch bereits gefährdete (RGSt. Bd. 66 S. 141; OGHSt. Bd. 2 S. 160). Wie sich der Angeklagte das Inbrandsetzen weiter vorgestellt hat, war für den Versuch unerheblich, also auch, ob er Streichhölzer oder ein Feuerzeug bei sich gehabt hat oder zu haben glaubte. Diese Umstände könnten die Annahme einer nach seiner Vorstellung unmittelbar auf den Erfolg gerichteten Ausführungshandlung nur unterstützen. Ebenso läge es, wenn der Angeklagte damit gerechnet haben sollte, die Benzindämpfe würden sich rechtzeitig am Feuer im Ofen entzünden, falls das nach den Umständen überhaupt möglich war. Die im Falle RGSt. Bd. 66 S. 141 vom Reichsgericht für erforderlich erklärte genauere Prüfung des Tatplanes des Angeklagten — die dort nötig war, weil der Täter eine Brandstiftungsanlage technisch vorbereitet hatte, ohne daß seine weiteren Pläne festgestellt worden wären — erübrigte sich hier, weil die Ausführungsweise bereits ausreichend feststand...

Führt die neue Hauptverhandlung wiederum zur Verurteilung, so werden für die Strafzumessung bei Strafmilderung nach den §§ 43, 51 Abs. 2 StGB. die Ausführungen in OGHSt. Bd. 1 S. 195 zu 5 zu berücksichtigen sein. Das Urteil durfte nicht davon ausgehen, daß die vollendete Brandstiftung mit vier Jahren Zuchthaus zu bestrafen gewesen wäre. Denn die nur bis zum wahrscheinlich unbeendeten Versuch gelangte Tat des Angeklagten läßt die bei Vollendung möglichen oder wahrscheinlichen Folgen auch nicht annähernd erkennen. Bei vollendeter Tat hätte auch § 307 StGB. in Betracht kommen können. Dadurch allein wäre der Angeklagte, der allein Revisionskläger ist, zwar nicht beschwert (§ 358 Abs. 2 StPO.). Er konnte aber dadurch benachteiligt sein, daß das Schwurgericht nicht, wie es hier geboten war, unmittelbar den durch die §§ 306, 43, 44 und 51 Abs. 2 StGB. gezogenen Strafrahmen ins Auge gefaßt und die Strafe danach bestimmt hat. Dies hätte zur Aufhebung und Zurückverweisung im Strafausspruch führen müssen, wenn nicht schon gegen den Schuldspruch Bedenken bestünden...

---

70. Der Angeklagte ist nicht dadurch beschwert, daß das Schwurgericht, nicht die inzwischen unzuständig gewordene Strafkammer, die Strafe festsetzt, obwohl das Revisionsgericht die Sache an die Strafkammer zurückverwiesen und diese sie nicht an das Schwurgericht weiterverwiesen hatte.

GVG. § 80; StPO. § 354.

I. Strafsenat. Urt. v. 7. März 1950 g. G. StS. 229/49.

I. Schwurgericht Dortmund.

Aus den Gründen:

Der Angeklagte war von der Strafkammer in D. am 4. Juni 1948 wegen Verbrechens gegen die Menschlichkeit, teilweise in Tateinheit mit gefährlicher Körperverletzung in zwei Fällen (KRG. 10 Art. II 1c, §§ 223a, 73, 74

StGB.) verurteilt worden. Seine Sachrüge hat zum Schuldspruch nur teilweise Erfolg gehabt. Dieser ist mit der Maßgabe rechtskräftig geworden, daß der Verurteilung nur die Fälle Hö. und He. zugrunde liegen. Den Strafausspruch hat das OLG. aufgehoben und die Sache insoweit am 18. November 1948 an die Strafkammer zurückverwiesen, obwohl an diesem Tage im Landgerichtsbezirk D. das inzwischen wieder errichtete Schwurgericht für die Strafsache zuständig war. Nicht die Strafkammer, sondern das Schwurgericht hat den Angeklagten nunmehr zu einem Jahr Gefängnis verurteilt...

Die Revision des Angeklagten ist erfolglos.

§ 354 StPO. ist nicht verletzt. Nach § 80 GVG. in der Fassung der VO. zur Wiedereinführung von Schöffen und Geschworenen in der Strafrechtspflege vom 22. August 1947 (VOBl. BZ. 1947 S. 115) sind zur Entscheidung über Strafsachen wegen Verbrechens gegen die Menschlichkeit die Schwurgerichte zuständig. Die Einrichtung der Schwurgerichte hat sich wegen sachlicher Schwierigkeiten örtlich teilweise verzögert. In D. ist das Schwurgericht im Oktober 1948 eingerichtet worden. Am 18. November 1948, als die Sache zur neuen Straffestsetzung an die Strafkammer zurückverwiesen wurde, war diese daher mangels ausreichender Strafgewalt sachlich nicht mehr zuständig. Sie ist durch die Verweisung auch nicht zuständig geworden oder geblieben. Im Verhältnis zum Schwurgericht ist die Strafkammer, obwohl sie gleichfalls beim Landgericht errichtet ist, ein Gericht niederer Ordnung. Zur Verweisung an ein Gericht niederer Ordnung ist das Revisionsgericht aber nur in dem Ausnahmefalle des § 354 Abs. 3 StPO. befugt, der hier nicht vorliegt. Die Strafkammer war auch nicht deshalb am 18. November 1948 noch ein Gericht „gleicher" Ordnung im Sinne des § 354 Abs. 2 StPO., weil sie in derselben Sache vor der Errichtung des Schwurgerichts entschieden hatte. Sobald die Zuständigkeit des Schwurgerichts gesetzlich bestimmt und dieses errichtet war, wurde die Strafkammer vielmehr insoweit ohne weiteres zu einem Gericht niederer Ordnung. Die Strafprozeßordnung hat den hier vorliegenden Fall der Änderung der sachlichen Zuständigkeit erster Instanz während des Revisionsverfahrens nicht geregelt. Diese Regelung ergibt sich aus den erörterten

Grundsätzen aber von selbst. Der Angeklagte ist dadurch, daß nunmehr das zuständig gewordene Gericht höherer Ordnung die Strafe festgesetzt hat, auch nicht beschwert; er wäre es nur im umgekehrten Falle. Die Absätze 2 und 3 des § 354 StPO. bezwecken nicht, die Zurückverweisung an die „mit dem Sachverhalt bereits vertraute Instanz zu sichern", wie die Revision meint. Sie hindern vielmehr die Verweisung an ein Gericht mit geringerer Strafgewalt, die das Oberlandesgericht hier vorgenommen hat. Der Angeklagte kann daher nicht verlangen, daß, entgegen dem § 80 GVG., die Strafkammer über die Strafzumessung entscheide. Ob die Strafkammer die Sache durch Beschluß an das Schwurgericht hätte verweisen sollen, bevor dieses in ihr entschied, kann dahinstehen, denn dieses Verfahren würde nur das bereits vorliegende Ergebnis, nämlich die Straffestsetzung durch das gesetzlich zuständige Schwurgericht, herbeigeführt haben.

Auch die Strafzumessung begegnet keinen Rechtsbedenken. Die weitere Beweisaufnahme war zulässig und geboten, soweit sie der Strafzumessung diente. Nur hinsichtlich des Schuldspruchs standen die früher getroffenen Tatfeststellungen fest. Im Rahmen des sachlich Erforderlichen hatte das Gericht die Grundlagen der Strafzumessung von Amts wegen noch zu ermitteln. Dabei durfte es auch die Aussage des zur Entlastung des Mitangeklagten Fr. geladenen Zeugen Sch. benutzen, soweit sie auch den Angeklagten Ge. und seine Tat kennzeichnete. Es stand dem Angeklagten und seinem Verteidiger frei, Sch. in der Hauptverhandlung zu befragen und Gegenbeweise anzubieten (§§ 245, 246 StPO.). Die Strafzumessung ist ein Teil des Strafurteils. Sie hat daher auf der Würdigung des Gesamtergebnisses der Hauptverhandlung zu beruhen, zu dem auch die Aussage Sch.s gehört. Einen Strafverfahrensgrundsatz, daß die Aussage eines Entlastungszeugen nur zu Gunsten desjenigen Angeklagten verwertet werden dürfe, der sich auf den Zeugen berufen hat, gibt es nicht....

71. 1. Ob ein Beweisantrag oder ein Beweisermittlungsantrag vorliegt, ist nicht nur dem Wortlaut des Antrages zu entnehmen. Die zu beweisende Tatsache kann sich für das Gericht auch aus den Umständen ergeben.

2. Zur Gemeinsamkeit des Wollens als Voraussetzung der Mittäterschaft.

3. Vorsätzliche Tötung eines KZ-Häftlings aus Geltungsdrang und in der Erwartung einer Anerkennung ist ein Handeln aus niedrigem Beweggrunde.

4. Besteht eine fortgesetzte Handlung zum Teil aus versuchten, zum Teil aus vollendeten Straftaten, so ist im Entscheidungssatz nur die Verurteilung wegen der vollendeten Tat auszusprechen.

StGB. §§ 211, 47; StPO. § 245.

I. Strafsenat. Urt. v. 7. März 1950 g. G. 1 StS 2/50.

I. Schwurgericht Oldenburg.

Aus den Gründen:

Unbegründet ist die Verfahrensrüge, das Schwurgericht habe zu Unrecht den Antrag des Angeklagten, die Leiche E.s auszugraben und zu öffnen, abgelehnt. Das ergibt sich allerdings nicht etwa schon daraus, daß es sich nur um einen Beweisermittlungsantrag gehandelt hätte. Der Begriff des Beweisantrages setzt zwar voraus, daß in ihm die zu beweisende Tatsache angegeben wird. Nach dem Inhalt der Sitzungsniederschrift hat der Angeklagte solche Tatsachen aber nicht ausdrücklich bezeichnet. Für das Gericht kann sich jedoch die zu beweisende Tatsache, auch ohne daß sie in dem protokollierten Antrage ausdrücklich angegeben wird, aus den Umständen ergeben (RGSt. Bd. 38 S. 127). So lag der Fall ersichtlich hier. Für diese Annahme spricht, daß der Vorsitzende — was sonst seine Pflicht gewesen wäre — nicht durch Fragen auf nähere Erläuterung hingewirkt hat, und daß das Gericht den Antrag als Beweisantrag behandelt hat. Aus der Begründung, mit der das Schwurgericht den Antrag abgelehnt hat, in Verbindung mit den Darlegungen der Revisionsbegründung ergibt sich, daß es dem Angeklagten darauf ankam, unter Beweis zu stellen, daß der vom Angeklagten abgegebene Schuß das Opfer hinten rechts getroffen hatte. Sein Antrag ist also zu Recht als Beweisantrag behandelt worden.

Er ist mit der Begründung abgelehnt worden, daß nach dem Gutachten des Sachverständigen Dr. Ne. das Vorhandensein erhaltener Weichteile „so gut wie ausgeschlossen" sei, hinsichtlich des Körperdurchschusses Feststellungen deshalb nicht möglich seien und das Beweismittel daher ungeeignet sei. Diese Behandlung des Beweisantrages nötigt im vorliegenden Falle nicht dazu, zu der Rechtsfrage Stellung zu nehmen, ob ein auf die Einnahme des Augenscheins abzielender Antrag stets und unter allen Umständen nach denselben Grundsätzen behandelt werden muß wie ein die Vernehmung eines Zeugen bezweckender Antrag, oder ob gegenüber einem Antrag auf Einnahme des Augenscheins dem Tatrichter ein größeres Ermessen eingeräumt ist (vgl. RGSt. Bd. 47 S. 100). Denn selbst wenn man der Revision darin folgen wollte, daß das Ergebnis der Augenscheinseinnahme vom Gericht nicht vorweggenommen werden durfte, und wenn man infolgedessen die Begründung des den Antrag ablehnenden Beschlusses für anfechtbar hielte, weil mit der bloßen Unwahrscheinlichkeit, daß die Augenscheinannahme zu einem brauchbaren Ergebnis führen würde, noch nicht dargetan sei, daß das Beweismittel schlechthin und unter allen Umständen ungeeignet sei, muß der Verfahrensrüge im vorliegenden Falle aus einem anderen Grunde der Erfolg versagt werden.

Das Gericht hat, wie sich aus den Urteilsgründen ergibt, durch Vernehmung des Arztes, der die Leiche des Getöteten unmittelbar nach der Tat in Augenschein genommen hat, über die Lage des Körperdurchschusses genaue Feststellungen treffen können. Es hat danach als erwiesen angesehen, daß das Geschoß den Getöteten an der rechten unteren Rückenseite getroffen, den Körper durchschlagen hat und vorn wieder ausgetreten ist. Es hat also diejenige Tatsache festgestellt, die der Angeklagte mit seinem Antrage unter Beweis stellen wollte. Auch wenn das Gericht dem Antrage stattgegeben hätte und die Augenscheineinnahme zu dem vom Beklagten behaupteten Ergebnis geführt hätte, würde sich an den tatsächlichen Feststellungen nichts ändern. Daraus ergibt sich, daß die Verteidigung des Angeklagten durch die Ablehnung des Antrages, auch wenn man die Begründung im einzelnen für anfechtbar halten wollte, keinesfalls unzulässig beeinträchtigt worden ist. Der Antrag hätte auf alle Fälle mit der Begründung abgelehnt werden können, daß die zu beweisende Tatsache schon erwiesen sei....

Zutreffend hat das Schwurgericht auch angenommen, daß sich der Angeklagte in Tateinheit mit dem Verbrechen gegen die Menschlichkeit auch des gemeinschaftlichen Mordes (§§ 211, 47 StGB.) schuldig gemacht hat. Während E. zusammen mit anderen Häftlingen einen gefällten Baumstamm abschleppte, gab der Angeklagte auf ihn mit Tötungsvorsatz einen Gewehrschuß ab, der ihn traf, so daß er zusammenbrach. Auf den am Boden Liegenden gab ein anderer Wachmann noch einen Pistolenschuß ab, so daß schließlich dessen Tod eintrat. Das Schwurgericht stellt weiter fest, daß der Angeklagte schon vorher das Für und Wider der Tat bei sich erwog und daß bis zur Tat keine Umstände eintraten, die seine seelische Verfassung beeinflußt und unter Ausschluß von Gegenvorstellungen ihn zur Tat getrieben hätten. Zum Beweggrund legt es schließlich dar, man habe in den Kreisen der Wachmannschaft allgemein mit der baldigen Verlegung E.s an einen anderen Ort gerechnet und sei deshalb darauf gekommen, ihn als einflußreiches Mitglied der SPD. vorher zu beseitigen. Der Angeklagte habe dabei nicht als Überzeugungstäter, sondern aus Geltungsdrang gehandelt. Er habe gehofft, die Tat werde ihm die Anerkennung der nationalsozialistischen Machthaber einbringen und so Vorteile verschaffen.

Das Schwurgericht hat zwar nicht feststellen können, daß der Schuß des Angeklagten allein den Tod herbeigeführt hat. Es hält sogar nicht für ausgeschlossen, daß die dadurch hervorgerufene Verletzung allein nicht tödlich gewirkt hätte. Es hält aber für erwiesen, daß der Angeklagte auch das Eingreifen des anderen Wachmannes in seine Vorstellung und seinen Willen einbezog und dessen Tat als die Vollendung seiner eigenen wollte. Es sieht darum beide als Mittäter an und hat auch den Tod E.s, der mindestens als Folge des zweiten Schusses eintrat, dem Angeklagten zugerechnet. Zu Unrecht bemängelt die Revision, daß das Schwurgericht nichts Ausreichendes über eine Verabredung des Angeklagten mit dem anderen Wachmann festgestellt habe und macht geltend, daß der Angeklagte daher allenfalls des versuchten Mordes schuldig sei. Die Ursächlichkeit des vom Angeklagten mit Tötungsvorsatz abgegebenen Schusses würde, worauf der Generalstaatsanwalt zutreffend hingewiesen hat, entgegen der Annahme der Revision sogar dann gegeben sein, wenn die Gemeinsamkeit des Wollens zwischen dem Angeklagten und dem Pistolenschützen nicht ausreichend dargetan wäre. Denn nach den Feststellungen des angefochtenen Urteils griff der Pistolenschütze nur deshalb ein, weil der Angeklagte zuvor einen Schuß abgegeben hatte. Der Pistolenschütze eröffnete also mit seinem Schuß keine neue, vom Verhalten des Angeklagten unabhängige Ursachenreihe. Für sein Vorgehen war vielmehr das vom Tötungsvorsatz geleitete, vorangegangene Verhalten des Angeklagten ursächlich. Der Angeklagte wäre mithin nach den vom Senat in der Entscheidung OGHSt. Bd. 2 S. 285 dargelegten Grundsätzen auch in diesem Falle des vollendeten Mordes schuldig. Entgegen der Ansicht der Revision bestehen aber auch gegen die vom Schwurgericht bejahte Mittäterschaft keine rechtlichen Bedenken. Zum Begriff der Mittäterschaft im Sinne des § 47 StGB. gehört zwar das gemeinsame Wollen der Tat; es genügt aber, daß die Willensübereinstimmung irgendwie hergestellt wird. Des Nachweises besonderer Verhandlungen, wie die Revision anzunehmen scheint, bedarf es nicht. Die Willensübereinstimmung kann sich vielmehr aus den Umständen ergeben. Im vorliegenden Falle gehörten der Angeklagte und der Pistolenschütze derselben Wachmannschaft des Konzentrationslagers an, deren Angehörige vorher schon E. auf vielfältige Art gequält und mißhandelt hatten. In ihrem Kreise war die Notwendigkeit baldiger Beseitigung E.s erörtert worden. Auf der Grundlage dieser Feststellungen hat das Schwurgericht mit Recht angenommen, daß zwischen dem Angeklagten und dem Pistolenschützen die zur Mittäterschaft erforderliche Gemeinschaft des Wollens auch ohne ausdrückliche Verabredung bestand, daß der Angeklagte für den Fall, daß sein Schuß noch nicht sofort zum Tode führen sollte, mit dem Eingreifen eines anderen Wachmannes rechnete, es wollte und billigte und dessen Tatanteil auch als seinen wollte, und daß umgekehrt der andere auf Grund der schon vorhandenen Bereitschaft, notfalls auch einzugreifen, mit dem Willen tätig wurde, die Tötung des Opfers als gemeinsames Werk zu Ende zu führen. Es handelt sich dabei keineswegs um eine bloße Formel, sondern um eine durch die sonstigen Darlegungen getragene Feststellung. Die Auffassung des Schwurgerichts trägt vielmehr in besonders lebensnaher Weise den Verhältnissen Rechnung, wie sie in den Konzentrationslagern unter den Wachmannschaften herrschten und wie sie im angefochtenen Urteil im einzelnen sorgfältig erörtert werden.

Die Überlegungen und Erwägungen, aus denen heraus das Schwurgericht ein Handeln mit Überlegung bejaht, zeigen, daß das Gericht auch diesen Begriff nicht verkannt hat. Mit Recht hat es deshalb den Tatbestand des gemeinschaftlichen Mordes nach § 211 a.F., § 47 StGB. als verwirklicht angesehen.

Im Hinblick auf § 2a Abs. 2 StGB. und wegen der zwischenzeitlichen Änderung des § 211 StGB. hat das Schwurgericht auch mit Recht die Prüfung für erforderlich gehalten, ob auch der Tatbestand des § 211 n.F. verwirklicht ist (OGHSt. Bd. 2 S. 179). Es hat die Frage bejaht, weil der Angeklagte aus niedrigem Beweggrunde gehandelt habe. Dazu führt es im einzelnen aus, für das Verhalten des Angeklagten sei einerseits der Gedanke bestimmend gewesen, daß das Leben eines politischen Gegners überhaupt als wertlos anzusehen sei. Dabei habe er nicht etwa als Überzeugungstäter gehandelt, der die politische Überzeugung des Gegners für falsch und unheilvoll, die eigene für allein richtig gehalten und sich zur Tat entschlossen habe, um seiner Überzeugung zum Siege zu verhelfen; sein Handeln sei vielmehr auf sein Geltungsbedürfnis zurückzuführen. Er habe erwartet, für sein Handeln Anerkennung und Belohnung zu ernten. Mit Recht hat das Schwurgericht darin einen niedrigen Beweggrund im Sinne des § 211 Abs. 2 StGB. erblickt. Denn als solcher ist jeder Beweggrund anzusehen, der nach den in der Rechtsgemeinschaft herrschenden Anschauungen als besonders verwerflich gilt. Dabei braucht hier nicht entschieden zu werden, ob jede

Tötung aus politischen Gründen als eine solche aus niedrigem Beweggrund anzusehen ist. Im vorliegenden Falle ist sie es deshalb, weil die politische Überzeugung, der der Angeklagte diente, schlechthin die Verneinung von Menschenwert und Menschenwürde bei jedem politischen Gegner bedeutete und der politische Grund durch die selbstsüchtige Erwartung ergänzt wurde, die Tat werde ihm Anerkennung und Belohnung einbringen. Die Tötung eines Menschen aus einem Grunde, in dem politische Überlegungen der gekennzeichneten Art mit selbstsüchtigen Regungen so eng verbunden sind, wird aber im abendländischen Kulturbereich von allen anständig Gesinnten als besonders verwerflich angesehen. Die Ansicht des Schwurgerichts, der Angeklagte habe aus einem niedrigen Beweggrunde getötet und darum auch den Tatbestand des § 211 StGB. n.F. verwirklicht, ist deshalb zu billigen. Daher kann unentschieden bleiben, ob dem Schwurgericht auch darin zuzustimmen ist, daß der Angeklagte auch heimtückisch gehandelt habe. Da somit die Tat des Angeklagten sowohl nach der alten wie nach der neuen Fassung des § 211 StGB. als Mord zu beurteilen ist, da Art. 102 GG. ferner die Wirkung hat, daß beide Fassungen nur noch die lebenslange Zuchthausstrafe als einzige angedrohte Strafe kennen, da mithin § 211 n.F. gegenüber der alten Fassung nicht das mildere Gesetz ist, hat das Schwurgericht den Angeklagten mit Recht des Mordes nach § 211 a.F. für schuldig erachtet (OGHSt. Bd. 2 S. 179, 182).

Rechtlich bedenkenfrei ist auch die Auffassung des Schwurgerichts, daß die wenige Tage vorher erfolgte Abgabe des Schusses, der E. nicht traf, als Mordversuch gemäß §§ 211 n.F., 43 StGB. zu beurteilen ist. Denn es hält für erwiesen, daß der Angeklagte mit Tötungsvorsatz schoß, dabei mit Überlegung handelte und sich von den gleichen niedrigen Beweggründen wie bei der Abgabe des späteren Schusses leiten ließ, der zum Tode E.s führte. Nach den getroffenen Feststellungen ist auch nicht zu beanstanden, daß das Gericht Fortsetzungszusammenhang zwischen dem versuchten und dem vollendeten Mord bejaht. Die äußeren Voraussetzungen der fortgesetzen Handlung, nämlich die wesentliche Gleichartigkeit der gesamten Sachlage, wie Verwirklichung desselben Tatbestandes, Gleichartigkeit des Tatherganges, örtlicher Zusammenhang, Angriff auf dasselbe Rechtsgut, sind nach den Feststellungen des angefochtenen Urteils sämtlich gegeben. Zur inneren Tatseite stellt das Schwurgericht fest, daß der Angeklagte mit dem Vorsatz handelte, nicht eher zu ruhen, bis E. getötet sei. Wenn er nach dem ersten fehlgeschlagenen Versuch den Entschluß gefaßt habe, ihn bei sich bietender Gelegenheit erneut zu verwirklichen, so beruhe dieser zweite Entschluß doch auf demselben Vorsatz wie der erste. Damit ist auch die für den Fortsetzungszusammenhang erforderliche Einheitlichkeit des Vorsatzes ausreichend dargetan. Da die fortgesetzte Handlung im Rechtssinne aber nur eine Tat ist, kann sie nicht gleichzeitig vollendet und nur versucht sein. Der Angeklagte durfte deshalb nicht wegen teils versuchten, teils vollendeten Mordes, sondern nur wegen Mordes bestraft werden....

---

72. Eine Gesamtstrafe ist nach § 79 StGB. auch dann zu bilden, wenn die einzubeziehende früher erkannte Strafe durch ein Spruchgericht verhängt ist.

StGB. §§ 74 bis 79; KRG. 10 Art. II 1 c, d; VerfahrensO. für die Spruchgerichte § 38 Abs. 2; VO. zur Regelung des Gnadenwesens gegenüber Entscheidungen der Spruchgerichte § 1 Abs. 1.

II. Strafsenat. Urt. v. 27. Februar 1950 g. H. StS 339/49.

I. Schwurgericht M.Gladbach.

Aus den Gründen:

Die Staatsanwaltschaft hat ihre Revision nur insoweit aufrechterhalten, als aus der gegen den Angeklagten erkannten Gefängnisstrafe und der durch das Spruchgericht in R. verhängten Gefängnisstrafe eine Gesamtstrafe gebildet worden ist. Eine solche Beschränkung des Rechtsmittels ist zulässig, weil die Bildung der Gesamtstrafe einer selbständigen Prüfung und Beurteilung zugänglich ist und ein Eingehen auf die anderen Teile der Entscheidung nicht notwendig macht (RGSt. Bd. 37 S. 285; OGHSt. Bd. 1 S. 39) . . .

Das in den §§ 74—79 StGB. geprägte Rechtsinstitut der Gesamtstrafe trägt der Erwägung Rechnung, daß das Übel des Freiheitsentzuges mit seiner Dauer an Schärfe zunimmt, und daß daher der uneingeschränkte Gesamtvollzug der für mehrere selbständige Straftaten verhängten Freiheitsstrafen den Verurteilten härter treffen würde, als es seiner Schuld insgesamt entspricht (RGSt. Bd. 25 S. 307). Diese Bestimmungen über die Gesamtstrafenbildung verkörpern somit einen aus dem Postulat strenger Gerechtigkeit abgeleiteten allgemeinen Rechtsgedanken und müssen daher — vorbehaltlich gesetzlicher Sonderregelungen — überall da angewendet werden, wo deutsche Gerichte Freiheitsstrafen verhängen.

Das KRG. 10, dessen Tatbestände des Verbrechens gegen die Menschlichkeit und des Organisationsverbrechens durch die Verordnungen Nr. 47 und 69 der Militärregierung den deutschen Gerichten zur Aburteilung übertragen worden sind, bedarf zu seiner Anwendung der Ergänzung durch allgemeine Normen. Diese allgemeinen Rechtssätze sind, soweit das KRG. 10 danach von deutschen Gerichten zur Geltung zu bringen ist, vorbehaltlich der aus dem KRG. 10 selbst sich ergebenden, hier nicht in Betracht kommenden Abweichungen (vgl. OGHSt. Bd. 1 S. 15, 23, 49), grundsätzlich dem deutschen Strafrecht zu entnehmen. Das gilt im besondern für die Bestimmungen über die Gesamtstrafe.

Demgemäß ist denn auch die Geltung der Grundsätze über die Gesamtstrafenbildung von der Rechtsprechung sowohl für das Verbrechen gegen die Menschlichkeit nach Art. II 1 c (OGHSt. Bd. 1 S. 159), als auch für das Organisationsverbrechen nach Art. II 1 d KRG. 10 (OSpGH. „Spruchgerichte" 1948 S. 88) anerkannt. Aus § 1 Abs. 1 der VO. zur Regelung des Gnadenwesens gegenüber Entscheidungen der Spruchgerichte vom 3. Dezember 1947 (VOBl. BZ. S. 170) ergibt sich ferner als Auffassung des Zonengesetzgebers, daß die Spruchgerichte jedenfalls befugt waren, gemäß § 79 StGB. aus einer von ihnen zu verhängenden und einer von den allgemeinen Strafgerichten verhängten Freiheitsstrafe eine Gesamtstrafe zu bilden. Ein Grund, warum umgekehrt die allgemeinen Strafgerichte unter Verletzung von Sinn und Wortlaut der §§ 74—79 StGB. eine im Spruchgerichtsverfahren verhängte Gefängnisstrafe zur Gesamtstrafenbildung nicht sollten heranziehen dürfen, ist nicht zu ersehen. Denn die Anwendbarkeit von § 79 StGB. setzt — außer den aus ihm selbst sich ergebenden Erfordernissen — nichts weiter voraus, als daß auch die frühere Verurteilung zu Strafe von einem deutschen Gericht ausgegangen ist. Die Spruchgerichte aber waren deutsche Strafgerichte, die inländische Gerichtsbarkeit ausübten und deren Verfahren gegenüber dem deutschen Strafprozeßrecht keine wesentlichen Besonderheiten bot; sie verhängten echte kriminelle Strafen, die der Anfechtung durch ein Rechtsmittel unterlagen und im Strafregister vermerkt wurden; sie verwirklichten endlich, wie sich aus dem Begnadigungsrecht der Ministerpräsidenten auch gegenüber ihren Entscheidungen ergibt, einen Strafanspruch der deutschen Staatsgewalt.

Daß das für die Gesamtstrafenbildung gemäß § 79 StGB. zuständige, später entscheidende Gericht die frühere Verurteilung mangels Zuständigkeit nicht hätte aussprechen können, kommt häufig vor und ist ohne Belang, weil § 79 StGB. eine solche Zuständigkeit nicht erfordert. Das ist in der reichsgerichtlichen Rechtsprechung insbesondere auch für den Fall anerkannt worden, daß ein bürgerliches Strafgericht die frühere Verurteilung durch eines der ehemaligen außerordentlichen Kriegsgerichte in seine Gesamtstrafe einbeziehen mußte (RGSt. Bd. 49 S. 93). Von Belang ist in dieser Hinsicht auch die Erwägung, daß die Vorschriften des StGB. über die Gesamtstrafenbildung durch Wandlungen der Gerichtsorganisation in ihrer Geltung nicht beeinträchtigt werden.

Daß die neben der gesamtstrafenbildungsfähigen Freiheitsstrafe von dem Spruchgericht verhängte Geldstrafe und die von ihm angeordnete Anrechnung der Internierungshaft neben der gebildeten Gesamtstrafe aufrechterhalten werden müssen, steht der Bildung einer Gesamtstrafe, entgegen der Auffassung der örtlichen Staatsanwaltschaft, als Hindernis nicht im Wege. Auch sind die von der örtlichen Staatsanwaltschaft gegen die Zulässigkeit der Gesamtstrafenbildung geltend gemachten weiteren Bedenken, wonach die durchgeführte Maßnahme zu einem Wechsel der Zuständigkeit für die Strafvollstrekkung führen kann, von nur untergeordneter Bedeutung;

sie können das gesetzliche Recht des Angeklagten auf Bildung einer Gesamtstrafe nicht verkürzen.

Die Entscheidung entspricht dem Antrage des Generalstaatsanwalts.

---

73. Auch nach dem Inkrafttreten des Bundesgrundgesetzes ist das KRG. 10 von den deutschen Gerichten in der britischen Besatzungszone im Rahmen der VO. Nr. 47 weiter anzuwenden. Dem steht weder Art. 103 Abs. 2 GG. entgegen, noch das Genehmigungsschreiben der drei Militärgouverneure vom 12. Mai 1949 zum Grundgesetz.

KRG. 10 Art. II 1c, III 1d; brit. MRVO. Nr. 47.

1. Strafsenat. Urt. v. 21. März 1950 g. G. 1 StS 6/50.

I. Schwurgericht Essen.

Aus den Gründen:

Das Schwurgericht hat die Angeklagte von der Anklage wegen Verbrechens gegen die Menschlichkeit (Anzeigetat) freigesprochen. Es führt aus: Möge der Rechtsprechung des OGH. zur Anwendbarkeit des KRG. 10 bisher auch zu folgen gewesen sein, weil sich das KRG. 10 als das spätere und gegenüber der Kontrollratsproklamation Nr. 3, dem Militärregierungsgesetz Nr. 1, Art. 116 WV. und § 2 a.F. StGB. stärkere Gesetz Rückwirkung beilege, so sei die Rechtslage durch Art. 103 Abs. 2 GG. in Verbindung mit dem Genehmigungsschreiben der drei Militärgouverneure vom 12. Mai 1949 zum Grundgesetz (VOBl. BZ. 1949 S. 416) aber geändert. Diese Vorschrift verbiete jede Rückwirkung von Strafgesetzen. Zwar lasse sie — als deutsche Rechtsquelle — das dem Besatzungsrecht zugehörige KRG. 10 inhaltlich unberührt. Die Militärgouverneure hätten dem Art. 103 GG. aber ohne Einschränkung zugestimmt. Ihre Vorbehalte bezögen sich sämtlich auf andere Bestimmungen des Grundgesetzes. Daraus ergebe sich, „daß es den deutschen Gerichten mit Billigung der Besatzungsmächte nach Inkrafttreten des Grundgesetzes untersagt ist, das KRG. 10 rückwirkend anzuwenden". Unterstützend beruft sich das Schwurgericht auch auf zwei Schreiben der Britischen Militärregierung an den Justizminister von Nordrhein-Westfalen über den Umfang der deutschen Gerichtsbarkeit bei Verbrechen gegen die Menschlichkeit in bestimmten Fällen. Diese Rechtsauffassung ist abzulehnen. Die Revision der Staatsanwaltschaft hat Erfolg.

Selbst wenn dem Schwurgericht in der Frage des Rückwirkungsverbotes beizutreten wäre, könnte das Urteil nicht bestehen bleiben, weil das Schwurgericht nicht ersichtlich geprüft hat, ob die Angeklagte der Anstiftung zur Freiheitsberaubung oder vorsätzlichen Tötung oder dieser Vergehen und Verbrechen in mittelbarer Täterschaft schuldig ist (vgl. OLG. Bamberg MDR. 1950 S. 55). Zwar verneint das Urteil die Verletzung eines deutschen Strafgesetzes, aber ohne jede Begründung, so daß die rechtliche Nachprüfung insoweit nicht möglich ist. Indessen können die durch den Beschluß des OLG. Bamberg für den Bereich der amerikanischen Besatzungszone aufgeworfenen Rechtsfragen hier unerörtert bleiben, weil das KRG. 10 in der britischen Besatzungszone nach wie vor anzuwenden ist (OHG. StS 34/49 vom 12. Juli 1949 und OGHSt. Bd. 2 S. 232).

Als unmittelbares Besatzungsrecht sind das KRG. 10 und die britische VO. Nr. 47 jedem deutschen Eingriff entzogen. Daher entfallen von vornherein alle Versuche, ihre weitere Gültigkeit oder Anwendbarkeit mit Rücksicht auf irgendeine deutsche Rechtsnorm anzuzweifeln. Dies geschieht denn auch nicht auf Grund des neu geschaffenen Art. 103 GG. Die gegen die weitere Anwendbarkeit des KRG. 10 vor deutschen Gerichten geäußerten Bedenken werden vielmehr aus der vorbehaltlosen Genehmigung des Art. 103 GG. durch die Militärgouverneure abgeleitet, die angeblich, ohne es unmittelbar auszusprechen, die britische VO. Nr. 47 aufgehoben oder zumindest außer Wirkung gesetzt haben soll. Diese Auslegung des Genehmigungsschreibens der Militärgouverneure vom 12. Mai 1949 (VOBl. BZ. 1949 S. 416) geht aber fehl.

Die VO. Nr. 47 erweitert die deutsche Gerichtshoheit im Bereich der britischen Besatzungszone hinsichtlich bestimmter Verbrechen gegen die Menschlichkeit. Den deutschen Gerichten und Strafverfolgungsbehörden ist daraus nicht nur ein Recht, sondern auch die Pflicht zur Anwendung des KRG. 10 erwachsen (OGHSt. Bd. 2 S. 335). Demgegenüber wäre eine derart beiläufige Außerkraftsetzung einer wichtigen besatzungsrechtlichen Vorschrift durchaus ungewöhnlich und geeignet, den Umfang der deutschen Gerichtshoheit, auf dessen klare Abgrenzung die Besatzungsbehörden mit Recht immer großes Gewicht gelegt haben, undeutlich zu machen. Schon deshalb ist dem Genehmigungsschreiben der Militärgouverneure nichts derartiges zu entnehmen. Es kommt hinzu, daß die VO. Nr. 47 eine britische und daher auf die britische Zone beschränkte Vorschrift ist, während das Genehmigungsschreiben von allen drei Militärgouverneuren stammt. Auch das macht die Auslegung dieses Schreibens durch das Schwurgericht unhaltbar.

Sie ist es aber auch im Hinblick auf Ziffer 7 des Besatzungsstatuts (VOBl. BZ. 1949 S. 399). Nach dem Zusammenbruch hat keine deutsche Gerichtsbarkeit bestanden. Die deutschen Gerichte waren vielmehr rechtlich und tatsächlich geschlossen. Sie sind erst mit Ermächtigung der Besatzungsmächte wieder errichtet und geöffnet worden. Zugleich wurde ihre sachliche Zuständigkeit neu geregelt. Hinsichtlich der Verbrechen gegen die Menschlichkeit konnte dies nur geschehen und ist es geschehen im Rahmen des Art. III 1 d des KRG. 10, und zwar durch die britische VO. Nr. 47, also durch Besatzungsrecht. Derartige Rechtsvorschriften (Legislations of the Occupation Authorities; la législation des Autorités d'occupation), die von den Besatzungsbehörden vor dem Inkrafttreten des Grundgesetzes erlassen sind, bleiben aber in Kraft, bis sie von diesen aufgehoben oder geändert werden (Ziffer 7 des Besatzungsstatuts für die Bundesrepublik Deutschland, VOBl. BZ. 1949 S. 399). Weder ist die VO. Nr. 47 bisher ausdrücklich aufgehoben, noch etwa, wie oben ausgeführt, bei formellem Fortbestehen vom damaligen britischen Militärgouverneur stillschweigend und beiläufig ihrer Wirkung entkleidet. Die durch sie begründete Zuständigkeit deutscher Gerichte für bestimmte Verfahren wegen Verbrechens gegen die Menschlichkeit wird daher weder durch Art. 103 GG. berührt, noch durch die Zustimmung der damaligen Militärgouverneure zu Art. 103 (so auch OLG. Hamm, Beschl. vom 19. Dezember 1949, 2 Ws 151/49).

Auch die Schreiben der britischen Militärregierung vom 26. Juli 1949 und 12. September 1949 an den Justizminister von Nordrhein-Westfalen sind vom Schwurgericht unrichtig verstanden worden. Sie könnten dessen Ansicht nur stützen, wenn sich aus ihnen ergäbe, daß die britische Militärregierung, entgegen der VO. Nr. 47, das KRG. 10 vor deutschen Gerichten jetzt nicht mehr für anwendbar hält. Davon kann aber keine Rede sein, Beide Schreiben betreffen allein Verbrechen gegen die Menschlichkeit gegen solche Personen, die nicht unter den in Art. III 1d des KRG. 10 genannten Personenkreis fallen, deren Verfolgung nach Maßgabe des KRG. 10 also deutschen Gerichten bei Beachtung des Art. III 1d nicht übertragen werden kann. Dagegen können die Militärgerichte in diesen Fällen durch deutsche Gerichte insoweit entlastet werden, als der Militärregierung die ausreichende Ahndung dieser Fälle auch nach deutschem Recht möglich erscheint. Daher betonen beide Schreiben, entsprechend der zwingenden Vorschrift des Art. III 1d, daß in diesen Fällen nur deutsches Recht angewandt werden dürfe (im Ergebnis ebenso OLG. Hamm a.a.O.).

Daß sich auch aus dem Wesen und Sinn des Rückwirkungsverbotes keine durchgreifenden Bedenken gegen die Anwendung des KRG. 10 ergeben — die übrigens nach Besatzungsrecht in jedem Falle außer Betracht zu bleiben hätten — hat der Senat mehrfach ausgesprochen (OGHSt. Bd. 1 S. 297). Dazu ist außerdem noch auf die Ausführungen in StS 256/257/49 vom 21. März 1950 zu verweisen. Das Schwurgericht wird das KRG. 10 daher anzuwenden haben . . .

---

74. Zum Begriff der zusammengerotteten Menschenmenge. Erforderlich ist stets, daß die Teile und Teilnehmer des gemeinsamen Unternehmens zu einem bestimmten Zeitpunkt einander nahe genug sind, um durch unmittelbares körperliches Zusammenwirken auch räumlich noch eine Einheit zur Erreichung eines gemeinsamen Zieles darzustellen (vgl. RGSt. Bd. 60 S. 332).

§ 125 StGB.

I. Strafsenat. Urt. v. 14. März 1950 g. L. u. a. StS 230/49.

I. Schwurgericht Aurich.

Aus den Gründen:

Daß angesichts des Tathergangs nur eine Freiheitsberaubung (§ 239 StGB.) angenommen ist, ist unbedenklich, da sich das Handeln der Angeklagten und W.s als Wachmann stets auf alle festgehaltenen Juden zugleich bezogen hat. Auch das von W. mit veranlaßte Zusammenholen der Juden in We. ist, obwohl es zunächst naturgemäß in zahlreiche Einzelakte zerfiel, für ihn als Unterbefehlshaber örtlich, zeitlich und der Art der Tatausführung nach nur eine Tat, wie das Urteil mit Recht annimmt. Deshalb bedarf es nicht der Prüfung, ob sein Verhalten gegenüber der Familie Ge., für sich allein betrachtet, den Tatbestand des § 239 StGB. erfüllt, wie die Revision bezweifelt. Die Mitglieder der Familie Ge. hat er allerdings in ihrer Wohnung nur „angewiesen, sich sofort anzuziehen und zum Rathaus zu begeben", was sie taten. Stünde dieser Vorgang für sich allein, so wäre zu prüfen, ob diese Anweisung des Angeklagten die Mitglieder der Familie Ge. bereits in ihrem auf freie Bewegung gerichteten Willen beschränkt hat. Das könnte zu verneinen sein, wenn sie die Aufforderung des Angeklagten nicht als Zwang empfunden, sondern nur zum Anlaß genommen hätten, ihr freiwillig zu folgen. Weit näher läge es aber, daß sie sich sämtlich darüber klar waren, daß die Mißachtung eines solchen SA-Befehls in dieser Nacht nur weitere und schlimmere Folgen nach sich ziehen werde, und daß sie den Befehl des Angeklagten deshalb als unausweichbaren körperlichen Zwang empfunden und sich ihm deshalb gebeugt haben. Da die Festsetzung der Familie Ge. aber nur ein Teilstück der vom Angeklagten W. mit zu verantwortenden Gesamttat nach § 239 StGB. ist, kann diese Prüfung unterbleiben. Sie hat für die Schuld des Angeklagten keine Bedeutung . . .

Landfriedensbruch (§ 125 StGB.): Die Revision der Staatsanwaltschaft hält den § 125 StGB. für verletzt. Sie kann aber auf der Grundlage der bisherigen Tatfeststellungen im Ergebnis keinen Erfolg haben, weil die Urteilsausführungen, in denen verneint wird, daß sich eine Menschenmenge im Sinne des § 125 Abs. 1 StGB. öffentlich zusammengerottet habe, keinen Rechtsverstoß erkennen lassen. Das Gericht hat richtig erkannt, daß auch einheitlich geleitete kleinere Trupps zusammen eine „Menschenmenge" bilden können, wenn sie in irgendeinem räumlichen Zusammenhange stehen, der die Vorstellung einer Menschenmenge als räumlich verbundenes Ganzes noch zuläßt (vgl. RGSt. Bd. 60 S. 331, vor allem S. 332 unten). Wann ein solcher Zusammenhang vorliegt, ist Tatfrage (OGHSt. Bd. 2 S. 211). Der Tatrichter stellt nun fest, daß die Festnahme der Juden „in den verschiedensten Straßen durch einzelne SA-Leute oder allenfalls in Gruppen von 2 bis 3 Mann" erfolgt sei. Den Brandplatz hätten „nur wenige" SA-Männer abgesperrt. Weder zwischen diesen kleinen Gruppen, noch zwischen diesen und dem Absperrtrupp habe zu dieser Zeit ein räumlicher Zusammenhang bestanden. Damit ist der Rechtsbegriff der zusammengerotteten Menschenmenge, der einen solchen Zusammenhang der zahlreichen Personen voraussetzt, richtig erfaßt und ohne erkennbaren Irrtum bisher verneint. Ein lediglich ideelles Band zwischen räumlich getrennten Gruppen oder Personen genügt dem Begriff der zusammengerotteten Menschenmenge mangels wenn auch gelockerter räumlicher Geschlossenheit aller Beteiligten nicht. Erforderlich ist immer, „daß die einzelnen Teile und Teilnehmer des gemeinsamen Unternehmens einander nahe genug bleiben, um durch die Möglichkeit eines unmittelbaren körperlichen Zusammenwirkens auch räumlich noch eine Verbundenheit zur Erreichung des gemeinsamen Zieles darzustellen" (RGSt. Bd. 60 S. 332).

Nicht zu beanstanden sind auch die Ausführungen zur Zertrümmerung des Schaufensters bei de V. Dabei waren allenfalls sechs Personen anwesend, die — das Urteil läßt das offen — schwerlich eine zusammengerottete Menschenmenge bilden können. Festgestellt ist aber außerdem, daß sie „alle" — das heißt jedenfalls La. und vielleicht W. — nicht wollten, daß aus diesem Kreis heraus jemand das Schaufenster einschlüge und sich sofort entfernten, „als sie erkannten, daß aus dieser Ansammlung heraus Gewalttätigkeiten gegen Sachen begangen werden sollten". Das letztere trifft nicht ganz zu. Denn an anderer Stelle ist festgestellt, daß die Scheibe unmittelbar nach dem vergeblich an La. gerichteten Befehl Me.s eingeschlagen worden sei, und zwar von einem unbekannten Täter, der aber in die sechs Personen bereits eingerechnet ist. Aber La. hatte jedenfalls dem heftig gegebenen Befehl Me.s zum Zertrümmern widersprochen, ihn abgelehnt und erklärt, die Juden seien auch Menschen. Weder war in diesem Zeitpunkt daher eine Menschenmenge zusammengerottet, noch waren sich die Teilnehmer dieser Gruppe bewußt, daß aus ihr heraus mit ihrer Unterstützung Gewalttätigkeiten verübt werden sollten. Wer mit einer solchen Gewalttätigkeit überrascht wird und sich alsbald entfernt, sobald er sie erkannt, gehört der Gruppe nicht in Kenntnis des strafbaren Zweckes des Zusammenrottung an, die zur Täterschaft beim Landfriedensbruch schon nach Abs. 1 des § 125 StGB. gehört (vgl. den Fall OGHSt. Bd. 2 S. 186). Die Zusammenrechnung dieser Gruppe vor dem Geschäft de V. mit anderen ist nicht möglich, weil der räumliche Zusammenhang der Gruppen vom Tatrichter insoweit unangreifbar verneint ist....

Somit verbleibt als letzter Tatakt noch das Versammeln der SA in der Marktstraße in Stärke von „etwa 20 Mann". Dazu ist festgestellt, daß die SA-Männer bis dahin keinerlei Kenntnis „von dem strafbaren Zweck ihrer Ansammlung" gehabt hätten. Anderwärts wird weiter festgestellt, daß sie nur an eine Propagandaaktion gedacht hätten. Damit entfällt insoweit das für § 125 nötige Bewußtsein der einzelnen Teilnehmer, daß einzelne Personen mit zumindest passiver Unterstützung durch die Menge möglicherweise Gewalttätigkeiten begehen wollten. Entgegen der Meinung der Revision kannten sie auch nicht alle den Umstand, daß die Synagoge brannte. Denn das war nur einigen beim Alarmieren mitgeteilt worden. Andere waren mit „SA-Alarm, Judenaktion" geweckt worden. Auch am Sammelplatz und selbst in der Westerstraße, als sie sich der brennenden Synagoge bereits näherten, war der Brand, wie das Urteil feststellt, nach den örtlichen Verhältnissen noch nicht zu erkennen. Der Brand der Synagoge läßt daher Schlüsse auf das Bewußtsein der SA-Männer von bevorstehenden Gewalttätigkeiten nach den Urteilsfeststellungen nicht zu. Diese ergeben, daß die SA-Leute erst nach der Festnahme der Frau Bo. und ihres Sohnes über den „Zweck" der Aktion, also das Absperren der Brandstelle und die Verhaftung der Juden unterrichtet worden sind. Von da an aber hat, wie bereits erörtert, keine Menschenmenge mehr bestanden.

Nun meint die Revision, zum richtigen Ergebnis gehöre es, daß „man alle einzelnen Maßnahmen in dem Zusammenhang der einheitlichen Judenaktion belasse". Diese Betrachtungsweise ist für das Verbrechen gegen die Menschlichkeit richtig und geboten; nach § 125 StGB. ist sie aber nur zulässig, soweit sie mit dem auch vom Reichsgericht stets festgehaltenen Tatbestandserfordernis der zusammengerotteten Menschenmenge noch irgendwie vereinbar ist. Der räumliche Zusammenhang der zur Menge vereinigten Personen mag in weitem Sinne verstanden werden können. Immer aber muß ein Gebilde vorhanden sein, das auch nur entfernt und in irgendeiner nicht begriffswidrigen Weise noch unter den Begriff der Menschenmenge im bereits erörterten Sinne zu bringen ist. Und stets muß es sich dabei auch um ein gleichzeitiges Geschehen handeln. Gruppen, die sich zeitlich nacheinander bilden und wieder auflösen, sind auch im Rahmen einer einheitlichen Aktion nur dann eine Menschenmenge, wenn sich das räumlich zu einem bestimmten Zeitpunkt von ihnen sagen läßt. In diesem Zeitpunkt müssen die Teilnehmer außerdem aber auch das Bewußtsein haben, die Gewalttätigkeiten anderer zumindest durch ihre Zugehörigkeit zur Menge zu unterstützen. Dem Urteil ist daher insoweit im Ergebnis beizutreten, obwohl im übrigen gegen die festgenommenen Juden unzweifelhaft körperlicher Zwang durch gegen sie in Bewegung gesetzte körperliche Kraft ausgeübt worden ist. Nach den Tatfeststellungen kann von einem freiwilligen Mitgehen der Juden zum Rathaus keine Rede sein. Freiwillig handelt, wer sich darüber klar ist, ohne jede Zwangsfolge auch anders handeln zu können. Die Juden hatten aber keinen Anlaß, der SA nachts Einlaß in ihre Häuser zu gewähren, sich anzukleiden und zum Rathaus mitzugehen, wenn sie nicht die Folgen der Weigerung körperlich zu fürchten gehabt hätten. Der geübte Terror ließ den Juden eben keine Wahl, als der gegen sie gerichteten Körperkraft nachzugeben und mitzugehen (vis compulsiva), oder mit unmittelbarem körperlichen Zwange weggebracht zu werden (vis absoluta)....

75. 1. Zum Verhältnis des KRG. 50 zum deutschen Strafrecht.

2. Zum strafrechtlichen Beamtenbegriff (Angestellte eines städtischen Wirtschaftsamts, die Krankenzusatzkarten auszugeben hat).

3. Der amtliche Alleingewahrsam eines Beamten wird nicht schon durch die allgemeine Dienstaufsicht der Dienstvorgesetzten beseitigt. Aus ihr allein ergibt sich kein Mitgewahrsam der letzteren.

4. Ein Verwahrungsbruch ist nicht in gewinnsüchtiger Absicht (§ 133 Abs. 2 StGB.) begangen, wenn das Erlangte allein dazu dient, die Ernährung des unzureichend ernährten Täters und seiner Familie zu verbessern und ein V e r m ö g e n s vorteil dadurch weder erstrebt, noch erlangt ist.

5. Zum § 104 Abs. 1 WStG.

6. Zwischen § 1 Abs. 1 KWVO. und § 2 Abs. 1 Ziffer 1 VRStVO. ist Tatmehrheit möglich.

KRG. 50 Art. I; StGB. §§ 133, 350, 351, 359; KWVO. § 1; VRStrVO. § 2 Abs. 1; WStG. § 104 Abs. 1.

I. Strafsenat. Urt. v. 28. März 1950 g. D. StS 238/49.

I. Landgericht Hagen.
II. Oberlandesgericht Hamm.

A u s d e n G r ü n d e n :

Die Angeklagte ist wegen Verbrechens nach Art. I des KRG. 50 in Tateinheit mit schwerer Amtsunterschlagung, gewinnsüchtigem Verwahrungsbruch, Urkundenfälschung (§§ 350, 351, 133 Abs. 1 und 2, 267, 73 StGB.) und Verbrechen nach § 1 Abs. 2, 3 KWVO., außerdem wegen Vergehens nach § 2 Abs. 1 Ziffer 1 und Abs. 4 VRStrVO. (§ 74 StGB.) verurteilt. Das OLG. möchte ihrer Revision stattgeben, hat die Sache aber wegen der grundsätzlichen Bedeutung zweier Rechtsfragen vorgelegt. Die Revision ist begründet.

Mit Recht hebt das OLG. hervor, daß das Urteil schon deswegen nicht bestehen bleiben könne, weil das Konkurrenzverhältnis zwischen dem KRG. 50 und den einschlägigen deutschen Straftatbeständen, wie es in der britischen Anordnung Nr. 3 vom 15. April 1947 (Amtsblatt 1947 Nr. 18 S. 516) zur brit. MRVO. Nr. 20 in Ziffer 3 geregelt ist, unbeachtet geblieben sein kann. Hierzu wird auf die Ausführungen OGHSt. Bd. 1 S. 343, 346 und S. 373, 376 verwiesen. Danach kann das Gericht zwischen beiden Vorschriften je nach Lage des Falles wählen oder auch beide nebeneinander anwenden, wobei das KRG. 50 regelmäßig dann nicht anzuwenden sein wird, wenn die dort vorgeschriebene Mindeststrafe, gemessen an der Tatschwere und den Tatfolgen, unverhältnismäßig hoch wäre. (Wird weiter ausgeführt) ....

Zur Amtsunterschlagung: die Beamteneigenschaft (§ 359 StGB.) der Angeklagten ist, wie auch das OLG. annimmt, ausreichend festgestellt. Die Angeklagte war zur Tatzeit bereits fünf Jahre städtische Angestellte und ist dann, wie der Urteilszusammenhang deutlich zeigt, mit Willen und Kenntnis der zuständigen Dienstvorgesetzten ins Bezirkswirtschaftsamt versetzt und dort mit der Führung der Ausgabeliste II beauftragt worden. Diese Stelle hat sie ein Jahr hindurch versehen. Allerdings genügt es nach § 359 StGB. nicht, daß der Täter, ohne staatsrechtlich Beamter zu sein, lediglich Dienstverrichtungen vornimmt, die aus der Staatsgewalt abgeleitet sind und staatlichen Zwecken dienen, wozu auch derartige Verwaltungsaufgaben in einem städtischen Wirtschaftsamt gehören. Der Täter muß vielmehr von einer nach öffentlichem Recht zuständigen Stelle durch öffentlich-rechtlichen Akt zu seiner Tätigkeit bestellt worden sein (RGSt. Bd. 74 S. 106). In diesem vom Reichsgericht entschiedenen Falle, auf den sich die Revision beruft, war das zweifelhaft, weil nicht aufgeklärt war, wer den Angeklagten als Angestellten eines Staatsgutes eingestellt hatte. Das RG. hielt es nach den Urteilsfeststellungen für möglich, daß der örtliche Verwalter die Einstellung bewirkt hatte, ohne dafür zuständig zu sein. So liegt es hier aber offensichtlich nicht. Selbst die Revision behauptet nicht, daß die Angeklagte, als sie 1942 Angestellte der Stadt H. wurde, von einer dafür unzuständigen Stelle dienstvertraglich angestellt worden sei. Eine solche Annahme würde schon daran scheitern, daß die Organisation einer städtischen Verwaltung die jahrelange Beschäftigung und Besoldung eines Verwaltungsangestellten ohne die Kenntnis und Billigung der zuständigen Stelle regelmäßig ausschließt.

Hier ist nichts Gegenteiliges hervorgetreten. Nun ist es freilich möglich, daß die Angeklagte vor ihrer Versetzung zum Wirtschaftsamt keine öffentlich-rechtlichen Funktionen ausgeübt hat. Denn dafür kommt es auf ihre dienstliche Stellung nach außen an. Das änderte sich aber mit ihrer Versetzung zum Wirtschaftsamt, von der bei ihrer einjährigen Beschäftigung dort ohne weiteres angenommen werden kann, daß es sich nicht um irgendein formloses „Ausleihen" einer Angestellten zwischen verschiedenen Dienststellen der Stadtverwaltung gehandelt hat, sondern um eine Versetzung auf diesen Posten durch die zuständige Stelle. Die Angeklagte war zur Tatzeit strafrechtlich also Beamtin (§ 359 StGB.) ....

Auch der nach § 350 StGB. erforderliche Alleingewahrsam der Angeklagten an den unterschlagenen Karten und Marken ist ausreichend festgestellt. Die Angeklagte erhielt als Listenführerin die Karten und Marken nach Bedarf jeweils zu 100 Stück von dem anderen Listenführer ohne Quittung und verwahrte und verwaltete sie während der Dienstzeit, in der sie die Tat allein ausgeführt haben kann, selbständig. Zwar hatte sie nach Vorschrift abzurechnen. Ihr Markenbestand ist aber niemals nachgeprüft worden. Ihre Dienstvorgesetzten und die städtischen Prüfer hatten auch zweifellos ein Prüfungsrecht, sie haben es aber hinsichtlich des Markenbestandes niemals ausgeübt. Die Urteilsfeststellungen ergeben nun, daß die Angeklagte zur Tatzeit nach ihren Dienstvorschriften in einer solchen Beziehung zu den von ihr verwalteten Marken gestanden hat, daß sie ihren Herrschaftswillen über sie ungehindert zu betätigen vermochte. Sie hat daher im Sinne des § 350 StGB. Alleingewahrsam an ihnen gehabt. (OGHSt. Bd. 1 S. 258). Zum Mitgewahrsam ist dort weiter gesagt, daß sich die Frage, ob Dienstvorgesetzte, insbesondere Behördenvorstände, stets Mitgewahrsam an den von ihren Untergebenen in amtlicher Eigenschaft verwahrten Sachen hätten, nur nach Lage des Falles, vor allem nach der Behördenorganisation entscheiden lasse. Indessen kann das hier auf sich beruhen. Denn der Alleingewahrsam eines Beamten im Sinne des § 350 StGB. wird nicht schon durch die allgemeine Dienstaufsicht seiner Vorgesetzten beseitigt und zum Mitgewahrsam. Entscheidend ist vielmehr, ob sich die Sache zur Tatzeit körperlich-räumlich allein in der dienstlichen Obhut des Täters befindet, oder auch in der anderer Beamten. Wann das eine oder andere der Fall ist, ist Tatfrage. Hier steht nun fest, daß die Angeklagte zur Tatzeit nach dem Dienstgange allein über die von ihr verwalteten Marken zu verfügen vermochte und diese in ihrer alleinigen, unmittelbaren Obhut hatte, unabhängig davon, daß ihre Vorgesetzten Kontrollbefugnisse besaßen. Danach hat die Angeklagte jedenfalls während der Dienstzeit, als sie die Karten an sich brachte, Alleingewahrsam an ihnen gehabt.

Gegen die Anwendung des § 133 Abs. 1 StGB. ist rechtlich nichts einzuwenden. Dagegen ist die Verurteilung wegen Verwahrungsbruchs in gewinnsüchtiger Absicht (Abs. 2) nicht zu billigen. An sich ist Gewinnsucht die Steigerung des Erwerbssinns in ungewöhnlichem, sittlich anstößigem Maße (RGSt. Bd. 60 S. 389 zu § 27a StGB.). Sie liegt nicht schon vor, wenn der Täter durch die Tat einen Vermögensvorteil oder Ausgabenersparnis erstrebt (Olshausen § 27a Anm. 2). Das entspricht auch dem Sprachgebrauch. Bei § 133 Abs. 2 StGB. soll „in gewinnsüchtiger Absicht begangen" aber anders zu verstehen sein, nämlich, in Anlehnung an die Rechtsprechung zum § 106 des preußischen Strafgesetzbuches vom 14. April 1851, aus dem die Formel in § 133 Abs. 2 StGB. übergegangen ist, als die Absicht, irgendeinen sachlichen Vorteil zu erreichen (so RGSt. Bd. 43 S. 176; Bd. 56 S. 244; Olshausen § 133 Anm. 8). Das Reichsgericht führt dafür an, daß angenommen werden könne, daß „jener Ausdruck nach dem Willen des Gesetzgebers (im Strafgesetzbuch) keine andere Bedeutung haben sollte, als die ihm an seiner ursprünglichen Stelle beigelegte". Es kann nun hier dahinstehen, ob es jetzt noch erlaubt ist, den unter den überholten Verhältnissen des preußischen Strafgesetzbuches von 1851 und der Folgezeit entwickelten und damals berechtigten Begriff des gewinnsüchtigen Handelns im § 133 anders zu verstehen, als gegenwärtig der offensichtliche Sprachgebrauch und die Praxis zum § 27a StGB. Ein Unterschied zwischen Gewinnsucht (§ 27a) und gewinnsüchtiger Absicht (§ 133 Abs. 2), wie ihn das Oberlandesgericht Bremen (HESt. Bd. 2 S. 237) annimmt, ist nur insofern anzuerkennen, als im § 27a mehr eine Eigenschaft, im § 133 mehr ein nur gegenwärtig vorhandenes Motiv gemeint sein mag. Aber dieser etwaige Unterschied ist weder zwingend, noch beeinflußt er die Tatschwere nennenswert, so daß er eine so wesentlich verschiedene Auslegung der beiden Vorschriften nicht rechtfertigt. Aber schon nach bisheriger Praxis des RG. war Absatz 2 jedenfalls dann unanwendbar, wenn der Gewahrsamsbruch an einem Nahrungs- oder Genußmittel oder an anderen Gegenständen des hauswirtschaftlichen Bedarfs begangen war und wenn es dem Täter nur auf den alsbaldigen Verbrauch ankam. Damit ist freilich vor allem an Mundraub, also an Sachen in geringer Menge gedacht (RGSt. Bd. 43 S. 175, Bd. 50 S. 396). Der Grundgedanke dieser notwendigen Ausnahme trifft aber auch hier zu. Die Angeklagte war Normalverbraucherin mit einem Gehalt von etwa 150 RM und versorgte ihre betagte Mutter und ein Kind. Die gesetzlichen Zuteilungen des Jahres 1947 waren zwangsläufig gesundheitsschädigend. Andere Versorgungsquellen schieden nach dem Urteil für die Angeklagte und ihre Angehörigen aus. Wenn sie unter diesen Umständen auf strafbare Weise die unzureichende Ernährung ihrer Familie verbessert hat, wie festgestellt, ohne im übrigen Vermögensvorteile anzustreben und zu erlangen, so war sie dabei schon nach der bisherigen Rechtsprechung zum § 133 Abs. 2 nicht von gewinnsüchtiger Absicht geleitet. Daß die Angeklagte damit vielen anderen „Normalverbrauchern" zuvorgekommen ist, vermag ihr Handeln nicht gewinnsüchtig zu machen. Die Bewahrung der körperlichen Gesundheit auf Kosten anderer mag unerlaubt sein; ein darauf abzielendes Verhalten ist aber jedenfalls nicht gewinnsüchtig, sondern ein elementarer Drang, der den meisten Menschen innewohnt. Gewinnsucht liegt ihrem Wesen nach auf dem Vermögensgebiet. Die Angeklagte ist daher nur des einfachen Verwahrungsbruchs schuldig.

Das Urteil muß endlich aufgehoben werden, weil § 104 Abs. 1 WStG. mit dem Inhalt, den das Deutsche Obergericht ihm mit allgemein bindender Wirkung beilegt, auch noch in der Revisionsinstanz zu beachten ist (DOG. I S. 30/49 vom 21. Dezember 1949). Die gegenteilige Rechtsprechung des Obersten Gerichtshofes ist damit überholt.

An sich besagt die Entscheidung des Deutschen Obergerichts, soweit sie in ihrem entscheidenden und amtlich veröffentlichten Teil allgemein bindende Kraft hat, nur Selbstverständliches: „§ 104 Abs. 1 WStG. ist auch in der Revisionsinstanz anzuwenden". Denn das Revisionsgericht hat stets alle gesetzlichen Vorschriften bei seiner Entscheidung zu beachten. Wieweit sie auf die Revisionsentscheidung Einfluß gewinnen können, hängt allein von ihrem Inhalt ab. Über den Inhalt des § 104, der bisher umstritten war, hat sich das DOG. im entscheidenden Teile des Urteils aber nicht ausgesprochen. Gleichwohl ist der Oberste Gerichtshof der Meinung, daß der entscheidende, allgemein bindende Teil des Urteils aus dessen Gründen zu ergänzen ist, weil der Aufgabe des DOG., Unklarheiten bei der Anwendung der Zweizonengesetzgebung mit allgemein bindender Wirkung zu beheben, in diesem Falle nur auf diese Weise genügt ist. Die Entscheidung des DOG. ist also dahin zu verstehen, daß § 104 Abs. 1 WStG. vorschreibt, daß jedenfalls alle gegenwärtig noch nicht rechtskräftig entschiedenen Wirtschaftsstrafsachen nach dem Wirtschaftsstrafgesetz zu entscheiden sind, sofern die Tat nach den bisher geltenden Vorschriften nicht straflos bliebe oder milder zu ahnden wäre. Welche Einwendungen gegen diese Auslegung des § 104 WStG. zu erheben wären, ist angesichts der Allgemeinbindung des DOG-Urteils jetzt unerheblich. Auch die Bedenken gegen die Ausführungen des Urteils zum früheren § 354a StPO. in Verbindung mit § 104 WStG. haben zurückzutreten, denn das Urteil stellt außerdem auch fest, daß es die Absicht des Wirtschaftsrates gewesen sei, „die im § 104 Abs. 1 angeordnete Auswechslung materieller Strafrechtsnormen noch in der Revisionsinstanz berücksichtigt" zu wissen. Diese Auslegung des § 104 Abs. 1 aber ist entscheidend und allgemein bindend....

Tatmehrheit zwischen § 1 Abs. 2 KWVO. in der oben erwähnten Auslegung und § 2 Abs. 1 Ziffer 1 VRStrVO. ist möglich. Der OGH. hat sich dazu bisher nicht ausgesprochen. OGHSt. Bd. 2 S. 59 betrifft einen anderen Fall. Sie ergibt sich aber aus der folgenden Erwägung. Das Wirtschaftsverbrechen nach § 1 Abs. 2 KWVO. ist bereits vollendet, wenn der Täter die Bedarfsdeckung durch das Beiseiteschaffen böswillig gefährdet hat, was, wie oben ausgeführt, auch schon durch bloßes eigenmächtiges Herausnehmen entsprechender Markenmengen aus dem geordneten Geschäftsgange geschehen kann. Dadurch ist bereits die Bewirtschaftung gestört, deren Schutz die KWVO. bezweckte. Entschließt sich der Täter außerdem, die beiseitegeschafften Karten und Marken auch auszunutzen, wie fast immer, so begeht er deshalb mehr als eine straflose Nachtat, weil er, außer der Störung der Bewirtschaftung, auch eine Bevorzugung innerhalb der allgemeinen Verbrauchsregelung gegenüber anderen Verbrauchern erlangt, die die Verbrauchsregelungsstrafverordnung gerade verhindern wollte.

Insoweit ist dem Urteil, in Übereinstimmung mit dem OLG., daher beizutreten. Dasselbe Verhältnis wird für die §§ 2, 9 WStG. anzunehmen sein.

---

76. 1. Ist jemand wegen des Verdachts der Mitwirkung bei einem Verbrechen gegen die Menschlichkeit in Internierungshaft genommen und aus ihr nach Durchführung von Ermittlungen später entlassen worden, so wird dadurch weder die Zuständigkeit deutscher Gerichte berührt, noch die Strafklage verbraucht.

2. Über die Verhandlungsfähigkeit des Angeklagten während der Hauptverhandlung.

3. Auch nach dem Inkrafttreten des Bundesgrundgesetzes haben die deutschen Gerichte der britischen Besatzungszone das Kontrollratsgesetz Nr. 10 in dem durch die MRVO. Nr. 47 bestimmten Umfange anzuwenden.

Grundgesetz Art. 103 Abs. 2; KRG. 10 Art. II 1c, III 1d; brit. MRVO. Nr. 47; StPO. §§ 205, 230, 231, 338 Ziffer 5.

I. Strafsenat. Urt. v. 21. März 1950 g. M. u. a. StS 256/257/49.

I. Schwurgericht Siegen.

Aus den Gründen:

Nach der Sitzungsniederschrift hat der Angeklagte Ma. in der Hauptverhandlung unter Beweis gestellt, daß er wegen der den Gegenstand dieses Verfahrens bildenden Vorgänge im Sommer 1945 von der Besatzungsmacht in Internierungshaft genommen worden sei, daß man ihn während der Haft wiederholt über seine Mitwirkung bei der Verschickung der Zigeuner vernommen habe, er aber trotzdem nach einer Haftdauer von 34 Monaten entlassen worden sei. Das Schwurgericht hat diesen Beweisantrag mit der Begründung abgelehnt, daß die unter Beweis gestellten Tatsachen als wahr unterstellt würden. Die Revision rügt, daß das Gericht dadurch seine Aufklärungspflicht (§ 245 Abs. 1 StPO.) verletzt habe. Hätte es nämlich dem Antrage stattgegeben, so hätte sich möglicherweise ein Sachverhalt herausgestellt, der der Durchführung des vorliegenden Verfahrens unter dem Gesichtspunkt des Verbrauchs der Strafklage entgegengestanden hätte, oder bei dem sich im Hinblick auf Art. III 1d KRG. 10 die Unzuständigkeit deutscher Gerichte ergeben hätte. Die Verletzung von Verfahrensvorschriften, die sich auf die Behandlung von Beweisanträgen beziehen, kommt jedoch schon deshalb nicht in Betracht, weil das Fehlen von Verfahrenshindernissen und das Vorhandensein der Verfahrensvoraussetzungen vom Gericht, auch vom Revisionsgericht, in jeder Lage des Verfahrens von Amts wegen zu prüfen ist (RGSt. Bd. 68 S. 18). Das Fehlen von Verfahrensvoraussetzungen oder das Vorhandensein von Verfahrenshindernissen braucht also weder vom Angeklagten in der Hauptverhandlung behauptet und unter Beweis gestellt zu werden, noch bedarf es einer Rüge nach § 344 Abs. 2 StPO., um dem Revisionsgericht die Prüfung der Verfahrensvoraussetzungen zu ermöglichen.

Die Strafklage wird nur durch eine dieselbe Tat betreffende, prozeßerledigende, formell rechtskräftig gewordene Sachentscheidung eines Gerichts verbraucht. In dem Vorbringen des Angeklagten und in dem sonstigen dem Gericht bekanntgewordenen Sachverhalt deutet aber nichts darauf hin, daß ein Gericht der Besatzungsmacht oder ein deutsches Gericht eine solche Sachentscheidung erlassen hätte. Es bedarf deshalb nach dieser Richtung keiner besonderen Ermittlungen von Amts wegen. Die Zuständigkeit deutscher Gerichte ergibt sich aus Art. III 1d Satz 2 KRG. 10 in Verbindung mit der MRVO. Nr. 47. Die Entlassung aus der Internierungshaft ist auch dann keine der Durchführung eines Strafverfahrens entgegenstehende Freilassung nach Art. III 1d Satz 1 KRG. 10, wenn der Internierungshäftling während der Haft wegen des Verdachts der Mitwirkung bei einem Verbrechen gegen die Menschlichkeit vernommen worden ist. Die Zuständigkeit deutscher Gerichte wird von der Revision daher zu Unrecht in Zweifel gezogen.

Unbegründet ist auch das Vorbringen der Revision Ma.s, der Angeklagte sei während der Hauptverhandlung, mindestens während des letzten Verhandlungstages, verhandlungsunfähig gewesen. Der Revision ist zwar zuzugeben, daß nach der Natur der Sache und dem Sinne des Gesetzes eine Hauptverhandlung grundsätzlich nur mit solchen Angeklagten geführt werden soll, die nicht durch Krankheit gehindert sind, ihre Belange vernünftig zu vertreten, ihre Rechte zu wahren und ihre Verteidigung in verständiger und verständlicher Weise zu führen. Das ergibt sich vor allem aus den §§ 230, 231 StPO., nach denen der Angeklagte — von bestimmten, eng begrenzten Ausnahmefällen abgesehen — während der ganzen Hauptverhandlung anwesend sein muß, und aus § 205 StPO., wonach das Gericht das Verfahren durch Beschluß vorläufig einstellen kann, wenn der Hauptverhandlung ein in der Person des Angeklagten liegendes Hindernis entgegensteht. Den Vorschriften der Prozeßordnung, die die Anwesenheit des Angeklagten während der Hauptverhandlung fordern, wird also nicht schon durch die bloße körperliche Anwesenheit des Angeklagten genügt, sie verfolgen vielmehr den Zweck, daß der anwesende Angeklagte in der Lage sein soll, seine Rechte zu wahren und seine Verteidigung verständig zu führen. Diese Rechtsauffassung entspricht der ständigen Rechtsprechung (RGSt. Bd. 1 S. 149, Bd. 29 S. 324, Bd. 57 S. 373, Bd. 64 S. 14) . . . . (Wird näher ausgeführt).

In den Urteilsgründen legt das Schwurgericht dar, daß es ständig geprüft habe, ob der Angeklagte körperlich und geistig der Verhandlung zu folgen imstande gewesen sei, und daß es im Hinblick auf die Art seiner Verteidigung und die Beteiligung an der Verhandlung und nach dem Ergebnis der Untersuchung durch den Sachverständigen keine Bedenken gehabt habe, die Verhandlungsfähigkeit zu bejahen. Diese Darlegungen zeigen, daß das

Gericht weder über das Erfordernis, noch über den Begriff der Verhandlungsfähigkeit rechtlich geirrt hat....

(Zur Sachrüge ist ausgeführt): Die Revision bestreitet zwar nicht die Geltung des KRG. 10 schlechthin; sie bezweifelt auch nicht, daß durch die MRVO. Nr. 47 in Verbindung mit Art. III 1d KRG. 10 die deutschen Gerichte der britischen Besatzungszone wirksam ermächtigt worden sind, das KRG. 10 anzuwenden, macht aber geltend, durch die vorbehaltlose Zustimmung der Militärgouverneure zum Grundgesetz mit Rücksicht auf die in ihm enthaltene Vorschrift des Art. 103 Abs. 2 sei diese Ermächtigung wieder eingeschränkt, so daß das KRG. 10 — unbeschadet seiner Weitergeltung — durch deutsche Gerichte jedenfalls nicht mehr anzuwenden sei. Diese Auffassung ist unzutreffend. Nach dem Zusammenbruch trat in Deutschland neben das bis dahin geltende Recht, das von den Besatzungsmächten wirksam zum Teil aufgehoben, zum Teil abgeändert, zum Teil in Geltung belassen wurde, von den Besatzungsmächten gesetztes Recht. Treten Widersprüche zwischen den beiden Rechtsbereichen auf, gehen die Normen des Besatzungsrechtes vor. Obwohl der in Art. 116 WV. und in § 2 StGB. früher enthaltene Grundsatz, daß Strafgesetze keine rückwirkende Kraft haben dürfen, durch die Besatzungsmächte wiederhergestellt war, konnte also die Geltung des dem Besatzungsrecht angehörenden KRG. 10, obgleich es das Rückwirkungsverbot nicht anerkannte, und der MRVO. Nr. 47 nicht angezweifelt werden (OGHSt. Bd. 1 S. 4). Aus dem Verhältnis des deutschen Rechts zum Besatzungsrecht ergibt sich, daß, soweit deutsche Stellen mit Genehmigung der Besatzungsmacht wieder auf dem Gebiet der Gesetzgebung tätig werden durften, die von ihnen gesetzten Normen sich grundsätzlich nur auf den Bereich des deutschen Rechts bezogen, das Besatzungsrecht aber unberührt ließen, es sei denn, daß dem deutschen Gesetzgeber eine durch Besatzungsrecht geregelte Rechtsmaterie zu neuer Regelung überlassen wurde. Auch die Bestimmungen des Grundgesetzes beziehen sich deshalb nur auf den Bereich des deutschen Rechts und lassen das Besatzungsrecht unberührt. Die Vorschrift des Art. 103 Abs. 2 GG. hat also den Sinn, daß im Bereich des deutschen Rechts eine Tat nur bestraft werden kann, wenn die Strafbarkeit gesetzlich bestimmt war, bevor die Tat begangen wurde. Es ist nicht einzusehen, wieso durch die Zustimmung der Militärgouverneure zum Grundgesetz dessen Art. 103 Abs. 2 GG. eine weiterreichende Wirkung erhalten haben soll. Da der deutsche Gesetzgeber mit dem Grundgesetz in das Besatzungsrecht nicht eingreifen konnte und wollte, verbietet es sich auch, die bloße Zustimmung der Militärgouverneure zu ihm als selbständige Rechtsnorm dahin zu deuten, daß damit die durch die MRVO. Nr. 47 für deutsche Gerichte begründete Verpflichtung zur Anwendung des Kontrollratsgesetzes Nr. 10 eingeschränkt oder rückgängig gemacht werden sollte. Dieses Verhältnis des deutschen Rechts zum Besatzungsrecht ist in einer jeden Zweifel ausschließenden Weise durch Ziffer 7 des Besatzungsstatuts klargestellt. Danach bleiben die von den Besatzungsbehörden vor dem Inkrafttreten des Grundgesetzes erlassenen Rechtsvorschriften solange in Kraft, bis sie aufgehoben oder geändert werden. Das ist hinsichtlich des KRG. 10 und der MRVO. Nr. 47 bisher nicht geschehen. Die durch sie begründete Zuständigkeit deutscher Gerichte der britischen Besatzungszone zur Anwendung des KRG. 10 auf bestimmte Fälle des Verbrechens gegen die Menschlichkeit ist daher weder durch Art. 103 Abs. 2 GG. noch durch die Zustimmung der Militärgouverneure zum Grundgesetz berührt worden.

Dem stehen auch nicht die Schreiben der Landesmilitärregierung von Nordrhein-Westfalen vom 26. Juli 1949 — 714 HQ CCG BAOR (BE) 4 — und vom 12. September 1949 — HQ 714 GZ NRW (Leg) 19 001 — entgegen. Beide betreffen allein Verbrechen gegen die Menschlichkeit gegen Personen, die nicht unter den in Art. III 1d KRG. 10 genannten Personenkreis fallen, deren Verfolgung nach Maßgabe des KRG. 10 also deutschen Gerichten nach Art. III 1d KRG. 10 überhaupt nicht übertragen werden kann. Soweit die Strafverfolgung auch in diesen Fällen von den Besatzungsbehörden deutschen Strafverfolgungsbehörden überlassen wird, kann sich die Ermächtigung zur Strafverfolgung mithin nur darauf beziehen, daß in diesen Fällen nach der auch die britische Militärregierung bindenden Vorschrift des Art. III 1d KRG. 10 nur deutsches Strafrecht angewendet wird. Diejenigen Fälle des Verbrechens gegen die Menschlichkeit, deren Aburteilung nach Maßgabe des Kontrollratsgesetzes Nr. 10 deutschen Gerichten übertragen werden d u r f t e und durch MRVO. Nr. 47 übertragen worden i s t , werden durch die genannten beiden Schreiben nicht betroffen. Aus ihnen kann deshalb auch nichts gegen die Weitergeltung des KRG. 10 und der MRVO. Nr. 47 hergeleitet werden.

Die deutschen Gerichte der britischen Besatzungszone haben mithin das Kontrollratsgesetz Nr. 10 in dem durch Art. III 1d KRG. 10 und die MRVO. Nr. 47 bestimmten Umfange auch weiterhin anzuwenden. Daß dieser Rechtszustand nicht gegen allgemein anerkannte Grundsätze der Gerechtigkeit verstößt und ihm deshalb nicht aus diesem Grunde der Gehorsam versagt werden kann, ist vom Senat schon in der Entscheidung OGHSt. Bd. 1 S. 5 ausgeführt worden. Zwar findet sich das in Art. 103 Abs. 2 GG. ausgesprochene Rückwirkungsverbot von Strafgesetzen nicht nur im deutschen Strafrecht, und das Kontrollratsgesetz Nr. 10 steht dazu insofern im Widerspruch, als es auf Handlungen anzuwenden ist, die vor seinem Inkrafttreten begangen sind. Das Rückwirkungsverbot gehört aber zu den Rechtsgrundsätzen, die dem Staatsabsolutismus im Kampf für die Menschen- und Bürgerrechte abgerungen worden sind, um den Bürger gegen Staatswillkür zu schützen. Daher empfängt es seinen Sinn. Es hieße aber, diesen Sinn ins Gegenteil zu verkehren, wenn das Rückwirkungsverbot dazu dienen sollte, die gerechte Sühne für solche Verbrechen zu vereiteln, die gerade in der Betätigung schrankenloser S t a a t s w i l l k ü r bestanden. Das Kontrollratsgesetz Nr. 10 verstößt deshalb, auch wenn es auf vor seinem Inkrafttreten begangene Handlungen angewendet werden will, nicht gegen den dem Rückwirkungsverbot zugrundeliegenden Rechtfertigungsgrund. Die in ihm unter dem Begriff des Verbrechens gegen die Menschlichkeit zusammengefaßten Tatbestände sind auch keine Handlungen, die vorher nicht strafbar gewesen und erst durch das KRG. 10 mit Strafe bedroht worden wären. Sie liegen im Gegenteil sogar jenseits der Grenze, bis zu der das Rechtsbewußtsein der Kulturvölker dem nationalen Gesetzgeber und dem Staate die Freiheit der Bestimmung über das einräumt, was Recht und Unrecht sein soll (vgl.

OGHSt. Bd. 2 S. 269, 271, 272). Die unter den Begriff des Unmenschlichkeitsverbrechens fallenden Handlungen waren deshalb auch schon zur Zeit ihrer Begehung nach deutschem Strafrecht strafbare Handlungen, oder sie wurden nur durch solche Maßnahmen des Gesetzgebers oder der Verwaltung für straflos oder erlaubt erklärt oder geduldet, denen die Geltung abzusprechen ist, weil sie die dem nationalen Gesetzgeber durch die Rechtsauffassung aller Kulturvölker gezogenen Grenzen überschritten . . .

Der für erwiesen erachtete Sachverhalt trägt die Verurteilung der Beschwerdeführer wegen Verbrechens gegen die Menschlichkeit (Art. II 1c KRG. 10). Die rechtliche Beureilung läßt keinen die Angeklagten beschwerenden Rechtsfehler erkennen. Was den 132 Berleburger Zigeunern und Zigeunermischlingen durch ihre Verschleppung ins Konzentrationslager Auschwitz (wo die meisten von ihnen zu Tode gekommen sind) angetan wurde, weist — wie keiner näheren Ausführung bedarf und auch von den Revisionen nicht in Zweifel gezogen wird — sämtliche äußeren Merkmale des Verbrechens gegen die Menschlichkeit auf. Mit Recht ist das Schwurgericht auch der Auffassung, daß die Beschwerdeführer zu diesem Unrecht durch ihre Mitwirkung beim Zustandekommen der Liste der Opfer oder in anderer in den angefochtenen Urteilen näher dargelegten Weise einen ursächlichen Beitrag geleistet haben. Die angefochtenen Urteile sprechen sich allerdings nicht ganz deutlich darüber aus, ob den Angeklagten ihre Mitwirkung bei der Zwangsverschleppung a l l e r 132 Opfer als Verbrechen gegen die Menschlichkeit zur Last gelegt wird. Die Urteilsgründe bringen aber jedenfalls zweifelsfrei zum Ausdruck, daß das Schwurgericht den strafbaren Beitrag der Angeklagten mindestens darin erblickt, daß durch ihr Verhalten weit mehr Personen ins Konzentrationslager verschickt wurden, als nach dem eindeutigen Wortlaut und Sinn des Geheimerlasses vom 29. Januar 1943 hätten verschleppt werden dürfen. Es kann unentschieden bleiben, ob diese Auffassung, die das Verbrechen gegen die Menschlichkeit nur in der Ü b e r s c h r e i t u n g der vom Reichssicherheitshauptamt gegebenen Richtlinien erblickt, rechtlich zutreffend ist. Denn die Angeklagten sind dadurch jedenfalls nicht beschwert. Bei den Angeklagten Ma., Ro., Sch. und

Fi. hat das Schwurgericht den ihre Verantwortlichkeit begründenden Tatbeitrag mit Recht darin erblickt, daß sie alle bei der Besprechung mitwirkten, die zu dem Ergebnis führte, daß unter Überschreitung der Anordnungen des Geheimerlasses weit mehr Opfer zur Zwangsverschleppung ins Konzentrationslager bestimmt wurden, als selbst nach diesem Erlaß bei Beachtung der vorgesehenen Ausnahmen hätten bestimmt werden dürfen. Der Angeklagte Ma. führte dabei das Wort. Die Angeklagten Ro., Sch. und Fi. waren von ihm hinzugezogen worden. In der Aussprache mit ihnen wurde die Liste der Opfer festgelegt. In dieser Mitwirkung bei der Auswahl der Opfer ist vom Schwurgericht mit Recht der die Verantwortlichkeit dieser Angeklagten begründende Tatbeitrag erblickt worden. Dessen Ursächlichkeit für den weiteren Tatablauf kann nicht dadurch in Zweifel gezogen werden, daß man, um die Opfer zu bestimmen, von einer schon vorhandenen, die Namen aller Zigeuner und Zigeunermischlinge enthaltenden Liste einige Namen strich. Der Senat hat in Fällen, die die Massentötung von Geisteskranken im Kriege betrafen, die Ursächlichkeit des Verhaltens bei Ärzten selbst dann bejaht, wenn sie sich aus Gründen der Widerstandsleistung an Verfahren, die sich auf die Auslese der Opfer bezogen, durch Abgabe von Gutachten beteiligten (vgl. OGHSt. Bd. 1 S. 321, 328, 330; Bd. 2 S. 119). Umso weniger kann die Ursächlichkeit des Tatbeitrages bei den Beschwerdeführern in Zweifel gezogen werden, die an der Besprechung, bei der die Opfer namentlich bestimmt wurden, nicht teilnahmen, um die vom Staat befohlene verbrecherische Maßnahme zu verhindern oder auch nur abzuschwächen, sondern dazu beitrugen, daß eine weit größere Zahl auf die Liste der Opfer gesetzt wurde und deshalb auch ins Konzentrationslager verbracht wurde, als dem Wortlaut und dem Sinne des die Verschleppung anordnenden Geheimerlasses entsprach ...

Zur inneren Tatseite hat das Schwurgericht ebenfalls ausreichende Feststellungen getroffen. Denn es legt dar, die Angeklagten seien sich sämtlich dessen bewußt gewesen, daß die meisten Opfer von dem Geheimerlaß vom 29. Januar 1943 bei richtiger, seinem Wortlaut und Sinn entsprechender Auslegung nicht betroffen wurden. Das war nach den Feststellungen des Urteils auch dem Angeklagten I. bekannt. Er wurde tätig, obwohl er mindestens gegen die Überschreitung der Anordnungen mit Aussicht auf Erfolg hätte ankämpfen können. Alle Beschwerdeführer waren sich weiter dessen bewußt, daß die Opfer nur wegen ihrer zigeunerischen Abstammung in ein Konzentrationslager verbracht und damit schrankenloser nationalsozialistischer Willkür ausgesetzt werden sollten, die das Schlimmste für ihr weiteres Schicksal befürchten ließ. Ihre Verteidigung, sie hätten nur an eine harmlose Umsiedlung gedacht, hält das Schwurgericht bei allen Beschwerdeführern für widerlegt . . .

Rechtsirrig ist die Ansicht einiger Beschwerdeführer, jede Verurteilung erfodere zur inneren Tatseite die Feststellung, daß der Täter mit dem Bewußtsein, Unrecht zu tun, gehandelt habe. Es genügt vielmehr, wie der OGH. ständig gerade zu Art. II 1c KRG. 10 entschieden hat (vgl. OGHSt. Bd. 1 S. 67, 69; Bd. 2 S. 117, 129), daß der Täter das Unrechte seines Tuns erkennen k o n n t e. Nur das Nichterkennenkönnen entschuldigt. Das gilt jedenfalls für den Bereich derjenigen Strafgesetze, deren Verbote sich mit den sittlichen decken, trifft also auch auf Angriffe zu, die sich — wie im vorliegenden Falle — unmittelbar gegen Wert und Würde der menschlichen Persönlichkeit schlechthin richten. Es bedurfte mithin nicht der ausdrücklichen Feststellung des Unrechtsbewußtseins. Nach dem Urteilszusammenhange ist es auch ausgeschlossen, daß den Beschwerdeführern die Möglichkeit dieser Erkenntnis gefehlt haben könnte. Denn sie handelten, wie schon ausgeführt, in der Vorstellung, ihnen vom Reichssicherheitshauptamt zugegangene Vorschriften zu ü b e r s c h r e i t e n und die Opfer unberechenbarer staatlicher Willkür zu überantworten. Daß der ihnen zugegangene Geheimerlaß ihnen die Möglichkeit zur Erkenntnis des Unrechtmäßigen ihrer Handlungsweise genommen habe, scheidet also schon deshalb aus, weil sie ihn gar nicht befolgt haben, sondern die in ihm angeordneten Ausnahmen bewußt außer acht gelassen haben.

77. Widersprüchliche Strafzumessungserwägungen („kultureller Verfall im damaligen Deutschland").

KRG. 10 II 1c; StPO. § 267 Abs. 3.

I. Strafsenat. Urt. v. 28. März 1950 g. B. u. a. StS 258/49.

I. Schwurgericht Osnabrück.

Die Sache betrifft Ausschreitungen gegen die Juden am 9./10. November 1938.

Aus den Gründen:

.... Im Falle Ho. kann der Strafausspruch nicht bestehen bleiben, weil die Strafzumessungserwägungen widersprüchlich sind. Auf S. 35 führt das Schwurgericht aus, Ho. gehöre zu den Angeklagten, die zu der „schrecklichen Aktion, die ein Abbild des weitgehenden kulturellen Verfalls im damaligen Deutschland sei", nicht nur einen geringen eigenen Beitrag geleistet hätten. Auf S. 36 führt es weitere Strafschärfungsgründe an und erklärt es dann für „notwendig", auf vier Wochen Gefängnis zu erkennen, eine Strafe, die es .... durchaus zweifelhaft macht, ob das Schwurgericht die Schwere der Ausschreitungen wirklich gebührend erwogen hat. Im nächsten Satz wird dann noch gesagt, der Tatbeitrag des Angeklagten Sch. sei ebenfalls sehr gering. Alles das ist schon deshalb unhaltbar, weil Gründe und Strafhöhe nicht erkennen lassen, wie das Schwurgericht den Tatbeitrag des Angeklagten Ho. nun eigentlich einschätzt. Soweit das Schwurgericht aber von einem „kulturellen Verfall in rassischen Fragen im damaligen Deutschland" spricht, kann auch der Abschreckungszweck der Strafe verkannt sein. Darauf hat der Oberste Gerichtshof bereits in OGHSt. Bd. 2 S. 153 nachdrücklich hinweisen müssen. Sollte das Schwurgericht mit dieser Wendung gemeint haben — wofür der Zusammenhang der Urteilsgründe spricht — der Abschreckungszweck der Strafe könne gegenwärtig mangels Wiederholungsgefahr außer Acht bleiben, so wäre ihm nicht beizutreten ....

78. Zum Begriff des Angriffsverhaltens beim Verbrechen gegen die Menschlichkeit (Mißhandlung vermeintlichen Spions hinter der Kampflinie).

KRG. 10 II 1c.

I. Strafsenat. Urt. v. 4. April 1950 g. L. StS 273/49.

I. Schwurgericht Aachen.

Aus den Gründen:

.... Unzutreffend ist aber die Begründung des Verbrechens gegen die Menschlichkeit, die das Schwurgericht in der Mißhandlung Sa.s durch den Angeklagten findet. Sie begnügt sich mit den wenigen Sätzen, durch sein „den Methoden der Gestapo entsprechendes Vorgehen", das Sa. körperlich verletzte, habe der Angeklagte ausgedrückt, daß er „die körperliche Unverletzlichkeit und Freiheit jedes Menschen gänzlich mißachtete" und mit einem solchen Menschen beliebig verfahren könne, und zwar gedeckt durch seine Vorgesetzten. Das ist mißverständlich und läßt nicht erkennen, ob das Schwurgericht den vom OGH. entwickelten Tatbestand des Verbrechens gegen die Menschlichkeit deutlich ins Auge gefaßt hat. Ein Verbrechen gegen die Menschlichkeit liegt nach den bisherigen Tatfeststellungen nahe, ist aber noch nicht erwiesen. Zwar sind nach deutschem Recht offensichtlich Verbrechen an Sa. begangen worden. Ob das aber, jedenfalls soweit die Beteiligung des Angeklagten in Frage steht, in der Form eines gerade mit dem nationalsozialistischen Willkürsystem zusammenhängenden Angriffsverhaltens geschehen ist, steht noch nicht ausreichend fest. Eine gegen das Leben, die Ehre, die Freiheit oder die körperliche Unversehrtheit gerichtete Straftat ist nicht allein schon deswegen ein Verbrechen gegen die Menschlichkeit, weil sie von Nationalsozialisten begangen worden ist, sondern nur dann, wenn sie gerade aus der nationalsozialistischen Haltung heraus ihr Gewicht und ihre Eigenart erhält. Denn nur dann liegt ein mit dem nationalsozialistischen Willkürsystem zusammenhängendes Angriffsverhalten im Sinne des KRG. 10 Art. II 1c vor. Hier waren die Polizei- und Gestapoeinheiten gegen Plünderer im geräumten A. eingesetzt. Der aufgegriffene Sa. war nun zwar nicht des Plünderns, aber der Spionage verdächtig, weil man ihn, wie das Urteil ergibt, zweimal hintereinander an der H.-Kirche, 200 bis 300 Meter hinter der Hauptkampflinie, aufgegriffen hatte, seine Angaben sich als unrichtig erwiesen und er hartnäckig schwieg. Auch dem Angeklagten hält das Schwurgericht zugute, er möge Sa. für einen „Landesverräter" gehalten haben. Erst nach der Mißhandlung stellte sich heraus, wer Sa. war, ohne daß der Spionageverdacht dadurch beseitigt worden wäre. Es bedarf nun zwar keiner Ausführung, daß Sa. in jedem Falle ungesetzlich mißhandelt worden ist. Aber immerhin sind derartige Vorfälle mit vermeintlichen Spionen nicht nur für das Kampfgebiet vielerorts typisch. Sie spielen sich unter ähnlichen Verhältnissen immer wieder und überall ab und brauchen für sich allein nichts vom Nationalsozialismus Beeinflußtes zu haben. Ein Verbrechen gegen die Menschlichkeit wäre dagegen dann anzunehmen, wenn der Angeklagte als Gestapoangehöriger bei der Mißhandlung Sa. von der Vorstellung geleitet war, als vermeintlicher „Rechtsbrecher", der sich den staatlichen Anweisungen widersetze, sei dieser schlechthin rechtlos und könne beliebig mißhandelt werden.

---

79. Auf das Verbrechen der Kindestötung (§ 217 StGB.) findet § 213 StGB. keine Anwendung. Daran hat die anderweite Abgrenzung zwischen Totschlag und Mord gemäß dem Gesetz vom 4. September 1941 nichts geändert.

StGB. §§ 213, 217; G. z. Änderung d. StGB. v. 4. 9. 1941; StPO. § 473.

II. Strafsenat. Urt. v. 3. April 1950 g. L. StS 350/49.

I. Schwurgericht Itzehoe.

Aus den Gründen:

Die Angeklagte ist wegen Kindestötung zu zwei Jahren Gefängnis .... verurteilt. Hiergegen hat sie Revision eingelegt. Sie wendet sich, wie ihre Revisionsbegründung ergibt, lediglich gegen das für die Kindestötung zur Anwendung gebrachte S t r a f m a ß. Das Rechtsmittel hat keinen Erfolg.

Die Revision greift die alte Streitfrage wieder auf, ob die Mindeststrafe der Kindestötung gemäß dem vom Schwurgericht angewendeten § 217 Abs. 2 StBG. zwei Jahre, oder gemäß § 213 StGB. sechs Monate Gefängnis beträgt. Diese Frage ist bereits vom Reichsgericht in Übereinstimmung mit der herrschenden Lehre dahin entschieden worden, daß die Vorschrift des § 213 StGB. auf den Tatbestand der Kindestötung keine Anwendung finden kann, weil dieses Delikt nach Wortlaut und Stellung des § 217 StGB. ein selbständiges Verbrechen mit eigenen Milderungsgründen bildet (RGSt. Bd. 59 S. 9; vgl. auch OLG. Frankfurt NJW. 1950 S. 157).

Die Revision bittet um Überprüfung dieser Rechtsprechung mit Rücksicht auf die neuerlich in der Literatur vertretene Meinung, daß die veränderte Abgrenzung zwischen dem Morde und dem Totschlag zufolge des Gesetzes zur Änderung des Strafgesetzbuches vom 4. September 1941 (RGBl. I S. 549) eine andere Beurteilung rechtfertige (vgl. Eberhard Schmidt DRZ. 1949 S. 241). Diese Gesetzesänderung hat indessen nicht nur den äußeren Bestand, sondern auch den Anwendungsbereich des § 217 StGB. durchaus unberührt gelassen. Insbesondere kann die Auffassung, daß es heute keinen Sinn mehr habe, eine den Tatbestand des § 211 StGB. erfüllende Handlung dann nicht als Mord zu bestrafen, wenn daneben die Voraussetzungen des § 217 StGB. vorliegen, in Übereinstimmung mit der ständigen Judikatur des Reichsgerichts (RG. DR. 1944 S. 148 Nr. 3, S. 657 Nr. 7) nicht als zutreffend anerkannt werden; denn sieht man mit dem Gesetz die Lage der unehelichen Mutter in und gleich nach der Geburt als strafmildernd an, dann hat es — wie der Generalstaatsanwalt mit Recht ausgeführt hat — auch Sinn, sie der Täterin etwa bei grausamer Tötung oder niedrigem Beweggrund zugute zu halten. Im übrigen handelt es sich vorliegend nicht darum, wie hoch, sondern wie n i e d r i g die Strafe der Kindestöterin sein darf.

Die hierfür maßgebliche Bestimmung des § 217 Abs. 2 StGB., die nicht nur die Verhängung einer Gefängnisstrafe g e s t a t t e t, sondern dabei auch die Unterschreitung von zwei Jahren v e r b i e t e t, hat das Gesetz vom 4.

September 1941 weder ausdrücklich aufgehoben, noch auch stillschweigend abgeschafft. Vielmehr gibt die Tatsache, daß der Gesetzgeber — dem der Streit um die Mindeststrafe bei der Kindestötung nicht unbekannt gewesen sein kann — bei seiner durchgreifenden Neuordnung der gesamten Tötungsdelikte die Vorschrift des § 217 Abs. 2 StGB. ungeändert gelassen hat, deutlich seinen Willen zu erkennen, sie im Sinne der reichsgerichtlichen Rechtsprechung weiter fortgelten zu lassen. Dieser Gesichtspunkt ist umso beweiskräftiger, als das Gesetz vom 4. September 1941 gleichzeitig einen anderen Sondertatbestand der Tötung, der gleichfalls bei höherer Mindeststrafe eine Anwendung des § 213 StGB. ausschloß, nämlich den Aszendententotschlag (§ 215 StGB.) beseitigt und damit der Zubilligung mildernder Umstände gemäß § 213 StGB. zugänglich gemacht hat.

Die in § 217 Abs. 2 StGB. normierte Mindeststrafe von 2 Jahren Gefängnis behält in der Tat ihren guten Sinn auch dann, wenn Mord nicht mehr die überlegte, sondern die besonders verwerfliche Tötung ist. Denn nach wie vor stehen den Momenten, die eine Privilegierung der Kindestötung rechtfertigen, als allgemeine Strafschärfungsgründe einmal die Tatsache gegenüber, daß eine Mutter ihr eigenes Kind tötet, und sodann das Erfordernis, einer typischen Versuchung zur Tat entgegenzuwirken. Eben diese typische Gefahr für das Kind besteht, wie die Gegenmeinung verkennt, weder bei den ehelichen Geburten überhaupt, noch bei unehelicher Geburt dann, wenn das Kind erst einmal seinen Platz in der Gemeinschaft eingenommen hat (vgl. Elster-Lingemann Handwörterb. d. Kriminologie Bd. I S. 793, 800). Der für die Bemessung der Mindeststrafe maßgebende Gesichtspunkt wirksamer Generalprävention erfordert eine Beibehaltung der bisherigen Rechtsprechung umso mehr, als erfahrungsgemäß die Strafen für Kindestötung von den Schwurgerichten an der unteren Grenze des rechtlich Zulässigen gewählt zu werden pflegen und die Mindeststrafe des § 213 StGB. keinen wirksamen Strafschutz mehr für das uneheliche Kind bilden würde.

Da es somit weder rechtlich, noch rechtspolitisch angeht, die Vorschrift des § 217 Abs. 2 StGB. kurzer Hand als nicht geschrieben zu behandeln und das Schwurgericht die von ihm für die Kindestötung verhängte Strafe zutreffend dieser als Spezialvorschrift anzuwendenden Bestimmung entnommen hat, war die Revision der Angeklagten entsprechend dem Antrage des Generalstaatsanwaltes zu verwerfen.

---

80. 1. Zur Heimtücke (§ 211 Abs. 2 StGB.).

2. Das Mißverhältnis zwischen dem, was der Täter mit der Tötung erreichen will, und den Folgen der Tat kann einen sittlich an sich nicht zu mißbilligenden Beweggrund zu einem niedrigen im Sinne des § 211 Abs. 2 StGB. machen.

3. Hat der Täter im Zustande verminderter Zurechnungsfähigkeit die Begehung einer Straftat versucht, so kann die Strafe sowohl nach den §§ 43, 44 StGB. als auch noch einmal nach den §§ 51 Abs. 2, 44 StGB. gemildert werden. Die Urteilsgründe müssen erkennen lassen, daß sich das Gericht dieser Möglichkeit bewußt gewesen ist.

4. Die Strafzumessungsgründe brauchen nicht erschöpfend in das Urteil aufgenommen zu werden.

StGB. §§ 43, 44, 51 Abs. 2, 211 Abs. 2; StPO. § 267 Abs. 3 S. 1.

II. Strafsenat. Urt. v. 3. April 1950 g. N. 2 StS 3/50.

I. Schwurgericht Düsseldorf.

Aus den Gründen:

Die Angeklagte ist wegen versuchten Totschlags verurteilt; die bürgerlichen Ehrenrechte sind ihr auf 2 Jahre aberkannt. Die Revision der Staatsanwaltschaft, die Verletzung des § 211 StGB. rügt, ist begründet, ebenso die auf das Strafmaß beschränkte Revision der Angeklagten.

Nach den Feststellungen des Schwurgerichts setzte die Angeklagte ihrem Ehemann am 11. und 12. April 1949 mit dem Mäusegift „Odefa", einem rötlichen Pulver, vermischte Speisen in Tötungsabsicht vor. Nachdem er am 11. April auf diese Weise zubereiteten Tee und am nächsten Morgen Brötchen genossen hatte, fiel ihm am Nachmittag ein rötliches Pulver auf einem Brötchen auf, woraufhin er die Verwendung von Mäusegift feststellte und sich durch eine im Krankenhaus vorgenommene Magenausspülung das Leben rettete.

Das Schwurgericht spricht die Angeklagte einer versuchten vorsätzlichen Tötung schuldig, verneint jedoch, daß sie heimtückisch gehandelt habe. Hierbei geht es davon aus, daß die Angeklagte in der Nacht zum 11. April, als sie wegen ihrer Schwangerschaft wach zu Bett lag, durch die Erinnerung an erlittene Schicksalsschläge und wegen ihrer unglücklichen Ehe in eine verzweifelte Stimmung geraten sei, in der sie als einzigen Ausweg die Beseitigung ihres Mannes gesehen habe. So sei die Tat gewissermaßen eine Explosion nach „einer immer höheren Spannung" gewesen. Wegen dieser Gemütseregung könne sie nicht als heimtückisch angesehen werden.

Diese Auffassung des Schwurgerichts kann in mehrfacher Weise durch Rechtsirrtum beeinflußt sein. (Es folgen Ausführungen über widersprüchliche Tatfeststellungen).

Aber auch wenn man mit dem Schwurgericht die erste Handlung der versuchten Tötung auf den 11. April datiert, schließen die bisherigen Feststellungen eine Heimtücke nicht aus. Daß sie der äußeren Tatseite nach gegeben ist, läßt sich kaum bezweifeln, wenn das Schwurgericht sich auch hierüber nicht ausspricht. Bereits seit dem 3. April beanstandete N. wiederholt ihm von der Angeklagten vorgesetzte Speisen wegen ihres säuerlichen Geschmackes, ohne daß er jedoch irgendeinen Verdacht schöpfte. Damit kam sein besonderes Vertrauen seiner Ehefrau gegenüber zum Ausdruck, das ihn naturgemäß gegenüber ihren Vergiftungsversuchen in eine hilflose Lage brachte. Wenn die Angeklagte dies erkannte und sich bei ihrem Tötungsunternehmen zunutze machte, dann hat sie heimtückisch gehandelt. Die bisherigen Feststellungen ergeben noch nicht, daß die Angeklagte hierzu nicht fähig gewesen ist. Gewiß kann eine hochgradige Erregung diese Fähigkeit ausschließen (OGHSt. Bd. 2 S. 113, 115). Den Urteilsgründen ist jedoch nicht zu entnehmen, daß die Verzweiflungsstimmung, die die Angeklagte in der Nacht zum 11. April erfaßte, sie bis zum Nachmittag des f o l g e n d e n Tages in einem derartigen Maße beherrschte, daß sie die wirkliche Lage während der ganzen Zeit verkannte. Nachdem die Angeklagte den Tötungsentschluß gefaßt hatte, kaufte sie zunächst am Vormittag des 11. April Gift ein. Am Nachmittag bot sie ihrem Ehemann vergifteten Tee an. Weitere Vergiftungsversuche folgten am Vormittag und Nachmittag des folgenden Tages. Ein solches sich auf zwei Tage erstreckendes, offensichtlich planmäßiges Handeln kann nach der Lebenserfahrung mangels Feststellung besonderer Umstände nicht in seinem ganzen Umfange als Ausbruch einer plötzlich über die Angeklagte gekommenen Stimmung angesehen werden, die sie zur Erkenntnis der Umstände, die das äußere Tatbild der Heimtücke ergeben, unfähig gemacht haben könnte. Die Verneinung heimtückischen Handelns ist deshalb bisher in tatsächlicher Hinsicht nicht ausreichend begründet.

Unrichtig ist auch die Meinung des Schwurgerichts, es gehöre zum Bilde der Heimtücke, daß der Täter von einem verwerflichen Beweggrunde geleitet sei. Der OGH. hat wiederholt die bewußte Ausnutzung der Arg- und Wehrlosigkeit des Opfers als heimtückisch angesehen (OGHSt. Bd. 1 S. 82, 90, 145, 166, 366, Bd. 2 S. 220, 223). Daran ist festzuhalten. Heimtücke setzt der äußeren Tatseite nach voraus, daß sich das Opfer infolge seiner Arglosigkeit oder Vertrauensseligkeit gegenüber dem Angreifer in einer hilflosen Lage befindet. Zur inneren Tatseite gehört, daß der Täter die Umstände kennt, die das äußere Bild der Heimtücke ergeben. Nutzt er diese von ihm erkannte Lage planmäßig aus, so beweist er hierdurch regelmäßig eine durch Falschheit und Verschlagenheit gekennzeichnete, verwerfliche innere Haltung. Damit ist das Merkmal der Heimtücke erfüllt.

Nun sind allerdings Fälle denkbar, in denen der Täter trotz Ausnutzung der Hilflosigkeit des Opfers dennoch nicht mit der eben erwähnten inneren Haltung zur Tötung schreitet. Das mag etwa für die barmherzige Tötung gelten, wie der OGH. (OGHSt. Bd. 1 S. 321, 327) ausgesprochen hat. In einem solchen Falle nimmt der sittlich immerhin beachtenswerte Beweggrund dem Handeln des Täters den Charakter der Verschlagenheit, der Tücke. Seine Einstellung zur Tat ist nicht in einem solchen Maße verwerflich, wie es der Tatbestand des Mordes gegenüber dem Totschlag verlangt. Wenn deshalb der OGH. in der angeführten Entscheidung im Hinblick auf die barmherzige Tötung erklärt hat, daß die heimtückische Tötung auch dem Beweggrunde nach verwerflich sein müsse, so ist damit nicht mehr gesagt, als daß auch die innere Einstellung des Täters den Umständen nach besonders verwerflich erscheinen müsse. Das aber ist, wie dargelegt, regelmäßig, d. h. wenn nicht besondere Umstände eine andere Beurteilung erfordern, schon bei einer bewußten Ausnutzung der Arg- und Wehrlosigkeit des Opfers der Fall.

Der Sachverhalt bietet ferner Anlaß zu der Prüfung, ob die Angeklagte aus niedrigem Beweggrunde getötet hat. Nach den Feststellungen des Schwurgerichts geriet die Angeklagte auch aus Angst vor Entdeckung der gegenüber ihren Angehörigen begangenen Unredlichkeiten in die verzweifelte Stimmung, in der sie den Tötungsentschluß gefaßt hat. Das Schwurgericht mußte deshalb prüfen, ob sie ihren Ehemann auch töten wollte, um auf diese Weise der Gefahr einer Entdeckung zu entgehen. Ist das der Fall, so kann dieser Beweggrund bei dem Mißverhältnis zwischen den Folgen der Tat, dem Tode ihres Ehemannes und dem, was sie durch die Tötung erreichen wollte, niedrig im Sinne des § 211 Abs. 2 StGB. sein....

Die Revision der Angeklagten macht geltend, das Schwurgericht habe es unterlassen, „bei der Strafzumessung in Betracht zu ziehen, daß a u ß e r einer Minderung nach § 51 Abs. 2 StGB. eine solche nach § 44 StGB. zu prüfen war". Diese Rüge ist begründet. Das Schwurgericht konnte die Strafe gemäß § 44 StGB. mindern, weil Versuch vorlag. Es durfte weiterhin die Strafe noch einmal auf Grund des § 51 Abs. 2 StGB. nach den Vorschriften über die Bestrafung des Versuchs niedriger bemessen. Die Urteilsgründe ergeben nicht, daß das Schwurgericht diese Rechtslage erkannt hat; denn als das zur Anwendung gebrachte Strafgesetz bezeichnet es nur die §§ 212, 43 StGB. und in den Zumessungsgründen erörtert es nur die nach § 51 Abs. 2 StGB. in Verbindung mit § 44 StGB. gegebene Milderungsmöglichkeit. Der Strafausspruch kann von diesem Irrtum beeinflußt sein. Er unterliegt deshalb der Aufhebung (RG. in HRR. 1936 Nr. 1462)....

Schließlich behauptet die Angeklagte, „die Strafzumessung sei unbeeinflußt geblieben von für sie maßgebenden Momenten", und führt hierzu aus, daß die Strafzumessungsgründe erschöpfend in das Urteil aufgenommen werden müßten, was nicht geschehen sei. Eine solche Verpflichtung besteht jedoch nicht (OGHSt. Bd. 1 S. 283). Es genügt, daß der Tatrichter die Umstände anführt, die für die Strafzumessung bestimmend gewesen sind, § 267 Abs. 3 S. 1 StPO. Wenn er hierbei in anderem Zusammenhang festgestellte Umstände nicht nochmals ausdrücklich hervorhebt, so liegt darin allein noch kein Rechtsfehler (OGHSt. vom 8. November 1949 — StS 84/49 —).

---

81. 1. Grundsätze der Strafzumessung, wenn ein Verbrechen gegen die Menschlichkeit tateinheitlich mit schwerer Brandstiftung (§ 306 Ziff. 1 StGB.) zusammentrifft, die Voraussetzungen des § 51 Abs. 2 StGB. vorliegen und der Tatrichter die Strafe nach § 44 StGB. mildern will.

2. Abgrenzung der Tatbestände des § 52 und des § 54 StGB. Über die Voraussetzungen des § 52 StGB. im einzelnen.

StGB. §§ 306 Ziffer 1, 73, 44, 51 Abs. 2, 52, 54; KRG. 10 Art. II 1c.

I. Strafsenat. Urt. v. 4. April 1950 g. W. u. a. StS 318/49.

I. Schwurgericht Oldenburg.

Aus den Gründen:

.... Dagegen sind die Angriffe der Revision gegen die Strafzumessung begründet. Bei Tateinheit zwischen Art. II 1c KRG. 10 und deutschem Strafrecht darf die gemäß § 73 StGB. dem KRG. 10 zu entnehmende Strafe die Mindeststrafe des milderen Gesetzes, hier der §§ 305, 306 StGB. nicht unterschreiten (OGHSt. Bd. 1 S. 244 und S. 310, 312). Da der Angeklagte unter anderem auch wegen Verbrechens nach § 306 StGB. verurteilt worden ist, durfte keine geringere Strafe als die in diesem Gesetz angedrohte Mindeststrafe nach Strafart und Strafhöhe verhängt werden. Auch bei Berücksichtigung der Strafmilderungsbestimmungen der §§ 51 Abs. 2, 44 StGB.

mußte also das Gericht von einer gesetzlichen Mindeststrafe von drei Monaten Zuchthaus ausgehen. Eine Gefängnisstrafe durfte es nur verhängen, wenn die nach seiner Ansicht verwirkte Zuchthausstrafe unter einem Jahr blieb. Von dieser Berechnungsart ist das Gericht jedoch nicht ausgegangen. Es hat weder die an sich verwirkte Zuchthausstrafe festgestellt, noch hat es auf eine Gefängnisstrafe erkannt, die unter Berücksichtigung des Umrechnungsmaßstabes des § 21 StGB. einer Zuchthausstrafe von weniger als einem Jahr entspricht. Da die mit der Gefängnisstrafe von zwei Jahren vergleichbare Zuchthausstrafe mehr als ein Jahr beträgt, hätte nicht auf Gefängnis erkannt werden dürfen....

Begründet ist die Revision auch, soweit sie sich gegen die Freisprechung der übrigen Angeklagten richtet. Das Schwurgericht ist zu diesem Ergebnis gekommen, weil es bei diesen Angeklagten annimmt, sie hätten sämtlich unter den Voraussetzungen des § 54 StGB. gehandelt. Dazu führt es im einzelnen aus, diese Angeklagten seien — anders als Li., der sich freiwillig angeschlossen habe — sämtlich auf Grund eines an sie ergangenen Befehls tätig geworden. Wenn sie ihn nicht befolgt hätten, wären sie ins Konzentrationslager gebracht worden oder es wäre ihnen wie den Opfern der Röhm-Revolte ergangen. Da ihnen sonst allgemein ein gutes Zeugnis ausgestellt worden sei, sei ihnen zu glauben, daß sie nur aus Angst vor den schweren Folgen gehandelt hätten, von denen sie im Falle der Nichtausführung des Befehls getroffen worden wären. Diese Auffassung hält rechtlicher Nachprüfung nicht stand.

Zwar ist, wie der Senat wiederholt entschieden hat, (vgl. OGHSt. Bd. 1 S. 310, 313), auch beim Verbrechen gegen die Menschlichkeit die Berücksichtigung der §§ 52, 54 StGB. nicht ausgeschlossen. Das gilt trotz Art. II 4b KRG. 10 auch dann, wenn die Notstandslage durch einen verbrecherischen Befehl geschaffen ist. Es darf aber nicht verkannt werden, daß jede auf nur oberflächlicher Prüfung beruhende Zubilligung des Entschuldigungsgrundes des Notstandes gegenüber einem Verbrechen gegen die Menschlichkeit, also gegenüber einem Menschenwert und Menschenwürde schlechthin betreffenden Angriff, und gegenüber dem Verbrechen der schweren Brandstiftung eine große Gefahr für die selbstverständlichsten Grundlagen jeder Ordnung unter Menschen in sich birgt. Darum müssen das Vorhandensein der Voraussetzungen und die Pflichtmäßigkeit des Verhaltens der Täter einer strengen Prüfung unterworfen werden. Diese läßt das angefochtene Urteil im Grundsätzlichen wie in Einzelheiten seines Gedankenganges vermissen.

Unzutreffend ist schon, daß das Schwurgericht von § 54 StGB. und nicht von § 52 StGB. ausgeht. In beiden Vorschriften wird ein Entschuldigungsgrund für einen Täter aufgestellt, der aus einer gegenwärtigen Gefahr für Leib oder Leben keinen anderen Ausweg hat als den einer tatbestandsmäßigen, rechtswidrigen strafbaren Handlung. Sie unterscheiden sich dadurch, daß in § 52 StGB. der Genötigte gerade das tut, was ihm zugemutet wird, während in § 54 StGB. diese Zumutung fehlt (RGSt. Bd. 66 S. 222). Das Schwurgericht glaubt hier in tatsächlicher Beziehung davon ausgehen zu können, den Angeklagten sei ein Befehl zur Inbrandsetzung der Synagoge in J. für sie erkennbar unter solchen Umständen erteilt worden, daß seine Verweigerung sie der Gefahr ausgesetzt hätte, sofort in ein Konzentrationslager verbracht zu werden oder das Leben zu verlieren. Es nimmt also an, der ihnen gegebene Befehl sei mindestens stillschweigend mit jener Drohung verbunden gewesen, und hält weiter für dargetan, daß sie sich nur unter dem Druck dieser Drohung dazu verstanden hätten, dem Befehl nachzukommen. Damit geht das Schwurgericht von einem Sachverhalt aus, der allenfalls nach § 52 StGB., nicht aber nach § 54 StGB. beurteilt werden müßte. Die Nachprüfung ergibt, daß weder die Voraussetzungen des § 52, noch die vom Schwurgericht irrtümlich angenommenen des § 54 StGB. gegeben sind.

Schon die Ansicht, daß die Angeklagten Fl., Wi., Hu., Fö. und Ja. sämtlich auf Befehl gehandelt hätten, wird durch die Tatfeststellungen nur zu einem geringen Teil getragen. Aus ihnen geht nur hervor, daß die Judenverfolgung im November 1938 als solche von hohen Parteiführern befohlen worden war und daß der Angeklagte Fl. (Kreisleiter) von der Gauleitung den Befehl erhielt, dafür zu sorgen, daß die Synagogen in V. und J. in Flammen aufgingen. Hinsichtlich der anderen Angeklagten stellt das Urteil nur fest, daß ihnen Fl. den Befehl der Parteiführung mitteilte, nicht aber, daß er ihnen in einer schlechthin ihren Gehorsam fordernden Weise befahl, die Synagoge in J. in Brand zu setzen. Die Tatfeststellungen lassen vielmehr auch für die Annahme Raum, daß Fl. die anderen Angeklagten, ohne ihnen einen entsprechenden Befehl zu geben, mit dem Hinweis, daß die Aktion als solche befohlen sei, als Mitwirkende gewann. Das Urteil erörtert nicht einmal, ob die anderen Angeklagten, von denen nur Hu. noch dem Korps der politischen Leiter angehörte, zu Fl. überhaupt in dem Verhältnis des Untergebenen zum Vorgesetzten standen. Der Auffassung des Schwurgerichts, daß der Befehl sie in eine Notstandslage versetzt habe, weil sie im Falle der Nichtbefolgung mit der Verbringung in ein Konzentrationslager oder dem Verlust ihres Lebens hätten rechnen müssen, fehlt es also an jeder ausreichenden tatsächlichen Grundlage, so daß sich schon aus diesem Grunde alle weiteren Schlüsse des Schwurgerichts als fehlerhaft erweisen.

Abgesehen von diesem Mangel ist auch die Ansicht des Schwurgerichts zu beanstanden, daß die Angeklagten bei Nichtbefolgung eines an sie ergangenen Befehls — unterstellt, daß er ihnen erteilt worden wäre — mit ihrer Verbringung ins Konzentrationslager oder dem Verlust ihres Lebens hätten rechnen müssen. Das Gericht stützt diese Annahme nur auf die Erwägung, daß „bei der Unduldsamkeit gegen andersdenkende Menschen und gegen eine solche Widersetzlichkeit die NSDAP. mit aller Schärfe gegen die Angeklagten vorgegangen sein würde, mit einer Schärfe, wie sie 1934 bei der sogenannten Röhmrevolte zum Ausbruch gekommen sei, als selbst alte Parteigenossen und in den Reihen der Parteianhänger überaus angesehene Menschen mit höchsten Macht- und Vertrauensstellungen trotz ihrer engen Beziehungen zu Hitler beseitigt worden" seien. Es vermag also für die Richtigkeit seiner Auffassung keinen ähnlich liegenden Fall anzuführen, in dem die Nichtbefolgung eines Befehls die von ihm angenommenen Folgen gehabt hätte, sondern es folgert sie aus den damals in Deutschland herrschenden Zuständen und Verhältnissen. Dabei handelt es sich zwar hauptsächlich um eine Erwägung tatsächlicher Art, die weitgehend der Nachprüfung durch das Revisionsgericht entzogen ist. Es ist aber ein auch vom Revisionsgericht zu beachtender Rechtsfehler, wenn sich ergibt, daß die Erwägung denkgesetzlich nicht einwandfrei ist. Dieser Fall ist hier gegeben. Das Schwurgericht geht, wie der Hinweis auf die Unduldsamkeit gegenüber Andersdenkenden und auf die Vorgänge beim Röhmputsch zeigt, von Fällen aus, in denen jemand eine grundsätzliche feindselige G e s i n n u n g gegenüber der NSDAP. an den Tag legte oder gar bestimmten Bestrebungen der nationalsozialistischen Führung tätig e n t g e g e n w i r k t e, übersieht aber dabei, daß die bloße Nichtbefolgung eines an sie ergangenen Befehls für die Angeklagten keinesfalls zu bedeuten brauchte, daß sie eine s o l c h e Haltung hätten einnehmen müssen. Sie konnten sich dem Befehl entziehen, o h n e damit die Bekundung einer dem Nationalsozialismus feindlichen Gesinnung zu verbinden oder gar diesen oder einzelne seiner Führer zu bekämpfen. Es hat sich, um einen wirklich ähnlich liegenden Fall anzuführen, gezeigt, daß zum Beispiel selbst im Kriege Ärzte, die den an sie ergangenen dienstlichen Weisungen zur Tötung Geisteskranker nicht entsprachen, dies ohne Leibes- oder Lebensgefahr für sich oder ihre Angehörigen tun konnten (OGHSt. Bd. 1 S. 321, 331). Das Schwurgericht hat also — und das macht auch seine tatsächliche Annahme angreifbar — in denkgesetzlich fehlerhafter Weise Fälle einander gleichgesetzt, die grundsätzliche Verschiedenheiten aufweisen und sich um die Ermittlung von wirklich ähnlich liegenden Fällen, die ihm einen einigermaßen zuverlässigen Anhaltspunkt für die zutreffende Beurteilung der Sachlage hätten bieten können, überhaupt nicht bemüht. Deshalb ist auch beim Angeklagten Fl., dem nach den bisherigen Feststellungen allein ein Befehl erteilt worden ist, die Annahme des Nötigungsstandes (§ 52 StGB.) rechtlich nicht zu halten.

Selbst wenn aber die Annahme des Schwurgerichts den Wert einer einwandfreien Feststellung hätte, würde die Anwendung des § 52 StGB. im vorliegenden Falle daran scheitern, daß nach den bisherigen Feststellungen nicht ausreichend dargetan ist, daß die Angeklagten n u r u n t e r d e m D r u c k der vom Gericht angenommenen Leibes- oder Lebensgefahr gehandelt haben und daß ihnen zur Vermeidung dieser ihnen drohenden Gefahr kein anderer zumutbarer Ausweg blieb, als dem Befehl zu entsprechen. Allein aus dem Umstande, daß ihnen im Falle der Nichtbefolgung des Befehls Leibes- oder Lebensgefahr gedroht habe und ihnen sonst ein gutes Zeugnis ausgestellt werde, folgert das Schwurgericht, daß sie unter dem Druck dieser Gefahr sich zu ihrem Vorgehen verstanden hätten. Ob ihnen sonst ein Ausweg verblieb, wird vom Schwurgericht überhaupt nicht näher erörtert. Wenn der Tatrichter aus einem Sachverhalt Folgerungen tatsächlicher Art zieht, die denkgesetzlich nur möglich, nicht schlechthin zwingend sind, so können solche Erwägungen allerdings nur in begrenztem Umfange vom Revisionsgericht nachgeprüft werden. Wenn aber der Tatrichter aus Umständen, die denkgesetzlich und nach der allgemeinen Erfahrung mehrere verschiedene Schlußfolgerungen zulassen, eine bestimmte Tatsache folgert, muß er, wenn seine Erwägung rechtlicher Nachprüfung standhalten soll, sich dieser m e h r e r e n Möglichkeiten mindestens b e w u ß t sein, darf also m ö g l i c h e Schlußfolgerungen nicht als d e n k g e s e t z l i c h z w i n g e n d ansehen. Dazu gehört, daß er — je nach der Sachlage — auch die anderen Möglichkeiten erörtert. Die Erfahrung des Lebens zeigt, daß Befehle, auch wenn dem Befehlsempfänger bei Verweigerung Leibes- oder Lebensgefahr droht, durchaus nicht immer aus d i e s e m Grunde befolgt zu werden pflegen. Die Überzeugung von der Richtigkeit oder Vertretbarkeit der befohlenen Handlung oder ein Pflichtgefühl, das als falsch verstandenes Pflichtgefühl auch beim verbrecherischen und darum unverbindlichen Befehl dem Befehlsgeber den Gehorsam nicht zu verweigern wagt, sind nur einige der tatsächlich gegebenen Möglichkeiten, von denen das Schwurgericht n i c h t e i n e erörtert. Der bemerkenswerte Eifer, mit dem der Angeklagte Fl. nach den Feststellungen des angefochtenen Urteils den ihm erteilten Befehl und auch die übrigen Angeklagten den angeblich an sie ergangenen Befehl befolgten, legte eine solche Erörterung aber nahe. Wer n u r unter dem Druck gegenwärtiger Leibes- oder Lebensgefahr handelt, pflegt nicht mit dem Eifer und der Zielstrebigkeit tätig zu werden, wie es nach den Darlegungen des Urteils von den Angeklagten geschah. Wer so deutlich wie die Angeklagten bestrebt ist, einen Befehl so rasch, so gut und so gründlich wie möglich zu befolgen, handelt im allgemeinen nicht, weil er die bei Nichtbefolgung drohenden Folgen vermeiden will. Unklar bleibt auch, woher den Angeklagten überhaupt die Erkenntnis gekommen sein soll, daß ihnen im Falle der Verweigerung Leibes- oder Lebensgefahr drohe. Denn daß ihnen gegenüber eine solche Drohung auch nur andeutungsweise ausgesprochen worden wäre, ist nicht festgestellt. In anderem Zusammenhange bemüht sich das Schwurgericht, näher darzulegen, die Angeklagten hätten beim Eintritt in die Partei, die SA. oder die HJ. „nicht wissen können, wie sich die Dinge entwickeln würden", und auch bis zum Jahre 1938 sei ihnen das nicht bekannt geworden. Das kann nach dem Zusammenhange nur bedeuten, sie seien sich bis zur Tat nicht darüber klar gewesen, daß sie sich in ein Unterstellungsverhältnis begeben hatten, in dem ihnen unter Androhung von Leibes- oder Lebensgefahr die Begehung verbrecherischer Handlungen zugemutet wurde. Beides kann nicht gut zugleich angenommen werden. Entweder waren sie bis zur Tat ahnungslos, dann hätte es irgendeines Hinweises auf die Gefahr bedurft, die ihnen nach Ansicht des Schwurgerichts drohte, oder sie bedurften des Hinweises nicht, weil sie sich schon längst darüber klar waren, daß sie sich auch dann gegenwärtiger Gefahr für Leib und Leben aussetzten, wenn sie verbrecherische Befehle ihrer Parteiführung nicht befolgten . . .

Die Entscheidung entspricht dem Antrage des Generalstaatsanwalts.

Berichtigung:

Band 1 S. 361 Zeile 22: „Umstellung" statt „Unterstellung".
Band 2 S. 5 Entscheidung Nr. 2 Zeile 1: „mittelbarer" statt „unmittelbarer".

Inhaltsverzeichnis

Die Zahlen bezeichnen die Seiten

Sachliches Inhaltsverzeichnis

A

Allgemeine Anweisung an Richter Nr. 1.
— Ziffern 8a und 8b in Beziehung zum Strafrahmen beim Totschlag . . . 138, 140
— § 2a Abs. 2 StGB. gilt in der Fassung des Gesetzes vom 28. 6. 1935 179
— Die Ziffern 8a und 8b der — gestatten nicht, die gesetzliche Mindeststrafe zu unterschreiten 258

Amnestie.
— Der Amnestie-Befehl Nr. 43 der SMA. in Deutschland vom 18. März 1948 gilt nur für die Behörden der östlichen Besatzungszone und steht deshalb der Aburteilung eines Angeklagten wegen einer in dieser Zone begangenen Straftat durch ein nach den Vorschriften der Strafprozeßordnung zuständiges anderes deutsches Gericht nicht entgegen 253

Amtserschleichung s. Betrug.

Amtsunterschlagung (§ 350 StGB.)
— Der amtliche Alleingewahrsam eines Beamten wird nicht schon durch die allgemeine Dienstaufsicht der Dienstvorgesetzten beseitigt. Aus ihr allein ergibt sich kein Mitgewahrsam der letzteren 369, 371

Anhörung der Prozeßbeteiligten (§ 33 StPO.).
— Dem § 33 StPO. ist genügt, wenn die Prozeßbeteiligten vor Verkündung oder vor Ausführung des Gerichtsbeschlusses über den Ausschluß der Öffentlichkeit ersichtlich Gelegenheit zur Stellungnahme gehabt haben . 113

Anklage.
— Bei einem als Verbrechen gegen die Menschlichkeit zu beurteilenden Gesamthergang ist das Gericht verpflichtet, alle Teilvorgänge zu würdigen, die als Beitrag zum Verbrechen gegen die Menschlichkeit in Betracht kommen. Das gilt auch, wenn die Anklageschrift nur einige Teilvorgänge enthält. Nachtragsanklage ist in diesem Falle nicht zu erheben. Nur § 265 StGB. ist zu beachten . 5, 11

Anschlußverfahren (§§ 403 ff. StPO.).
— Eine Schadenersatzforderung des Opfers eines Unmenschlichkeitsverbrechens gegen den Denunzianten, insbesondere auf Schmerzensgeld,

kann im — geltend gemacht werden. Über einzelne Verfahrensfragen des Anschlußverfahrens 46

Anstiftung (§ 48 StGB.).
s. Aussage.

Anzeige s. Verbrechen g. d. Menschlichkeit.

Aufklärungspflicht (§ 245 Abs. 1 StPO.).
— Zu der Frage, wann die Aufklärungspflicht des Gerichts die Zuziehung eines zweiten Sachverständigen erforderlich macht 98, 102

Aussage (§§ 153 ff. StGB.).
— Die falsche uneidliche — ist auch dann nicht Beginn der Ausführung eines Meineids, wenn der Vernommene vereidigt werden soll. Erst mit dem Schwören beginnt der Meineid 161, 162
— Die uneidliche Falschaussage ist vollendet, wenn die Aussage abgeschlossen ist. Zum Begriff der abgeschlossenen Aussage 161, 162
— Beihilfe zur Falschaussage kann seitens einer Partei im Zivilprozeß unter Umständen auch durch schweigendes Anhören der Aussage geschehen 163
— Aussagenotstand kommt dem Gehilfen, der nicht selbst als Zeuge oder Sachverständiger vernommen wird, nicht zugute 164
— Die Wohltat des § 158 StGB. kommt dem Anstifter und Gehilfen zugute, der von sich aus die falsche Aussage rechtzeitig richtigstellt . . 165
— s. auch Zeuge.

Aussagenotstand s. Aussage.

B

Bauwerkzerstörung (§ 305 StGB.).
— Zum äußeren Tatbestand der —: Ganzzerstörung, Teilzerstörung, versuchte Zerstörung. Auch ein beschädigtes Bauwerk kann zerstört werden; mehrfache Zerstörung hintereinander am gleichen Bauwerk ist möglich. Mittäterschaft und Beihilfe an einer in Gang befindlichen Zerstörung sind solange möglich, bis nur mehr eine nicht wiederherstellbare Ruine vorhanden ist 209

Beamter (§ 359 StGB.).
— Zum strafrechtlichen Beamtenbegriff (Wirtschaftsamtsangestellte) 370
— s. Entnazisierung.

Befehl.
— Handeln auf Befehl eines Vorgesetzten im Sinne des § 4 der VO. vom 23. Mai 1947 liegt nur vor, wenn der Vorgesetzte seine Befehlsgewalt vom Staate ableitet . 229
— Bei Handeln auf Befehl eines militärischen Vorgesetzten entfällt die strafrechtliche Verantwortlichkeit des Untergebenen auch unter dem Gesichtspunkt des Verbrechens gegen die Menschlichkeit, wenn der verbrecherische Charakter des Befehls nicht offensichtlich ist und deshalb der Untergebene nicht imstande ist, das Unrechtmäßige seiner Handlungsweise einzusehen 269

Begünstigung, persönliche (§ 257 StGB.) 220
— Die vor der Tat zugesagte Beistandleistung (§ 257 Abs. 3 StGB.) kann mit § 258 StGB. in Tateinheit stehen . 277

Beihilfe (§ 49 StGB.).
— Wer einem anderen bei der Begehung eines Verbrechens gegen § 1 Abs. 1 KWVO. — leistet, braucht nicht selbst böswillig zu handeln. Es genügt, ist aber auch erforderlich, daß er von der böswilligen Bedarfsdeckungsgefährdung durch den Täter Kenntnis hat 50, 56
— kann nicht nur bis zur Vollendung der Tat, also bis zur Verwirklichung aller Tatbestandsmerkmale, sondern bis zur tatsächlichen Beendigung der Tat geleistet werden 50, 59
— s. auch Mord, Aussage, Bauwerkzerstörung.

Beleidigung (§§ 185 ff. StGB.).
— Zur Anwendbarkeit der §§ 185, 187 StGB. bei Beleidigung durch öffentliche Filmvorführung. Bestimmbarkeit des Beleidigten bei Beleidigung durch eine Gesamtbezeichnung 291, 309

Beratung (§ 193 GVG.).
— Ein Referendar kann in der Hauptverhandlung des Schwurgerichts das Protokoll führen und zugleich zur Beratung zugelassen werden . . . 62
— s. auch letztes Wort des Angeklagten.

Bereicherungsabsicht s. Branntweinmonopol.

Berichtigung (§ 158 StGB.) s. Aussage.

Bestechung, passive (§ 331 StGB.).
— Zum Zusammenhange zwischen Vorteilsannahme und Amtshandlung . . 103, 109

Beteiligungsverdacht (§ 60 Ziffer 3 StPO.) s. Zeuge.

Betrug (§ 263 StGB.).
— Zur Vermögensschädigung im Falle der betrügerischen Erschleichung einer Anstellung als Beamter 82
— Auch Ansprüche, die keinen rechtlichen Bestand haben, können einen Vermögenswert im Sinne des § 263 StGB. darstellen 200
— begeht auch, wer sich auf dem Schwarzen Markt eine Ware gegen Zusicherung der Zahlung eines Schwarzmarktpreises verschafft, aber von vornherein entschlossen ist, nur einen geringeren Preis zu zahlen, wenn dieser auch den gesetzlich zulässigen erreicht oder übersteigt . . . 259

Beweisantrag (§ 245 StPO.).
— Zur Entscheidung über den Antrag, den Angekl. zusätzlich klinisch auf seine Verantwortlichkeit untersuchen zu lassen, obwohl der ärztl. Sachverständige einen Antrag nach § 81 StPO. als unnötig ablehnt 207
— Ob ein Beweisantrag oder nur ein Beweisermittlungsantrag vorliegt, können auch die Umstände ergeben . . . 352

Beweiserhebung.
— Zur Verlesung von Niederschriften in der Hauptverhandlung 324

Beweismittel (§ 245 Abs. 2 StPO.).
— Die in der Hauptverh. vorliegende Aussageniederschrift gemäß § 223 StPO. ist ein „herbeigeschafftes" — und mangels allseitigen Verzichts auf den Zeugen von Amts wegen zu verlesen . . 287

Beweiswürdigung (§ 261 StPO.).
— § 261 StPO ist verletzt, wenn in der Hauptverh. nur der Inhalt einer Urkunde verhan-

delt ist, die Urteilsgründe aber den Wortlaut der Urkunde enthalten 334

Bewußtsein der Rechtswidrigkeit.
— Zum — der an einer Kindertötung beteiligten Pflegerin, der eine gesetzliche Tötungsgrundlage vorgetäuscht ist 117, 127

Böswilligkeit (§ 1 KWVO.).
— Zur — im § 1 Abs. 1 KWVO. 50, 52

Brandstiftung (§ 306 StGB.).
— Zur Abgrenzung der Vorbereitungshandlung vom Versuch bei der — . . . 345

Branntweinmonopol.
— Das Gesetz des Wirtschaftsrates zur Änderung des Gesetzes über das Branntweinmonopol vom 21. Oktober 1948 stellt die früheren Strafdrohungen dieses Gesetzes wieder her, und zwar als milderes Gesetz mit Rückwirkung; diese ist auch noch vom Revisionsgericht zu berücksichtigen 192
— Auch bei Monopolhehlerei ist auf Einziehung bzw. Wertersatz zu erkennen . . 193
— Äußerer und innerer Tatbestand der Monopolhinterziehung. Schwarzbrennen ist nur dann Monopolhinterziehung, wenn es mindestens auch auf die Herbeiführung eines unrechtmäßigen Vermögensvorteils abzielt. Über Bereicherungsabsicht beim Schwarzbrennen für den Hausbedarf in der Zeit vor der Währungsreform . 213
— Bei fehlender Bereicherungsabsicht kann Schwarzbrennen schwere Monopolordnungswidrigkeit sein. Nach § 126 Abs. 1 Ziff. 1 BrMonG. ist jedes vorsätzliche Brennen außerhalb eines angemeldeten Betriebes, auch das nichtgewerbliche, strafbar . . 213
— Wertersatzstrafe ist bei schwerer Monopolordnungswidrigkeit nicht zulässig. Stattdessen ist der Branntweinaufschlag zu zahlen. Branntweinaufschlag entfällt, soweit Branntwein eingezogen oder Wertersatz geleistet wird 213
— Schwarzbrenngerät, bei dem die Voraussetzungen der Einziehung nach § 123 BrMonG. oder der Sicherstellung mit nachfolgender Überführung in Staatseigentum fehlen, kann nach § 40 StGB. eingezogen werden 213

D

Diebstahl, räuberischer s. Raub; Wahlfeststellung.

E

Einziehung s. Branntweinmonopol

Eisenbahn s. Verwahrungsbruch.

Entnazisierung.
— Die Angehörigen der Entnazisierungsausschüsse in der Britischen Zone sind Beamte im Sinne des § 359 StGB. Sie sind es von dem Zeitpunkt an, in dem sie mit der Wahrnehmung dieser Aufgabe von derjenigen Behörde ausdrücklich oder stillschweigend betraut wurden, die dazu berufen ist, das ihnen gegenüber auszusprechen . . 103

Erpressung (§ 253 StGB.)
— § 253 Abs. 1 StGB. in der Fassung vom 29. Mai 1943 ist geltendes Recht . . . 103, 110

Erpressung, räuberische (§ 255 StGB.) s. Raub.

F

Falschaussage, uneidliche s. Aussage.

Filmvorführung s. Beleidigung.

Fortgesetzte Handlung (§ 73 StGB.).
— Besteht eine — teils aus versuchten, teils aus vollendeten Straftaten, so ist nur wegen vollendeter Tat zu verurteilen 352

Freiheitsberaubung (§§ 239, 341 StGB.).
— Freiheitsberaubung im Amt liegt auch vor, wenn der Täter die rechtswidrige Festnahme nicht hindert, obwohl er amtlich dazu verpflichtet ist 11, 16

G

Geisteskranker, Tötung s. Mord.

Geldstrafe s. Reformatio in peius.

Geldumstellung.
— Gesetze, die RM-Strafen androhten, drohen nunmehr DM-Strafen in gleicher Höhe an, auch für Taten, die vor der Währungsreform begangen sind. Eine vor der Währungsreform noch nicht verhängte Strafe kann nicht im Verhältnis 10:1 auf DM umgestellt werden 187

Genehmigung.
Zur Ausübung der Gerichtsbarkeit s. Revision.

Gesamtstrafe (§ 79 StGB.).
— Eine — ist auch zu bilden, wenn die einzubeziehende Strafe durch ein Spruchgericht verhängt ist . . 358

Gewinnsucht s. Verwahrungsbruch 157, 159

H

Hehlerei (§ 259 StGB.) s. Wahlfeststellung.

Hetzfilm s. Verbrechen gegen die Menschlichkeit; Beleidigung.

Hilfsrichter.
— Die Besetzung der Strafkammern mit Hilfsrichtern widerspricht nicht dem Grundgesetz 331

Hinweispflicht in der Hauptverhandlung (§ 265 StPO.).
— Die besondere Erwähnung eines rechtlichen Gesichtspunktes (Mittäterschaft) im Ermittlungsergebnis der Anklageschrift macht einen Hinweis gemäß § 265 StPO. in der Hauptverhandlung unnötig 322
— s. Anklage.

I

Irrtum s. Notwehr.

J

Jagdwilderei (§ 292 StGB.).
— § 292 StGB. in der Fassung vom 28 Juni 1935 ist gültig. Die Sperrvorschrift AAR. Nr. 1 Ziffer 8b ist aber zu beachten 256

Jugendlicher s. auch Zurechnungsfähigkeit.
— § 20 Abs. 1 RJGG. ist nicht mehr geltendes Recht 73, 75

K

Kindestötung (§ 217 StGB.).
— § 213 StGB. ist nicht anwendbar, auch nicht nach der Neuabgrenzung von Mord und Totschlag durch das Gesetz vom 4. Sept. 1941 . . 386

Körperverletzung (§§ 223 ff. StGB.).
— Zur Ursächlichkeit der Unterlassung bei der — . . . 11
— im Amte 69, 70
— Bei Verurteilung aus § 226 StGB. kann strafschärfend berücksichtigt werden, daß der Erfolg durch ein gefährliches Werkzeug verursacht wurde 324

— mit Todesfolge. Täterschuld 330
— Zum Vorsatz bei der — mit Todesfolge 335
— s. mildernde Umstände.

L

Landfriedensbruch (§ 125 StGB.).
— Gewalttätigkeiten gegen Personen im Sinne von § 125 Abs. 2 StGB. können durch Fenstereinwerfen und Festnahme einer Person begangen werden, auch wenn körperliche Berührung eines Menschen nicht erfolgt ist 94, 96
— Zerstörung von Sachen (§ 125 Abs. 2 StGB.) ist die wesentliche Beschädigung einer ganzen Sache oder eines Teils der Sache, wobei die Wesentlichkeit aus den verschiedensten Umständen entnommen werden kann. Hierbei kommt es auf den Gesamtschaden an, an dem sich der Täter handelnd beteiligt hat . 94, 97
— Zum Begriff der öffentlichen Zusammenrottung . 179, 184
— Ist der Landfriedensbruch vollendet, so ist es auf die Schuldfrage ohne Einfluß, wenn sich der Täter später aus Unwillen über den Grad der Ausschreitungen von der Menge trennt . . 179, 186
— Der Landfriede kann auch im Zusammenwirken mit den Trägern der staatlichen Macht gestört werden; ungeregeltes, tumultförmiges Auftreten ist nicht erforderlich. Daß die Polizei die Friedensstörung beseitigen könnte, ist belanglos 211
— Eine öffentlich zusammengerottete Menschenmenge kann auch dann vorhanden sein, wenn die Teilnehmer gattungsmäßig bestimmt waren (z. B. SA-Männer in Uniform). Erforderlich ist, daß eine Personenmehrheit eine räumliche Einheit bildet; ob bei Aufteilung in Gruppen die räumliche Einheit unter diesen erhalten bleibt, ist Tatfrage 211
— Täter ist nur, wer an der Zusammenrottung körperlich teilnimmt; Befehlserteiler, die örtlich fernbleiben, können nur Anstifter oder Gehilfen sein 211
— Über den Begriff der Gewalttätigkeiten gegen Sachen 212
— Zum äußeren und inneren Tatbestand des Landfriedensbruchs, wenn zunächst eine geschlossene Personenmehrheit Gewalttätigkeiten gegen Personen oder Sachen begeht und sich erst daraufhin eine Menschenmenge öffentlich zusammenrottet . . . 249
— Zum Begriff der zusammengerotteten Menschenmenge. Erforderlich ist stets, daß die Teile und Teilnehmer des gemeinsamen Unternehmens zu einem bestimmten Zeitpunkt einander nahe genug sind, um durch unmittelbares körperliches Zusammenwirken auch räumlich noch eine Einheit zur Erreichung eines gemeinsamen Zieles darzustellen (vgl. RGSt. Bd. 60 S. 332). 364, 365

Landgerichtspräsident.
Der — ist Vorgesetzter der Richter seines Bezirks unbeschadet ihrer richterlichen Unabhängigkeit . . 23, 27

Letztes Wort des Angeklagten (§ 258 Abs. 3 StPO.).
— Findet die Urteilsberatung und -abstimmung schon vor

dem Schlußwort des Angeklagten statt und gibt der Angeklagte nachher noch sachliche, wenn auch kurze Erklärungen ab, so müssen sich die Mitglieder des Gerichts in äußerlich erkennbarer Weise untereinander darüber verständigen, ob diese Schlußerklärungen an den Grundlagen des bisherigen Verhandlungsergebnisses etwas geändert haben und es bei dem beschlossenen Urteil verbleiben soll . . . 193

M

Meineid s. Aussage.

Menschenmenge s. Landfriedensbruch.

Mildernde Umstände.

— Trotz Zubilligung mildernder Umstände braucht nicht unter die Mindeststrafe des normalen Strafrahmens heruntergegangen zu werden (§§ 226, 228 StGB.) 62, 63

Mittäterschaft s. Hinweispflicht; Bauwerkzerstörung.

— Zur Gemeinsamkeit des Wollens als Voraussetzung der — 352

Mord (§ 211 StGB.).

— Artikel 102 des Grundgesetzes für die Bundesrepublik Deutschland vom 23. Mai 1949 (BGBl. S. 1 ff.) hat den § 211 StGB. vom 24. Mai 1949 ab dahin geändert, daß Mord nunmehr allein mit lebenslangem Zuchthaus bestraft wird 1

— Diese Rechtsänderung wirkt zurück und betrifft auch vor dem 24. Mai 1949 begangene Morde. Sie ist trotz § 337 StPO. im Revisionsverfahren auch dann noch zu berücksichtigen, wenn das angefochtene Urteil vor dem 24. Mai 1949 ergangen ist 4

— Wer einen anderen tötet, kann sich von dem Zweck, eine andere Straftat zu verdecken, und zugleich von dem Bestreben, eine andere Straftat zu ermöglichen, leiten lassen. Auch der Versuch eines Verbrechens oder Vergehens ist in diesem Sinne eine andere Straftat, die durch die Tötung verdeckt werden kann 19, 21

— Ist die Ermordung eines vermeintlichen Defaitisten aus bestimmten Erwägungen durch Erschießen geplant und wird das Opfer zu diesem Zwecke herbeigeholt, so kann es eine unerhebliche Tatabweichung sein, wenn die Herbeiholenden, denen alles das bekannt ist, die Tat eigenmächtig schon auf dem Wege aus den gleichen Gründen durch Erschießen ausführen . 63, 64

— Zur Mordbeihilfe durch vorsätzliches Unterlassen rettenden Eingreifens, wenn der Unterlassende die Todesgefahr mit herbeigeführt hat. Welche Anforderungen stellt hier die innere Tatseite? 63, 66

— Die Merkmale der Heimtücke und der Grausamkeit (§ 211 Abs. 2 StGB.) setzen die Fähigkeit zur Abwägung des eigenen Handlungsentschlusses voraus. Hochgradige Erregung (Eifersucht) kann diese Fähigkeit ausschließen. Ob das der Fall ist, muß der Tatrichter unter Beachtung aller Umstände des Einzelfalles entscheiden 113, 115

— Zur Tötung von geisteskranken Erwachsenen und Kindern im Rahmen der Hitleraktion 117

— Zum Einfluß verminderter Zurechnungsfähigkeit auf die

Mordmerkmale der Heimtücke und der Verdeckungsabsicht 147
— Zur Grausamkeit, Heimtücke und zum niedrigen Beweggrunde bei der im Affekt begangenen Tötung . 173, 174
— Zur Grausamkeit und zum Handeln aus niedrigem Beweggrunde bei der Ermordung von Juden im Rahmen der Ausschreitungen am 9. 11. 1938 179
— Heimtückischer Giftmordversuch 220
— Zur heimtückischen Tötung (verwerfliche Haltung des Täters dabei erforderlich) 389
— Setzt der Täter sein Opfer mit Tötungsvorsatz der Einwirkung von Leuchtgas aus, so liegt vollendeter Mord auch dann vor, wenn der Tod nicht darauf allein, sondern außerdem noch auf eine zweite, nicht mit Tötungsvorsatz bewirkte Leuchtgasvergiftung zurückzuführen ist. Die Ursächlichkeit der ersten Einwirkung entfällt nur dann, wenn ein auf denselben Erfolg gerichtetes späteres Ereignis unabhängig von ihr eine neue Ursache eröffnet und dadurch der Erfolg herbeigeführt wird . . 285
— Zur Befriedigung des Geschlechtstriebes handelt auch derjenige, der sein Opfer tötet, um an der Leiche den Geschlechtsverkehr auszuüben 337
— Auch auf einen in der Ostzone begangenen Mord haben die Gerichte der Bundesrepublick § 211 StBG. n. F. anzuwenden 337
— Niedrige Tatbeweggründe brauchen nicht Gegenstand besonderer Überlegung zu sein 344
— Tötung eines KZ-Häftlings aus Geltungsdrang und in Erwartung einer Anerkennung ist ein Handeln aus niedrigem Beweggrunde 352
— Zur Änderung des § 211 zwischen Tat und Verurteilung (§ 2a Abs. 2 StGB.) . . 356
— Niedriger Beweggrund (Mißverhältnis zwischen den Tatfolgen und dem, was der Täter mit der Tötung erreichen will) 389
— s. Tötung, vorsätzliche; Jugendlicher.

N

Nachtat, straflose.
— Wenn jemand einen Teil des Bedarfsguts unter Verstoß gegen Verbrauchsregelungsvorschriften als Lohn für vorher geleistete Beihilfe beim Beiseiteschaffen des Gutes bezieht, liegt darin keine straflose Nachtat 50, 59
Nachtragsanklage s. Anklage.
Nebenklage (§ 395 StPO.).
— Ist eine Straftat nur noch nach Maßgabe des § 1 der VO. zur Beseitigung nationalsozialistischer Eingriffe in die Strafrechtspflege vom 23. Mai 1947 verfolgbar, so ist die Nebenklage unzulässig 291, 309
Nötigungsstand (§ 52 StGB.).
— Der Umstand, daß sich der Genötigte in vorwerfbarer Weise einer Zwangslage im Sinne des § 52 StGB. ausgesetzt hat, kann für die Entscheidung der Frage von Bedeutung sein, welche andern Auswege ihm zur Vermeidung der ihm drohenden Leibes- oder Lebensgefahr zuzumuten sind 227

Notstand (§ 54 StGB.) s. übergesetzlicher und Aussagenotstand.

Notwehr (§ 53 StGB.).
— Putativnotwehr 324
— bei Beleidigung 329

O

Öffentlichkeit s. Anhörung.
— § 338 Ziffer 6 StPO. ist nur verletzt, wenn die — ungesetzlich beschränkt worden ist 337

P

Preisvergehen.
— Rechtskräftige Verurteilung wegen — verbraucht die Strafklage wegen Diebstahls derselben Sachen nicht . . 80
— § 22 KWVO. ist erst mit der Neuregelung des Preisrechts im Zuge der Geldreform außer Kraft getreten 263

R

„Rassenschande" s. Verbrechen g. d. Menschlichkeit 2 f.

Raub (§§ 249 ff. StGB.).
— Zur Abgrenzung des räuberischen Diebstahls vom Raub. Räuberischer Diebstahl i. S. des § 252 StGB. liegt nur vor, wenn der Diebstahl im Zeitpunkt der Gewaltanwendung vollendet war . . . 19, 22
— Besonders schwerer —. Zum Martern beim Raube . . 140
— Befohlene Wegnahme von Wertsachen in jüdischen Wohnungen anläßlich der Ausschreitungen vom 9./10. November 1938 als Raub oder räuberische Erpressung . 287
— Raub und räuberischer Diebstahl können in Tateinheit stehen 323
— Der räuberische Diebstahl (§ 252 StGB.) kann mit Todesfolge begangen sein. Der Täter ist dann nach den §§ 252, 251 StGB. zu bestrafen . 323

Rechtsbeugung (§§ 336, 357 StGB.).
— Zum Unternehmen der Verleitung zur — 23, 28
— Zur Frage der Rechtsbeugung bei der Strafzumessung. Sie kommt nicht nur in dem Fall in Betracht, daß eine im Gesetz nicht vorgesehene Strafe verhängt wird, sondern kann auch gegeben sein, wenn der Richter auf eine innerhalb des gesetzlichen Strafrahmens liegende Strafe erkennt . 23, 29
— Verleitung zur —. Der Vorgesetzte kann sich zur Verleitung jedes dazu geeigneten Mittels bedienen. Sein Vorsatz braucht nicht notwendig die Kenntnis der Person zu umfassen, zu deren Gunsten oder Nachteil das Recht gebeugt werden soll . . 23, 30

Rechtsmilderung (§ 2 a Abs. 2 StGB.).
— zwischen Tat und Aburteilung; § 2 a Abs. 2 StGB. in der Fassung vom 28. Juni 1935 ist geltendes Recht . . . 179, 182

Rechtsverordnung.
— Zur Zuständigkeit deutscher Stellen zum Erlaß von —en nach der Besetzung und zur Verkündung solcher —en 166

Reformatio in peius (§ 358 Abs. 2 StPO.).
— Die im aufgehobenen Urteil erkannte Freiheitsstrafe begrenzt nicht die Höhe einer nunmehr stattdessen erkannten Geldstrafe, wohl dagegen die Höhe der Ersatzfreiheitsstrafe 190
— War im aufgehobenen Urteil nur auf Geldstrafe erkannt, so darf im neuen Urteil auch zu Wertersatz verurteilt werden, wenn nunmehr Geldstrafe und

Wertersatz zusammen die alte Geldstrafe nicht übersteigen 193

Revision (§§ 333 ff. StPO.).
— § 357 StPO. findet Anwendung, wenn das Urteil im Strafausspruch gegen einen Angeklagten wegen eines Rechtsfehlers bei der Strafzumessung aufgehoben wird und die gleiche Rechtsverletzung bei einem anderen Angeklagten vorliegt, der keine Revision eingelegt hat 50, 60
— Ein Verstoß gegen § 60 Ziffer 3 StPO. ist kein absoluter Revisionsgrund 157
— auch nicht ein solcher gegen die §§ 258 Abs. 3, 260 Abs. 1, 261 StPO. 197
— Die Genehmigung der Militärregierung zur Ausübung der Gerichtsbarkeit gegen einen Angehörigen der Vereinten Nationen kann noch in der Revisionsinstanz nachgeholt werden 171
— Die Anerkennung eines Zeugnisverweigerungsrechts ist mit der — nur angreifbar, wenn sie erkennbar auf Rechtsirrtum beruht 173
— Der nach Aufhebung des § 354a StPO. wieder uneingeschränkt geltende § 337 StPO. hindert das Revisionsgericht grundsätzlich, Gesetzesänderungen zu berücksichtigen, die nach Erlaß des angefochtenen Urteils in Kraft getreten sind. Eine Ausnahme hiervon kann unter besonderen Umständen der Änderung selbst zu entnehmen sein . . . 191, 199
— War zur Zeit der Entscheidung des Tatrichters noch § 1 KWVO. und die VRStrVO. in Kraft, kann das Revisionsgericht die durch das Gesetz zur Vereinfachung des Wirtschaftsstrafrechts vom 26. Juli 1949 eingetretene Rechtsänderung nicht berücksichtigen 199
— s. Branntweinmonopol; Strafzumessung; Zeuge; letztes Wort; Mord; Strafgewalt

Rückwirkungsverbot s. Verbrechen gegen die Menschlichkeit 1.

S

Sachhehlerei (§ 258 StGB.) s. Begünstigung.

Sachverständiger s. Aufklärungspflicht.

Schadenersatz s. Anschlußverfahren.
— Über die Rechtsgrundlage des Schmerzensgeldanspruchs bei polit. Anzeige im Anschlußverfahren 46, 48

Schmerzensgeld (§§ 826, 830, 847 BGB.) 46, 48
s. a. Anschlußverfahren.

Strafausschließungsgrund, persönlicher.
— Über Voraussetzungen und Rechtsfolgen sabotierenden Widerstandes ärztlicher Beteiligter an der Tötung von Geisteskranken. Kein Rechtfertigungs- oder Schuldausschließungsgrund, sondern gegebenenfalls persönliche Strafausschließung 117, 120

Strafgewalt (§ 80 GVG.).
— Der Angeklagte ist nicht dadurch beschwert, daß das zuständige Schwurgericht die Strafe festsetzt, obwohl das Revisionsgericht die Sache irrig an die Strafkammer zurückverwiesen hatte . . 349

Strafklage s. Verbrauch der —.

Strafzumessung.
— Die Strafzumessung ist rechtlich fehlerhaft, wenn aus zahl-

reichen Tatumständen erkennbar nur die entlastenden berücksichtigt, die anderen aber außer Betracht gelassen sind 69, 70
— Zeitablauf infolge Nichtverfolgung durch den nationalsozialistischen Staat kann nicht strafmildernd berücksichtigt werden . . . 94, 98
— Die Strafzumessung erfordert allseitige Würdigung von Täter und Tat nach den verschiedenen Strafzwecken 94, 98
— Über die Grundsätze der Strafzumessung, wenn das Gericht von der ihm durch § 51 Abs. 2 StGB. gegebenen Möglichkeit der Strafmilderung keinen Gebrauch macht . . . 98, 102
— Zur Angreifbarkeit der — im Revisionsverfahren . 144, 149
— Eine Strafe, die aus Rassedünkel begangene frühere Judenmißhandlungen sühnen soll, muß auch gegenwärtig (1949) noch Abschreckungswirkung haben 153, 384
— Der einer Nachprüfung durch das Revisionsgericht zugängliche Rechtsfehler bei der Strafzumessung kann darin bestehen, daß die ihr zugrundeliegenden Tatsachen unter Verletzung verfahrensrechtlicher Grundsätze festgestellt oder widerspruchsvoll sind, oder daß die Strafzumessung auf Erwägungen beruht, die gegen die Rechtsidee und allgemein anerkannte Grundsätze staatlichen Strafens oder solche Grundsätze verstoßen, die aus dem verletzten Strafgesetz herzuleiten sind . 202
— Auch zugunsten des Angeklagten begangene Rechtsfehler unterliegen insoweit der Nachprüfung durch das Revisionsgericht 204
— Unklare Strafzumessungserwägungen, die es als zweifelhaft erscheinen lassen, ob sich der Tatrichter des zutreffenden Strafrahmens bewußt war 247
— Bei Verurteilung aus § 226 StGB. kann strafschärfend berücksichtigt werden, daß der Erfolg durch ein gefährliches Werkzeug verursacht wurde 324
— Zur Straffestsetzung nach den §§ 43, 44, 51 Abs. 2 StGB. 345
— Die AAR. Nr. 1 gestattet keine Unterschreitung des gesetzlichen Strafrahmens . . 258
— Auch nach Zurückverweisung sind die Grundlagen der Strafzumessung von Amts wegen zu ermitteln 351
— Die Strafzumessungsgründe brauchen nicht erschöpfend ins Urteil aufgenommen zu werden 389
— Grundsätze der Strafzumessung, wenn ein Verbrechen gegen die Menschlichkeit tateinheitlich mit schwerer Brandstiftung (§ 306 Ziff. 1 StGB.) zusammentrifft, die Voraussetzungen des § 51 Abs. 2 StGB. vorliegen und der Tatrichter die Strafe nach § 44 StGB. mildern will . . . 393
— s. Zurechnungsfähigkeit; Geldumstellung; Körperverletzung.

T

Tabakwaren.
— Durch die VO. des Oberpräs. der Prov. Westfalen vom 30. 1. 1946 ist die Vollbewirtschaftung der — rechtswirksam eingeführt worden 166
Tateinheit (§ 73 StGB.).
— zwischen Mord und besonders schwerem Raube . . . 23

— Trifft ein fortgesetztes Vergehen gegen § 2 Abs. 1 Ziff. 1 Abs. 4 VRStrVO. zum Teil sowohl mit einfacher passiver Bestechung wie mit versuchter Erpressung tateinheitlich zusammen, so stehen alle drei Gesetzesverletzungen untereinander im Verhältnis der Tateinheit nach § 73 StGB. 103, 112

— zwischen Raub und räuberischem Diebstahl . . . 323

— zwischen den §§ 257 Abs. 3, 258 StGB. 277

Teilnahmeverdacht (§ 60 Ziffer 3 StPO.) s. Zeuge.

Todesstrafe.
— Abschaffung der — s. Mord.

Totschlag (§§ 212 ff. StGB.).
— kann mit lebenslangem Zuchthaus bestraft werden. Die Ziffer 8b der AAR. Nr. 1 und die Änderung der Mordstrafe durch Art. 102 des Bundesgrundgesetzes stehen nicht entgegen 138

— Zur Reizung zum Zorn (§ 213 StGB.). 340

Tötung, vorsätzliche (§ 211, 212 StGB.).
Versuchte vorsätzliche, in mittelbarer Täterschaft begangene Tötung kann vorliegen, wenn der Täter sein Opfer durch Gewalt oder Drohung mit gegenwärtiger, auf andere Weise nicht abwendbarer Gefahr für Leib oder Leben zum Selbstmord treiben will 5, 7

U

Übergesetzlicher Notstand s. Strafausschließungsgrund.

Untersuchung (§ 343 StGB.).
— Zum Begriff der — bei polit. Strafverfolgung im Jahre 1933 69, 70

Untersuchungshaft (§ 60 StGB.).
— kann auf lebenslanges Zuchthaus nicht angerechnet werden 173, 178

— Es ist ein Rechtsfehler, bei Leugnen des Angeklagten die Anrechnung der — zu versagen, ohne die Ursache des Leugnens zu berücksichtigen 219

— Nichtanrechnung der — wegen „raffinierten Leugnens" . 331

Unzucht (§ 176 StGB.).
— Der einem zwölfjährigen Kinde gegebene „Zungenkuß" ist eine unzüchtige Handlung im Sinne des § 176 Abs. 1 Ziff. 3 StGB. 331

Urkunde s. Beweiswürdigung.

Ursachenzusammenhang s. Mord; Verbrechen gegen die Menschlichkeit (2 e).
— Zum — bei der Tötung . 355

Urteil (§ 267 StPO.).
— Die Urteilsgründe sollen die zusammenhängende, zeitlich und gedanklich geordnete Darstellung des Sachverhalts zur äußeren und inneren Tatseite enthalten, von dem der Tatrichter bei der rechtlichen Würdigung ausgeht. Mängel im Aufbau führen zur Aufhebung des Urteils aber nur dann, wenn sie dem Revisionsgericht die Nachprüfung der Rechtsanwendung unmöglich machen, vor allem wenn unsicher bleibt, welchen Sachverhalt der Tatrichter seiner Beurteilung zugrunde gelegt hat 269

— Verspätete Urteilsabfassung (§ 275 StPO.) 328

— Zur Auslegung von Urteilen 340

V

Verbrauch der Strafklage.
— Rechtskräftige Verurteilung wegen Preisvergehens ver-

braucht die Strafklage wegen Diebstahls der gleichen Sachen nicht 80

— Begeht der Täter nacheinander an verschiedenen Orten Verbrechen gegen das Leben, so kann er wegen einzelner Fallgruppen gesondert angeklagt und verurteilt werden, auch wenn sie sämtlich auf einheitlichem Vorsatz beruhen und zusammen ein Verbrechen gegen die Menschlichkeit sein können 117, 133

— Ist jemand wegen des Verdachts der Mitwirkung bei einem Verbrechen gegen die Menschlichkeit in Internierungshaft genommen und aus ihr nach Durchführung von Ermittlungen später entlassen worden, so wird dadurch weder die Zuständigkeit deutscher Gerichte berührt, noch die Strafklage verbraucht 375

Verbrechen gegen die Menschlichkeit (VgM.) (KRG. 10 Art. II 1c ff.).

1. Allgemeines.

— Art. 103 Abs. 2 des Bundesgrundgesetzes steht der Anwendung des KRG. 10 nicht entgegen 232, 335

— Das Verbrechen gegen die Menschlichkeit hat, soweit es von Deutschen gegen Deutsche begangen wurde, keinen völkerrechtlichen Charakter 232

— Bei der Anwendung des KRG. 10 gelten nur die Grundsätze, die dem Gesetz selbst zu entnehmen sind. Naturrechtliche Grundsätze geben dem KRG. 10 aber seine sittliche und rechtliche Rechtfertigung 231

— Auch ohne daß der Tatbestand der Rechtsbeugung gegeben ist, kann sich ein Richter des Verbrechens gegen die Menschlichkeit schuldig machen 269

— Auch nach dem Inkrafttreten des Bundesgrundgesetzes ist das KRG. 10 von den deutschen Gerichten in der brit. Besatzungszone im Rahmen der MRVO. Nr. 47 weiter anzuwenden. Dem steht weder Art. 103 Abs. 2 GG. entgegen, noch das Genehmigungsschreiben der drei Militärgouverneure vom 12. Mai 1949 zum Grundgesetz 361, 378

— s. Anschlußverfahren.

2. Äußerer Tatbestand.

a) — des Anzeigeverbrechens 17, 67

b) — des VgM. in andern Fällen: 5, 6, 11, 12, 23, 41, 94, 95, 117, 142, 233, 241, 291, 381

— Eine Schädigung von entsprechender Tatschwere im Sinne des Art. II 1 c KRG. 10 hat überpersönliche, die Menschheit berührende Wirkung, wenn sie auf dem Zusammenhang mit dem nationalsozialistischen System von Willkür und Gewalt, also auf der Verletzung wesentlicher Grundsätze des menschlichen Zusammenlebens beruht. Eine „humanitäre Intervention" ist dafür nicht erforderlich . 233

— Zum äußeren und inneren Tatbestande eines durch richterliche Urteilstätigkeit begangenen Verbrechens gegen die Menschlichkeit 231

c) Angriffsverhalten des Täters.

— Ursächlichkeit der Unterlassung beim VgM. Auch die bewußte Herbeiführung eines rechtswidrigen Zustandes kann die Pflicht zum Handeln begründen 11, 13, 16

— Ein bewußtes und gewolltes Angriffsverhalten liegt nicht vor, wenn der Täter Gehörtes unbedacht weitersagt, erst dann die Möglichkeit willkürlicher Verfolgung des Betroffenen erkennt, aber meint, dem Verlangen, seine Angaben zu ergänzen, nachkommen zu müssen, nachdem ihm zuvor versprochen ist, die Angaben nicht gegen den Betroffenen zu verwenden 283

— Zum Begriff des — (Mißhandlung vermeintlichen Spions hinter der Kampflinie) . 385

d) —

e) Ursachenzusammenhang.

— Ursächlichkeit der Unterlassung. Herbeiführung rechtswidrigen Zustandes u. Rechtspflicht zum Handeln 11, 13, 16

— Wer 1940 einen Hetzfilm gegen die Juden hergestellt hat, kann nicht deshalb mangelnde Ursächlichkeit seines Tuns für die Filmfolgen einwenden, weil die Juden ohnedies ebenso verfolgt worden wären. Nehmen mehrere an einer Straftat teil, so bezieht sich die Ursächlichkeit für den Taterfolg auf ihr gemeinsames Verhalten 291

— Die Zugehörigkeit zu einer verbrecherischen Organisation im Sinne des Art. II 2 e KRG. 10 als Beteiligungsform am Verbrechen gegen die Menschlichkeit setzt voraus, daß sie die konkrete Tat mitverursacht haben und der Handelnde sich dessen auch bewußt ist . 312

f) Zum Taterfolg beim VgM.

— Verbrechen gegen die Menschlichkeit durch ein Verhalten, das den bei einem Massenverbrechen eingetretenen Gesamterfolg fördert oder erleichtert (zur Justizlenkung bereiter hoher Richter) 23, 41

— Eine Anzeige wegen sogenannter Rassenschande kann den Tatbestand des VgM. verwirklichen 67

— Prügeln von Juden . . 149

— Herstellen eines Hetzfilms gegen die Juden . . . 291

g) Zur überpersönlichen Wirkung der Tat.

— Anprangerungsmarsch, dem die — fehlt 142

— Eine „humanitäre Intervention" ist für die — nicht erforderlich 233

3. *Innerer Tatbestand.*

a) — des Anzeigeverbrechens: 67, 68

b) — des VgM. in anderen Fällen: 13, 16, 43, 96, 233, 246, 291, 307, 382

— Erfährt der Posten vor einem SA-Heim erst während seines Dienstes, daß in dem von ihm bewachten Heim Verbrechen gegen die Menschlichkeit begangen werden, so ist ihm eine angemessene Zeit der Überlegung zuzubilligen, um zur Erkenntnis der Pflicht zu kommen, daß er die Dienstverrichtung nicht fortsetzen darf. Erst nach Ablauf dieser Zeit kann in der Fortsetzung der Tätigkeit ein bewußter Beitrag zum Unmenschlichkeitsverbrechen liegen . . . 312

c) —

d) — Bei Handeln auf Befehl eines militärischen Vorgesetzten entfällt die strafrechtliche Verantwortlichkeit des Untergebenen auch unter dem Gesichtspunkt des Verbrechens

gegen die Menschlichkeit, wenn der verbrecherische Charakter des Befehls nicht offensichtlich ist und der Untergebene deshalb nicht imstande ist, das Unrechtmäßige seiner Handlungsweise einzusehen 269
e) bis k) —

4. Teilnahme, Verbrechenseinheit, Zusammentreffen, Verjährung, Strafzumessung, Befehl.

— Zur Verbrechenseinheit beim VgM . . . 5, 9, 11, 15, 312
— Das KRG. 10 ist in Anzeigefällen lex specialis, soweit das strafrechtlich erhebliche Angriffsverhalten des Täters nicht schon für sich allein, ohne die Mitwirkung anderer, den Tatbestand eines deutschen Strafgesetzes verwirklicht (vgl. OGHSt. Bd. 1 S. 105, 108) 19
— Verletzt dieselbe Handlung Art. II 1 c des KRG. 10 und deutsches Strafrecht, so ist § 73 StGB. auch dann anzuwenden, wenn das Verhalten der Urheber oder verantwortlichen Leiter von Massenverbrechen zu beurteilen ist 312
— Zur Strafzumessung 144, 149 384
— s. Anklage; Befehl; Verbrauch der Strafklage.

Vereinte Nationen.
— Die Genehmigung zur Ausübung der Gerichtsbarkeit gegen einen Angehörigen der — kann noch in der Revisionsinstanz von der MilRg. erteilt werden 171

Verhandlungsfähigkeit des Angeklagten (§§ 205, 230 ff. StPO.) 377

Verlesung von Niederschriften (§§ 249 ff. StPO.) s. Beweiserhebung.

Verlöbnis (§ 52 Abs. 1 StPO.) s. Zeuge.

Versicherung an Eides Statt (§ 156 StGB.).
— Die Zuständigkeit zur Abnahme einer Versicherung an Eides Statt ist ohne ausdrückliche Ermächtigung nur gegeben, wenn die Behörde zur Erhebung von Beweisen i. S. der Vorschriften der ZPO. oder StPO. zuständig ist. Sie fehlt bei einer Polizeibehörde, die bei der Bewerbung um Anstellung als Beamter die Eignung des Bewerbers nachprüfen will 82
— Auch der Versuch des Vergehens nach § 156 StGB. setzt voraus, daß die Erklärung gegenüber einer zuständigen Behörde abgegeben werden soll 82

Versuch (§ 43 StGB.).
— Zur Abgrenzung des — von der Vorbereitungshandlung. Der Versuch, die Signalstellung zu verhindern, um einen herannahenden Zug zum Halten zu bringen und aus ihm Kohlen zu stehlen, ist Diebstahlsversuch . . . 157, 160
— bei der Brandstiftung . . 345
— s. Versicherung an Eides Statt.

Verwahrungsbruch (§ 133 StGB.).
— kann an allen Beförderungsgütern der Staatsbahn begangen werden, die sich überhaupt im amtlichen Aufbewahrungsbereich befinden 157, 158
— Zur Frage der Gleichstellung von Beförderungsgütern auf privaten Kleinbahnen mit solchen der Staatsbahn 157, 158
— Gewinnsucht als gesetzlicher Strafschärfungsgrund bei Notlage des Täters 157
— Ein Verwahrungsbruch ist nicht in gewinnsüchtiger Ab-

sicht (§ 133 Abs. 2 StGB.) begangen, wenn das Erlangte allein dazu dient, die Ernährung des unzureichend ernährten Täters und seiner Familie zu verbessern und ein Vermögensvorteil dadurch weder erstrebt, noch erlangt ist. 369, 372

Vorbereitungshandlung s. Brandstiftung.

Vorsatz.
— Bedingter — erfordert die Billigung des Erfolges; ein bloßes Inkaufnehmen genügt nicht 254

W

Wahlfeststellung.
— Eine wahldeutige Feststellung zwischen Diebstahl und Hehlerei ist in den im Beschluß der Vereinigten Strafsenate des Reichsgerichts vom 2. Mai 1934 gezogenen Grenzen zulässig 89

Wertersatzstrafe s. Branntweinmonopol; Reformatio in peius.

Widerstand, ärztlicher, s. Strafausschließungsgrund.

Wiedereinsetzung in den vorigen Stand (§ 44 StPO.).
— Das Verschulden eines nachgeordneten Beamten der Staatsanwaltschaft ist kein unabwendbarer Zufall für diese und kann deshalb die Wiedereinsetzung in den vorigen Stand gegen die Versäumung der Revisionsbegründungsfrist nicht begründen . . . 135

Wirtschaftsstrafgesetz (WStG.).
— Zur Anwendung des Wirtschaftsstrafgesetzes vom 26. Juli 1949 auf vor dem 1. Oktober 1949 begangene Wirtschaftsstraftaten 193, 282
— Zur Entscheidung I S 30/49 des Deutschen Obergerichts vom 21. Dez. 1949 zum § 104 Abs. 1 WStG. 373

Wirtschaftsstraftaten.
— Zum Verhältnis des KRG. 50 zum deutschen Strafrecht 369
— Zwischen § 1 Abs. 1 KWVO. und § 2 Abs. 1 Ziff. 1 VRStrVO. ist Tatmehrheit möglich 369, 374

Z

Zeitliche Geltung der Strafgesetze (§ 2a StGB.).
— § 2a StGB. ist geltendes Recht. Die Anwendung des § 2a Abs. 2 StGB. wird nicht durch die Ziffer 8b AAR. Nr. 1 eingeschränkt, wenn es sich um die Anwendung einer gesetzlichen Bestimmung handelt, für die es an einem vergleichbaren Tatbestand für die Zeit vor dem 30. Jan. 1933 fehlt 267
— Zum Begriff des Zeitgesetzes im Sinne des § 2a Abs. 3 StGB. 267

Zeuge.
— Die Vernehmung eines Zeugen wird nicht dadurch ausgeschlossen, daß er bis zu seiner Benennung als Zeuge und dem Beschluß, der seine Vernehmung anordnet, der Hauptverhandlung als Zuhörer beigewohnt hat 19, 20
— Wird ein Zeuge nicht darüber belehrt, daß er nach § 55 StPO. das Recht hat, die Auskunft auf bestimmte Fragen zu verweigern, so bildet das keinen Revisionsgrund 98, 99
— Ob die Voraussetzungen des § 60 Ziffer 3 StPO. vorliegen, ist vom Tatrichter auf Grund des Ergebnisses der Hauptverhandlung nach freiem Ermessen zu beurteilen. Verneint das Gericht einen solchen Verdacht und ordnet es deshalb die Vereidigung an, braucht dieser Beschluß nicht näher begründet zu werden 98, 99

— Zum Beteiligungsverdacht gegen den Zeugen . . . 153

— Es unterliegt dem Ermessen des Tatrichters, ob er der Erklärung eines Zeugen, die Angeklagte sei seine Verlobte, ohne weiteres Glauben schenkt und von seiner Vernehmung absieht, oder ob er gemäß § 56 StPO. eine Glaubhaftmachung der das Gelöbnis ergebenden Tatsachen verlangt. Die Anerkennung eines Zeugnisverweigerungsrechts ist mit der Revision nur angreifbar, wenn sie erkennbar auf Rechtsirrtum beruht 173

Zufall s. Wiedereinsetzung.

Zurechnungsfähigkeit (§§ 51 StGB., 3 RJGG.).

— Das Verhältnis der nach § 3 RJGG. zu beurteilenden Verantwortlichkeit Jugendlicher zum Ausschluß oder zur Minderung der Zurechnungsfähigkeit Erwachsener nach § 51 StGB. 73, 74

— Zum Einfluß verminderter — auf die Mordmerkmale der Heimtücke und der Verdeckungsabsicht 147

— Liegen die Voraussetzungen des § 51 Abs. 2 StGB. nur deshalb vor, weil Trunkenheit das Hemmungsvermögen des Täters im Zeitpunkt der Tat erheblich gemindert hat, so kann das Gericht von Strafmilderung mit der Begründung absehen, daß der Täter seinen Hang zur Trunkenheit und seine Neigung zu Streitigkeiten in trunkenem Zustande gekannt habe und von ihm zu verlangen sei, seine gefährliche Veranlagung durch besondere Anstrengungen auszugleichen, und daß ihn deshalb eine Strafmilderung in Zukunft nicht ausreichend von der Begehung ähnlicher Straftaten abhalten würde 324

— Zur verminderten — beim Hinzutreten eines starken Affekts zu erblichem, einfachem Schwachsinn . 345

— Hat der Täter im Zustande verminderter Zurechnungsfähigkeit die Begehung einer Straftat versucht, so kann die Strafe sowohl nach den §§ 43, 44 StGB. als auch noch einmal nach den §§ 51 Abs. 2, 44 StGB. gemildert werden. Die Urteilsgründe müssen erkennen lassen, daß sich das Gericht dieser Möglichkeit bewußt gewesen ist . . 389

— s. Beweisantrag; Strafzumessung.

Gesetzesverzeichnis

Deutsches Recht.

Strafgesetzbuch.

§ 2a Abs. 2 7, 179, 187, 259, 283, 287, 356
§ 2b 93
§ 3 337
§ 32 . . . 5, 73
§ 40 213
§ 43 63, 82, 88, 157, 160, 220, 345, 389
§ 44 147, 324, 389, 393
§ 47 63, 100, 117, 322, 323, 352
§ 48 . . 32, 100
§ 49 50, 56, 60, 63, 65, 100, 117, 119, 128, 157
§ 49a . . 30, 166
§ 49b . . 10, 117
§ 50 . 50, 56, 120
§ 51 2, 75, 98, 102, 139, 147, 148, 324, 345, 389, 393
§ 52 7, 54, 225, 393
§ 53 . . 324, 328
§ 54 . . 120, 393
§ 59 129
§ 60 173, 178, 219, 331
§ 73 9, 19, 23, 69, 103, 112, 134, 280, 312, 323, 352, 374, 393
§ 79 358
§ 125 94, 96, 179, 209, 249, 252, 364, 365
§ 133 157, 369, 372
§ 153 . . 161, 162
§ 154 . . 161, 162
§ 156 . . . 82, 85
§ 157 . . 161, 164
§ 158 . . 161, 165
§ 159 165
§ 176 331
§ 185 . . 291, 309
§ 187 . . 291, 309
§ 194 . . 291, 309
§ 211 1, 5, 20, 63, 113, 115, 117, 128, 138, 147, 173, 174, 179, 220, 247, 254, 285, 322, 335, 337, 344, 352, 389
§ 212 1, 5, 63, 98, 115, 117, 138, 147, 247, 254, 335, 340
§ 213 . . 340, 386
§ 214 . . 138, 140
§ 215 . . 138, 140
§ 216 125
§ 217 386
§ 223a 11, 150, 324
§ 226 63, 324, 328, 335
§ 228 . . 63, 328
§ 239 . . 17, 364
§ 240 . . . 7, 78
§ 241 9
§ 242 89, 93, 157, 160
§ 249 20, 22, 287, 323
§ 250 287
§ 251 20, 22, 140, 323
§ 252 20, 22, 323
§ 253 78, 103, 110
§ 257 101, 220, 277, 280
§ 258 . . 277, 280
§ 259 . . . 89, 93
§ 263 82, 193, 259
§ 292 256
§ 305 209
§ 306 . . 345, 393
§ 331 . . 103, 109
§ 336 . 23, 28, 269
§ 339 7
§ 340 . . 7, 16, 69
§ 341 . . . 11, 16
§ 343 69
§ 350 . . 369, 371
§ 357 . . . 23, 26
§ 359 103, 369, 370

Strafprozeßordnung.

§ 12 253
§ 33 113
§ 44 135
§ 52 173
§ 55 98
§ 56 . . 173, 174
§ 58 20
§ 60 98, 100, 153
§ 81 207
§ 230 377
§ 245 98, 102, 207, 287, 352
§ 247 114
§ 250 207
§ 251 . . 287, 324
§ 258 193
§ 261 69, 144, 193, 328, 334
§ 264 5, 11, 80, 89, 117, 133
§ 265 5, 11, 80, 82, 322
§ 267 69, 89, 92, 94, 98, 144, 146, 149, 202, 247, 269, 351, 384, 389
§ 275 328
§ 337 1, 4, 157, 187, 193, 202, 247, 269, 291, 305, 334, 358
§ 338 115, 157, 193, 337
§ 345 . . 135, 138
§ 353 157
§ 354 349
früh. § 354a . . 374
§ 357 . . . 50, 61
§ 358 . . 69, 187
§ 395 . . 291, 309
§ 403 46
§ 472 46

Gerichtsverfassungsgesetz.

§ 1 331
§ 10 331
§ 70 331
§ 80 349
§ 169 . . 337
§ 193 62, 193

Bürgerliches Gesetzbuch.

§ 826 46
§ 830 46
§ 847 46

Zivilprozeßordnung.

§ 287 46

1918. 26. VII. Gesetz über das Branntweinmonopol.
§§ 123 ff 187
§§ 51b, 51c, 78, 79, 119 ff., 123 126, 128 213

1931. 22. V. Reichsabgabenordnung.
§§ 401, 403 . . . . 187, 213

1939. 4. IX. Kriegswirtschafts VO.
§ 1 . . 50, 166, 193, 277, 278, 369, 374
§ 22 259

1941. 26. XI. Verbrauchsregelungsstraf VO.
§ 1 Abs. 1 50
§ 2 Abs. 1 . . 59, 103, 112, 193, 374

1943. 6. XI. Reichsjugendgerichtsgesetz.
§ 3 73
§ 5 73
§ 20 73

1946. 30. I. VO. des Oberpräs. von Westfalen über Tabakbewirtschaftung . . 166

1947. 23. V. VO. zur Beseitigung nat.-soz. Eingriffe in die Strafrechtspflege.
§ 4 225

1948. 28. I. VO. zur Änderung von Vorschriften auf dem Gebiete der Gerichtsverfassung.
Art. I Ziffer 1 331

1948. 21. X. WirtschRG. zur Änd. d. BrMonG.
§ 1 187

1949. 23. V. Bundesgrundgesetz.
Art. 97 331
Art. 102 . . 1, 138, 187, 357
Art. 103 . . 231, 334, 361, 375

1949. 26. VII. G. zur Vereinfachung des Wirtschaftsstrafrechts (WStG.).
§ 102 193
§ 104 . . . . 193, 369, 373
§ 105 193

MilStGB.
§ 47 269

Besatzungsrecht.

Kontrollratsgesetz Nr. 10

Art. II Ziff. 1c 5, 11, 17, 23, 41, 46, 67, 69, 94, 117, 128, 134, 142, 144, 150, 155, 231, 246, 269, 283, 291, 312, 334, 361, 375, 385, 393
Art. II Ziff. 2 12, 23, 43, 145, 312
Art. II Ziff. 3 144, 145, 247, 384
Art. II Ziff. 4b 247, 269
Art. III Ziff. 1d 361, 376

Kontrollratsgesetz Nr. 27

Art. V 187

Kontrollratsgesetz Nr. 50

. . . . 369

MilRegG. Nr. 1

Art. IV Ziff. 7 73, 111
Art. IV Ziff. 8 . 247

MilRegG. Nr. 61

§ 2 187

MilRegG. Nr. 63

§ 13 187

MilRegProkl. Nr. 3

Art. II Ziff. 3 73, 111

MilRegVO. Nr. 47

334, 361, 375

MilRegVO. Nr. 194

. . . . 187

Allg. Anw. an Richter Nr. 1

Ziff. 8a 79, 247, 256
Ziff. 8b 73, 79, 138, 179, 187, 256, 259
Ziff. 9 . . . 73, 79

Zusammenstellung der Entscheidungen nach der Zeitfolge

1949.	Urt.	v.	20. April	g.	Sch. u. a.	StS	143/48	S. 11
„	„	„	26. „	„	H.	„	129/48	„ 5
„	„	„	10. Mai	„	P.	„	156/48	„ 17
„	„	„	10. „	„	O.	„	150/48	„ 19
„	„	„	10. „	„	M.	„	39/49	„ 23
„	„	„	17. „	„	M. u. a.	„	158/48	„ 46
„	„	„	17. „	„	L. u. a.	„	159/48	„ 51
„	„	„	17. „	„	M.	„	90/49	„ 62
„	„	„	24. „	„	G. u. a.	„	146/48	„ 63
„	„	„	24. „	„	M.	„	162/163/48	„ 67
„	„	„	31. „	„	L.	„	156/49	„ 69
„	„	„	7. Juni	„	M.	„	51/49	„ 73
„	„	„	7. „	„	B. u. a.	„	166/48	„ 80
„	„	„	14. „	„	K.	„	23/49	„ 1
„	„	„	14. „	„	B.	„	8/49	„ 82
„	„	„	20. „	„	Sch.	„	198/49	„ 89
„	„	„	28. „	„	Z.	„	16/49	„ 94
„	„	„	28. „	„	K.	„	40/49	„ 99
„	„	„	5. Juli	„	F.	„	18/49	„ 103
„	„	„	12. „	„	N.	„	34/49	„ 334
„	„	„	18. „	„	O.	„	186/49	„ 113
„	„	„	23. „	„	C. u. a.	„	161/49	„ 117
„	„	„	25. „	„	R.	„	193/49	„ 203
„	Beschl.	„	6. Sept.	„	B.	„	243/49	„ 135
„	Urt.	„	6. „	„	H. u. a.	„	46/49	„ 142
„	„	„	6. „	„	G. u. a.	„	106/49	„ 140
„	„	„	6. „	„	A.	„	67/49	„ 144
„	„	„	13. „	„	Sch.	„	237/49	„ 138
„	„	„	13. „	„	St.	„	72/49	„ 147
„	„	„	13. „	„	T.	„	86/49	„ 153
„	„	„	20. „	„	O.	„	36/49	„ 157
„	„	„	20. „	„	W.	„	22/49	„ 162
„	„	„	26. „	„	M.	„	170/48	„ 166
„	„	„	3. Okt.	„	M.	„	220/49	„ 171
„	„	„	3. „	„	H.	„	217/49	„ 173
„	„	„	3. „	„	B. u. a.	„	180/49	„ 179
„	„	„	4. „	„	M.	„	132/49	„ 188
„	„	„	4. „	„	B. u. a.	„	56/49	„ 209
„	„	„	4. „	„	N.	„	35/48	„ 213

1949.	Urt.	v.	10. Okt.	g.	St.		StS	219/49	S.	219
„	„	„	10. „	„	W.		„	252/49	„	149
„	„	„	11. „	„	P. u. a.		„	160/49	„	193
„	„	„	18. „	„	M.		„	63/49	„	207
„	„	„	18. „	„	D. u. a.		„	158/49	„	220
„	„	„	18. „	„	H.		„	309/49	„	231
„	„	„	24. „	„	K.		„	244/49	„	225
„	„	„	25. „	„	G.		„	104/49	„	247
„	„	„	25. „	„	K. u. a.		„	94/49	„	249
„	„	„	25. „	„	St.		„	236/49	„	254
„	„	„	7. Nov.	„	S.		„	240/49	„	253
„	„	„	8. „	„	H. u. a.		„	99/49	„	256
„	„	„	8. „	„	H. u. a.		„	168/49	„	259
„	„	„	15. „	„	B. u. a.		„	227/49	„	269
„	„	„	21. „	„	K.		„	369/49	„	277
„	„	„	6. Dez.	„	D.		„	127/49	„	283
„	„	„	6. „	„	M.		„	284/49	„	285
„	„	„	6. „	„	S.		„	78/49	„	287
„	„	„	12. „	„	H.		„	365/49	„	291
„	„	„	18. „	„	L. u. a.		„	189/49	„	313
„	„	„	27. „	„	N. u. a.		„	297/49	„	322
1950.	„	„	3. Jan.	„	N. u. a.		„	417/49	„	323
„	„	„	10. „	„	K.		„	427/49	„	325
„	„	„	10. „	„	H.		„	409/49	„	328
„	„	„	11. „	„	G.		„	444/49	„	331
„	„	„	16. „	„	L.		„	381/49	„	335
„	„	„	23. „	„	R. u. a.		„	353/49	„	337
„	„	„	24. „	„	L.		„	226/49	„	340
„	„	„	31. „	„	Z.		„	478/49	„	344
„	„	„	31. „	„	R.		„	479/49	„	345
„	„	„	27. Febr.	„	H.		„	339/49	„	358
„	„	„	7. März	„	G.		„	229/49	„	349
„	„	„	7. „	„	G.	1	„	2/50	„	352
„	„	„	14. „	„	L. u. a.		„	230/49	„	364
„	„	„	21. „	„	G.	1	„	6/50	„	361
„	„	„	21. „	„	M. u. a.		„	256/257/49	„	375
„	„	„	28. „	„	D.		„	238/49	„	369
„	„	„	28. „	„	B. u. a.		„	258/49	„	384
„	„	„	3. April	„	L.		„	350/49	„	386
„	„	„	3. „	„	N.	2	„	3/50	„	389
„	„	„	4. „	„	L.		„	273/49	„	385
„	„	„	4. „	„	W. u. a.		„	318/49	„	393

Druck: W. Girardet, Wuppertal

FSC
www.fsc.org
MIX
Papier | Fördert gute Waldnutzung
FSC® C083411

Kolibri 360 GmbH
Ferdinand-Jühlke-Straße 7
99095 Erfurt, Deutschland
produktsicherheit@kolibri360.de